참의적인 지식재산

캡스톤 디자인

Capstone Design

창의적인 지식재산
캡스톤 디자인
Capstone Design

지은이 김영아 · 김태훈 · 박길환 · 허내금 · 박선민 · 정다운 · 박상현 · 윤병선 · 박성준
발행일 2024년 12월 30일 발행인 김정겸
펴낸곳 충남대학교출판문화원 주소 대전광역시 유성구 대학로 99
전화 042-821-6045 홈페이지 http://www.cnupress.co.kr E-mail cnupress@cnu.ac.kr

ISBN 979-11-6503-298-2 93370
정가 29,000원

창의적인 지식재산

캡스톤 디자인

Capstone Design

김영아 · 김태훈 · 박길환 · 허내금 · 박선민 · 정다운 · 박상현 · 윤병선 · 박성준

충남대학교출판문화원

머리말

"논리적 사고는 당신을 A에서 B로 데려다주지만, 상상력은 당신을 어디든 데려갈 수 있다." - 알베르트 아인슈타인(Albert Einstein)

창의적인 지식재산 캡스톤디자인은 학생들이 실질적인 문제를 발굴하고, 창의적인 해결책을 찾으며, 이를 실행에 옮기는 과정에서 성장할 기회를 제공합니다. 이 책은 캡스톤디자인 수업을 진행하는 교수뿐만 아니라 캡스톤디자인 주제를 제시하거나 멘토로 활동을 해 본 크리에이터, 기획자, 영상 전문가, 지역 전문가, 기업인, 학생 창업가, 변리사가 함께 저술하여, 학생과 교수가 실제 수업 현장에서 바로 적용할 수 있는 실질적이고 유용한 정보를 제공하도록 구성되었습니다.

캡스톤디자인 수업을 통해 학생들은 팀워크와 소통의 중요성을 배우며, 갈등을 조정하고 협력하는 방법을 익힐 수 있습니다. 또한, 이 과정에서 지식재산 개념과 중요성을 체험할 수 있으며, 학생들은 자신의 창의적 아이디어를 법적으로 보호하고, 이를 통해 경제적 가치를 창출하는 방법을 배우게 됩니다. 예를 들어, 한 팀은 '친환경 공정을 이용한 솔잎 일회용 친환경 베개커버 제작'을 발명하여 가정에서 만이 아니라 비행기, 버스, 기차에서 위생적으로 사용할 수 있는 것을 특허 출원 및 등록하였습니다. 또한 기업으로의 기술이전이 이루어져 기업과 사회에 도움을 주고 있습니다.

이 책에서는 캡스톤디자인을 처음으로 강의하는 교수자에게 도움을 주고, 학생들에게는 최고의 과제 결과물을 만들기 위해 과제 수행에 필요한 것들을 포함하였습니다. 교재의 전반부에서는 캡스톤디자인 정의, 국내외 현황, 팀 구성 등 운영 방법, 수업 사례 등이 포함되어 있습니다. 중반부와 후반부에는 아이디어를 발굴하고 확산할 수 있도록 디자인씽킹, 트리즈, 이해 당사자 등에 대한 설문, 결과물에 대한 홍보 방법, 경진대회 참가 및 발표 방법, 영상 촬영 방법, 특허 정보 검색과 분석, 지식재산권 창출 및 보호에 대한 실질적인 정보를 제공하여 학생들이 캡스톤디자인 수업을 통해 대학 생활의 최고 활동이 될 수 있도록 돕고자 하였습니다.

"아이디어는 실천될 때 비로소 가치가 있다." - 스티브 잡스(Steve Jobs)

「창의적인 지식재산 캡스톤디자인」이 캡스톤디자인에 관심 두고 참여하는 분들에게 지식과 영감을 제공하여, 혁신적인 아이디어를 현실로 만들어가는 여정에 도움이 되기를 바랍니다. 이 책을 통해 모든 독자가 자신의 가능성을 발견하고, 그 가능성을 현실로 만드는 데 필요한 도구를 찾기를 기대해 봅니다.

2012년부터 시작된 캡스톤디자인과의 만남이 현재까지 이어져 오지만, 교재를 개발하여 활용하지 못하는 것에 마음이 무거웠습니다. 하지만 이제라도 여러 분야 전문가들이 합심하여 숙제를 끝낸 것 같아 감회가 새롭습니다.

캡스톤디자인 교과를 통해 다양한 전공의 학생들과 소통하고 협력하며 융합할 수 있는 여건을 만들어 주고, 정책과 시대의 변화에 발맞추어 사회문제, 리빙랩, 글로벌 캡스톤디자인 등을 빠르게 신설하게 해준 충남대학교에 감사드립니다. 책이 나오기까지 도움을 준 충남대학교 지식재산전문인력양성사업단, 지식재산융합학과, LINC3.0사업단 등의 단장, 교수, 직원분들과 수업에 참여했던 학생들에게도 감사드립니다.

미흡한 원고를 좋은 책으로 만나게끔 정리를 잘해준 충남대학교출판문화원 편집장 및 편집부 원들께도 감사드립니다.

저자 대표 김영아

목차

Chapter 01 **캡스톤디자인 개요, 유형, 운영 및 창출** ... 11

I. 지식재산 캡스톤디자인 개요 ... 11
II. 캡스톤디자인 정의 ... 14
III. 캡스톤디자인 유형 ... 20
IV. 운영 방식 및 지원 체계 ... 24

Chapter 02 **캡스톤디자인 국내외 교육 현황, 필요성, 팀구성, 과제 수행 사례** ... 29

I. 캡스톤디자인 국내외 교육 현황 ... 29
II. 캡스톤디자인 팀 구성 ... 61
III. 캡스톤디자인 과제 수행 사례(인문·사회/공학 분야) ... 72
IV. 캡스톤디자인 과제 수행 사례(농산업/융합 분야) ... 102

Chapter 03 **캡스톤디자인 계획서, 주제선정, 보고서 작성** ... 137

I. 캡스톤디자인 계획서 작성 ... 137
II. 캡스톤디자인 물품구매 신청 ... 158
III. 캡스톤디자인 과제 결과보고서 작성 ... 169
IV. 캡스톤디자인 주제 선정 ... 184

Chapter 04 **문제인식과 창의적사고** ... 199

I. 문제인식과 문제정의 ... 199
II. 창의적 사고 ... 202
III. TRIZ 개요 및 핵심개념 ... 210
IV. 기술적 모순 및 40가지 발명원리 ... 219

Chapter 05 창의적 문제 해결법 디자인씽킹 ... 229

I. 디자인씽킹 정의와 프로세스 이해 ... 229
II. 디자인씽킹 사례 ... 246
III. 디자인씽킹 마인드 셋 ... 258

Chapter 06 특허 정보 검색 및 분석 ... 263

I. 특허 정보 검색 및 분석 1 ... 263
II. 특허 정보 검색 및 분석 2 ... 273
III. 특허 정보 검색 및 분석 3 ... 282
IV. 특허 정보 검색 및 분석 4 ... 288
V. 지식재산 권리 창출 및 보호 ... 296

Chapter 07 설문 방법, 홍보 기획 ... 309

I. 이해당사자 설문 및 인터뷰 1 ... 309
II. 이해당사자 설문 및 인터뷰 2 ... 321
III. 홍보 방안 및 제작 방법 : 하고 싶은 말과 해야 하는 말을 구분하는 스킬 ... 330

Chapter 08 사회 문제해결 방법 및 특허 관련 대회 ... 341

I. 사회 문제해결 방법과 동향 ... 341
II. 캠퍼스 특허 유니버시아드 대회 ... 352
III. 지식재산능력시험(IPAT) ... 358

Chapter 09 동영상 기획 및 제작 ... 363

I. 영상 제작 개요 ... 363
II. 영상 기획 및 시나리오 작성 ... 374
III. 스마트폰 영상 촬영법 ... 381
IV. 스마트폰 영상 편집 ... 391

Chapter 10 발표 자료 제작을 위한 파워포인트 활용 및 발표 방법 ... 401

I. 발표 자료 제작 1 ... 401
II. 발표 자료 제작 2, 3 ... 408
III. 발표 자료 제작 4 ... 422

Chapter 11 지식재산권을 준비하기 위한 양식 ... 429

I. 명세서 ... 429
II. 특허출원서 ... 437
III. 디자인등록서 ... 446
IV. 발명신고서 ... 448
V. 공익변리를 통한 특허출원 양식(확인서) ... 452

Chapter 01

캡스톤디자인 개요, 유형, 운영 및 창출

Ⅰ. 지식재산 캡스톤디자인 개요
Ⅱ. 캡스톤디자인 정의
Ⅲ. 캡스톤디자인 유형
Ⅳ. 운영 방식 및 지원 체계

01

창의적인 지식재산 **캡스톤디자인**

캡스톤디자인 개요, 유형, 운영 및 창출

I 지식재산 캡스톤디자인 개요

학습 목표

· 캡스톤디자인 개념을 이해하고 운영하며 우수 작품의 기준, 경진대회 심사 기준, 중간발표, 결과 발표 등에 대해 숙지할 수 있다.

4차 산업혁명 시대가 시작되면서 연구와 학문 탐구의 성격이 강했던 대학교육은 현실사회가 당면하는 현장적 삶의 문제에 좀 더 깊숙이 개입하여 해결해야 할 과제를 안게 되었고, 이를 통해 현실 사회를 선도해가야 한다는 생각을 가지게 되었다. 이에 상아탑으로서의 대학교육은 퇴색될 수밖에 없게 되었으며, 이에 실용지식 창출로서의 대학교육이 대세로 등장하게 되었다.

1.1 지식재산 정의

지식재산은 인간의 창조적 활동 또는 경험 등에 의하여 창출되거나 발견된 지식정보기술, 사상이나 감정의 표현, 영업이나 물건의 표시, 생물의 품종이나 유전자원, 그 밖의 무형적인 것으로서 재산적 가치가 실현될 수 있는 것을 말한다.

[지식재산기본법 제3조 제1호]

지식재산권

- ✔ 인간의 지적 창조물 중에서 법으로 보호할 만한 가치가 있는 것들에 대하여 법이 부여하는 권리(오승종)
- ✔ 법령 또는 조약 등에 따라 인정되거나 보호되는 지식재산에 관한 권리

→ 산업재산권, 저작권, 신지식재산권을 포괄하는 무형적 권리

출처: 지식재산기본법 제3조 제1호

1.2 캡스톤디자인 개요

초기에 캡스톤디자인은 공학계열 학생들에게 산업 현장에서 부딪칠 수 있는 문제들을 해결할 수 있는 능력을 길러주기 위해 졸업 논문 대신 고안되었다. 캡스톤디자인은 고학년 학생들이 분야별로 습득한 지식을 바탕으로 산업체 등에서 필요로 하는 제품 등을 학생 스스로 설계 · 제작 · 평가하는 전 과정을 경험할 수 있게 하는 교육과정을 의미한다. 즉 산업 현장의 수요에 맞는 현장 실무능력과 창의성을 갖춘 기술 인력을 양성하기 위한 프로그램인 것이며, '종합설계'라고도 불린다.

공학인증제와 산학협력을 통해 설계 및 제작 교육이 비교적 용이한 공과대학의 기계, 전기, 전자공학 관련 학과에 특히 치중되면서 공학교육 프로그램으로 개발되었다.

캡스톤(capstone)의 원래 의미는 돌기둥이나 담 위 등 건축물의 정점에 놓인 장식으로 최고의 업적 혹은 성취를 뜻한다. 2012년부터 추진된 LINC사업에 문제해결 능력이 향상되는 캡스톤디자인 교과목 설강 및 운영이 포함되면서 비공학계열에도 캡스톤디자인 과목이 도입되기 시작했다. 경영 및 인문 · 예술 계열 학생들도 문제 도출부터 해결까지의 과정을 체험하게 하여 창업 및 산업 현장에서 요구되는 창의성, 실무능력, 팀워

크 능력, 리더십 등을 증진하는 것을 목표로 한다. 그러나 아직도 공대 개념 및 공대 위주 샘플로 틀이 짜여 있어, 인문사회 계열이 진행하기에는 적용하기가 쉽지 않다.

1.3 지식재산 캡스톤디자인 개요

지식재산 캡스톤디자인은 일반적인 캡스톤디자인과 유사하게 운영하되, 주제 선정에서 선행 특허가 없는지 확인하고, 경쟁 기업을 특허분석을 통해 알아보며, 결과물이 지식재산권을 획득할 수 있도록 심화 설계하는 것이라 할 수 있다. 수업 내용에 지식재산과 관련된 이론과 실습을 병행하며, 이를 통해 아이디어 중복성을 배제하고 신규성, 독창성을 확보하며 우수한 결과물은 특허, 디자인, 상표를 출원하여 등록할 수 있도록 한다. 특히, 주제와 관련된 선행 특허를 검색하여, 이미 특허로 보호하는 발명, 고안을 개발하기 위해 시간, 비용, 노력을 들일 가치가 있는지를 확인할 수 있게 한다. 간혹, 학생팀 중에는 이를 간과하여 시제품이 완성된 후에 쓸모가 없거나, 유사한 제품을 제출하는 문제가 생기기도 한다.

이러한 과정을 수행하기 위해서는 담당 교수가 특허에 대한 이해도가 높거나, 수업 과정 중에 지식재산 전문가를 초청하여 강의와 멘토링을 받는 것이 필수라 할 수 있다. 또한, 지식재산권 출원을 위해 변리사 도움을 받거나, 전자출원을 통한 과정 등을 인지해야 한다.

II 캡스톤디자인 정의

학습 목표

· 캡스톤디자인의 정의를 내릴 수 있다.

1.1 캡스톤디자인 정의

1) 캡스톤디자인 정의

캡스톤디자인은 피라미드 최상층부에 마지막으로 올려놓는 돌을 의미하는 것으로, 전공 교육과정 마지막 단계로써 대학에서 배운 내용을 현장에 적용할 수 있도록 하는 교육과정을 의미한다. 이 용어가 우리나라 대학 교육에 사용된 것은 2002년 공학인증제도가 도입되면서 공학인증을 위한 필수 프로그램으로 '설계(design)'교과목이 지정되면서부터이다. '설계' 교과목은 기초설계, 요소설계, 종합설계로 나누어지는데, 캡스톤디자인은 종합 설계에 해당하는 것으로 '전공과 관련된 문제를 전공지식을 활용하여 팀을 이루어 해결하는 교육과정'으로 정의할 수 있다. 공학인증을 도입한 공과대학 핵심 교과목으로 정착되어 교육적 성과가 우수한 교육과정으로 발전되었던 캡스톤디자인은 2012년 시작된 산학협력선도대학지원 사업(LINC사업)을 계기로 공과대학 중심으로 진행되어 오던 산학협력을 모든 학문 분야로 확산하면서 LINC(LINC+, LINC 3.0 등)사업에 참여하는 모든 학과의 교과과정에 편성되었다.

공과대학에 편성된 캡스톤디자인은 결과물이 제품이나 부품, 작품 등 유형의 것이 일반적이나 인문계열, 사회계열, 자연계열 등 비공학계열 학과에서 수행되는 캡스톤디자인의 결과물은 분석 결과, 제안, 보고서 등 무형적인 것일 수도 있다.

2015년 교육부에서 발간한 산학협력 길라잡이에서 캡스톤디자인 정의는 학문분야별로 습득한 전문지식을 바탕으로 하여 산업체에서 필요로 하는 작품 또는 공인으로서 제작 가치가 있는 작품을 학생들 스스로 설계, 제작, 평가하는 것을 말하며, 창의성과 실무능력, 다학제적인 팀워크, 발표능력 향상, 리더의 임무를 수행할 수 있는 능력을 보유한 전문 인력 육성 교육프로그램이라 제시하고 있으며, 특히 인문사회계열 캡스톤디자인은 문제해결이라는 개념을 적용하여 학과 특성에 맞는 사회적 현안 혹은 기업경영 등의 문제를 주제로 선정하고 문제해결 방안을 도출하는 형태로 운영하기를 권고한다.

2) 캡스톤디자인 수행 방법

캡스톤디자인은 정규교과목으로 편성된 것이므로 이를 수행하기 위해서는 수강신청을 한 후 이루어진다. 또한 기본적으로 팀을 이루어 진행하는 과정으로, 학과별로 정해진 지침이나 규정에 따라 사전에 지도교수, 팀 과제를 정한 후 수강신청을 해야 하는 경우도 있으니 해당 학과에서 캡스톤디자인을 어떻게 운영하고 있는지를 수강신청 전에 파악해야 한다. 일반적으로는 지도교수와 캡스톤디자인 수행과 관련된 상담을 한 후 수행과제 및 팀을 구성하여 수강신청을 하고 이 과정에서 캡스톤디자인을 지도해 줄 지도교수를 정한다. 과제를 진행하면서 소요되는 경비는 대학의 여러 사업단이나 학과 등에서 과제 성격 및 난이도에 따라 지원을 받을 수 있다.

3) 캡스톤디자인 도입 배경

1980년대 미국에서는 제품 개발 경쟁력 저하에 대한 반성에서 시작하여 산학연의 협력으로 다양한 교육프로그램을 제시하였다. 그중 오늘날 많은 분야에서 활용되고 있는 산학협력을 통한 대규모의 인턴십 프로그램의 경우 새로운 커리큘럼 개발에 따른 준비 미흡과 구성원 간의 인식 부족으로 대학 및 기업 양측 모두에서 문제점이 야기되었다. 이러한 문제점을 극복하기 위한 대안으로 미국공학교육인증원(ABET) 공학교육인증프로그램 인증기준인 EC2000을 개발하였으며, 졸업생들이 실제 현장에서 엔지니어링 프로젝트를 성공적으로 수행하기에 충분한 교육프로그램을 제공할 것을 요구하고 있다. 이에 대다수의 공과대학에서는 공학설계(Engineering design) 또는 캡스톤디자인 과목을 개설하고 있다.

우리나라 역시 1994년 서울산업대학교(현재 서울과학기술대학교)에 처음으로 캡스톤디자인 과목이 정규과목으로 개설되었으며, 2002년 산업자원부의 지원으로 시작된 창의적

공학교육 프로그램 개발 및 확산 사업을 통해 캡스톤디자인 교육에 관심이 높아지게 되었다. 또한, 정부가 신 산학협력 정책 방향으로 공급자가 아닌 수요자와 주체별 네트워킹을 강화, 실용화와 상품화의 주 목적화, 이론 및 연구 중심이 아닌 현장실무 및 실습 중심 교육 강조, 학생・교수・산업체의 총괄적인 참여를 강조하면서(국가균형발전위원회, 2004) 이에 준하는 캡스톤디자인 프로그램은 관심을 받았다. 특히, 2012년 교육과학기술부가 산학협력 선도대학 육성 사업을 진행하면서 '캡스톤디자인'을 필수 정규 교과목으로 운영해야 함을 규정지으면서 현재까지 높은 관심을 받고 있다. 즉, 우리나라 캡스톤디자인 수업에 대한 관심도는 대학의 자발적 참여보다는 정부의 정책적 차원에서 관심이 유도된 것을 알 수 있다. 2017년, 2022년 LINC 사업의 변화에도 변하지 않는 것은 캡스톤디자인 정규교과목 설강이다. 2022년부터는 기업체 연계, 글로벌 연계, 학제간 연계에 대한 가중치를 주는 형태로 변화하고 있다. 앞으로의 캡스톤디자인은 국내뿐만 아니라 해외의 대학이나 산업체와 연계를 하여 운영하게 되며, 단과대학이나 학과 내에서 이루어지던 것에서 확대되어 단과대학 간, 대학 간 협력이 요구된다고 할 수 있다.

1.2 캡스톤디자인 운영 목표 및 분류

1) 운영 목표

캡스톤디자인은 주어진 전공 이론과 이를 입증해 보는 주입식 교육으로부터 실제 문제 중심의 학습 방식 및 팀 협동 해결 방식으로 교육 패러다임을 전환해 가는 디딤돌이 되기 위한 프로그램이다.

(1) 문제 중심의 학습

[기존 교육과 캡스톤디자인 교육의 차이]

기존교육	캡스톤디자인 교육
주입식 학습 - 강사주도형 - 교과서 중심 - 강의 중심	**문제 중심 학습(PBL : Problem-Based Learning)** 1) 문제(과제)가 먼저 주어짐 - 실제상황과 연계되는 문제 - 다양한 해결안을 도출할 수 있는 문제 - 깊은 사고를 요하는 문제 2) 학습자 주도 3) 과학적이고 분석적인 추론 4) 필요지식 수집 5) 지식의 통합 6) 의사소통 7) 팀워크 8) 자율적 학습 진행 9) 설계/제작/경연대회
자기주도학습	**팀협동 학습(CL : Cooperative Learning)** 1) 다양한 문제해석관점의 도출 2) 다양한 재능의 발현 3) 의사소통 및 팀워크 기술 배양 4) 학습 재미와 학습의욕 향상 5) 지식의 수집과 융합능력 배양 6) 학업성취도 제고

문제 중심 학습(PBL : Problem-Based Learning)은 제시된 실제적인 문제를 학습자들이 해결하는 과정에서 학습이 이루어지는 학습자 중심의 학습 환경이자 모형이다. 학생들은 집단 협업을 통해서 이미 알고 있는 것과 알아야 할 것, 문제 해결에 도움이 될 정보가 어디에 있으며 어떻게 접근해야 하는지를 찾아내게 된다. 교수자의 역할은 학습 과정을 관찰하고 안내하고 보조함으로써 학습을 촉진하는 것이다. 문제 중심 학습은 주로 강의 중심의 전통적인 교수 학습 철학에서 벗어나고자 하는 패러다임 이동을 대표한다. 문제 중심 학습 형태는 의학 교육에서 출발하였는데 현재에는 다른 분야에서도 쓰이고 있으며, 유연한 지식, 효과적인 문제 해결 능력, 자기 주도 학습, 효과적인 협업 능력, 내재적 동기를 학생들이 계발하는 데 목적이 있다.

(2) 팀협동 학습

팀협동 학습(CL : Cooperative Learning)은 학생 3~5명이 소집단을 형성하여 구성하고 함께 사회적 상호작용을 하여 공동의 학습 목표를 달성하도록 고안된 실제적인 학습 유형의 하나이다. 일반적인 자기주도학습과는 달리 학생들의 긍정적 상호의존 관계를 중시하고 집단 구성원 개개인의 책임을 강조하며 동시에 지식과 기술을 습득할 수 있다는 장점이 있는데, 진정한 협동학습이 가능해지려면 과제가 협동적으로 구성되어야 하고, 평가 체제에서 기회도 균등해야 하며 협동적 피드백 구조, 집단과정에 대한 배려가 전제되어야 할 것이다.

2) 캡스톤디자인 분류

캡스톤디자인은 추진 형태, 과제 유형에 따라 분류하기도 한다.

[캡스톤디자인 분류]

추진 형태	과제 유형
개별 전공형	창의 자유 과제
	산업체 연계 과제
학제 간 융합형	장의 자유 과제
	산업체 연계 과제

- 개별 전공형: 단일 학과 내에서 팀을 구성하여 수행
- 학제 간 융합형: 단과대학 내 학과 간, 타 단과대학 학과 간 융합으로 팀을 구성하여 수행
- 창의 자유 과제: 학생의 자발적 아이디어나 교수가 제안한 주제를 수행하는 과제
- 산업체 연계 과제: 산업체와 관련된 주제로 산업체에서 멘토링에 참여하는 과제

3) 캡스톤디자인 운영 체계

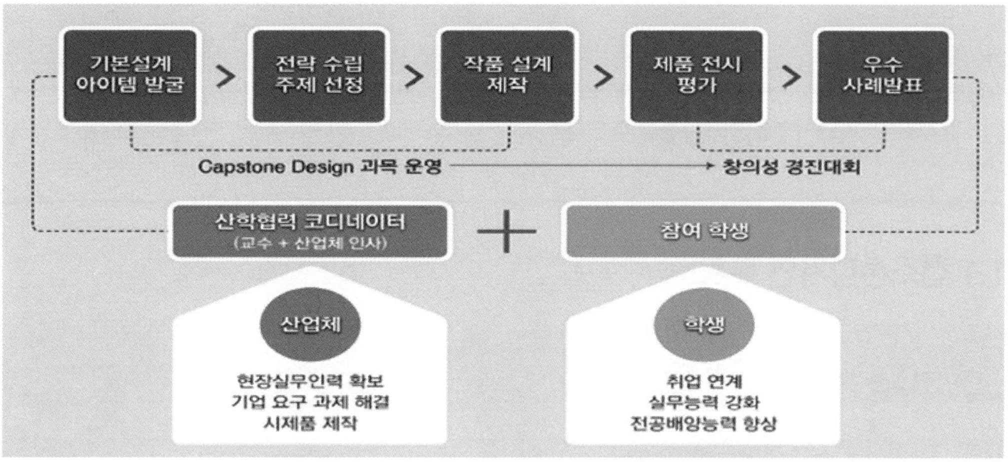

III 캡스톤디자인 유형

학습 목표

· 캡스톤디자인 유형을 알고 수행할 수 있다.

1.1 캡스톤디자인 유형

[캡스톤디자인 유형]

주제에 따른 분류	내용	기대 효과
기업연계형	경영 및 제품 개선을 이루고자 하는 기업체가 공동으로 참여하여 기업 성과를 향상시킬 수 있는 프로젝트를 도출하는 것이다.	기업수요를 반영한 프로젝트를 발굴하여 기업의 애로사항을 해결하면서 학생들이 현실 경제를 직시할 수 있도록 하면서 문제해결 능력을 향상하고자 한다.
사회기여형	지역사회 단체 및 비영리기관이 참여하여 학생들과 머리를 맞대고 지역사회의 문제를 발굴하고 해결하고자 한다.	지역 연계 및 지역사회 수요를 반영한 프로젝트를 도출한다. 학생들에게 공동체 의식을 고취시켜 줄 수 있다.
신산업형	인공지능, 무인운송수단, 3D 프린팅, 첨단 로봇공학, 신소재, 블록체인 등 신산업 기반 프로젝트를 발굴하고자 한다.	학생들이 융합적 사고 및 문제해결 능력을 갖춰서 시대 변화에 맞춘 인재로 양성될 수 있다.

위의 내용과 관련된 업체, 비영리 단체 및 주제의 선정은 학생 혹은 교수가 제안할 수 있다. 그 장단점은 다음과 같이 요약된다.

[제안 주체별 주제 선정 장단점]

제안 주체별 분류	장점	단점
학생 주도형	학생이 적극적으로 되면서 스스로 흥미가 유발되고 여러 주제가 다양하게 제시될 수 있다.	주제가 너무 광범위해지고 분산되어서 직접적인 교육의 효과가 약할 수 있다. 담당교수 또한 해당 주제에 관심도 및 전문성이 떨어질 수 있는 문제도 발생한다.
교수 제안형	교수가 문제를 인식하면서 교육공학적인 설계를 제시할 수 있어 교육의 효과가 높을 수 있다.	학생의 자율성이 약해지고 수동적이 되어 학생의 관심도 및 흥미가 떨어질 수 있으며, 주제 또한 제한될 수 있다.

캡스톤디자인은 실제 기업체 현장 혹은 현실 사회에서 부딪치는 문제 및 애로사항을 파악하고 이를 해결하는 데 주안점이 있으므로 대상 업체 및 과제의 선정부터 학생이나 교수 모두에게 쉬운 일이 아니다. 이미 노출된 문제를 정리하여 학생들에게 제시할 때는 그 주제도 제한적이지만 외부에서 바라보면서 현장의 문제를 파악한다는 것이 매우 피상적일 수 있다.

또한 학생들의 새로운 시각으로 발견되는 문제를 파악하고 해결하는 것이 참여 기업체에도 좋고 교육의 의의도 높을 것이다. 한 학기만으로 현장의 문제를 한 번에 파악하고 해결하기에는 시간상으로 충분하지 못할 수 있으므로 기본 단계에서 미흡하거나 심화하여 연구해야 하는 주제는 따로 사안별로 개별 프로젝트로 분리하여 학기를 이어가고, 그 결과를 누적해 가면서 같은 업체에 대해 추가로 캡스톤디자인을 계속 진행할 수도 있다.

[캡스톤디자인 단계별 진행 프로세스]

국면	단계 I	단계 II
단계	캡스톤디자인 기본단계(현장실습형)	캡스톤디자인 심화단계(프로젝트형)
내용	지역에서 어려운 기업(사회적 기업, 협동조합, 마을 기업, 영세 자영업자 등)의 경영개선을 지원하기 위해 팀을 형성하여 일손지원 및 문제를 해결한다.	기본 단계에서 추출되는 문제를 프로젝트형으로 발전시켜 심화·분석하며 여러 학기에 걸쳐서 그 내용은 계속 연계가 되도록 결과를 누적하면서 성과를 측정한다.

1) 프로그램 학습성과 평가의 효용성

프로그램 학습성과 평가의 효율성은 평가가 얼마나 적은 비용으로 수월하게 이루어지는가 하는 관점에서 생각할 수 있다. 우선 캡스톤디자인 교과목을 통한 프로그램 학습성과 평가는 구성원 모두에게 참여 동기를 제공한다. 4학년 1, 2학기에 걸쳐 각각 3학점씩 6학점의 적지 않은 학점을 부여받게 되며 특히 졸업 자격시험을 대체하는 성격을 가지고 있으므로 이 교과목에 상당한 비중을 느끼고 있다.

캡스톤디자인 교과목을 통한 프로그램 학습성과 평가는 교과목의 성적 평가 작업을 진행하는 과정에서 이루어지므로 구성원 모두에게 익숙하며 따라서 추가의 노력이 크게 요구되지 않는다는 면에서 효율적이다. 캡스톤디자인 교과목의 성적 평가 방식은 표준화된 심사 항목으로 구성된 심사 서식으로 이뤄지고 모든 심사 항목은 프로그램 학습성과와 연관되어 있다. 즉, 평가 교수가 교과목에 대한 평가를 수행하면 이것이 자동으로 프로그램 학습성과의 평가 결과에 반영된다. 교수나 학생으로서는 매우 익숙한 과정이며 추가 시간이나 노력을 요구하지 않는다.

캡스톤디자인 교과목을 통한 프로그램 학습성과 평가는 소프트 스킬(Soft skills)에 관한 적절한 평가도구를 손쉽게 제공해 준다는 면에서 효율적이다. 소프트 스킬은 개인이 보유하고 있는 소통능력, 리더십, 문제 해결 능력 등이 해당하는 것으로 자격증, 학위 등과 같은 하드 스킬처럼 정량적 평가는 어렵다. 캡스톤디자인 교과목은 폭 넓은 팀 활동을 요구하므로 이를 배양하고 평가하는 기회를 제공해 준다. 발표 평가는 구두발표와 작품 설명을 포함하고 있고 지도교수와의 면담 지도를 통해서도 의사소통 능력 배양과 평가가 진행된다. 또 소프트 스킬 관련 프로그램 학습성과 평가를 위해 작성되는 에세이, 보고서, 설문 조사는 캡스톤디자인 교과목을 통해 수월하게 진행될 수 있다.

2) 캡스톤디자인의 지속 가능성

캡스톤디자인의 지속 가능한 조건으로 다음과 같은 요건을 꼽을 수 있다.

* 모든 학과에 캡스톤디자인이 신설될 수 있도록 해야 한다.

* 공간 및 시설 지원 및 인력 투자가 필요하다.

* 타 단과대학과 연계가 필요하다.
* 산업체의 적극 참여 및 후원금 지원이 있어야 한다.
* 학생 중심으로 운영되어야 한다.
* 교수의 참여를 이끌어낼 수 있는 리더십이 있어야 한다.
* 글로벌 산업체, 대학과 협력이 필요하다.
* 수업을 보조할 인력(조교, 서포터즈 등)이 요구된다.
* 3학년 이상의 학생이 수강해야 한다.
* 1, 2학년 과정에 캡스톤디자인 전 단계 수업인 "adventure design"교과목이 설강되면 좋다.

Ⅳ 운영 방식 및 지원 체계

학습 목표

· 캡스톤디자인 운영 방식을 알고 지원체계를 이해하여 과제를 원활하게 수행할 수 있다.

1.1 운영방식

1) 한 학기 정규 교과목이며, 작품 완성도를 높이기 위해서는 2학기 연속 1년 프로젝트로 진행하기를 권장한다.
2) 제작된 프로젝트 결과물인 작품은 자체 경진대회 또는 대외 경진대회에서 발표하거나, 전시회에 출품한다. 이를 통해 학생들은 과제 완성을 경험한다.
3) 산업계에서 프로젝트 실무는 팀을 기반으로 수행되므로 이에 캡스톤디자인은 예비 경험이라 할 수 있다.
4) 캡스톤디자인 작품은 팀 활동 결과물이며 학생 개인은 팀 일원으로 필요 자료를 조사하고, 의사소통하며, 최선의 대안을 이끌어내고, 할당된 업무를 수행한다.
5) 팀원 간의 부조화를 해결하고 상충하는 의견을 조정하면서 자신의 견해와 다른 팀원 의견을 조정하고 최선안을 도출하는 과정도 캡스톤디자인 한 부분이다.

1.2 지원 체계

1) 교육 지원

· 의사소통, 팀 활동 방법에 관한 교육으로 팀 활동 능력을 높인다.

· 창의적 문제해결 기법(트리즈 등) 지도로 문제해결 능력 향상한다.

· 체계적인 설계 방법을 교육한다.

2) 재정적 지원

· 재료비, 관련 기업 방문 출장비 등을 지원한다.

- 기술정보 조사비를 지원한다.
- 캡스톤디자인 경진대회 개최 및 출전 비용을 지원한다.

3) 학생-참여기업-대학원생-지도교수로 이어지는 기술혁신형 협력 체제 지원

- 캡스톤디자인 주제에 적합한 기업 및 전문가를 선정하여 팀과 연계한다.
- 진행 상황의 점검 및 애로 사항 해결 지도한다.
- 기술 혁신형의 경우, 대학원생이 학부생의 멘토가 되어 과제를 주도한다.

1.3 심사 기준

캡스톤디자인 과정에서 아이디어 도출 과정 적정성, 학생 업무 능력 향상도 및 성취도, 완성된 작품 질적 우수성을 중점 평가하고 있다.

[캡스톤디자인 심사 평가 항목 및 배점]

평가 항목	세부 평가 지표	배점	
창의성 및 기획성	아이디어 창의성/진보성 및 기존 기술(제품)과 차별성	20	40
	과제 기획 및 내용 우수성	10	
	과제 수행 프로세스 체계성(기획-제작-보고-사업화까지 일련의 프로세스 설계 및 진행의 적정성)	10	
기술성 및 완성도	설계과정 논리적 타당성 및 실현가능성	10	20
	결과물 완성도	10	
기대효과	결과물 제품화 가능성 및 기대효과	20	20
팀 구성 및 협력 정도	팀 구성 및 역할 분담 적정성	10	20
	팀 협력 정도 및 참여도	10	
총점		100점	

[지역사회문제해결 캡스톤디자인 전시회 체험부스]

출처: 충남대 LINC사업단 자료

[충남대 CNU-MIC 창의인재 인증식 및 총장 명의 수료증 수여]

출처: 충남대 LINC사업단 자료, MIC : Mentoring-Internship-Capstone design

참고자료

[도서]

- 이유태. 캡스톤디자인, 시그마프레스. 2018

[인터넷]

- 지식재산 기본법, 과학기술정보통신부. https://www.law.go.kr/%EB%B2%95%EB%A0%B9/%EC%A7%80%EC%8B%9D%EC%9E%AC%EC%82%B0%EA%B8%B0%EB%B3%B8%EB%B2%95
- 스티브잡스, https://ko.wikipedia.org/wiki/%EC%8A%A4%ED%8B%B0%EB%B8%8C_%EC%9E%A1%EC%8A%A4

Chapter 02

캡스톤디자인 국내외 교육 현황, 필요성, 팀구성, 과제 수행 사례

Ⅰ. 캡스톤디자인 국내외 교육 현황
Ⅱ. 캡스톤디자인 팀 구성
Ⅲ. 캡스톤디자인 과제 수행 사례(인문·사회/공학 분야)
Ⅳ. 캡스톤디자인 과제 수행 사례(농산업/융합 분야)

02 창의적인 지식재산 **캡스톤디자인**

캡스톤디자인 국내외 교육 현황, 필요성, 팀구성, 과제 수행 사례

I 캡스톤디자인 국내외 교육 현황

학습 목표

· 캡스톤디자인 교육 현황을 알고 창의적, 융합적 사고를 할 수 있다.
· 국내외 대학 캡스톤디자인 현황을 이해할 수 있다.

1.1 캡스톤디자인 교육 현황

1) 캡스톤디자인 운영 현황 및 지원 금액

2022년 캡스톤디자인 운영대학은 272개로, 2018년(254개) 대비 7.1% 증가하였다. 2022년 캡스톤디자인 이수 학생 수는 256,735명으로 2018년 236,831명보다 8.4% 증가한 것으로 조사되었다. 캡스톤디자인 지원 금액은 2018년(201.5억 원) 이후 2019년 소폭 증가(213.9억 원)하였다가 점차 감소하였고, 2022년에는 2018년 대비 3.7% 증가한 209.0억 원 이었다. 2022년 캡스톤디자인 지원금 수령 학생 수는 229,122명으로 전체 캡스톤디자인 이수 학생 수 중 89.2%가 실습 지원금을 받았다.

[캡스톤디자인 운영 현황]

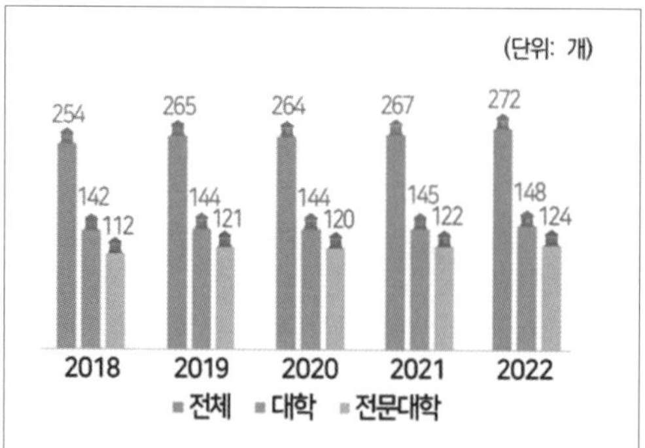

캡스톤디자인 운영대학

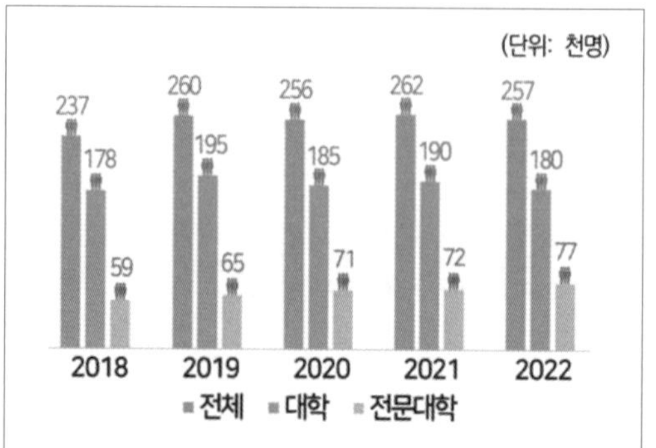

캡스톤디자인 이수학생

출처: 2022 대학 산학협력활동 조사보고서. p.29

[캡스톤디자인 지원 금액]

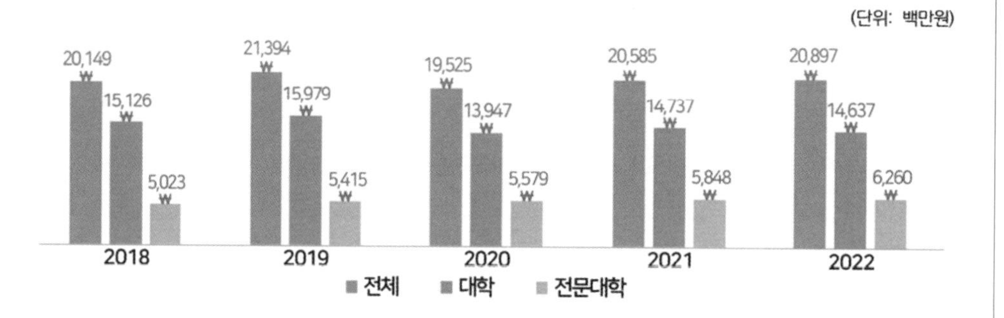

캡스톤디자인 지원금액

출처: 2020 대학 산학협력활동 조사보고서. p.29

2) 대학별 캡스톤디자인 운영 현황(2022년 기준)

[2022년 대학별 캡스톤디자인 운영 현황(학생수 기준)]

(단위 : 명)

구분	캡스톤디자인 이수 학생 수	
	대학명	학생 수
상위 30위	동서대학교	6,068
	중앙대학교	4,100
	동의대학교	3,740
	조선대학교	3,473
	영남대학교	3,465
	동명대학교	3,277
	경북대학교	3,195
	부경대학교	3,187
	한밭대학교	3,184
	한국공학대학교	3,053
	동아대학교	2,991
	서울과학기술대학교	2,937
	전남대학교	2,858
	순천향대학교	2,807
	한국교통대학교	2,715
	한양대학교(ERICA)	2,648
	충남대학교	2,641
	호서대학교	2,588
	대구가톨릭대학교	2,469
	경남대학교	2,458
	한국기술교육대학교	2,369
	아주대학교	2,359
	충북대학교	2,356
	동국대학교	2,307
	상명대학교	2,307
	울산대학교	2,195
	우석대학교	2,138
	선문대학교	2,132
	한남대학교	2,126
	홍익대학교	2,108
50위	A대학교	1,473
100위	B대학교	545
평균(전체)	-	1,215

출처: 2022 대학 산학협력활동 조사보고서. p.116

1.2 정부 부처의 사회문제 해결

1) 사회문제 해결 영역

정부에서는 사회문제 해결 R&D 추진을 통해 국민이 체감할 수 있는 현장 적용 확산을 위해 3가지 핵심 개념 요소가 사업에 포함될 수 있도록「현장 적용 확산을 위한 사회문제해결 R&D 가이드라인」을 마련 · 시행하고 있다. 대학 캡스톤디자인에서도 41개 사회문제 영역에서 접근하여 과제를 수행할 때 현장 수요에 맞는 결과물을 제시할 수 있어 이를 참고하는 것이 도움이 될 수 있다.

[사회문제 영역(10대 분야 41개 사회문제 영역)]

<제2차 종합계획에서 제시한 41개 사회문제영역>

10대 분야	41개 사회문제영역
건강	만성질환, 희귀난치성 질환, 중독, 퇴행성 뇌/신경질환, 정신질환·지적장애
환경	생활 폐기물, 실내 공기오염, 수질 오염, 환경 호르몬, 산업폐기물, 미세먼지, 미세플라스틱
문화여가	문화소외, 문화·여가공간 미비
생활안전	성범죄, 먹거리 안전, 사이버 범죄, 가정 안전사고, 화이트칼라 범죄, 사생활 침해, 가상증표(통화) 부작용
재난재해	기상재해, 화학사고, 감염병, 방사능 오염, 지진, 소방안전
에너지	전력수급, 에너지 빈곤
주거교통	불량/노후 주택, 교통 혼잡, 교통안전
가족	노인 소외·자살, 가정폭력, 저출산
교육	교육격차, 학교폭력
사회통합	의료격차, 정보격차, 취약계층 생활불편, 노동의 차별

출처: 현장 적용 확산을 위한 사회문제 해결 R&D 가이드라인, 과학기술정보통신부, p.8 2021.4.16

2) 사회문제 해결 과제에 대한 인지도

제3차 과학기술 기반 사회문제 해결 종합계획(2023~2027) 사회문제 보고서에 따르면 일반 국민의 높은 관심과 함께 기존 시스템으로 이러한 사회문제를 해결하기에는 한계에 직면함에 따라 새로운 프레임인 전환적 혁신 정책(Transformative Innovation Policy)이 등장하였다. 전환적 혁신 정책은 개별기술 확보 및 경제발전 중심이 아닌 사회 시스템 전반의 혁신과 국민 삶의 질 향상을 목표로 하는 임무 지향적 혁신 정책(Mission OrientedInnovation Policy)이 주요 특징으로, 참여 주체도 공급자 중심이 아닌 국민, 지자체, 민간기업 등 수혜자와 수요자까지 범위가 확대된다.

과학기술을 국민 삶의 질을 높이고, 사회문제를 해결하는 수단 등, 과학기술 역할에 대한 국민의 기대 수준도 점차 높아지고 있다.

(1) 사회문제 인지도

[국민들이 바라보는 사회문제]

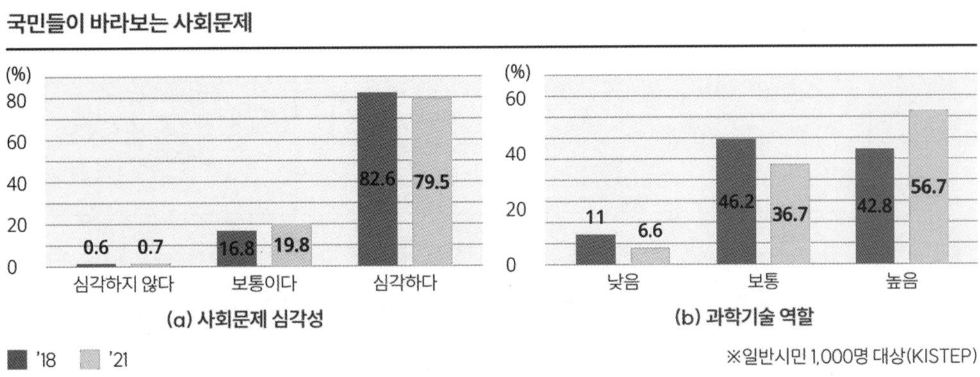

출처: 제3차 과학기술 기반 사회문제 해결 종합계획(2023~2027) 사회문제 보고서

3) 과학기술 비전

[제3차 과학기술 기반 사회문제 해결 종합계획(2023~2027) 비전 및 전략목표]

비전: 국민과 함께하는 과학기술로 모두가 행복한 사회 실현

목표

- **과학기술의 기여도에 대한 국민 인식(%): ('18) 42.8 → ('21) 56.7 → ('27) 65.0**
- **현장 적용형 연구개발 예산 비중*(%): ('21) 19.3 → ('27) 40.0**

*총 사회문제해결 연구개발 예산 대비 비중

추진 전략

●● [전략 1] 사회문제해결 생태계 고도화 ●●

01	02	03
문제해결의 전략성 강화	**임무중심의 문제해결력 강화**	**수요자·민간주도의 체감 성과 창출**
과제 1) 사회문제해결 추진체계 효율화 과제 2) 주요 사회문제 발굴 및 관리체계 고도화 과제 3) 사회문제해결 R&D 전략적투자기반조성	과제 4) 임무지향적 문제해결사업 추진 과제 5) 수요자 주도형 사회문제해결 R&D 강화 과제 6) 사회문제해결 R&D 성과관리체계 고도화	과제 7) 사회문제해결 주체 역량 강화 과제 8) 사회문제해결 협력 공유 생태계 활성화 과제 9) R&D성과의 문제현장 전달체계 구축 과제 10) 민간 주도 우수성과 현장확산 강화

+

●● [전략 2] 핵심 사회문제 역량 집중 ●●

고령화 | **사이버범죄** | **미세먼지** | **미세플라스틱** | **생활폐기물**

출처: 제3차 과학기술 기반 사회문제 해결 종합계획(2023~2027) 사회문제 보고서

4) 사회문제 해결 R&D 연혁

[사회문제 해결 R&D 연혁]

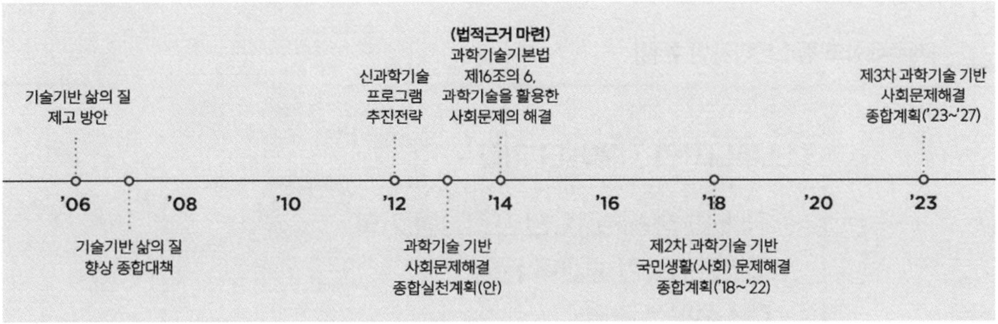

출처: 제3차 과학기술 기반 사회문제 해결 종합계획(2023~2027) 사회문제 보고서

제3차 과학기술 기반 사회문제 해결 종합계획에 따르면 다음과 같다. 사회문제 해결 R&D 정보 공유 및 확산을 위해 2020년부터 서비스하고 있는 사회문제 해결 플랫폼을 고도화하여 3차 종합계획 추진 방향에 맞춰 다양한 사회문제 해결 주체들 간 정보를 매개로 교류, 소통, 협력이 활성화되도록 온라인 플랫폼 기능을 확대한다. 또한 사회문제 해결 관련 공공(시민)조직 등과 소통할 수 있도록 시민참여 및 시민주도 조직 연계와 협력을 강화한다. 그리고 문제해결 성과를 공유하기 위해 우수성과 모니터링을 확대한다. 국가과학기술지식정보시스템(NTIS)과 연계하여 사회문제해결 R&D 사업 현황, 주요 성과 등 사회문제 영역별 추진 현황을 통합 제공하고, 사회문제 관련 민간기업의 사회문제 해결 우수기업, 사회적 경제조직 현황 및 성과 정보에 대한 접근성을 높인다.

1.3 국내대학의 캡스톤디자인 현황

1) 제주대학교 캡스톤디자인 지원 센터 현황

[제주대학교 캡스톤디자인 현황]

캡스톤디자인 지원센터 역할

+ 국내·외 캡스톤디자인 프로그램 기획
+ 캡스톤디자인 교과목 운영
+ **캡스톤옥션** 관리

캡스톤디자인 지원센터 인적 구성(총 4명)

+ 캡스톤디자인 지원센터장
+ 비전임 산학협력중점교수, 행정팀장, 연구원 2명

출처: 김은희. 2020. 제주대 캡스톤디자인센터 발표 자료

(1) 캡스톤디자인 지식재산권 교육

캡스톤디자인 결과물에 대한 지식재산권 권리 확보 및 보호를 위해 초기 단계부터 팀별 맞춤형(3단계) 교육을 운영하고 있다.

(2) 창의융합캡스톤디자인 교과목 운영

지역사회 및 기업의 문제를 해결하기 위해 다학과간 융합팀을 구성하여 심화 프로젝트를 수행하고 있다.

(3) 캡스톤디자인 결과발표회

학생들이 한 학기간 수행한 결과물을 평가하고 기업과 소통하는 장을 마련하고 있다.

(4) 캡스톤옥션 브랜드화

기업이 전시된 학생 작품과 아이템을 관람한 후 사업화로 진행하고자 하는 팀에게 투자하는 프로그램이다.

[캡스톤디자인 옥션 상표 브랜드화]

출처: 김은희. 2020. 제주대 캡스톤디자인센터 발표 자료

[캡스톤옥션(Quick Win Project)]

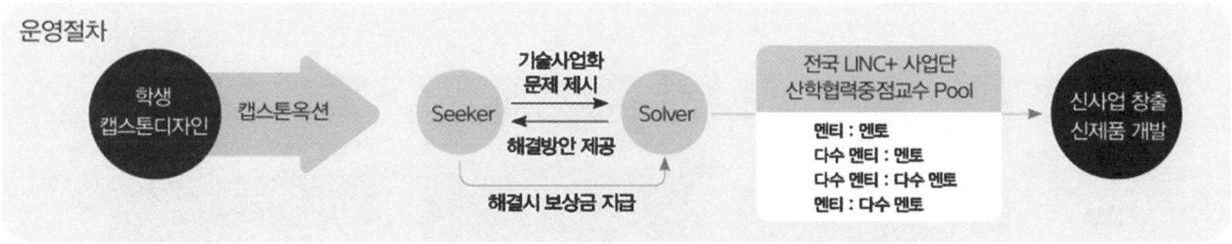

출처: 김은희. 2020. 제주대 캡스톤디자인센터 발표 자료

(5) 캡스톤옥션 Quick Win Project

기업의 사업화 추진 및 문제해결을 위한 캡스톤옥션 고도화 프로그램이다.

[캡스톤옥션(Quick Win Project)]

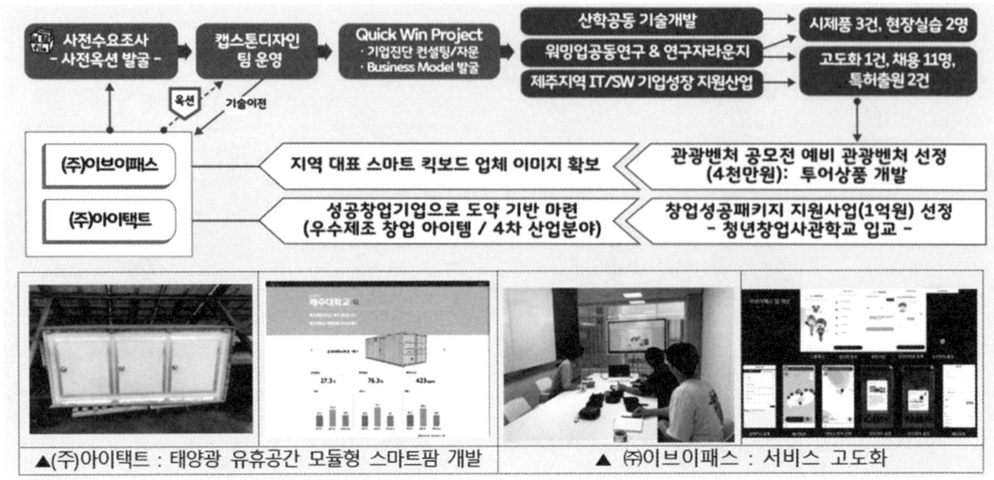

출처: 김은희. 2020. 제주대 캡스톤디자인센터 발표 자료

2) 가톨릭대학교 캡스톤디자인 현황

[캡스톤옥션(Quick Win Project)]

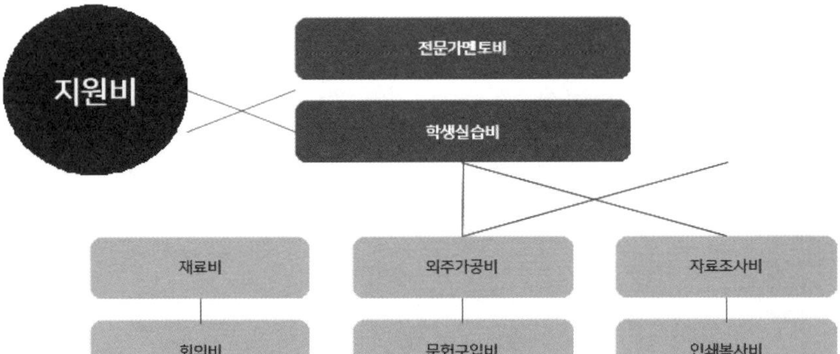

출처: http://capstone.catholic.ac.kr/web/page.php?pcode=82

(1) 가톨릭대학교 우수 아이디어 기술이전 운영

기술 자문을 통하여 매출 증대 및 사업 활성화에 기여하여 경쟁력 향상을 유도하고 있다. 산업체-대학 공동 기술개발 및 기업의 애로 기술 지원을 통한 기술사업화 및 상품

을 지원하고 있다.

지원 방법으로는 1회 방문 시마다 기술이전 일지 작성, 기술이전 완료 시 결과보고서 작성, 기술이전 일지와 취합하여 제출, 결과보고서 제출 후 기술 지도 수당을 지원하고 있다.

3) 한양대학교 캡스톤디자인 현황

[한양대학교 ERICA 캠퍼스]

및 H/W+S/W	S/W 및 문제해결
구체적 형상의 시작품 제작	무형적 해결방안 제시
15만원 / 1인	10만원 / 1인

학연산 클러스터교육센터에서 관리

출처: : https://erica.hanyang.ac.kr/capstone 수정

[한양대학교 ERICA 캠퍼스]

출처: : https://erica.hanyang.ac.kr/capstone

4) 충남대학교 글로벌 캡스톤디자인 운영

코로나 시기인 2020년 11월, 충남대학교 사회 맞춤형 산학협력선도대학(LINC+) 육성 사업단은 '코로나19로 어려운 지역민과 상인 돕기'를 주제로 네덜란드 폰티스(Fontys) 실무중심대학과 비대면 글로벌 리빙랩(Living Lab) 워크숍을 개최했다.

지속적인 협력으로 2020년 11월 25일에는 지역사회 보건 의료 문제 해결에 대한 대학과 기업 협력 중요성을 알리기 위한 행사로 충남대와 인제대 학생 및 교수, 네덜란드 교육진흥원, 한국에자이 관계자 등 50여 명이 참가하였다. 치매 문제 해결을 주제로 네덜란드 헬스케어 코크리에이션(Co-creation) 전문가인 2명의 교수가 치매 문제 해결 및 네덜란드 코크리에이션(Co-creation)을 특강했다. 또 국제 교류 전문가 그룹 씨닷, 치매안심센터 총괄팀장, 에리치 차장, 치매 환자 가족이 치매 문제 해결 아이디어에 대해 열띤 논의를 펼쳤다.

아울러 충남대와 인제대 학생으로 구성된 6개 팀이 치매 문제 해결을 위한 아이디어를 발표했다. 치매 인식 개선, 치매 환자와 돌봄자 케어 시스템 문제 해결, 치매 환자를 위한 매트리스 개발 등 다양하고 창의적인 해결 방법을 제시하여 호평을 받았다.

2021년에는 대전권대학 글로벌 사회문제 아이디어톤 경진대회를 개최하여 충남대, 대전대, 한밭대, 배재대 학생들의 글로벌 역량을 배양하는 데 힘을 쓰기도 했다.

[충남대학교 글로벌 캡스톤디자인]

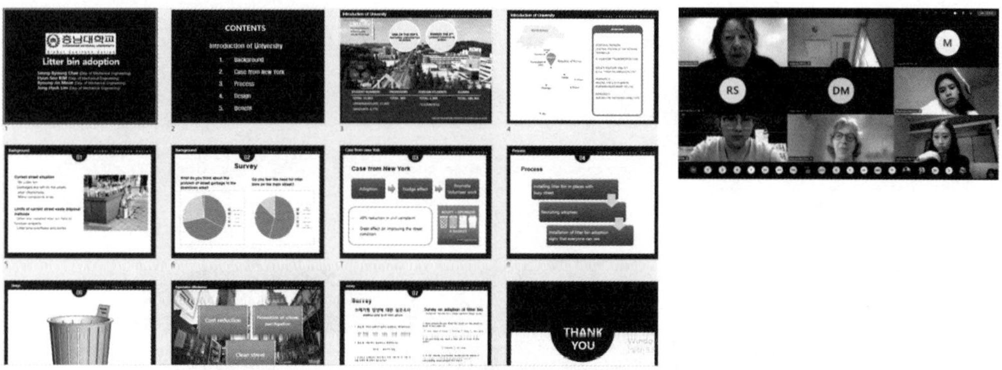

출처: 김영아. 2020. 충남대 글로벌 캡스톤디자인 운영 현황 발표자료

[충남대학교 글로벌 캡스톤디자인]

출처: 김영아. 2020. 충남대 글로벌 캡스톤디자인운영 현황 발표자료

[충남대학교 글로벌 캡스톤디자인 과정 중 학생 대화]

M moonb1019 (게스트) 오후 6:24
Are there many Korean restaurants in the Netherlands?

Buter,Aiden M.S. 오후 6:25
not as many, sadly.

There's a Korean BBQ in Tilburg, though!!!

NS Siemerink,Noor N.T. 오후 6:25
i think every big city has atleast 1 or 2 but not that many

M moonb1019 (게스트) 오후 6:26
Unfortunately, there aren't many Dutch restaurants in Korea, too....

Buter,Aiden M.S. 오후 6:26
once the borders are open for travelling again, we'll definatly meet up for the food 🙂

EK Kuijvenhoven,Eireen E.G.P. 오후 6:27
You should try hutspot, frikandel with fries and boerenkool

DN Naafs,Daniëlle D.W.R. 오전 4:25
Game: Getting to know each other
Welcome students!

Take turns turning the wheel. The student answers the question that appears when the wheel stops! Have a lot of fun!

https://wheelofnames.com/view/nl/unc-8mn/

간단히 보기

출처: 김영아. 2020. 충남대 글로벌 캡스톤디자인운영 현황 발표자료

쉬어가는 코너

충남대 LINC+ 사업단, 네덜란드 대학과 글로벌 학생 워크샵

기사승인 2020.11.01 09:48:40

지난 11일 네덜란드의 폰티스실무중심대학과 충남대학교 학생들이 온라인으로 '글로벌 리빙랩 워크샵'을 하고 있다
코로나19로 경제적 어려움을 겪고 있는 충남 도민을 위해 한국과 네덜란드가 힘을 합쳤다.
충남대학교 사회맞춤형 산학협력선도대학(LINC+) 육성사업단(단장 김동욱)은 '코로나 19로 어려운 지역민과 상인 돕기'를 주제로 지난 11일 폰티스(Fontys) 실무중심대학과 글로벌 리빙랩(Living Lab) 워크샵을 개최했다.

리빙랩 프로젝트는 특정 사회적 이슈에 대한 해결책을 지역의 실수요자인 시민과 지자체, 기업, 대학 등이 모여 현장 토론을 통해 찾아 가는 일종의 '사회혁신 모델'을 말한다.
이날 워크샵에는 네덜란드의 폰티스실무중심대학을 대표해 모니카 교수와 다니엘 교수가 참석했다.
충남대학교 LINC+ 사업단에서는 김영아 교수, 환경소재공학과 박유나 학생과 폰티스 TCL(정보통신공학과)의 Willem 학생 등 24명이 참가해 3시간에 걸쳐 발표와 토론을 벌였다.
워크샵의 첫 발표자로 나선 박유나 학생은 '지역민의 치유를 위한 커뮤니티 가든 조성'을 주제로 발표했다.
이후 기계공학부 채승병 학생의 'Litter Bin Adoption' 발표가 이어졌고, 같은 과 박선욱 학생의 '메트로팜' 조성과 관련된 'Any weather, Any where' 프로젝트로 끝을 맺었다.
한편 충남대 학생들은 글로벌 캡스톤디자인 교육과정에서 리빙랩 프로젝트를 한 학기 동안 수행을 하면서 네덜란드와 적극적으로 교류하고 있다.
이 제도를 일찍이 학제에 도입한 네덜란드 고등 교육 기관은 학생들의 실무 경험을 늘려 취업률 상승 및 창업 지원 강화 등에 활용하고 있다.

출처: 충청비즈 cbiz0419@naver.com   http://m.cbiz.kr/news/articleView.html?idxno=20583
https://blog.naver.com/cnunow/222146354393

쉬어가는 코너

충남대학교, '대전권 대학 글로벌 사회문제 아이디어톤 경진대회' 개최

기자명 한상형 기자   입력 2021.12.13 15:00

[한국강사신문 한상형 기자] 충남대학교(총장 이진숙)는 LINC+사업단이 12월 9일, 글로벌 시대에 발맞춘 세계적 사회문제에 대한 고찰 및 문제해결 능력을 갖춘 인재양성을 위해 개최한 '2021 대전권 대학 글로벌 사회문제 아이디어톤 경진대회' 시상식을 개최했다고 10일 밝혔다.
충남대 LINC+사업단이 대전권대학연합산학협력협의체, 한국에자이, 네덜란드교육진흥원, 씨닷과 함께 개최한 이번 경진대회는 '치매에 대한 커뮤니티케어 활성화 방안'을 주제로 지난 11월 17일, 12월 8일 양일에 걸쳐 진행됐다.

충남대 2팀, 대전대, 배재대, 한밭대 각 1팀 등 총 5팀의 학생팀이 출전했으며, 지난 8일 개최된 2차 워크숍은 영어로 진행된 가운데 Fontys University의 Monica Veeger교수의 자문이 더해져 글로벌 대회임을 증명했다.
이날 경진대회 시상식에서 '청소년들의 치매인식 개선과 교육의 제고성-Improving adolescents' awareness of dementia and introducing education' 주제를 발표한 충남대 'CarePass팀(유영균, 이창민, 하민수, 박지선)'이 대상을 받았다.
또, 충남대 'we can we do팀'은 최우수상을, 배재대 '마실팀', 한밭대 'For the elderly팀', 대전대 'Front Runner팀'은 각각 우수상을 받았다.
한편, 충남대는 향후 돌입하는 LINC3.0 후속 사업을 통해 대전권 대학들과의 유기적인 체계를 구축함으로써 한층 고도화된 산학협력을 펼쳐 나갈 계획이다.

출처: https://www.lecturernews.com/news/articleView.html?idxno=83443

5) 다학제적 융합교육 동향

(1) 수도권 대학

대학	내용
고려대학교	인문계와 이공계의 장벽을 없애는 융합교육과정 (뇌인지과학융합전공, LB&C융합전공, 소프트웨어벤처융합전공)
연세대학교	생명과 건강 중심의 가치관을 형성하고(인문과학), 구체적인 실천 방식을 찾으며(공학, 디자인예술학), 사업화 가능성을 모색하는(경영학) 신 개념의 융합적 디자인 교육 (융합디자인학 연계전공)
성균관대학교	AI 전문 인력 양성을 위한 교육(AI 대학원 "인포메틱스융합전공, 데이터사이언스 융합전공")
상명대학교	미래융합산업과 학문간 융합을 통한 집중적인 창의력 교육과정 (융합공과대학)
광운대학교	인문학적 아이디어를 ICT에 접목, 시각적 디자인 구현 (소프트웨어융합대학)

출처: 윤상식. 2021. 산학협력기반 다학제적융합 캡스톤디자인 적용사례 및 성과분석. 한국콘텐츠학회논문지 제21권 제6호, 639 - 652.

1.4 해외 대학의 캡스톤디자인 현황

한국의 대학-네덜란드 교육진흥원(Nuffic) 컨퍼런스 및 양해각서 체결을 통해 한국 대학에서 본격적인 리빙랩 교육 및 사회문제해결을 위한 리빙랩 캡스톤디자인 시발점이 되었다.

1) 네덜란드와의 협력

[대학 LINC+사업단-Nuffic, 양해각서 체결]

참석 기관 : 7개 네덜란드 대학, 네덜란드 연구재단, 네덜란드 진흥교육원, 대한민국 7개 대학교(충남대, 한밭대, 대전대, 전주대, 계명대, 인제대, 제주대), 기타 기관 : 네덜란드 대사관, YTN

출처: 김영아. 2020. 충남대 글로벌 캡스톤디자인운영 현황 발표자료

2) 네덜란드 리빙랩과 국내의 캡스톤디자인

[Living Lab vs. Capstone Design]

항목	Living Lab	Capstone Design
정규/비정규	정규	정규
학점	최대 한학기 이수 학점 전체	3
참여	학생, 지자체, 기업, 소비자(사용자)	[사회문제해결형] 학생, 교수, 지자체(제한적) [산업체연계형] 학생, 교수, 기업 [기타] 학생, 교수
주제 선정	참여 주체	교수 또는 학생
결과 공유/환류	참여 주체	학생, 교수, 지자체(제한적)
결과 확산	지자체 정책, start-up, 사회운동 등	×
특징	강의실 ×, 강의 × 개방형 팀 활동 O, Coordinator O	강의실 O, 강의 O, 팀 활동 O (개방형 ×) 지도교수 중심 지도
주제	smart aging, good life, good food, mobility, energy 등	보통 전공 기반의 세부 주제

출처: 김영아. 2020. 충남대 글로벌 캡스톤디자인운영 현황 발표자료

3) 네덜란드 리빙랩 성공 요소

[충남대 글로벌 캡스톤디자인]

이익의 공유

+ 성공하려면, 산업체도 대학도 지역의 문제를 해결해야 함

정부와 공공부분에 대한 여론의 좋은 평가

+ 수평적인 사회
+ 많은 정당
+ 네덜란드 정치의 산물이다
+ 정당이 많으면 주민의 의견이 필수적임

출처: 김영아. 2020. 충남대 글로벌 캡스톤디자인운영 현황 발표자료

4) 네덜란드 대학 사례

(1) 즈블러 빈데스하임대학교 BrainZ

[즈블러 빈데스하임대학교 BrainZ]

출처: 김영아. 2020. 충남대 글로벌 캡스톤디자인운영 현황 발표자료

네덜란드 학생들이 한 학기 동안 과제 수행한 것을 방문한 한국 대학 교수와 학생들 앞에서 자유롭고 자신 있게 발표하고 있다. 또한 질문에도 당황하지 않고 자유롭게 자

신을 표현하고 과제를 설명하는 모습이 매우 인상적이었다.

(2) 네덜란드 빈데스하임대학교

[빈데스하임대학교]

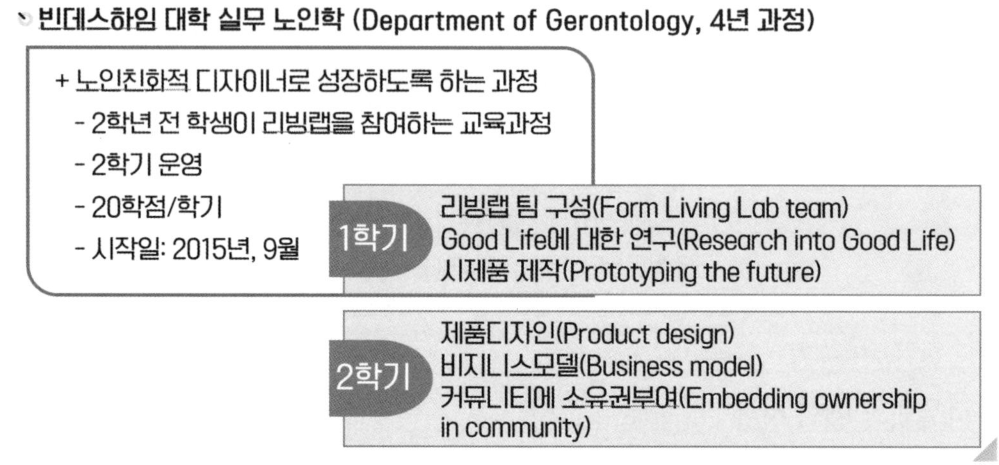

출처: 김영아. 2020. 충남대 글로벌 캡스톤디자인운영 현황 발표자료

[빈데스하임대학교]

출처: 김영아. 2020. 충남대 글로벌 캡스톤디자인운영 현황 발표자료

[폰티스대학, 공유형 공간과 수업 환경]

폰티스 대학

출처: 김영아. 2020. 충남대 글로벌 캡스톤디자인운영 현황 발표자료

(3) 네덜란드 폰티스실무중심대학(틸부르크 캠퍼스)

[네덜란드 대학 팀 단위 세미나 현장]

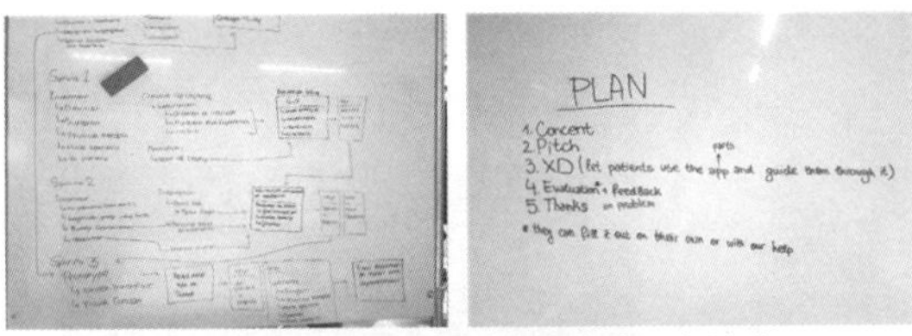

복도의 중간중간에 학생팀들의 메모가 있어
그들이 무엇을 하는지, 확인 가능함

출처: 김영아. 2020. 충남대 글로벌 캡스톤디자인운영 현황 발표자료

[폰티스 실무중심대학 과제 발표]

리빙랩 과제 수행을 통한 창업 사례 발표(보드 게임)

출처: 김영아. 2020. 충남대 글로벌 캡스톤디자인운영 현황 발표자료

(4) 네덜란드 아인트호벤공과대학(건축공학과)

[네덜란드 아인트호벤 공과대학(건축공학과)]

출처: 김영아. 2020. 충남대 글로벌 캡스톤디자인운영 현황 발표자료

[네덜란드 아인트호벤 공과대학(건축공학과)]

출처: 김영아. 2020. 충남대 글로벌 캡스톤디자인운영 현황 발표자료

5) 캐나다 대학 사례

(1) 캐나다 워털루대학교

[University of Waterloo]

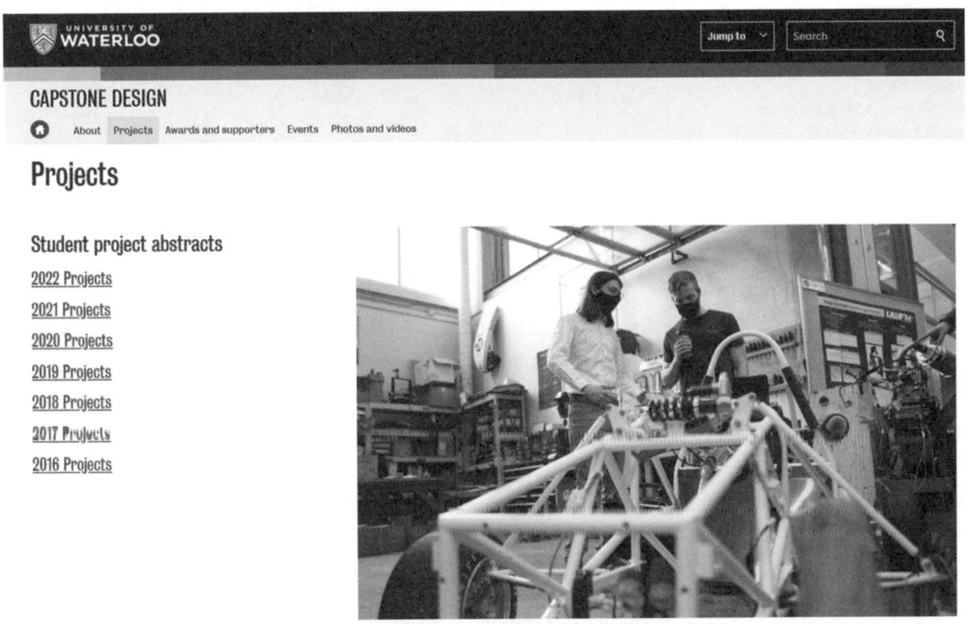

출처: https://uwaterloo.ca/capstone-design/project-abstracts

[University of Waterloo]

1위 + 캐나다에서 가장 혁신적인 대학
맥클린의 2023년 대학순위

7,100 + 고용주는 유급 협동 작업 경험을 제공할 준비가 되어 있습니다.
북미의 다른 어떤 대학보다 협동조합 고용주가 더 많습니다.

2위 + 캐나다 최고의 종합 대학
맥클린의 2023년 대학순위

출처: https://uwaterloo.ca/capstone-design/project-abstracts

[University of Waterloo]

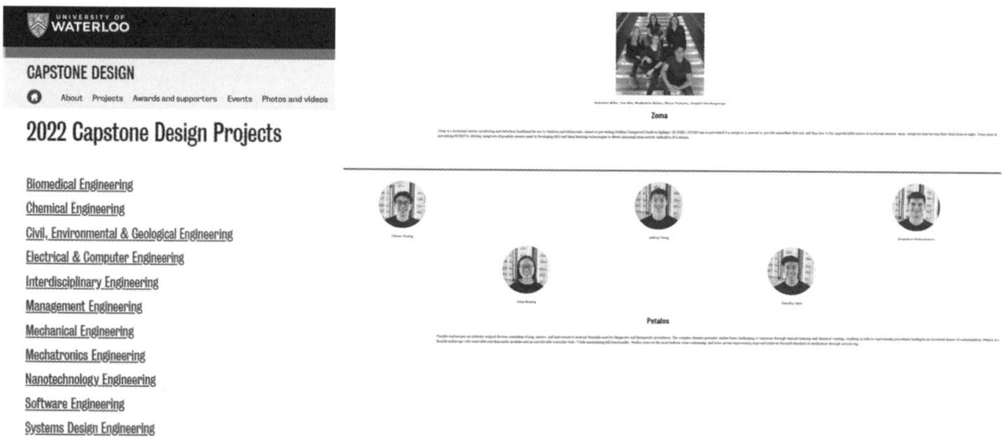

출처: : https://uwaterloo.ca/capstone-design/2022-capstone-design-projects
https://www.eng.uwaterloo.ca/2022-capstone-design/biomedical/participants/

가. 캡스톤디자인 부문 Adel Sedra Entrepreneurship Award

아델세드라인다우먼트기금에서 지원하는 상이다. Waterloo Engineering의 4년 차 캡스톤설계 프로젝트에 등록한 학생팀이 대상이 되며, 이 상은 모든 엔지니어링 부서의 학생팀에게 열려 있다.

약 $3,000 상당의 상금 1개(상금의 가치는 매년 기금에서 발생하는 수입에 따라 결정됨). 자금은 우승한 팀원들에게 균등하게 분배된다.

나. Baylis Medical Capstone design 어워드

Baylis Medical Company Inc.에서 자금을 지원하고 있다. 공학부 4년차 캡스톤디자인 프로젝트에 등록한 학생 그룹이 대상이다. 이 상은 생물 의학에 초점을 맞춘 프로젝트를 수행하는 공학부 내 모든 부서의 학생 그룹에 열려 있다. 수상한 학생 그룹은 특정 질문이 있는 경우 Baylis Medical Company의 업계 멘토와 상담할 기회를 가질 수 있다.

봄 및 가을 학기에는 공학부의 모든 프로그램에서 4년 차 캡스톤디자인 프로젝트를 수행하는 학생 그룹에 6개의 상이 수여되며 각각 $2,000 상당의 상금도 제공된다. 상금은 우승한 팀원들에게 균등하게 분배된다.

> Baylis Medical은 의사가 환자에게 삶을 변화시키는 치료법을 제공하는데 도움이 되고 있는 고성능 심장학장치의 개발 및 상용화 분야의 세계적인 선두 기업이다. 캐나다에 본사를 두고 전 세계에 지사를 두고 있는 당사의 임상 솔루션은 30년 이상 전 세계 사람들의 삶을 개선해 왔다. Baylis 대표인 Kris Shah는 워털루 대학교 동문이다(BASc, 전기 공학, 1986).

6) 미국 대학 사례

(1) 미국 조지아 공과대학교

[Georgia Tech]

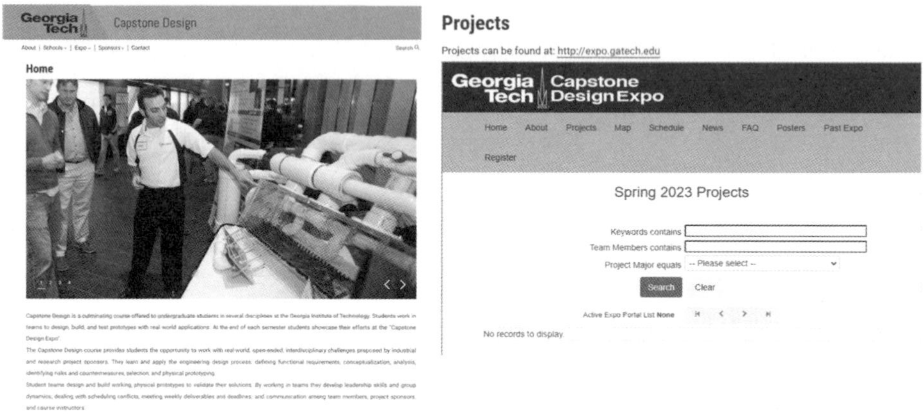

출처: https://www.capstone.gatech.edu/

[Georgia Tech]

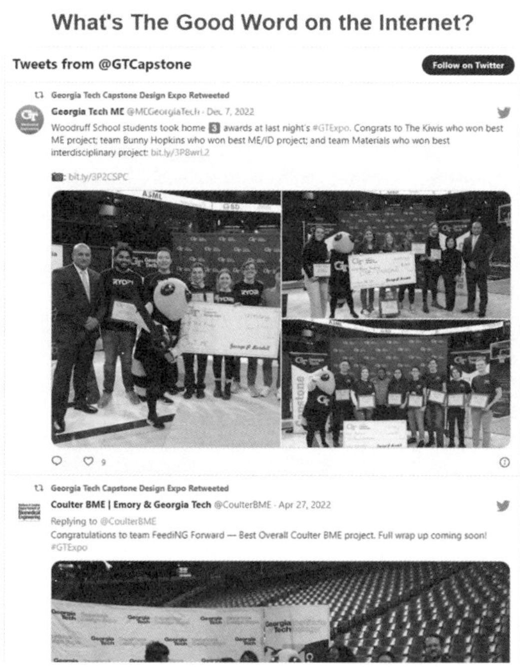

출처: https://www.capstone.gatech.edu/

[Georgia Tech-Showing All Project Disciplines]

Team	Project Title	Sponsor Name	Table Number
UrineLuck	Ureteral Stent Removal	The Global Center for Medical Innovation	R8
peristriPT	peristriPT	Mayo Clinic	R29
Zephyrus	Supersonic Business Jet Development	n/a	R23
ShortCircuit	Voice Automatic Spice Dispenser	N/a	B34
Drone-DigitCollaboration	Enabling Collaboration between Drones and Robots through Obstacle Avoidance	N/A	G3
POW!BringingtheHeat	Improved Perioperative Warming	James Barger and Chase Elkin	G4
SpoilerAlert	Rapid Insulin Efficacy Test	Dr. Charles Gilliland	G28
CompartmentDepartment	Under Pressure: A noninvasive approach to diagnose compartment syndrome	Dr. Agreen Hadadi	B18
4343Group1	HSVTOL Aircraft Design	N/A	B8
GutterGeeks	Dedicated Gutter Cleaning Tool	TTI	G21
TheRectifiers	Ensuring Adequate Bowel Preparation Prior to Coloscopies	Dr. Aaron Gerard Isaac	R11
TheWinningTicket	The Winning Ticket	Scientific Games	B5
LOTUS	LOTUS: Multi-Purpose L1 Platform	N/A	B22
Armstrong	Armstrong - Functional Electrical Stimulation Forearm Bracelets	Jared Grier	R12
RouteWay	RouteWay	Create-X	R34
4343Group3	High-Speed Vertical Takeoff and Landing Aircraft	N/A	R16
FindingTheBestRoute	Route Consolidation	Cox Communications	B17
StretchTech	StretchTech	N/A	B32
ISYESeniorDesignTeam17	Steelcase Supply Chain Design	Edward Vanderbilt	G2
ChairCaptains	GM Autonomous Captain's Chair	HMI Lab	B21

출처: https://www.capstone.gatech.edu/

Team	Project Title	Sponsor Name	Table Number
AdaptableMechanics	Quiet cooling alternatives to direct water cooling of magnetically levitated nano-precise scannin	ASML	G31
AdaptLens	Wearable Adaptive Lens for Presbyopia	N/A	R9
ADASDevice	ADAS Device	N/A	B13
AdvancedCasingSolutions	Soft Case Military Applications Through 3D Printing	BASF	15-B
AE4341:SeniorDesignTeam1UCAV	Air Superiority UCAV	NA	Y39
AE4343Team3	eVTOL Air Taxi for Passengers with Reduced Mobility	N/A	B3
Aegis	Robotic ophthalmic camera in a kiosk for self - administered eye exam	Pursuant Health	R10-I
AEMI'sAngels	Addressing the Racial Wealth Gap in America's Cities	Atlanta Emerging Markets, Inc.	Y13
AerialChameleons	Aircraft Design - Uninhabitated Combat Aerial Vehicle	N/A	B1
AFOGenerativeDesign	AFO Generative Design	Autodesk	04-B
AGCOSmartLabel	AGCO Smart Label	AGCO	10-B
AheadoftheCurve	Improving the process of quantifying oxy-hemoglobin in blood	Emory	10-A
Ahmed&Hestad	Uplifting Heavy Histories	School of Architecture	B10
AllRightArchitecture	Whitehall Provision	N/A	05-B
AllTasteNoWaste	Restaurant Waste Reduction and Demand Insight Improvements	Chick-fil-A	R38-IO
AllAroundTheWorld	S43-Grocery Transport Pushcart "PractiCart"	N/A	R32
AllysonStout	Sound Healing Literature Review	Nathaniel Condit-Shultz	08-A
AlwaysLookontheNorthside	Patient Throughput in Northside Hospital Gwinnett Emergency Department	Northside Hospital Gwinnett	02-A
AmazonSmartKitchen	Amazon Lab 126: AI/ML Hardware / Interaction Experiences in the Kitchen	Amazon Lab126	R15
AMCNR	Manual wheelchair vibration exposure monitor	Drs. Stephen Sprigle and Jacob Misch (REAR Lab)	04-A

출처: https://www.capstone.gatech.edu/

(2) 미국 캘리포니아 대학교 버클리

[UC Berkeley]

You are here: Home / Undergraduate / Capstone Design Course / Capstone Projects

Capstone Projects

In our BioE 192 Senior Capstone Design course, student teams collaborate with a diverse set of physician "clients" in varied clinical specialties at UCSF, Stanford, UC Davis, and internationally to develop and test promising novel medical device solutions.

Students to work through one iteration of the engineering design process on their project: needs refinement and formulation, setting target specifications, concept generation and down-selection, specification refinement, functional prototyping, testing, and redesign. Three formal design reviews are conducted, with process outcomes formalized in oral and written documentation.

	2021 Capstone Projects	2020 Capstone Projects
2019 Capstone Projects	2018 Capstone Projects	2017 Capstone Projects
2016 Capstone Projects		2014 Capstone Projects
2013 Capstone Projects	2012 Capstone Projects	2011 Capstone Projects
2010 Capstone Projects	2009 Capstone Projects	2008 Capstone Projects

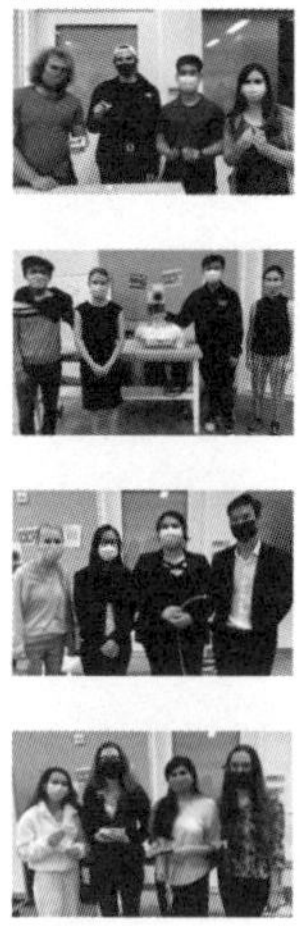

View past capstone projects

2021 Capstone Projects

Title: "A hands-free pulse sensor to decrease "hands-off time" during CPR"

Title: "A hands-free method for pain relief to enhance compliance with cold treatment and therapy"

Title: "Streamlining esophageal variceal banding to stem hemorrhage"

Title: "Hands-free treatment of severe congenital palmar and plantar hyperhidrosis (excessive sweating) via iontophoresis"

출처: https://bioeng.berkeley.edu/undergrad/capstone

[UC Berkeley]

You are here: Home / Undergraduate / Capstone Design Course / Capstone Clinical Clients

Capstone Clinical Clients

Institute	Department
UCSF	Division of Pulmonary and Critical Care
UCSF School of Medicine, Fresno	Division of Neurology
UCSF	Multiple Sclerosis Center
UCSF	Liver Disease and Liver Transplant Clinic
UCSF Benioff Children's Hospital Oakland	Division of Pediatric Surgery
Stanford University	General Surgery
Stanford University	General Surgery
UCSF	Interventional Neuroradiology

UCSF	IR Laboratory
UCSF	School of Medicine
UCSF	Division of Pulmonary and Critical Care
UCSF	Anesthesia
UCSF School of Medicine, Fresno	Pediatric Neurology
UCSF	Division of Geriatrics
UCSF	Osher Center
UCSF School of Medicine, Fresno	Division of Neurology
UCSF	Opthamology
UCSF	Urology
UCSF	Anesthesia
UCSF	Cardiac Biomechanics Laboratory
UCSF	Orthopaedic Surgery
UCSF	Neurology
UCSF	Opthamology
UC Davis	Neurology
UCSF	Division of Pulmonary and Critical Care
UCSF Benioff Children's Hospital San Francisco	Pediatric Critical Care
UCSF	Family Health Care Nursing
UCSF	Division of HIV/AIDS and Infectious Disease
UCSF	Anesthesia & Perioperative Care
Palo Alto Medical Foundation Research Institute	Population Health
UCSF	Cardiology

출처: https://bioeng.berkeley.edu/undergrad/capstone

(3) 미국 휴스턴 대학교

[University of Huston]

출처: : https://www.ee.uh.edu/capstone-design

[University of Huston]

CAPSTONE DESIGN

SPRING 2022 COHORT PROJECTS

PERSONAL TEMPERATURE REGULATION VEST

Team Members:
Caleb Broodo, Aldo Casco, Cordell Messina, Tung Vu
Final Presentation

SMART CANE FOR THE BLIND I

Team Members:
Tuan Nguyen, Ryan Le, Kevin Tieu
Final Presentation

WELLNESS APP FOR ANXIETY REDUCTION

Team Members:
Marshall Kite, Christian Arreola, Clare Dunning, Justin Francisco, Ryan Kunzi
Final Presentation

NONINVASIVE NEUROMODULATION OF THE BRAIN

Team Members:
Madison Hamby, Vageli Stathatos, Jet Yao, David Mitchell
Final Presentation

SMART DRIP IRRIGATION SYSTEM II

Team Members:
Michael Ojo, Steven Ly, Anthony Saba, Zain Bhatti
Final Presentation

출처: https://www.ee.uh.edu/capstone-design

(4) 미국 사우스 플로리다 대학교

[University of South Florida]

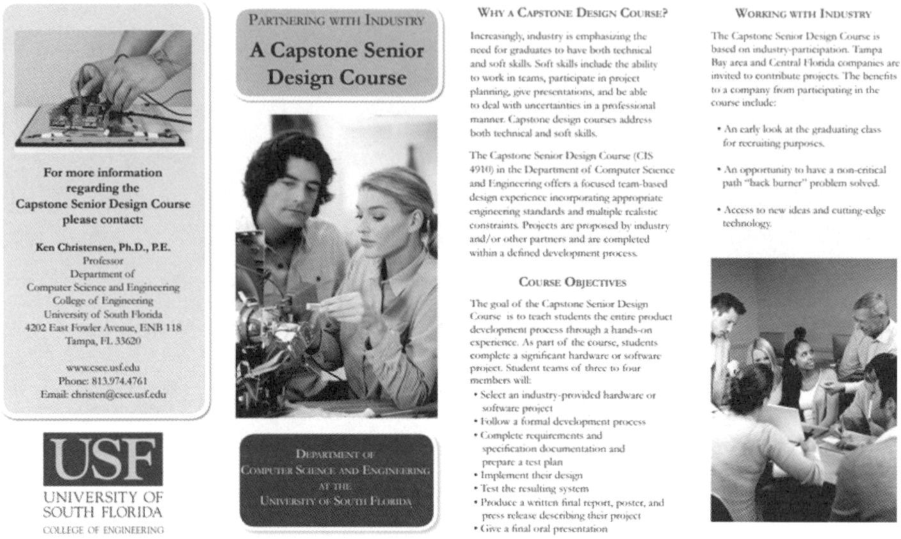

For more information regarding the Capstone Senior Design Course please contact:

Ken Christensen, Ph.D., P.E.
Professor
Department of Computer Science and Engineering
College of Engineering
University of South Florida
4202 East Fowler Avenue, ENB 118
Tampa, FL 33620

www.csee.usf.edu
Phone: 813.974.4761
Email: christen@csee.usf.edu

USF
UNIVERSITY OF SOUTH FLORIDA
COLLEGE OF ENGINEERING

PARTNERING WITH INDUSTRY

A Capstone Senior Design Course

DEPARTMENT OF COMPUTER SCIENCE AND ENGINEERING AT THE UNIVERSITY OF SOUTH FLORIDA

WHY A CAPSTONE DESIGN COURSE?

Increasingly, industry is emphasizing the need for graduates to have both technical and soft skills. Soft skills include the ability to work in teams, participate in project planning, give presentations, and be able to deal with uncertainties in a professional manner. Capstone design courses address both technical and soft skills.

The Capstone Senior Design Course (CIS 4910) in the Department of Computer Science and Engineering offers a focused team-based design experience incorporating appropriate engineering standards and multiple realistic constraints. Projects are proposed by industry and/or other partners and are completed within a defined development process.

COURSE OBJECTIVES

The goal of the Capstone Senior Design Course is to teach students the entire product development process through a hands-on experience. As part of the course, students complete a significant hardware or software project. Student teams of three to four members will:

- Select an industry-provided hardware or software project
- Follow a formal development process
- Complete requirements and specification documentation and prepare a test plan
- Implement their design
- Test the resulting system
- Produce a written final report, poster, and press release describing their project
- Give a final oral presentation

WORKING WITH INDUSTRY

The Capstone Senior Design Course is based on industry-participation. Tampa Bay area and Central Florida companies are invited to contribute projects. The benefits to a company from participating in the course include:

- An early look at the graduating class for recruiting purposes.
- An opportunity to have a non-critical path "back burner" problem solved.
- Access to new ideas and cutting-edge technology.

출처: https://cse.usf.edu/~kchriste/class6/capstoneBrochure.pdf

[University of South Florida]

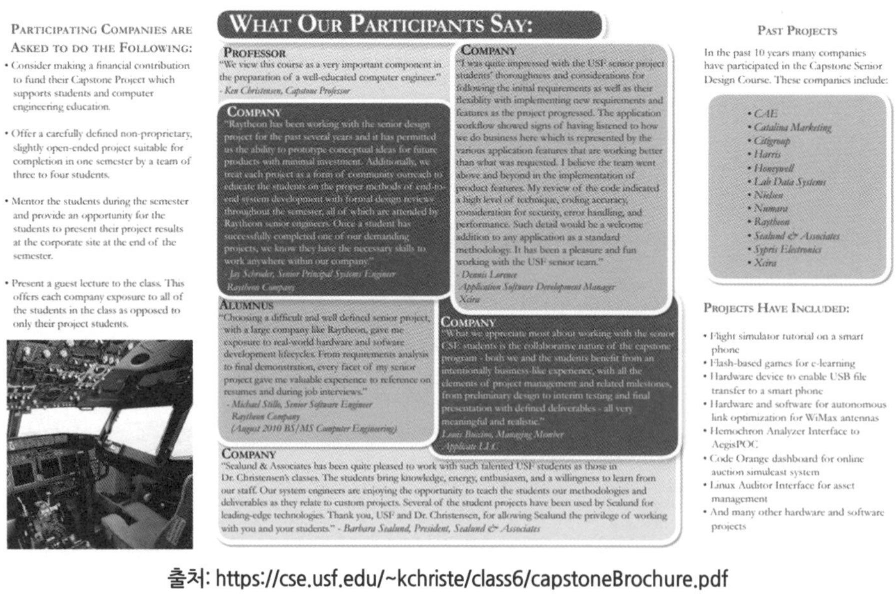

PARTICIPATING COMPANIES ARE ASKED TO DO THE FOLLOWING:

- Consider making a financial contribution to fund their Capstone Project which supports students and computer engineering education.
- Offer a carefully defined non-proprietary, slightly open-ended project suitable for completion in one semester by a team of three to four students.
- Mentor the students during the semester and provide an opportunity for the students to present their project results at the corporate site at the end of the semester.
- Present a guest lecture to the class. This offers each company exposure to all of the students in the class as opposed to only their project students.

WHAT OUR PARTICIPANTS SAY:

PROFESSOR
"We view this course as a very important component in the preparation of a well-educated computer engineer."
- Ken Christensen, Capstone Professor

COMPANY
"Raytheon has been working with the senior design project for the past several years and it has permitted us the ability to prototype conceptual ideas for future products with minimal investment. Additionally, we treat each project as a form of community outreach to educate the students on the proper methods of end-to-end system development with formal design reviews throughout the semester, all of which are attended by Raytheon senior engineers. Once a student has successfully completed one of our demanding projects, we know they have the necessary skills to work anywhere within our company."
- Jay Schrader, Senior Principal Systems Engineer
Raytheon Company

COMPANY
"I was quite impressed with the USF senior project students' thoroughness and considerations for following the initial requirements as well as their flexiblity with implementing new requirements and features as the project progressed. The application workflow showed signs of having listened to how we do business here which is represented by the various application features that are working better than what was requested. I believe the team went above and beyond in the implementation of product features. My review of the code indicated a high level of technique, coding accuracy, consideration for security, error handling, and performance. Such detail would be a welcome addition to any application as a standard methodology. It has been a pleasure and fun working with the USF senior team."
- Dennis Lorence
Application Software Development Manager
Xcira

ALUMNUS
"Choosing a difficult and well defined senior project, with a large company like Raytheon, gave me exposure to real-world hardware and sofware development lifecycles. From requirements analysis to final demonstration, every facet of my senior project gave me valuable experience to reference on resumes and during job interviews."
- Michael Stille, Senior Software Engineer
Raytheon Company
(August 2010 BS/MS Computer Engineering)

COMPANY
"What we appreciate most about working with the senior CSE students is the collaborative nature of the capstone program - both we and the students benefit from an intentionally business-like experience, with all the elements of project management and related milestones, from preliminary design to interim testing and final presentation with defined deliverables - all very meaningful and realistic."
Louis Buccino, Managing Member
Applicate LLC

COMPANY
"Sealund & Associates has been quite pleased to work with such talented USF students as those in Dr. Christensen's classes. The students bring knowledge, energy, enthusiasm, and a willingness to learn from our staff. Our system engineers are enjoying the opportunity to teach the students our methodologies and deliverables as they relate to custom projects. Several of the student projects have been used by Sealund for leading-edge technologies. Thank you, USF and Dr. Christensen, for allowing Sealund the privilege of working with you and your students." *- Barbara Sealund, President, Sealund & Associates*

PAST PROJECTS

In the past 10 years many companies have participated in the Capstone Senior Design Course. These companies include:

- *CAE*
- *Catalina Marketing*
- *Citigroup*
- *Harris*
- *Honeywell*
- *Lab Data Systems*
- *Nielsen*
- *Numara*
- *Raytheon*
- *Sealund & Associates*
- *Sypris Electronics*
- *Xcira*

PROJECTS HAVE INCLUDED:

- Flight simulator tutorial on a smart phone
- Flash-based games for e-learning
- Hardware device to enable USB file transfer to a smart phone
- Hardware and software for autonomous link optimization for WiMax antennas
- Hemochron Analyzer Interface to AegisPOC
- Code Orange dashboard for online auction simulcast system
- Linux Auditor Interface for asset management
- And many other hardware and software projects

출처: https://cse.usf.edu/~kchriste/class6/capstoneBrochure.pdf

II 캡스톤디자인 팀 구성

학습 목표

- 팀에 대해 정의할 수 있다.
- 팀을 구성하기 위한 인원 등을 이해한다.
- 팀원의 역할을 이해하고 역할에 맞게 수행할 수 있다.
- 팀 협업의 정의를 알고 협업을 개선하기 위해 노력한다.

사회적으로 팀제가 크게 확산하고 있는 가장 큰 이유는 환경이 급변함에 따라 유연한 조직(flexible organization)의 필요성이 갈수록 커지고 있기 때문이다. 업무의 성격도 예전에 비해 훨씬 복잡해지고 있어 단일부서에서만 처리하기 곤란하다는 것도 팀(team) 제 확산 이유다. 따라서 대학생들이 사회에 나가기 전에 팀을 구성하여 작품을 수행하게 되면 사회에서 적응하며 적극적으로 조직에 참여하는 역량이 커진다고 할 수 있다.

캡스톤디자인에서 팀 구성은 필수적이고 중요한 부분이다. 팀은 소수의 사람들이 모여 상호 보완적인 기능을 수행하면서 공동의 목표를 향해서 상호 책임을 공유하고 문제를 해결하고자 하는 공동의 접근 방법이며 조직 단위이다. 더구나 캡스톤디자인은 기업체와 사회의 현장 문제를 해결 하고자 하는 것이므로 다양한 주제를 소화해 낼 수 있도록 여러 명이 모여서 진행해야 한다. 캡스톤디자인을 기본형과 융합형으로 구분할 수 있는데, 이와 같은 방법은 수행 주체(팀 구성)에 따른 분류이다.

1.1 팀 정의

어떤 사람은 팀이라고 하면 축구나 야구와 같은 스포츠를 생각하면서 경기를 승리로 이끌기 위해 개인 여러 명이 모이고 코치와 감독이 있는 관계를 생각하곤 한다. 또 어떤 사람은 서로 업무를 분담하고 협력하여 돕는 팀워크를 연상한다. 또는 일을 같이하면 팀이라고 생각하는 사람도 있다. 팀은 두 사람 이상이 집단을 이루어 하나의 목표를 갖고 일하는 집단을 말한다. 조직을 구성하고 있는 단위이기도 하면서 공동 목적과 이를 달성하기 위해 공통된 규범을 가지고 상호작용 관계를 통해 함께 일해 나가며, 업무 결과에 대한 책임은 팀 전체가 공동의 책임 의식을 가지고 있는 특수한 형태의 집단이다.

Katzenbach와 Smith는 팀을 상호보완적인 기능을 가진 소수의 사람이 공동 목표달성을 위해 상호 책임을 공유하고 문제해결을 위해 공동 접근방법을 사용하는 조직단위로 정의하고 있다. 이 정의에 의하면 팀은 과업의 특성에 따라 인원수를 차별적으로 운영할 수 있으며, 팀의 업무 수행 결과가 시너지 효과를 가질 수 있도록 상호 보완적인 기능과 능력을 갖춘 사람들로 구성되어야 한다. 그리고 팀의 목표 및 제반 업무 수행방식 등은 구성원들 간의 협의를 통해서 설정되어야 하며 팀의 업무에 관한 결과는 팀 전체가 공동으로 책임의식을 가져야 한다.

Wright와 Note는 팀을 구성원들이 하나 이상의 공통된 목적을 성취하기 위해 자신의 능력을 일치시켜야 하는 상대적이고 영속적인 작업집단의 구성원들이라고 정의한다.

Robey는 팀은 단지 조언이나 스텝, 위원회가 아닌 조직 의사결정구조의 통합부분이라고 정의하였다.

Varvey는 효과적인 팀에 대해서 ① 팀 구성원은 명확한 역할이 주어져 있으며 각 팀원은 그의 업무에 몰입하고 타인의 업무를 지지하고 수용하며, ② 각 개인은 성과 측정이 가능한 목표가 있으며 각 개인의 목표를 합하면 팀의 목표가 되고, ③ 팀의 구조, 업무 수행, 정책, 체계가 팀원에게 이해되고 수용되며, ④ 서로 함께 일하는 팀원 간 관계를 가지고 있다고 정의한다.

1.2 팀 구성 유형

1) 팀 구성 유형

기본형과 융합형은 과제의 사안에 따라 형성되어야 하는데, 현재와 같은 4차 산업혁명 시대에는 모든 주제의 해결 방안이 융복합적이므로 융합형으로 팀이 구성되는 것이 이상적이다. 학교에서도 다학제적 접근이 용이하도록 이수 과정을 통합하여 운영한다. 예를 들어 경영학과와 전자공학과 학생이 팀이 되어 캡스톤디자인 수업을 진행할 수 있다.

팀 구성 및 실제 운영에서 어려움은 팀원들 간의 의사소통이 원활하지 않고, 구성원들 간의 전공지식에 비해 주어진 과제가 어려워 과제 해결 능력 및 시간 부족, 혹은 취업생이 있어 역할 분담이 제대로 되지 않는 점 등이 꼽혀 왔다. 따라서 팀을 구성할 때는 이러한 점을 유의해야 한다.

[성공적인 팀 구성 유형]

팀 구성에 따른 분류	전공
기본형	단일 학부(과) 학생들로 팀 구성
융합형	다학제 간, 다학부(과) 간 학생들로 팀 구성

출처: 김영아. 캡스톤디자인 수업

팀장과 팀원의 결성 방법도 주제 선정과 마찬가지로 학생 자율형과 교수 제안형이 있다. 팀 결과의 효과 극대화를 위하여 전공 및 능력 등을 고려하여 상황에 따라 적합 하게 운용될 수 있도록 담당 교수가 인식함이 바람직하다.

학생 자율팀 특징은 다음과 같으므로 참고하여 진행하면 좋겠다.

- 교수의 부담은 적다.
- 친한 친구 중심으로 모여 구성원 중 한 명이 제 몫을 하지 않아도 눈감아 주는 일이 일어날 수 있다.
- 구성원 수를 맞추기 위해 친구 아닌 다른 학생이 한 명 추가될 경우에는 따돌림이 발생하기도 한다.
- 팀에 여학생이 한 명인 경우 소외당하거나, 연락 담당, 보고서 작성 등 보조 역할을 맡는 경우도 많다.
- 공부 잘하는 학생들이 같은 팀을 이루면, 학업이 뒤처진 학생들은 처음부터 불리한 처지에 놓이기 쉽다.

2) 팀 구성 시 고려사항

- 특별한 고려 사항은 학생들의 학습 능력과 성별이다.
- 여러 학과의 학생들이 참여할 때는 소속된 학과, 여러 학년 학생이 듣는 경우, 학생들의 학번이나 나이를 고려한다.
- 남학생이 많은 수업에는 어느 팀에도 여학생이 외톨이가 되지 않도록 배려한다.
- 여러 학문 분야가 참여하는 학제 융합팀인 경우는 팀워크 경험이 중요하며 각 팀에 여러 학과 소속 학생들이 구성을 이루어야 한다(학생들 의견 상 구성원을 바꿔야 하는 경우는 고려할 수 있음).
- 팀원 성향이 비슷하면 의사소통이 쉽다는 장점이 있지만, 너무 쉽게 주류 의견에 휩쓸릴 수 있다.
- 그 반대로 다양한 배경을 가진 팀은 창의력이 요구되는 과제에 적합하지만, 의견 수렴이 어려울 수도 있다.

3) 팀 구성 예시

대학 교육은 학문적 지식과 역량을 강조하기보다 지식의 현실적 활용을 통해 직업인의 역량을 갖추도록 하는 것을 더욱 중요시한다(임규정, 2016).

[동일학과 3인 구성 예시]

번호	성명	소속			연락처		재료비 담당
		학과	학년	학번	휴대폰	이메일	
1	정OO	화OO학과	4				
2	배OO	화OO학과	4				V
3	강OO	화OO학과	4				

[인문-공학 융합 5인팀 구성 예시]

번호	성명	소속			연락처		재료비 담당
		학과	학년	학번	휴대폰	이메일	
1	고OO	신소OO학과	4				팀장
2	서OO	신소OO학과	4				총무
3	양OO	전OO학과	3				팀원
4	김OO	철학과	3				팀원
5	이OO	일어일문학과	3				팀원

4) 팀 프로젝트 장점과 단점

학생 주도하에 이루어지는 프로젝트 수업은 수업 참여에 적극적인 경우 수업 효과와 만족도가 높다. 성적과 상관없이 수업에 참여하는 과정을 즐기며 친구들과의 소통도 잘한다. 대학 생활 적응 정도와 학업성취는 자존감과 대인관계 증진을 유도하고 자아 실현에 영향을 미친다. 지식 전달이 주로 이루어지는 이론 수업에서는 소극적인 참여와 수업에 대한 집중도가 떨어지지만, 수업자료를 직접 조사하고 발표하는 모든 과정을 즐기면서 스스로 학교에 대한 소속감과 자신감을 얻는다. 또한 높은 성과를 이룰 수 있고(시너지 효과) 인력 활용의 효율성을 도모할 수 있다.

단점으로는 통제 문제, 보상 문제, 사기 저하 문제, 내부 운영 문제, 갈등(리더십 등) 등이 발생할 수 있다.

5) 발전적인 팀 특징

공동 목표가 존재하며 구성원들이 상호 의존적, 외부와 내부를 뚜렷하게 구분하는 경계가 존재하며 오랫동안 안정적으로 유지, 학생들이 학습을 통해 서로 가까워지고, 평생 벗으로 발전 가능성을 가지고 있다. 이들이 동일한 대학에서 전공이 다르더라도 같은 과목을 수강하여 팀을 만드는 것은 평생 특별한 인연이 될 수 있다.

여러 가지 방법이나 단계를 통해 팀을 구성하였어도 팀워크가 좋다는 보장은 없기에 진정한 팀을 이루기 위해서는 갈등을 거치면서 팀원들이 신뢰하고 자발적인 협력을 할 수 있을 때까지 기다려야 하는 인내도 필요하다.

6) 기본 규칙

일반적으로 의견 수렴, 역할 분담, 시간 배분, 연락 방법 등에 대한 내용을 담고 있어야 한다. 다음과 같은 기본 규칙을 가지고 수행하면 좋다.

- 언제나 서로 존중한다.
- 합의로 팀 운영 방법을 결정한다.
- 모임 일정이 정해지면 그 시간에 반드시 참석하되 부득이한 경우 이를 팀장, 총무에게 알려야 한다.
- 팀 활동 관련 연락은 사전에 정해진 방법에 따르며 팀 활동 내용이 복잡한 경우 미리 충분히 전화, SNS, 이메일 등을 통해 조정해야 한다.
- 팀 내의 역할은 팀 구성 초반에 정한다.
- 일반적으로 의견 수렴, 역할 분담, 시간 배분, 연락 방법 등에 대한 내용을 담고 있어야 한다.
- 보고서 작성은 서기가 맡되 내용 정리는 팀원 전체가 적극 협력한다.
- 팀을 효율적으로 운영하는데 필요하다면 기본 규칙 수정이 가능하다.
- 미리 충분한 준비를 하고 회의에 참석한다.
- 아이디어에 대해 발전적인 비판은 가능하지만 인신공격과 같은 행동은 금한다.

7) 성공적인 팀 구성 및 운영 요령

[성공적인 팀 구성 및 운영 요령]

+ 서로 사고방식이 다를 수 있다는 점을 인정
+ 팀 운영에 관련한 기본 규칙을 제정
+ 창의적인 대안 모색
+ 추진 방식을 결정하고 시간계획을 수립
+ 순조로운 논의진행을 위한 회의 규칙 수립

출처: 강보선, 김영철, 류동일. 2014. 창의설계 입문. 창의설계교육연구회. 전남대학교출판부. 수정

[성공적인 팀구성 및 운영 요령]

팀 구성 인원

+ 팀 구성원 수는 2명부터 시작이 되나 4명이 가장 좋음

: 예산을 지원하는 사업에 따라 3-5명 정도로 제한하는 경우가 있는데, 인원이 너무 적을 경우에는 소극적인 학생의 경우 과제 수행 전반에 대해 위축되거나 불안감을 가질 수 있음

따라서 수업에서 가장 효율적인 구성원 인원수는 3~5명

출처: 강보선, 김영철, 류동일. 2014. 창의설계 입문. 창의설계교육연구회. 전남대학교출판부. 수정

[성공적인 팀 구성 및 운영 요령]

+ 팀구성원이 3명일 때 3회의 의사소통 기회가 발생하며 팀 구성원이 4명이 때는 6회의 상호 의사소통 기회가 발생

: 4명이 때가 3명일 때보다 2배 더 많음

+ 공모전이나 경진대회 출품 시에는 5명이 넘어가게 되면 제한을 받을 수도 있음.
+ 팀 규모는 팀 원과의 상호작용에 큰 영향을 미침
+ 팀 인원수가 많을 경우 무임승차를 하는 학생이 있을 수 있음

출처: 강보선, 김영철, 류동일. 2014. 창의설계 입문. 창의설계교육연구회. 전남대학교출판부. 수정

[성공적인 팀 구성 예시]

출처: 김영아. 2023 제주가자 발표자료

[성공적인 팀 구성 및 회의 장면]

출처: 김영아. 캡스톤디자인 수업 자료

1.3 팀원 역할

팀이 제대로 활동하려면 구성, 갈등, 안정 단계를 거쳐야 한다. 열정이 식으면 많은 난관과 갈등에 봉착하게 된다. 이때 서로를 무시하거나 공격적인 모습을 보이게 되나 이를 극복할 때 상대방을 존중하고 협력하는 명실상부한 팀이 될 수 있다. 성공적인 팀워크를 위해서는 팀 구성원 각자 책임을 명확히 할 수 있도록 미리 각자 임무를 정의하는 것이 필요하다. 효율적인 팀 운영을 위해 팀 활동 내역을 기록으로 남기는 것이 중요하다.

[팀원의 역할]

역할	수행임무	비고
팀장	- 팀 관리자로서 프로젝트 전체적인 진행 관리, 구성원들의 의견 조율 - 목표달성을 위한 방향으로 팀을 이끌며 팀 대변인으로 회의를 소집하여 주재, 회의 결과를 교수에게 보고 - 전문성과 사고능력을 바탕으로 일정에 따라 회의 진행, 회의 진행 방법 변경에 대한 권한 보유	의견요청, 격려, 화합
서기 (기록자)	구성원 제안과 아이디어, 팀 결정사항 및 토의 내용 등을 기록	정보 점검
총무 (구매자)	과제 수행에 필요한 물품리스트 작성, 신청서 제출	의견수렴, 진행
자료 수집자	팀 활동과 관련된 온·오프라인 자료를 수집, 정리하여 팀 구성원들에게 제공	자료 제공
발표자	팀 활동 내용과 결과 발표	의견, 방향 제시
설문 조사자	팀 활동에 필요한 각종 설문을 실시하고 설문 결과를 분석하여 팀원들에게 분석결과를 제공	조정, 진행
보고서 작성자	구성원 의견을 정리하여 각종 보고서와 발표 자료 제작	발표자료 작성 및 배포

출처: 김영아. 캡스톤디자인 수업 자료

[설문 조사 및 인터뷰 장면]

출처: 김영아. 캡스톤디자인 수업 자료

1) 팀워크란?

팀워크에 대한 정확한 사전적 표현이 있는 것은 아니지만, 보편적으로 사용되는 의미로 팀 구성원 간 긍정적인 상호작용으로 표현된다. 타인의 관점에서 듣고 긍정적이고 건설적인 방향으로 반응, 타인에 관한 관심과 배려로 다른 사람에 대해 지원하는 일련의 모든 가치, 구성원들이 팀 목표를 달성하기 위하여 상호작용을 하고 협동하는, 팀 구성원 스스로가 팀 목표 달성을 위해 적극적인 참여와 행동으로 문제해결을 해나가는 일련의 모든 상호작용 과정을 말한다.

2) 팀워크 예

팀워크 예는 축구와 황제펭귄에서 찾을 수 있다. 축구에서는 선수들이 각자 역할을 수행하면서 팀 목표를 위해 협력한다. 공격수는 골을 넣기 위해 움직이고, 수비수는 상대 공격을 막으며, 골키퍼는 마지막 방어선을 지킨다. 이처럼 모든 포지션이 조화를 이루어야 좋은 결과를 얻을 수 있다.

황제펭귄의 경우, 혹한 속에서 생존하기 위해 무리를 지어 몸을 밀착시킨다. 이들은 서로의 체온을 유지하며, 외곽에 있는 펭귄들이 주기적으로 안쪽으로 들어와 체온을 보존한다. 이러한 행동은 무리 전체의 생존율을 높이는 데 중요한 역할을 한다.

[성공적인 팀 구성 및 운영 요령]

+ **축구**에서 한 사람 스타플레이어의 활약보다는 선수 모두가 승리를 위해 적절한 순간에 더 쉽게 골을 넣을 위치에 있는 동료에게 패스를 하는 팀플레이 정신이 필요
+ 아무리 뛰어난 개인도 단합된 팀을 이길 수 없음
+ 2022 월드컵에서 김진수, 이강인의 완벽한 패스와 조규성의 마무리

출처: 김영아. 캡스톤디자인 수업 자료

[성공적인 팀구성 및 운영 요령]

+ **황제펭귄**들이 혹독한 추위와 눈보라에서 어린 새끼와 알을 지켜내는 방법인 허들링
+ 동그랗게 겹겹이 꼭 붙어 기대어 서로의 체온으로 추위를 견디며 안쪽에 가장 약한 새끼와 알을 보호
+ 안에서 몸을 데운 펭귄은 밖으로 나가고, 밖에서 추위에 떨던 펭귄은 안으로 들어오는 식으로 쉼 없이 둥글게 돌면서 온기와 배려가 깃든 연대로 펭귄들은 다 함께 살아남을 수 있음

출처: 김영아. 캡스톤디자인 수업 자료

3) 팀워크가 잘 이루어지는 팀

(1) 프로젝트를 진행하는 동안 팀 구성원들의 자발적인 참여도가 높고 생산성이 높으며, 문제가 발생했을 때 문제를 해결하는 능력 또한 높은 팀이다.

(2) 학생들은 수업에서 팀 프로젝트 과제를 수행하면서 성취감과 타인에 대한 존중감을 배우며, 이 모든 과정이 학교 수업 만족도에도 영향을 준다.

(3) 수업시간에서 프로젝트는 학생들의 자발적 참여를 유도할 수 있으며, 친구들과 소속감을 갖고 서로 교류하며 친근한 관계를 맺을 기회를 갖는다.

(4) 학생들은 더 적극적으로 수업에 임하는 동기가 될 수 있으며 그럴수록 수업 만족도 및 수업 참여도에 영향을 미칠 것으로 해석할 수 있다.

III 캡스톤디자인 과제 수행 사례(인문·사회/공학 분야)

학습 목표

· 인문·사회 분야 및 공학 분야 캡스톤디자인 팀의 과제 사례를 알아본다.

캡스톤디자인 과제는 학문적 지식을 실제 문제에 적용하여 해결책을 제시하는 중요한 학습 경험이다. 인문 · 사회 분야와 공학 분야에서 캡스톤디자인 과제를 수행하는 예를 알아보고, 이론적 지식과 실무적 경험을 융합하여 실질적인 문제 해결 능력을 키우는 데 중요한 역할을 할 수 있도록 한다.

1.1 인문·사회 분야 과제 수행 사례

1) 태양열 패널의 적용사례 및 활용

(1) 과제 수행 목적

화석연료의 고갈로 인한 자원문제와 환경오염의 문제를 극복하기 위한 대안으로 대체 에너지가 떠오르고 있다. 원자력, 풍력, 태양열 등 많은 대체 에너지가 떠오르고 있으며 이 중 태양열 에너지가 주목받고 있다. 우리 주변에서 흔히 볼 수 있는 태양열 패널을 우리 주변 사람들이 얼마나 많이 인지하고 있고 이 태양열을 이용할 방안을 연구하고 있는지 조사하고 그 실태를 파악하는 것이 중요할 것이다.

[태양열 패널의 적용사례 및 활용방안]

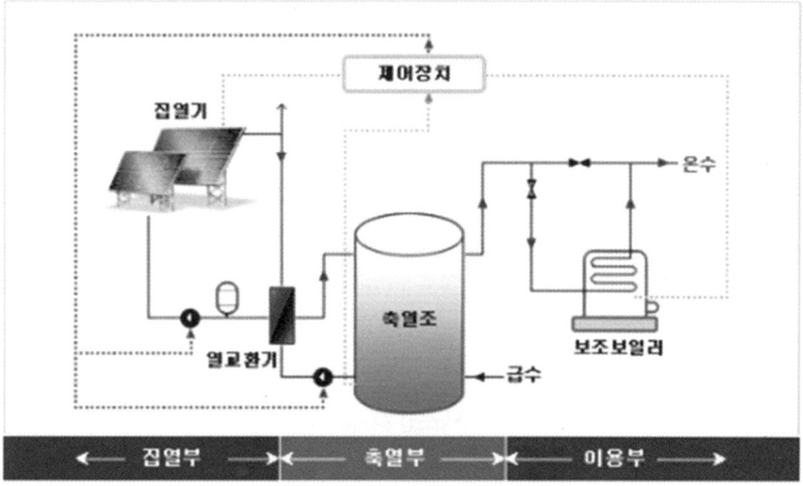

출처: 캡스톤디자인 과제

[에너지 이용 현황]

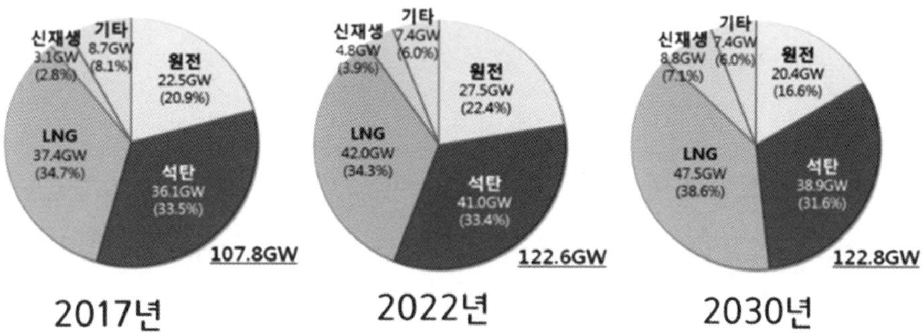

출처: 한국수력원자력 열린원전 운영정보

위의 그래프를 보면 향후 석탄과 원전을 이용한 에너지 이용률이 점점 줄어들고 신재생 에너지의 이용률이 점점 늘어나고 있는 것을 알 수 있다.

[원전 가동률]

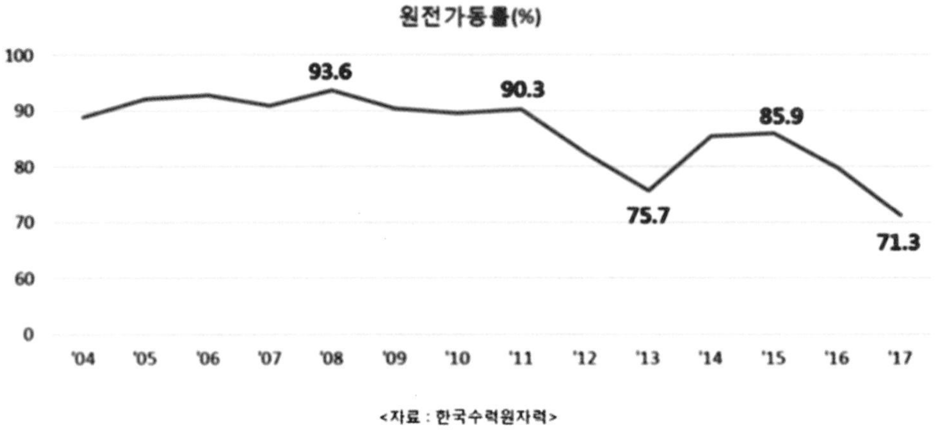

출처: 한국수력원자력 열린원전 운영정보

위의 그래프는 원전 가동률을 보여주고 있는데 점점 원전 가동률이 낮아지고 있는 추세이다. 이러한 추세는 2011년 후쿠시마 원전 사고 이후 안전 관리가 강화되며 시작되었다. 이 사건 이후 원자력 발전에 대한 우리들의 거부감은 증가하였다.

이렇듯 우리 생활의 중요한 비중을 차지하는 원자력발전은 줄어들고 다른 신재생 에너지가 늘어나는 추세이다. 그러나 우리가 생활하는 주변에서 이러한 태양열 발전을 위한 시설을 찾아보기린 어렵다. 이에 우리는 어느 곳에 설치되어 있고 무슨 목적으로 사용되고 있는지, 그리고 얼마나 많은 에너지를 대체하고 있는지를 조사하려 한다.

(2) 과제 내용

우리나라에서 실행 중인 6대 에너지 정책 중에는「신재생 에너지 전력 생산량을 2030년까지 20%로 만들겠습니다.」가 있다. 이렇듯 정부에서도 석유, 석탄의 대체에너지인 신재생 에너지의 중요성을 강조하고 있다. 그에 따라 우리는 주변 사람들에게 인터뷰와 설문조사를 통해 태양열 에너지에 대한 인식을 조사하고자 한다.

태양열 에너지란 도대체 무엇이고 태양열 에너지를 이용한 활용 기술을 사람들에게 인식시켜 주고자 한다. 과제 개요에서 언급했듯이 대체에너지의 비율이 점점 증가하는 추세인데, 정작 주변에서는 이에 대해 어떻게 생각하는지 의견을 물어보고 종합하여 결과를 도출한다. 그에 따른 결과를 바탕으로 학교 관리자와 시청이나 구청에 직접 연락해 그에 따른 답변을 받고자 한다.

[설문지 작성 회의]

출처: 창의 adventure design 수업 장면

[설문 결과]

1. 귀하는 학생, 교직원 중 어디에 속하십니까?

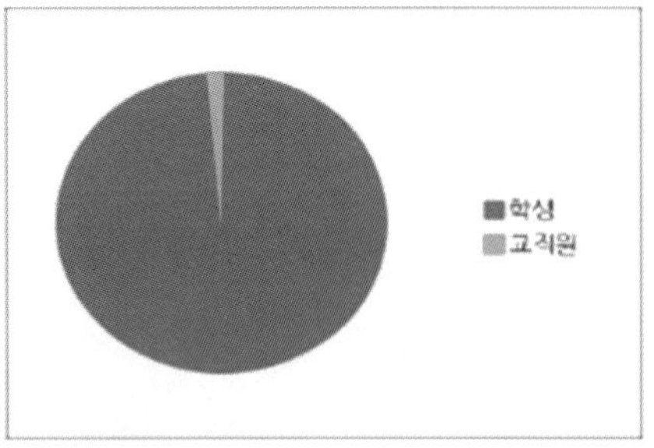

학생	87	98%
교직원	1	1%

2. 학생이시면, 몇학년이십니까?

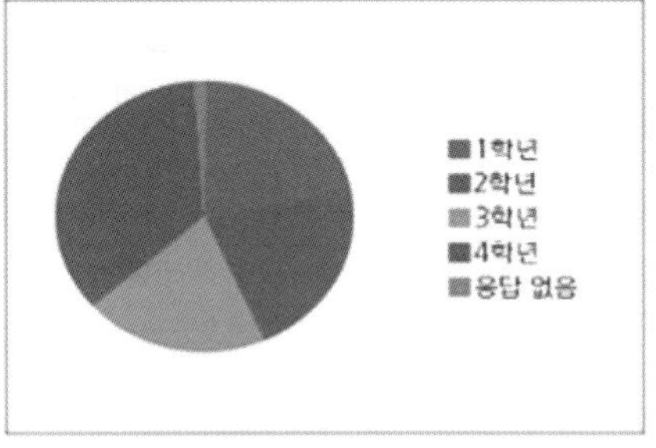

1학년	19	21%
2학년	19	21%
3학년	18	20%
4학년	31	35%
응답 없음	1	1%

3. 현 정부의 에너지 정책에 대해 아십니까?

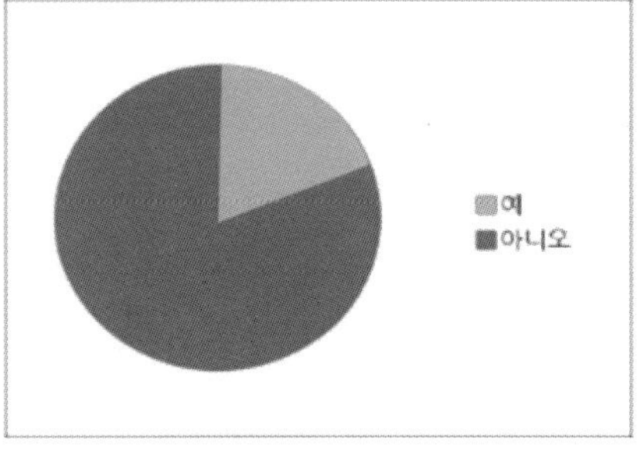

예	17	19%
아니오	71	80%

4. 현 우리나라 총 에너지 생산에서, 신재생 에너지 비율이 얼마라고 생각하십니까?

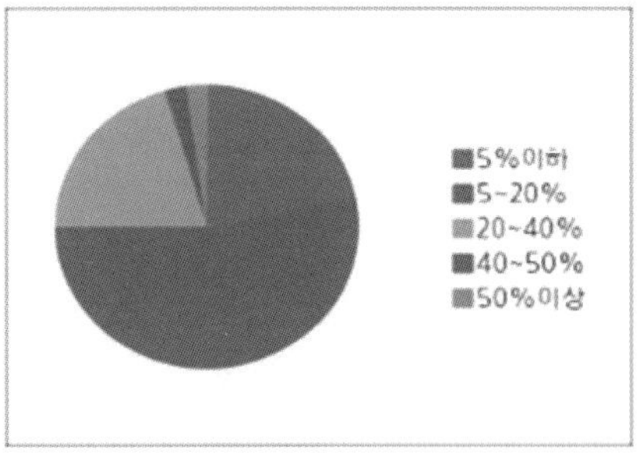

5%이하	19	21%
5~20%	47	53%
20~40%	18	20%
40~50%	2	2%
50%이상	2	2%

출처: 창의 adventure design 과제

[설문 결과]

7. 교내 태양열 발전 시설이 있는지 아십니까?

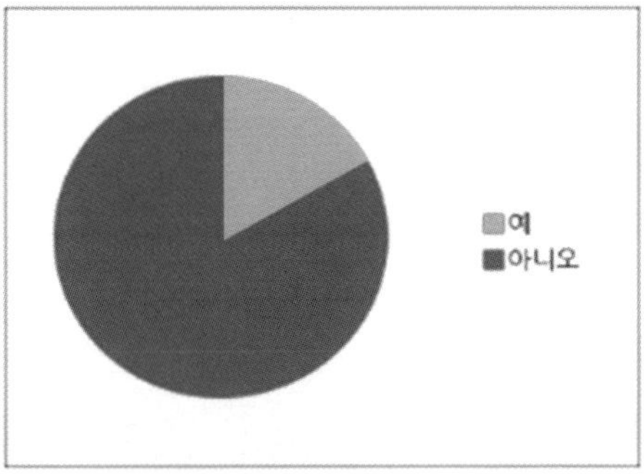

예	15	17%
아니오	73	82%

8. 교내 신재생 에너지 도입이 필요하다고 생각하십니까?

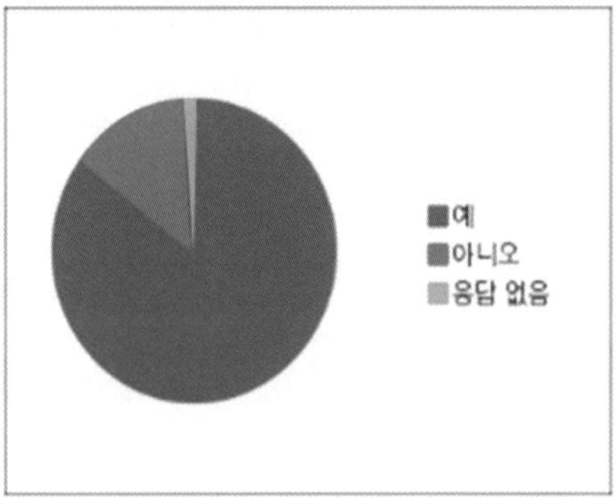

예	75	85%
아니오	12	13%
응답 없음	1	1%

9. 태양열 패널을 우리학교(충남대)에 보급해야 한다고 생각하십니까?

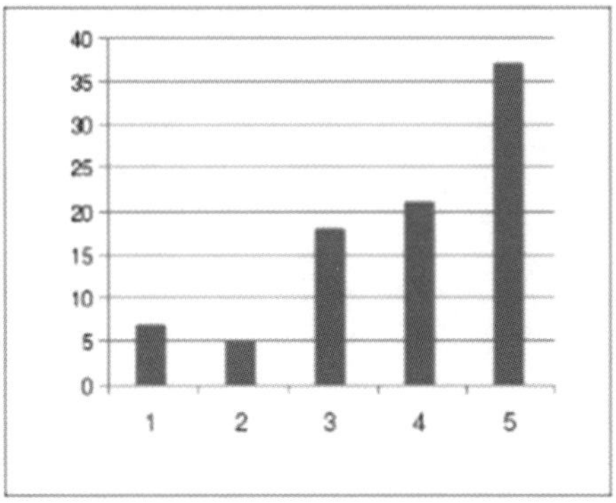

1	7	7%
2	5	5%
3	18	20%
4	21	23%
5	37	42%

출처: 창의 adventure design 과제

설문조사 응답자는 88명이었으며, 많은 사람이 태양열 에너지가 필요하다고 생각하지만, 정작 학교에는 어디에 설치되어 있는지 모르는 사람이 많았다. 우리는 이런 인식을 바꾸기 위해 설문조사를 하였고 교내 태양열 패널이 설치되어 있는 장소를 조사하고 사진을 찍어서 많은 학생에게 제공했다.

[충남대 교내 태양열 패널이 설치된 장소]

학생생활관 11동 / 대학본부 별관 / 경상대학교

공과대학 2호관 / 글로벌인재양성센터 / 농생대 1호관

출처: 창의 adventure design 수업 과제

유성구청과 충남대학교에 태양광 패널 설치에 관해 문의하였고 그에 대한 답을 받았다.

[민원 요청 및 답변]

<table>
<tr>
<td>민원답변</td>
<td>1. 민원요청사항: 태양열 패널을 추가 설치할 계획이 있는지, 계획이 없다면 추가 설치를 건의합니다.

2. 민원사항 검토 및 답변
· 우리 대학교는 2016년도에 이중진공관형 태양열설비 60.4㎡를 공과대학 5호관에 설치한 바 있습니다.
· 우리 대학교는 태양열설비보다 효율이 높은 태양광발전설비 설치에 중점을 두고 2018년 농업생명과학대학 1호관(43.596kW) 설치를 비롯하여 7개소(319.221kW)를 설치하였고, 앞으로도 예산확보를 통해 추가 설치를 계획하고 있습니다.
· 현재는 태양열 설비를 추가 설치할 계획은 없으나, 추후 예산확보를 통하여 신재생에너지설비를 추가 설치하도록 하겠습니다.

답변 드린 내용에 대해 의문사항이나 추가 질의사항은 충남대학교 시설과 담당자 이예슬(821-7163)에게 연락바랍니다. 친절히 답변 드리겠습니다. 감사합니다.</td>
</tr>
</table>

출처: 창의 adventure design 수업 과제

(3) 활용 방안 및 기대효과

① 태양열 에너지에 대한 인식

주변에서 태양열 에너지에 대한 인식 현황을 조사하고 이를 바탕으로 사람들에게 태양열 에너지 중요성과 그에 따른 활용 방안 등 많은 부분을 인식시켜 주고자 한다. 이를 인식시켜 주는 것으로도 사람들은 태양열 에너지에 대한 관심을 가질 것이고 많은 사람이 태양열 에너지를 이용할 아이디어와 기술 등에 도움을 줄 것으로 기대된다.

② 주변의 태양열 에너지 이용 증가

인터뷰와 설문조사를 통해 도출된 결과를 바탕으로 학교 내 관리자와 시청 및 구청 담당자에게 연락을 취하고 그에 따른 답변을 받는다. 이러한 행위 또한 학교와 시청 및 구청 담당자에게 태양열 에너지에 관한 생각을 환기할 수 있고, 중요성과 활용 방안 등에 대해 더 많은 생각을 가질 수 있게 할 것이다. 결국 주변에서 더 많은 태양열 에너지를 이용한 사례를 볼 수 있을 것이다.

③ 에너지 활용방안 증가

보통 건물 옥상 등에 태양열 패널을 설치하여 이를 전기로 전환하는 방식을 사용하고 있다. 하지만 태양열 에너지에 관한 관심이 증가하게 된다면 이러한 단순한 방식에서 벗어나서 더 다양한 활용 방안을 제시할 수 있을 것이다. 예를 들어 주변에서 볼 수 있는 대전시에서 운영하는 공유자전거인 타슈에 태양열 에너지를 이용할 수도 있고 태양열 에너지를 이용한 가로등 또한 주변에서 흔히 볼 수 있게 될지도 모른다.

2) 교내 흡연 실태 및 개선방안

(1) 과제수행 목적

개정된 "국민건강증진법"에 따라 대학 캠퍼스들이 금연 구역으로 지정되어 많은 대학에서 흡연 부스와 흡연구역을 자체적으로 설치하고 있다. 그러나 미흡한 흡연구역을 놓고 흡연자와 비흡연자 모두가 불만을 토로하고 있다.

충남대학교도 흡연자와 비흡연자 공간이 분리되지 않아 비슷한 문제를 겪고 있다. 학교 내 흡연구역이나 부스가 있지만 흡연자 수에 비해 턱없이 부족하다. 또 흡연구역이 명확하게 표시되어 있지 않고 학생들에게도 정확하게 안내되지 않았다. 그로 인해 단과대별로 건물 출입구나 구석진 곳, 도서관 옆 등 비공식적인 흡연구역이 생겨났다. 공식적인 흡연구역보다 비공식적인 흡연구역을 이용하는 사람이 더 많다. 캠퍼스 뿐만 아니라, 기숙사 쪽에 있는 흡연 부스를 보면 부스 내부가 아닌 그 주변이나 건물 옥상, 계단처럼 금연 구역에서 흡연하는 사람들을 쉽게 찾아볼 수 있다.

금연 구역 확대로 흡연구역이 줄어들었지만, 흡연자 수는 여전히 비슷해 대학 내 흡연에 대한 문제점이 계속 발생하고 있다. 이것은 대학이 학생들과 전문가 의견 수렴없이 일방적으로 설치한 것이 주된 원인이 된다. 우리는 이러한 문제를 흡연구역으로 인해 직접적인 피해를 보고 있는 학생들 의견을 받아 해결하는 것이 우선이라고 생각한다. 흡연구역에 대한 학생들 의견을 설문지를 통해 알아볼 것이고 실질적으로 문제를 해결하려는 방안을 모색하였다.

*필요성

① 흡연자 불편을 해소하고, 비흡연자의 불필요한 동선 생성을 방지하여 비흡연자와 흡연자 갈등 완화

② 일정 흡연 장소를 제공함으로써 비흡연자들의 간접흡연 피해 최소화

③ 흡연권과 혐연권 동시 존중

(2) 과제 내용

현재 충남대학교 내에는 금연 구역이 대부분이고 흡연구역이 거의 없다. 흡연구역이라고 표시해 놓은 곳조차 열린 공간에서 쓰레기통이 하나 있을 뿐이다. 별도 화재 방지 물품이 비치되어 있지 않아 화재 발생 시 화재 진압에 문제가 생길 수 있다. 학생들이 가장 많이 이용하는 도서관의 경우 흡연구역이 없어 도서관 뒤 금연 구역에서 흡연하게 된다. 이로 인해 담배 냄새가 도서관 내로 들어와 냄새, 간접흡연과 같은 2차 피해가 발생한다.

따라서, 실제로 다른 학교에서 원활하게 운영되는 시설이나 프로그램 등을 반영하여 충남대학교에 가장 적합한 방안을 상의하여 수용하는 방법으로 과제를 진행하였다.

[충남대학교 흡연 실태 (좌: 공대 2호관, 우: 경상대)]

출처: 충남대 캡스톤디자인 수업 과제

① 흡연부스(부산대, 고려대, 한양대, 중앙대 등)

흡연 부스 설치와 주변 환경 조성까지 한 개당 약 1,000만 원 가량 비용이 들기 때문에 교내에 많은 흡연 부스를 설치하기에는 힘들다. 따라서 실효성을 따져 최소한의 개수로 최대 이용이 가능하도록 흡연 부스 위치를 잘 선정하는 것이 무엇보다 중요하다. 흡연 부스 위치는 앞에서 제시된 설문조사 내용을 기반으로 하여 학생들의 의견을 최우선으로 조정해 흡연 부스 설치 장소와 그 개수를 추산해 보았다.

② 흡연장소 홍보(서울과학기술대학교, 울산대학교)

서울과학기술대학교, 울산대학교는 흡연 장소에 대한 홍보를 진행하고 있다. 충남대학교는 공대 1호관과 5호관 사이와 기숙사 6동 근처에 있는 흡연 부스를 제외하면 교내에 정당한 흡연구역이 없다. 이는 흡연구역과 금연 구역을 애매하게 만들어 흡연자와 비흡연자 모두에게 불만을 초래한다. 따라서 명확하게 흡연구역을 지정하는 것은 반드시 필요하다. 흡연구역이 정확히 인식될 수 있도록 SNS나 홍보 용지를 만들어 흡연자들에게 흡연구역을 명시하는 등 적극적으로 알렸다.

③ 금연구역에 금연 스티커와 포스터 부착 (대구대학교)

흡연 장소 홍보와 함께 금연 장소 홍보도 진행하고 있다. 흡연 장소 부지로 인한 금연구역에서 흡연을 엄격하게 규제할 수는 없지만, 금연 구역에 금연 포스터를 부착해 흡연자들에게 금연 장소를 각성시키고 금연 장소에서 흡연 시 보행자들의 시선을 인식할 수 있도록 하였다.

④ 실태조사

구글 폼으로 흡연 부스 관련 설문지를 제작하여 충남대학교 재학생을 대상으로 약 100명 이상의 학생 설문을 하였다. 그뿐만 아니라 온라인에서도 충남대학교 학생들이 많이 이용하는 SNS인 페이스북 충남대학교 페이지에 설문지를 게시하였다.

(표본 집단 분포)

- 남성 63.2%, 여성 36.8%, 1학년 17.8%, 2학년 34.2%, 3학년 27%, 4학년 21.1% 비율로 설문조사에 응답함
- 공과대학 37.7%, 국가 안보 융합학부 17.2%, 경상대학 11.9%, 간호대학 11.9%, 그 외 21.3%

[흡연 부스 관련 설문 조사]

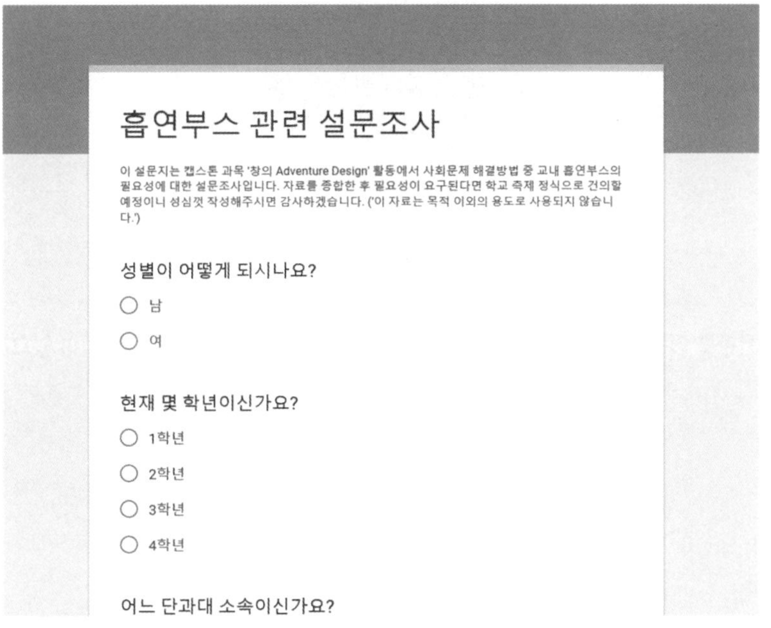

흡연부스 관련 설문조사

이 설문지는 캡스톤 과목 '창의 Adventure Design' 활동에서 사회문제 해결방법 중 교내 흡연부스의 필요성에 대한 설문조사입니다. 자료를 종합한 후 필요성이 요구된다면 학교 축제 정식으로 건의할 예정이니 성심껏 작성해주시면 감사하겠습니다. ('이 자료는 목적 이외의 용도로 사용되지 않습니다.')

성별이 어떻게 되시나요?

- ○ 남
- ○ 여

현재 몇 학년이신가요?

- ○ 1학년
- ○ 2학년
- ○ 3학년
- ○ 4학년

어느 단과대 소속이신가요?

출처: 충남대 캡스톤디자인 수업 과제

1) 흡연 실태 관련한 설문 결과

[Q. 흡연하고 계십니까?]

응답 152개

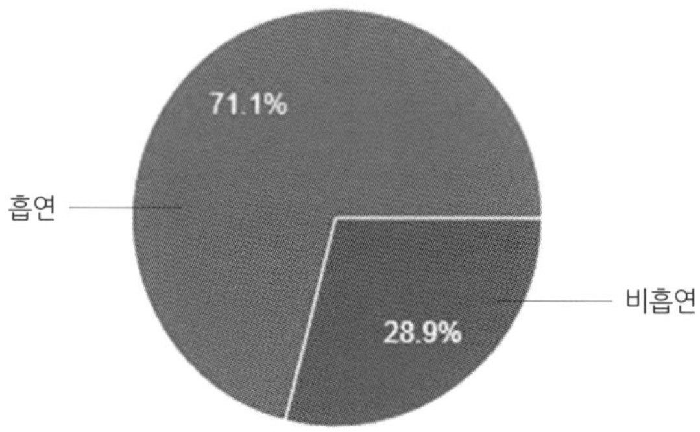

출처: 충남대 캡스톤디자인 수업 과제

[Q. 도서관을 이용하거나, 혹은 단과대에서 흡연과 관련된 불편함을 느끼신 적이 있으신가요?]

응답 152개

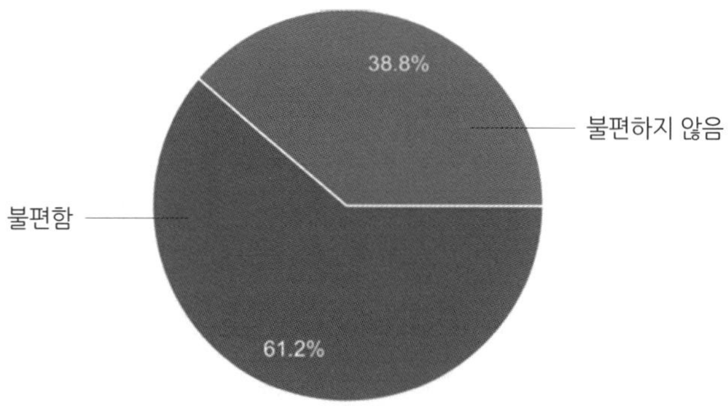

출처: 충남대 캡스톤디자인 수업 과제

설문조사 대상자 중 71.1%가 흡연을 하였으며, 흡연으로 인해 불편함을 겪은 학생이 61.2%로 대다수 학생이 흡연으로 인한 불편함을 겪었다고 응답하였다. 이를 통해 흡연자와 비흡연자 상관없이 흡연에 대한 불편함을 느꼈다는 것을 알 수 있었다.

Q. 교내에서 흡연하면서 불편했던 점이나 흡연으로 인한 피해를 겪은 경험에 대해 작성해 주세요.
간접흡연으로 인한 피해, 흡연구역의 부족, 청결 문제(담배꽁초, 침 등) 의견 등이 있었고 의견을 종합해본 결과 그 중 간접흡연으로 인한 피해 경험이 61%가량 차지하였음

2) 흡연 부스 설치에 관한 문항

응답자 대부분 학생이 교내 흡연 부스 설치에 대해 찬성하였다. 응답자 중 흡연 인원이 71% 가량인 점을 봤을 때 흡연자들 또한 흡연 부스 설치에 대해 찬성인 경우가 많았음을 알 수 있었다.

[Q. 교내 흡연 부스 설치에 대해서 어떻게 생각하시나요?]

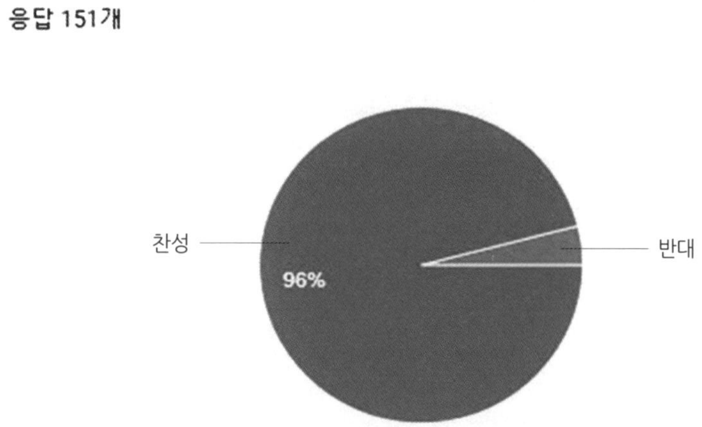

출처: 충남대 캡스톤디자인 수업 과제

Q. 교내 흡연 부스 설치에 대해서 어떻게 생각하시나요?

찬성	반대
- 사람이 다니는 공간과 분리되어 연기와 냄새가 줄어 비흡연자들의 피해가 줄어 보호를 받는다. - 길거리나 도서관 뒤 등 아무 곳에서나 담배를 피우는 사람들이 줄어들 것이다. - 길거리에서 담배꽁초가 줄어 미관상 좋고 화재 예방도 된다. - 흡연자들은 흡연 부스가 적어 흡연할 공간이 없어 겪은 불편을 해소한다. - 흡연자들은 사람들에게 피해를 주지 않고 떳떳하게 담배를 필 수 있다.	- 기존의 흡연구역과 부스를 사용하자. - 어설프게 설치하면 실효율은 낮고 돈 낭비만 된다. - 생활관 흡연 부스의 경우 흡연 후 뒷정리를 소홀히 해 흡연하지 않을 때도 냄새가 난다. - 흡연 부스 존재를 '정당'하게 담배를 필 수 있는 구역이 아닌 '당당'하게 담배를 필 수 있는 구역으로 잘못 인식할 수 있다.

Q. 현재 교내에 설치되어 있는 흡연 부스 위치 및 기존 흡연 부스 문제점 혹은 불편했던 점은 무엇이었나요?

- 흡연하는 곳이 개방적이고 사람들이 많이 지나다니는 곳에 있어 비흡연자 입장에서 간접흡연을 하게 되어 불편하다.
- 흡연하는 곳이 개방적이고 사람들이 많이 지나다니는 곳에 있는 경우가 많아 비흡연자 입장에선 간접흡연을 하게 되어 불편하다. 또한 담배꽁초와 쓰레기 처리가 제대로 되지 않아 외관상 보기 안 좋다.
- 흡연 부스 개수가 부족한 것 같다.
- 흡연 부스가 더럽고 냄새난다.
- 운영자는 흡연 부스 청결 유지에 소홀했고, 이용자는 흡연의 뒷정리에 대한 의식이 부족한 듯하다.
- 흡연 부스가 어디에 있는지 모르겠다.

Q. 흡연 부스에 대한 여러분 의견을 자유롭게 적어주세요.

- 설치해서 흡연자와 비흡연자를 분리했으면 좋겠다.
- 담배 연기 외부유출을 최소화했으면 좋겠다.
- 안전 유의
- 적절한 장소에 설치했으면 좋겠다.

- 유지보수에 대한 어려움이 있을 것 같다
- 쓸데없는 관리 시설 증가라고 생각된다.

② 흡연부스 유치를 위한 노력

가. 충남대학교 측에 흡연 부스 유치 문의

설문조사 결과를 바탕으로 흡연 부스 설치의 적절한 장소를 모색하였으며, 충남대학교 시설과와 학생과 측에 연락하여 흡연 부스 유치에 관한 내용을 문의하였다. 하지만 현재 교내 흡연 문제를 담당하는 부서가 존재하지 않고 교내 재정 문제로 인해 흡연 부스 유치를 당장 진행하기가 어렵다는 답변을 얻게 되었다.

나. 흡연 부스 설치 지원 기업 문의

학교 측에 문의 후 흡연 부스 설치 지원 기업으로 알려진 KT&G, 필립모리스 등 기업 홈페이지에 충남대학교 내 흡연 부스 지원이 가능한지 아닌지를 문의하였으나 답변을 얻지 못한 상태이다.

[KT&G에 흡연 부스 설치 문의]

출처: 충남대 캡스톤디자인 수업 과제

다. 학생회 측에 문의

학생회 측에 설문 결과를 바탕으로 흡연 부스 설치 필요성을 전달하고, 학우 참여 예산제도를 통해 흡연 부스 추진을 건의하였다.

충남대학교 공식 홈페이지에 있는 '학교에 바란다.' 페이지에 흡연 부스 설치를 건의하였다.

[교내 홈페이지를 통한 문의] '학교에 바란다.'에 흡연 부스의 설치 건의

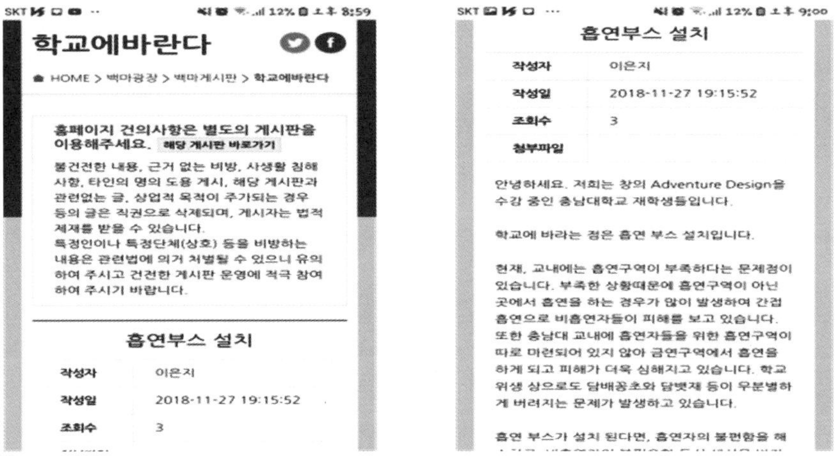

출처: 충남대 캡스톤디자인 수업 과제

③ 흡연구역 지도 작성

서울과학기술대학교 흡연 구역 홍보 지도를 참고하여 충남대학교 흡연구역 지도를 작성하였다. 충남대학교 재학생들을 대상으로 진행한 설문조사 의견을 수용하여 각 단과대를 기준으로 흡연구역을 명시하였다.

[충남대학교 흡연 구역 예상 지도]

현재 흡연구역 ● 흡연부스 후보

출처: 충남대 캡스톤디자인 수업 과제

④ 금연 구역의 홍보

금연 구역으로 명시되어 있음에도 불구하고 다수의 학생이 흡연구역으로 이용하는 교내에 흡연자들이 금연 구역임을 인지할 수 있도록 유인물을 배부 및 부착하였다.

[흡연지도 부착 및 안내]

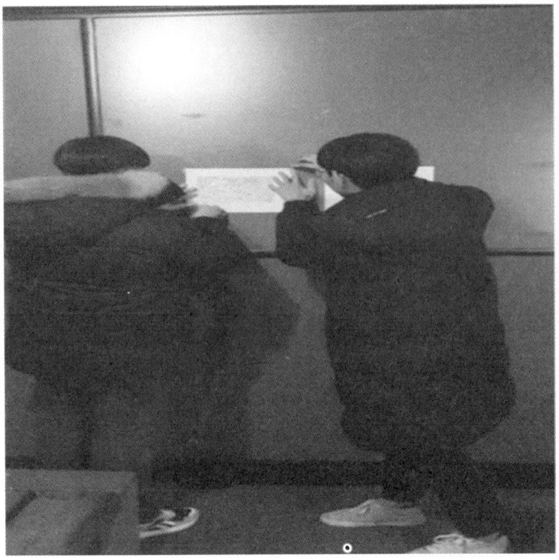

출처: 충남대 캡스톤디자인 수업 과제

[회의 장면]

출처: 충남대 캡스톤디자인 수업 과제

[흡연구역 확립을 위한 노력 - 경상대, 공대5호관 캠페인]

출처: 충남대 캡스톤디자인 수업 과제

(3) 활용 방안 및 기대효과

흡연 부스 외 장소에서 흡연자들이 흡연 할 경우 페널티를 적용하는 방법 등과 같은 방안 모색 중이며, 흡연자와 비흡연자 서로의 인권을 존중하여 불만 사항을 적극 수용하여 개선 방안을 마련해야 할 것이다.

교내에 부족한 흡연구역 추가 설치를 통해 그동안 모호했던 흡연구역과 금연 구역을 명확하게 구분할 수 있게 된다. 또한 적극적인 홍보를 통해 사람들이 흡연구역을 인지함으로써 흡연 및 비흡연자들 모두에게 피해를 최소화할 수 있다.

1.2 공학 분야 과제 수행 사례

1) 기립보조 다용도 테이블

팀명	· 으라차차
팀원	· 메카트로닉스 공학과 신찬식, 차의수, 한상우, 이채린
특허	· 출원번호 10-2019-0140626

(1) 과제 수행 목적

고령화 사회에 진입함에 따라 고령자를 위한 제품 개발 및 평가에 대한 필요성이 중요하게 대두되고 있다. 고령자의 안전한 일상생활을 지원하는 제품 수요가 늘어나고 있다.

온돌 문화에 익숙한 고령자들은 바닥에 주저앉은 상태에서 행하는 일어서기 동작이 큰 부담이다. 바닥에 앉아 있거나 누워있는 노약자와 장애인들의 기립을 보조하기 위하여 제작하고자 한다.

[고령자의 질병]

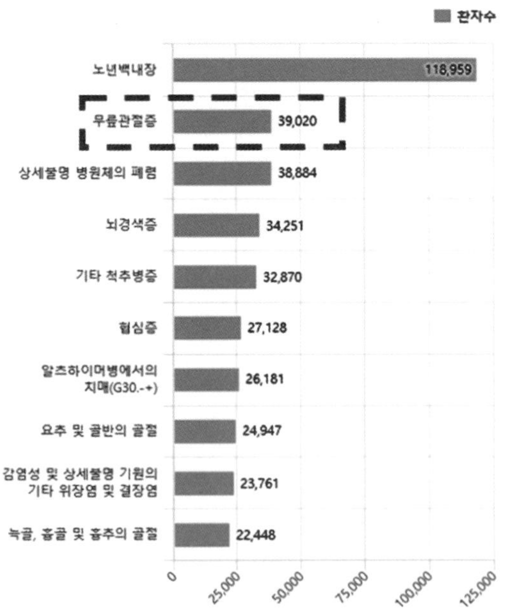

출처: 캡스톤디자인 과제

[고령자의 문제]

고령자의 안전한 일상생활을 도와줄 수 있는 제품 개발 필요!

↓

관절 손상을 방지할 수 있는 보조기구

↓

"앉았다가 일어날 때 보조할 수 있는 기구"

출처: 캡스톤디자인 과제

[선행특허 조사]

기립 보조 의자

+ 전기에 의해 유압 펌프를 구동하고 솔레노이드 밸브의 개폐를 제어
+ 솔레노이드 밸브 개폐 제어에 의해 피스톤 왕복 운동에 따라 직선 왕복 운동을 함

이동이 용이하지 않다.
손잡이가 없는 등 안전성이 부족하다.

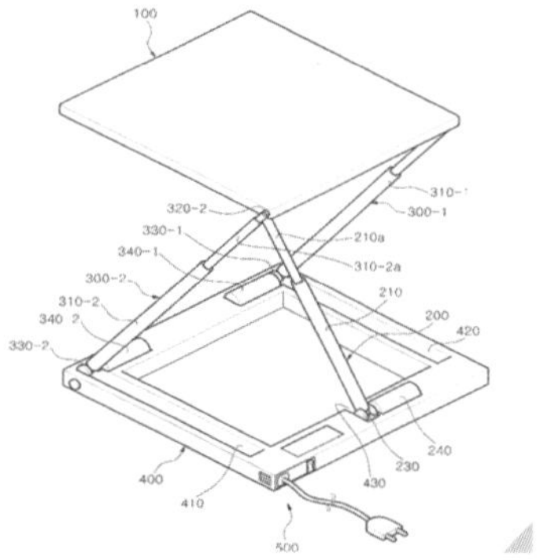

출처: 캡스톤디자인 과제

[공리적 설계]

공리적 설계(Axiomatic Design)

+ 1980년대에 MIT에서 개발된 설계 공학 이론으로 창의적이며, 체계적으로 적용할 수 있는 설계 이론이다.
+ 이 이론은 설계의 초기 단계부터 공리 이론을 적용하여 복잡한 문제를 단순화시키고, 설계의 성공 확률을 높이는 방향으로 설계를 진행한다.

FR1	기립 보조를 할 수 있어야 한다. (기능성)
FR2	방바닥에서 접근이 쉬워야 한다. (접근성)
FR3	의자가 상승 하강할 때 안전해야 한다. (안전성)
FR4	테이블을 다용도로 사용할 수 있다.

출처: 캡스톤디자인 과제

[공리적 설계 과정]

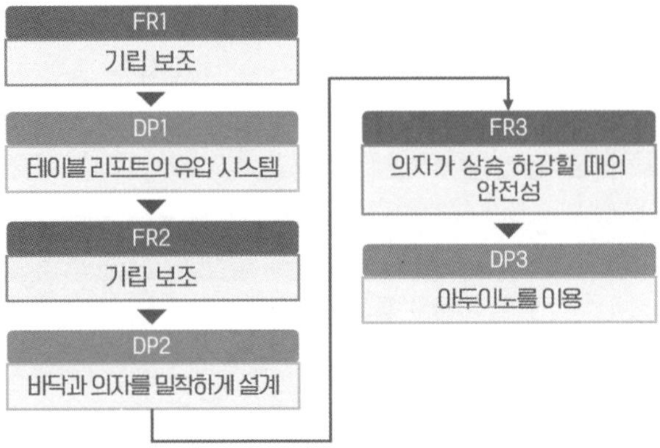

출처: 캡스톤디자인 과제

[설계]

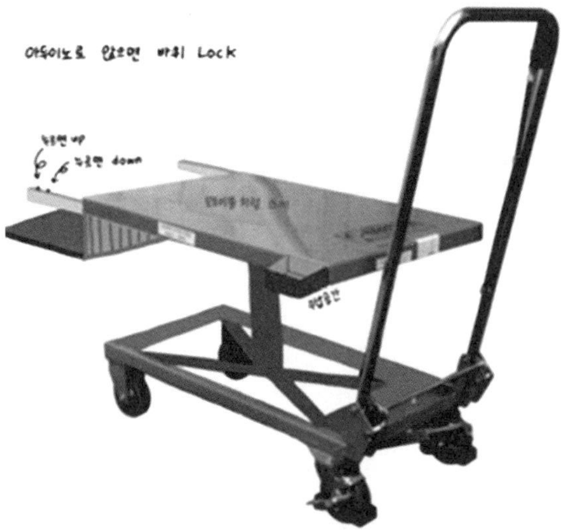

출처: 캡스톤디자인 과제

[설계]

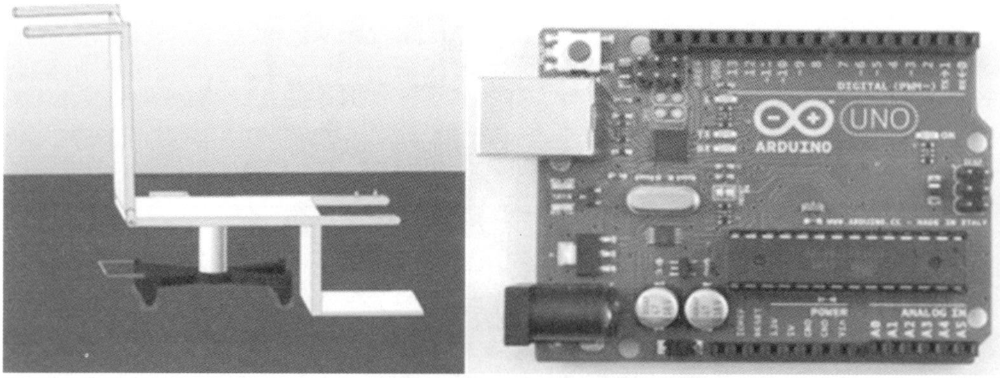

출처: 캡스톤디자인 과제

[공리적 설계]

FR4

테이블을 다용도로 사용

▼

DP4

위쪽 테이블을 사용할 수 있도록 모델링

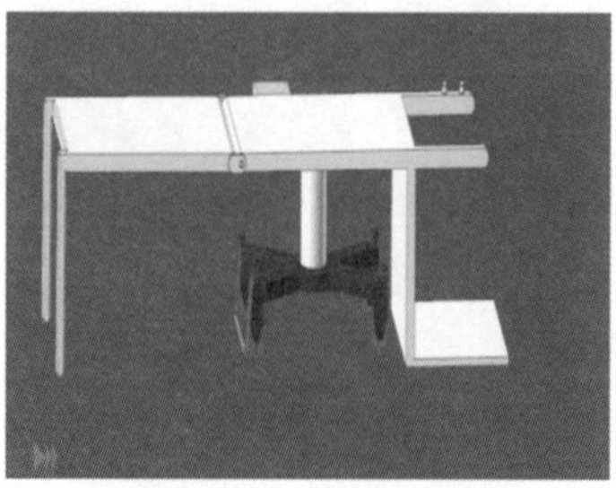

출처: 캡스톤디자인 과제

[설계]

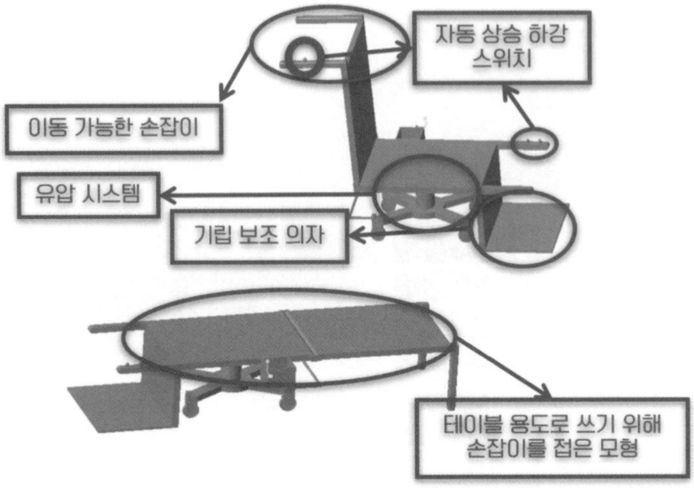

출처: 캡스톤디자인 과제

[실제로 만든 소형 모델]

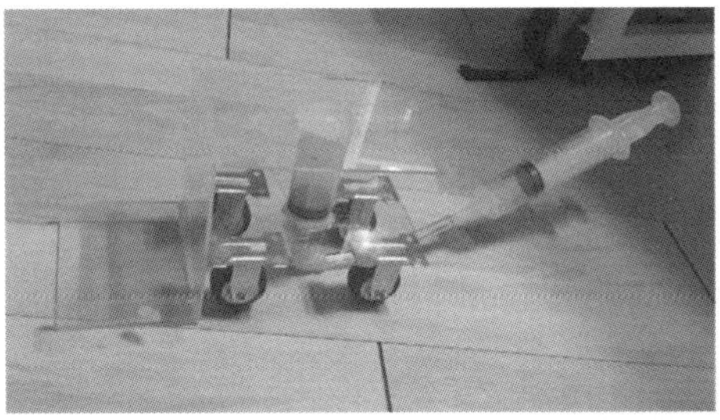

출처: 캡스톤디자인 과제

2) 강아지 훈련 로봇

팀명	· 강아지강씨
팀원	· 메카트로닉스공학과 고병철, 임상묵, 이동훈, 조민지
특허	· 등록번호 10-2422541

(1) 과제 개요

반려견 보유 가구 수 증가에 따른 반려동물 장난감과 상품의 활발한 개발이 필요하다. 특히, 최근 반려견 운동을 시키기 위한 노력이 필요하여 반려인의 어려움이 발생하고 있다.

반려견 체력 향상을 위해 산책을 못하는 반려견 운동, 반려견 우울증을 극복하기 위해 반려견과 놀아주는 로봇을 통해 건강한 자아를 갖게 하며, 반려인의 불편함을 회복하여 여가를 높이고자 하였다.

[반려동물 보유 가구 수와 시장 규모]

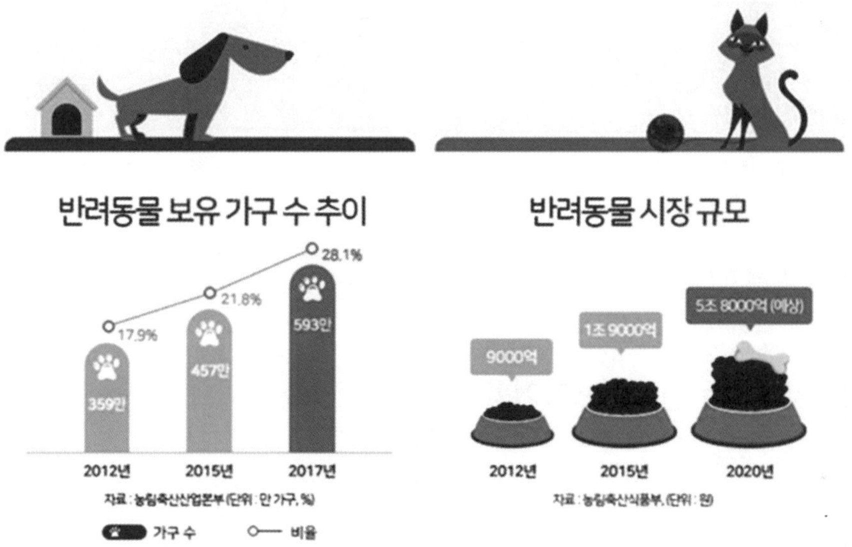

출처: 농림축산부

(2) 과제 내용

가. 주행 구현방식

· PSD 센서 + 모터

· PSD 센서로 주변의 장애물 인식

· 장애물을 피해 다니며 주행

나. 공 발사 구현방식

· 서보모터 + BLDC 모터

· 반려견이 공을 넣으면 서보모터로 잡음
· PSD 센서로 장애물이 없는 곳을 확인
· BLDC 모터로 공을 발사

다. 먹이보상 구현방식

· 조도 센서 + 서보 모터
· 특정 시간 또는 특정 행동을 할 때 먹이로 보상
· 반려견이 공을 넣으면 조도 센서로 인식
· 서보 모터로 먹이를 밀어서 제공

(3) 기대효과

· 반려견 운동 촉진, 우울증 극복
· 반려인 불편함 극복 및 여가 증가
· 반려묘를 키우는 인구 증가에 따른 반려묘 전용 로봇 개발

3) 잠금장치가 있는 전동킥보드 거치대

팀명	· 핸즈프리
팀원	· 전기공학과 김연혁, 전자공학과 권혁규, 무역학과 유아현, 환경공학과 이채영, 김태은
특허	· 출원번호 10-2020-0014664

(1) 과제 개요

대학 캠퍼스 내에서 대학생 퍼스널모빌리티 사용 증가에 따라 '전동킥보드 전용 거치 시설'의 필요성을 느껴 이 문제를 해결하고자 한다. 전동킥보드 실내 보관으로 인하여 통행에 불편을 느끼는 학생들이 많으며 거치 시설 부재로 인해 무분별한 거치로 미관을 해치고 있다.

자전거 보관대 경우 전동킥보드와 자전거 크기가 다른 불편함으로 인해 거치에 불편함을 느끼고 분실 및 파손 우려가 있어 전용 거치 시설이 필요하다.

(2) 과제 내용

자가 전동킥보드 이용자는 도난 위험이 있어 잠금장치를 소지하고 다녀야 하는 불편함이 있다. 따라서 본 과제에서는 1) 전동킥보드 규격에 맞추어 거치 시설 제작, 2) 전동킥보드 도난 방지를 위한 잠금장치 부착, 3) 이용자 편의 도모, 4) 거치와 함께 충전이 가능하도록 충전시설을 추가하고자 한다.

[전동킥보드 거치 상태 및 현황]

교내에 무분별하게 배치되어 있는 전동킥보드

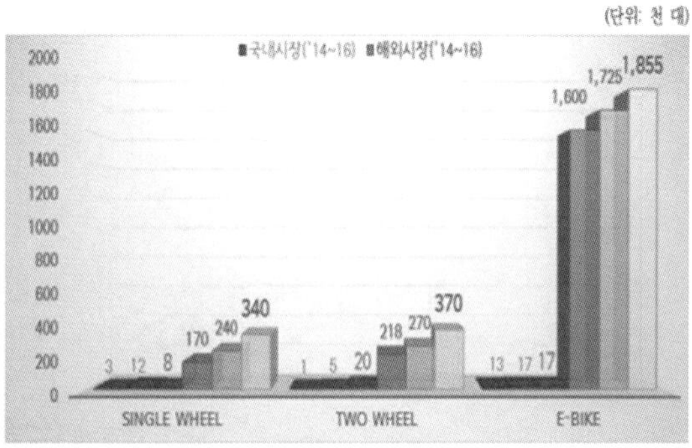

자료: 이찬(2016.10.25.) p.38

전동킥보드 판매량이 증가하여 거치시설 필요성 증대

출처: 충남대 캡스톤디자인 과제

[회의 장면]

출처: 충남대 캡스톤디자인 과제

[전동킥보드 거치대 3D 모형과 실제 제작과정]

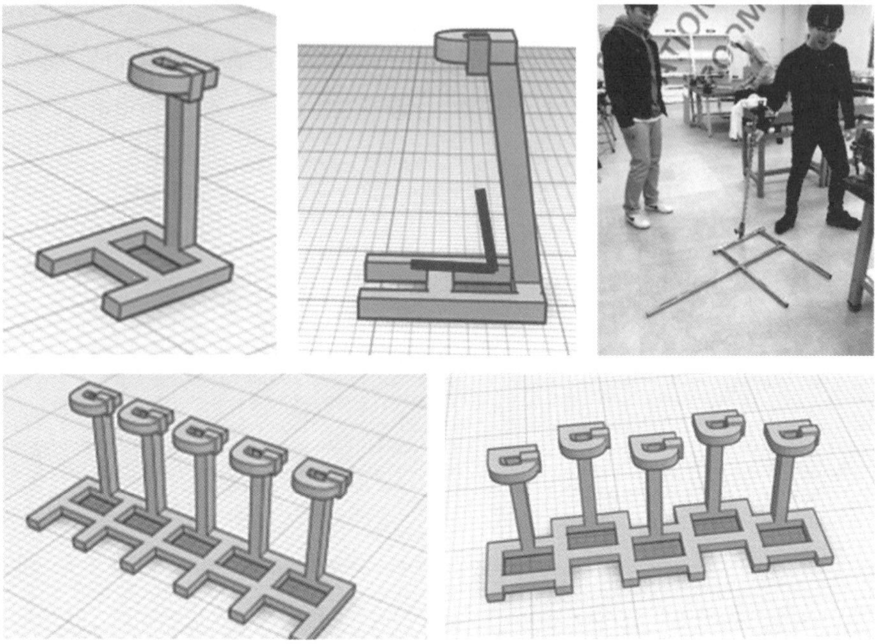

출처: 충남대 캡스톤디자인 과제

(3) 과제 결과

[실험 수행]

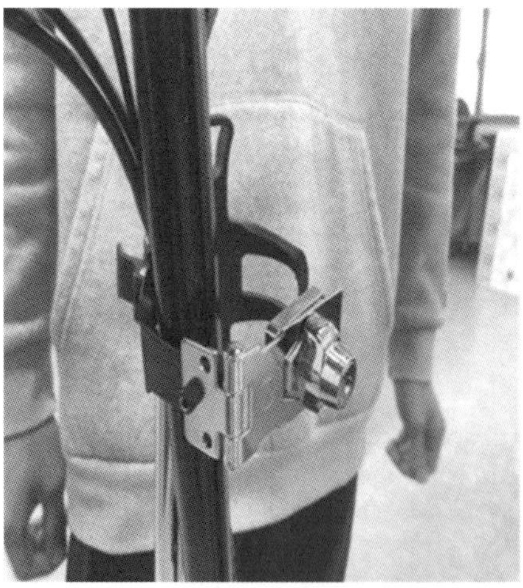

전동킥보드 거치대 부분에 잠금장치 설치

전동킥보드 거치대에 거치한 모습

초안을 토대로 전동킥보드 거치대 제작

출처: 충남대 캡스톤디자인 과제

Tip

퍼스널 모빌리티

- 전기를 동력으로 하는 1인용 이동수단을 지칭하는 용어
- 자이로 타입 전동킥보드, 전동스케이트보드, 전동스쿠터, 전기자전거 등

전동킥보드

- 킥보드를 기본 형태로 취한 형태로 전동장치를 달아 전기의 힘으로 달릴 수 있는 탈 것
- 2019년 9월 말, 공유 전동킥보드 서비스까지 등장
- 킥보드 (kick board): 두 손으로 핸들을 잡고 한쪽 발을 발판 위에 올린 뒤 다른 한쪽 발로는 땅을 차면서 타게 되어 있는 기구

IV 캡스톤디자인 과제 수행 사례(농산업/융합 분야)

학습 목표

· 농산업 분야 캡스톤디자인 팀 과제를 알아보고 이해한다.
· 융합 분야 캡스톤디자인 팀 과제를 알아보고 이해한다.

1.1 농산업 분야 과제 수행 사례

1) 식물 소재를 이용한 자연제품 만들기

팀명	· 에코페이퍼
팀원	· 환경소재공학과 이원재, 생물환경화학과 김도연, 문서진
특허	· 출원번호 10-2019-0140628

(1) 과제 개요

매년 가을마다 바닥에 떨어져 있는 낙엽을 보았고, 연간 낙엽을 수거하고 소각하는 비용이 적지 않게 발생하여 이를 해결하고자 한다.

A시에서는 해마다 낙엽을 처리하는 데 약 1억 원가량 소비한다고 보고하였다. 또 대전 유성구에서는 아파트와 대덕연구단지, 학교 등에서 배출하는 낙엽을 일반쓰레기처럼 1L당 33원 종량제 봉투에 담아 배출하여 비용적인 부담을 두고 있다. 낙엽을 활용한 친환경적인 종이 제품을 만들어 일반 사람들에게도 낙엽 재활용 방안에 대해 친숙하게 다가갈 수 있다는 인식을 심어주려 한다.

국가	활용 사례
미국	재활용 의무화 조례 제정 낙엽 소재 친환경 식기 생산 낙엽 첨가식 점퍼 출시
일본	인테리어 소품으로 상품화 유기질 퇴비 생산에 주민 참여 일반 쓰레기와 분리 배출 및 수거
스웨덴 · 네덜란드	천연가스 대체연료 생산
독일	바이오가스 생산, 유기농에 활용
프랑스	낙엽+지렁이 유기질 퇴비 생산
중국	사과나무 낙엽으로 전력 생산 추진

(2) 과제 내용

나뭇잎 식물 소재를 이용한 자연 제품 만들기, 나뭇잎 분말과 종이 섬유 비율을 변화시켜 최적 비율 찾기, 적정 비율로 은행잎으로 만든 종이로 방충 효과를 실험하고자 한다.

[종이 제조 과정]

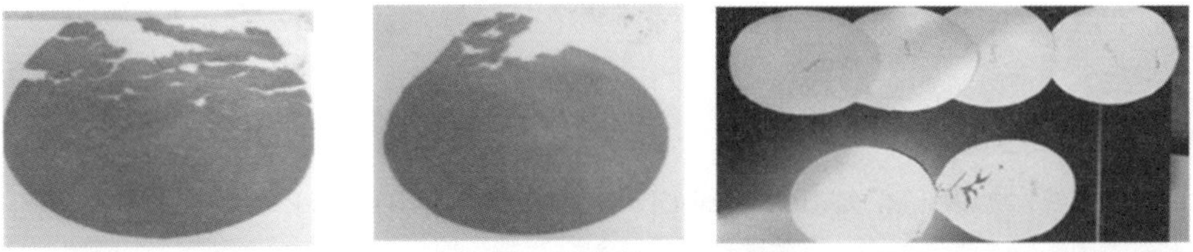

활엽수 섬유와 10% 은행잎 분말 / 활엽수 섬유와 5% 은행잎 분말 / 침엽수 섬유와 5% 은행잎 분말과 10% 은행잎 분말 (위 아래)

출처: 캡스톤디자인 과제

[나뭇잎 비율 탐구]

활엽수 섬유

나뭇잎 비율	10%	5%
성공여부	X	X

침엽수 섬유

나뭇잎 비율	10%	5%
성공여부	X	O

출처: 캡스톤디자인 과제

나뭇잎이 포함된 종이로 다이어리를 제작해 친환경적인 종이 제품으로 활용 가능성을 모색하였다.

[제지의 섬유에 따른 적정비율 탐구]

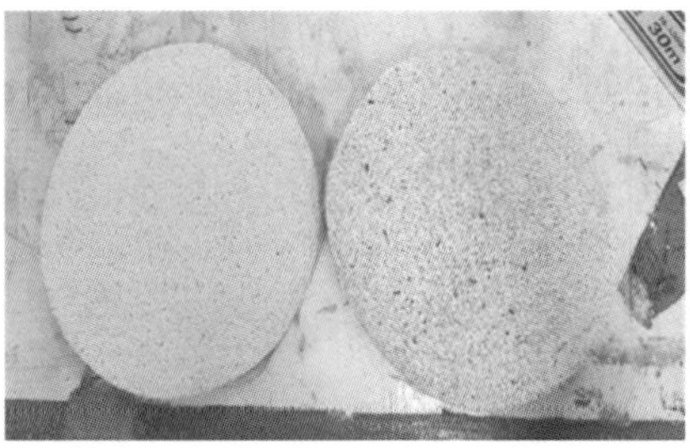

은행잎 10%와 단풍잎 10%로 만든 종이

다양한 잎으로 만든 다이어리 속지

출처: 캡스톤디자인 과제

(3) 활용 방안 및 기대효과

은행잎과 낙엽 수거 및 처리 방안에 대한 다양한 방법을 제시할 수 있다.

농가에 한정적인 기존 낙엽을 재활용하는 낙엽 퇴비 방법보다 일반 사람들에게 낙엽 활용 방안을 더 느끼게 해줄 수 있다. 더 나아가 종이를 만들 때 섬유 종류에 따른 분말 적정비율을 탐구해 도움을 줄 수 있다.

[은행잎의 항균, 방충 작용을 이용한 실내 정원에서 쓸 수 있는 식물 푯말 만들기와 다이어리 만들기]

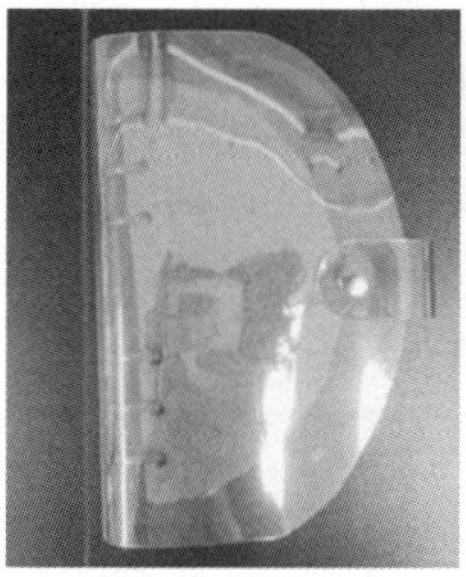

다이어리 완성본

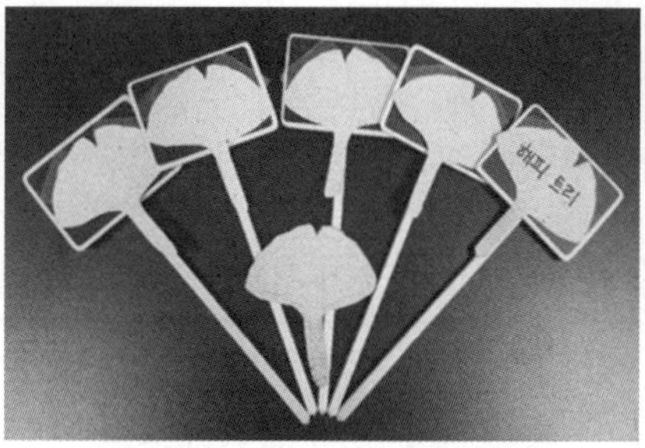

은행잎으로 항균/방충효과 푯말

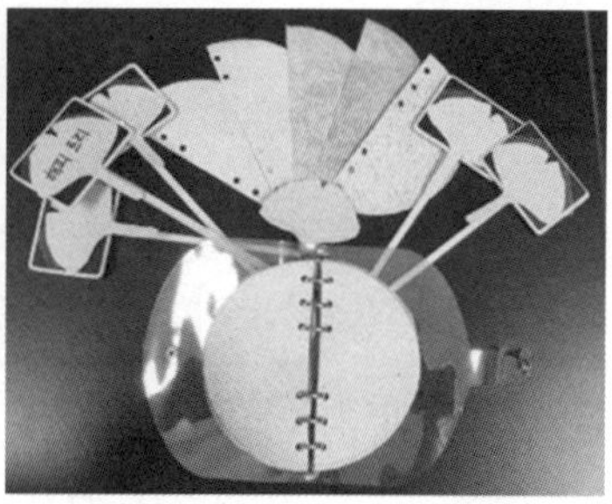

푯말, 속지, 다이어리 완성본

출처: 캡스톤디자인 과제

2) 편백나무를 활용한 친환경 공기 청정기 필터 제작

팀명	· 피치조
팀원	· 환경소재공학과 전유경, 박세연, 황지영
특허	· 등록번호 10-2223027

(1) 과제 개요

산업혁명 이후로 대기오염은 점점 더 심각해지고 있다. 유명한 런던 스모그 연기 사건, 로스앤젤레스 광화학 스모그 연기 사건은 이미 대기오염이 심각한 수준으로 악화되었다는 것을 알려주고 있다. 또한 최근 국내에서 관심이 높아진 초미세먼지는 2013년 세계보건기구(WHO)가 1급 발암물질로 지정한 오염물질이다. 이는 호흡기는 물론이고 피부로도 침투할 수 있어 심장질환 등 인체에 심각한 위해를 주는 것으로 알려져 있다. 전 세계 수많은 도시의 공기는 이미 사람들의 건강을 위협할 정도로 악화되었다. 신축 또는 개축 주택 입주 후 뚜렷한 병명 없이 눈이 따끔거리거나, 목이나 코가 아프거나 두통, 구토 등이 일어나는 새집증후군이라는 증상이 있다. 이는 포름알데히드 때문이며, 건물 신축 후 6개월 정도가 지날 때 가장 심하다. 시간이 지나면서 방출량은 감소하지만 4~5년이 지나도 휘발성 유해 성분은 완전히 없어지지 않는다. 이와 같이 자극성 물질인 포름알데히드를 제거하는 방법으로는 환기 및 실내공기 정화, 입주 전

실내를 가열 후 환기, 아침 · 저녁으로 창문을 열어 공기를 교체하는 방법 및 실내온도 18~22℃, 습도는 55% 전후로 유지하는 방법이 있다. 사람들 생활 수준이 향상됨에 따라 건강에 관한 관심이 증대되고, 건강과 직결되는 실내에서의 공기질 향상에 관한 관심이 또한 높아지면서 공기청정기 수요가 많이 증가하고 있다. 공기청정기는 공기정화필터와 같이 공기 중에 포함된 오염물질을 제거하기 위한 소재나 단위 장치를 의미하며, 실내에 부유하는 입자 및 유해 가스를 제거한다.

편백은 실내공기 정화뿐 아니라 포름알데히드 제거에도 효과가 있으며, 편백에서 발생한 피톤치드(phytoncide)는 NH_3 가스의 제거에도 효과가 있는 것으로 알려져 있다. 피톤치드란 식물이 병원균 · 해충 · 곰팡이에 저항하려고 내뿜거나 분비하는 물질을 말하며, 테르펜을 비롯한 페놀 화합물, 알칼로이드 성분, 글리코시드 등으로 구성되어 있다. 이 중 테르펜은 뇌의 알파파를 증가시켜 심신 안정과 집중력 및 기억력 향상에 도움을 준다. 피톤치드를 마시면 스트레스가 해소되고 장과 심폐기능이 강화되며, 살균작용도 이루어지기 때문에 요즘 다양한 상품에 피톤치드 효능을 이용하려는 움직임이 있다. 피톤치드는 모든 나무에서 모두 분비되지만, 특히 소나무, 그중에서도 적송이나 편백에서 가장 많이 분비되는 것으로 알려져 있으며 편백 피톤치드는 그중에서도 가장 효과가 뛰어나다는 과학적 평가를 받고 있다.

따라서 본 캡스톤디자인에서는 공기청정기 필터에 편백을 결합한 펜 기동으로 흡입된 공기를 정화해 배출하는 편백 필터를 제작하려 한다. 아무 냄새 없이 공기만 정화해주는 기존 공기청정기와는 다른 특색이 있는 탈취 및 방향 기능을 갖춘 편백 향(香) 공기청정기이다. 이로써 보다 나은 실내공기 질을 형성하는 것을 과제 최종 목표로 한다.

[실험 재료]

01 편백 케이스

필터의 모통이를 잘라내어 형성한 개구부를 통해 필터 체결수단을 관통 결합시켜 복수개의 필터를 결합하는 구조를 적용함으로써, 유입된 공기는 편백나무필터를 통해 여과되고 정화된다.

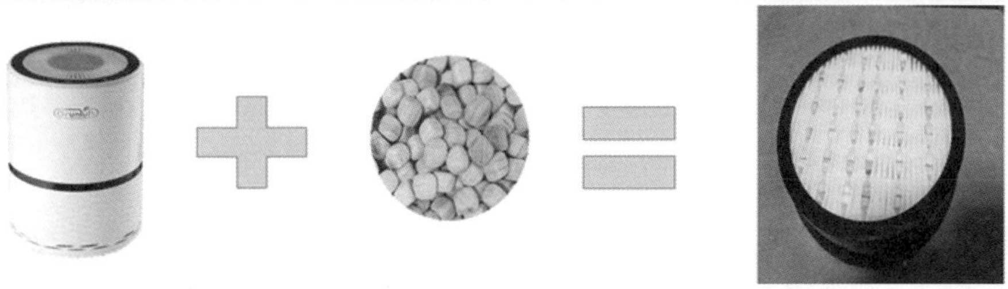

02 편백 종이 필터

종이 필터의 원료인 침엽수 펄프를 잘 고해 한 후, 편백나무 파쇄칩을 고해 된 펄프에 넣고 몰드기를 이용해 편백 종이를 만든다.

출처: 충남대 캡스톤디자인 과제

(2) 과제 내용

기존 공기청정기 제품은 단순한 공기정화 효과만 있는 제품이거나 아로마 향을 첨가한 아로마 공기청정기가 대부분이다. 아로마 공기청정기의 경우 아로마 오일을 넣어 단순히 향만 나게 해주는 것에 불과하다. 본 캡스톤디자인은 공기정화 효과뿐만 아니라, 천연재료 그대로 향을 내며, 재료가 가지고 있는 좋은 효능까지 발휘하여 우리 건강에 더 이로울 수 있는 공기청정기가 있다면 어떨까 하는 생각에 연구를 시작하게 되었다. 공기청정기와 결합할 천연재료로 편백을 선택하였다. 편백 피톤치드는 그중에서도 가장 효과가 뛰어나다는 과학적 평가를 받고 있으며, 이 피톤치드는 여러 다양한 긍정적인 효능이 있다. 또한 편백은 실내공기 정화 뿐 아니라 포름알데히드 제거에도 효과가 있다. 공기청정기 필터 부분을 편백을 사용하여 제작하는 실험을 진행했다.

실험은 크게 2가지 방법으로 진행하였다. 첫 번째 방법은 각 필터를 상 · 하 일정 간격마다 좌 · 우로 길게 잘라낸 후 해당 공간에 탈취, 제습, 방향 기능이 추가된 재료를 끼워 넣는 구조를 적용한 후 필터를 공기청정기에 넣고 가동해 보았다. 이 방법은 각 필터 모퉁이를 잘라내어 형성한 개구부를 통해 필터 체결 수단을 관통 결합해 복수개의 필터를 결합하는 구조다. 유입된 공기는 편백 필터를 통해 여과되고 정화되며, 편백 성분 고유 기능에 의해 인체 건강을 유익하게 하며 실내를 상쾌하게 유지할 수 있다. 필터 조립이 간단하고 제작비용이 저렴할 뿐만 아니라 탈취, 제습 및 방향 효과가 탁월할 것으로 기대한다.

두 번째 방법은 편백과 침엽수 펄프를 적당한 비율로 배합한 후 펄프 몰딩기를 사용하여 직접 시트(sheet)를 제작해 보았다. 제작된 시트에 공기가 잘 통하게 하기 위해 침엽수 펄프를 선택했다. 시트의 지름은 110㎜, 평량은 일반적인 필터 평량인 80~100g/㎡로 제작하였다. 실험방법은 다음과 같다. 먼저 편백 칩과 큐브를 100℃ 이상 오븐드라이에서 24시간 이상 건조한 후 분쇄하여 고해 · 해리시킨 침엽수 펄프와 적당한 비율로 배합한다. 이 혼합액을 펄프몰딩기에 붓고 압력을 가해 물을 빼낸다. 만들어진 시트를 100℃ 이상의 오븐드라이에서 24시간 이상 건조한다. 이 때, 시트의 수축과 편백 향이 날아가는 것을 방지하기 위해 포일로 잘 감싸준다. 건조가 완료되면 제작된 필터를 공기청정기 필터에 얹은 후 필터를 끼우고 공기청정기를 가동시켜본다.

위 두 가지 방법으로 공기청정기를 가동했을 때 공기정화가 됨과 동시에 편백 향이 나는지를 확인해 본 결과 공기정화가 되는 정도는 비슷했으나, 첫 번째 방법 보다는 두 번째 방법이 조금 더 편백 향이 잘 나는 것을 확인할 수 있었다.

[실험방법]

출처: 충남대 캡스톤디자인 과제

(3) 활용 방안 및 기대효과

편백의 사비넨 성분은 세포의 콜라겐을 증가시켜 주는 효과가 있어 피부재생에 도움을 준다. 편백의 향은 중추신경계를 자극하고 스트레스 호르몬을 낮춰 안정감을 주며, 편백 자체는 항균효과가 있어 알레르기를 유발하는 진드기를 줄여준다. 이러한 효능의 편백을 공기청정기 내부에 있는 필터 사이에 껴서 사용함으로써 실내 공기를 청정하게 해줌과 동시에 편백의 다양한 효능을 정화된 맑은 공기와 함께 느낄 수 있다.

두 가지 방법으로 실험을 진행해 본 결과, 필터와 필터 사이에 편백을 칩 혹은 큐브를 끼우는 방법보다는 직접 편백을 사용하여 시트를 제작한 방식이 더 효과적임을 알 수 있었다. 공기청정기 내부 필터는 실내의 오염된 공기를 정화하는 역할을 한다. 제품에 따라 이물질 유입을 막아주는 프리 필터와 먼지나 세균 등을 걸러주는 헤파 필터, 잡냄새 제거에 효과적인 탈취 필터 등 다양한 기능을 보유하고 있다. 본 실험은 제한된 환경과 여건 때문에 시트를 제작하여 기존 공기청정기 필터에 얹는 방법으로 실험을 진행했다. 아예 공기청정기 필터 자체를, 편백을 사용하여 제작하고, 필터를 만들 때 편백 효능을 최대한 잘 보존시키는 환경에서 필터를 제작한다면 충분히 더 큰 효과를 낼 수 있을 것으로 기대한다.

본 제품을 사업화할 때, 마케팅 전략으로 기존 일반 공기청정기 제품이나 아로마 오일을 통해 향만 나는 아로마 공기청정기와는 차별성이 있다는 점을 강조하고, 단순한 공기정화뿐 아니라 편백의 여러 효능까지 겸비한 공기청정기라는 점을 건강에 관심이 많은 40 · 50대 중년층을 주로 대상으로 하여 어필한다면, 충분히 시장성이 있을 것으로 예상한다.

[필터 제작 실험 순서]

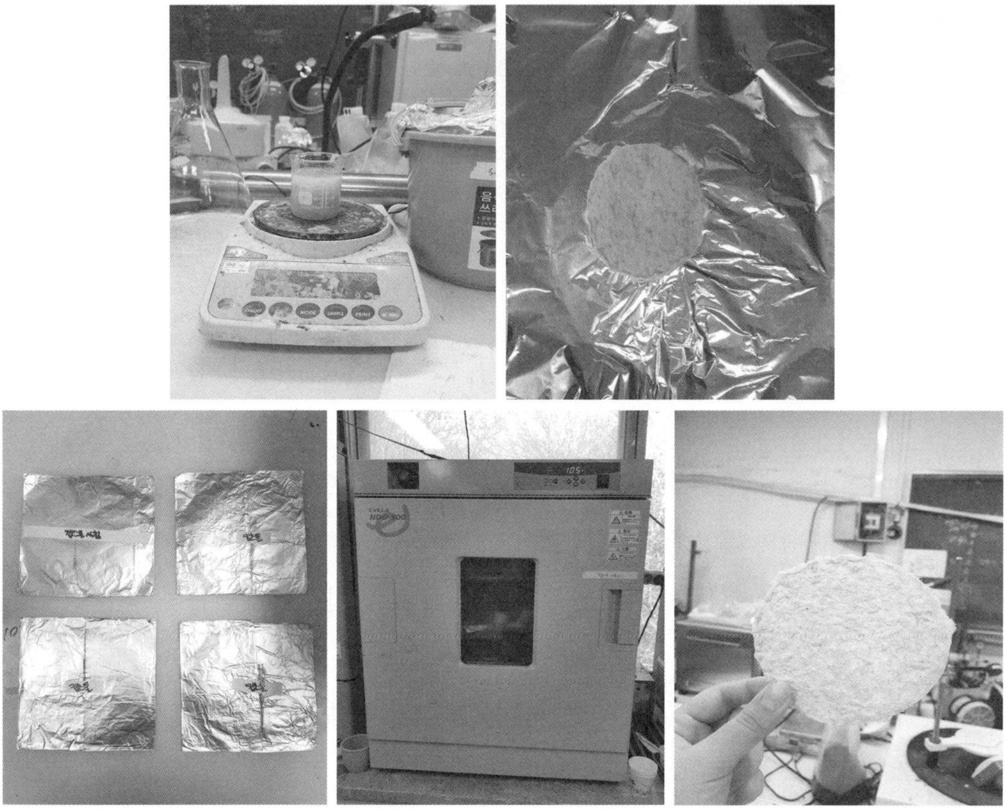

출처: 충남대 캡스톤디자인 과제

3) alluring flower(꽃모양 끈끈이 트랩)

팀명	· 꽃아그(꽃보다 아름다운 그녀들)
팀원	· 응용생물학과 형현지, 신윤경, 신윤주
특허	· 등록번호 10-2284116

(1) 과제 개요

식당, 카페 등 음식을 파는 가게에서 벌레 때문에 눈살 찌푸리는 사람을 어렵지 않게 볼 수 있다. 식당에서는 음식에 벌레가 나올 것이 걱정되어 골머리를 앓는다. 그 예로 도넛 가게에서는 계피를 많이 달아놓는다. 또한 환풍기 바람을 세게 하여 벌레가 못 오게 한다. 가게 오픈 전, 후로 해충 퇴치제를 뿌리는 등의 노력도 한다. 하지만 제조시간이 긴 가게에서는 위생을 위해 노력하더라도, 날아다니는 벌레가 음식으로 떨어지는 것을 계속 지켜보고 있는 것은 쉽지 않다. 음식 때문에 지속적으로 약을 치는 것도, 벌레를 잡으러 파리채를 계속 휘두르는 것도 바쁜 가게 안에서는 사실상 어렵다.

위생을 중요시하는 가게뿐만 아니라 미관을 중요시하는 옷 가게 등에서도 벌레는 반기지 않는 손님이다. 문 유리에 벌레가 붙어있거나 죽어서 땅바닥에 떨어져 있는 것들은 치우기도 힘들고 가게의 이미지를 나쁘게 만든다. 그래서 사람이 주의를 기울이지 않고 손쉽게 벌레를 잡을 수 있을 뿐만 아니라 미관도 고려한 제품을 강구하게 되었다.

[농가에서 사용하는 판 형태의 끈끈이 트랩]

출처: 캡스톤디자인 과제

보편적이고 비전문가도 쉽게 사용할 수 있으며 식당, 카페, 일반 가정집에서는 인테리어 소품으로, 농가에서는 기능성 제품으로 사용할 수 있는 상품을 고안할 것이다. 이는 끈끈이 트랩을 응용하여 제작할 예정이다. 현재 시판되고 있는 끈끈이 트랩은 고정적으로, 대다수가 판 형태이다. 이는 미관상, 위생상 보기 좋지 않다. 여러 가지 꽃 디자인으로 제작하여 인테리어 효과도 있고, 눈에 직접적으로 벌레가 보이는 것을 최소화하여 위생적인 면도 챙길 것이다. 꽃 디자인으로는 연꽃무늬, 해바라기 등 다양한 형태를 고려하고 있다.

가정용 제품으로는 무드등과 결합하여 밤에 주광성 곤충을 잡도록 한다. 사람들이 가장 기피하는 곤충 중 하나인 모기 또한 주광성이기 때문에, 수면 중 모기의 피해를 줄일 수 있다. 또한 응용하여, 낮에는 향 등을 스프레이로 뿌리거나 먹이를 놓아두면 더욱 효과적으로 사용할 수 있다.

농가에서는 미관을 고려하지만, 실용성을 더욱 확대한다. 이에 큰 꽃잎 형태로 제작하여 한 번에 더욱 많은 벌레를 잡을 수 있다. 또한 해충 예시 틀을 제작하여 눈금과 예시 사이즈를 그려 놓는다. 붙어있는 곤충들을 통해 병해충을 알아낼 수 있고 더욱 적절한 대처가 가능해진다.

캡스톤디자인을 통해 제작될 제품은 2개의 목표를 가진다. 첫 번째로, 실내용은 인테리어 효과와 벌레 퇴치의 두 가지 기능을 가진 제품을 만든다. 두 번째로, 농업용은 큰 잎으로 많은 양의 벌레 퇴치가 가능하고 정확한 곤충명 확인을 통한 진단과 방제를 가능하게 한다. 또한, 직접적으로 곤충 사체가 보이는 것을 방제하며 꽃 모양으로 미관효과를 높인다. 인테리어 제품으로도 적합할 뿐만 아니라, 손쉽게 별다른 노력 없이 벌레를 잡을 수 있고 별도 청소가 필요하지 않는 제품을 제작힌다.

(2) 과제 내용

주거 공간이나 식당, 카페, 농업 관련 시설에서 골칫거리인 해충을 퇴치하는 것이 트랩의 주된 목적이다. 과제 목적은 그러한 과정에서 발생하는 위생적, 시각적 문제를 개선하여 더욱 손쉽게 곤충퇴치를 이루고자 하는 것이다. 이를 위하여 기존 트랩과 다르게 상향된 디자인을 적용한다. 개선된 디자인은 해충을 퇴치하는 트랩뿐만 아니라 집안의 인테리어 소품으로 활용할 수 있다. 여러 디자인을 적용하여 농가, 식당, 주거 환경에서도 적용할 수 있도록 한다.

농가에서 이용될 트랩은 농민들의 해충방제에 도움이 될 수 있도록 디자인한다. 예로, 해충의 종류를 쉽게 구별할 수 있도록 해충 실측 사이즈와 색상을 반영한 도안과 모눈을 프린팅 해 놓는다. 이를 통해서 농민들이 해충의 발생을 인지하고 그를 측정할 수 있게 한다. 다양한 상황과 장소에서 활용될 수 있도록 여러 기능과 디자인을 시도하여 해충 퇴치 목표를 이루고자 한다.

[끈끈인 트랩 예시 모형도]

출처: 캡스톤디자인 과제

트랩을 만든 후에는 새로운 트랩을 기존 것과 비교하여 평가하여야 한다. 평가 기준은 심미성, 기능성, 구조 안정성 등으로 한다. 우선, 기능성을 증명하기 위해 기존에 존재하는 끈끈이 트랩과 비교하여 실험을 진행한다. 또한 기존 것과 다른 디자인이 시각적으로 개선되었는가는 설문조사를 통해 조사할 계획이다. 여러 디자인 중 선호도가 높은 제품을 중점적으로 개발할 계획이다. 트랩 구조가 다양한 만큼 구조 안정성이 지속적으로 유지되는지도 일정 시간 이상 사용을 통해 증명한다. 트랩 기능이나 선호도가 기대치에 비해 낮거나 구조가 일정기간 지속되지 않으면 그 점을 보완하여 좀 더 실용성 있는 완제품을 만든다.

[초기 디자인 예시와 실제 제작한 것]

출처: 캡스톤디자인 과제

완제품을 제작하기 위해서, 초기 디자인을 바탕으로 여러 가지 디자인을 구상한다. 초기 디자인은 단순한 꽃 모양으로, 내부 잎에 끈끈이를 부착하는 것이다. 이를 응용하여 다양한 꽃 모양을 제작해 보았다.

초기에 구상한 디자인대로 만든 트랩으로, 이는 농가 비닐하우스에서 사용할 목적으로 제작하였기 때문에 사이즈를 크게 하였다. 또한 내부 끈끈이를 더 이상 사용하지 못하게 된다면 버리는 것이 아니라 새로운 끈끈이로 교체할 수 있도록 하였다. 꽃잎이 동그랗게 말려 곤충이 쉽게 들어와 포획이 쉽게 만들 예정이었지만 사용한 재질로는 구현해 내지 못했다. 또한 재질에 끈끈이 등을 붙이고 나니 좀 무거워져 살짝 쳐지는 현상도 발생하였다. 이를 극복하기 위해 좀 더 가벼우면서도 형태를 잘 유지하는 재질을 사용하여야 한다.

또한 초기 계획은 등을 달 예정이었으나, 밤의 경우에 다른 해충이나 들짐승들을 모아 악영향을 줄 수 있을 것으로 예측하였다. 그래서 등 대신 꽃잎 내부에 곤충들이 좋아하는 성분을 넣어 유인할 계획이다. 기능을 실험해 보고자 비닐하우스를 방문하였으나 계절 특성상 해충이 발생하지 않아 실제 실험은 어렵다고 판단하였다.

초기 디자인뿐만 아니라 꽃 모양을 응용한 다양한 디자인을 시도해 보았다. 인테리어 용품으로도 이용될 공간에서는 디자인이 매우 중요하기 때문이다.

아래 디자인은 실내에서 발생하는 곤충들을 방제하기 위해 고안된 것이다. 네잎클로버 모양 디자인은 실내 등 밑에 달아두어, 등으로 모여드는 곤충들을 잡을 수 있도록 디자인되었다. 옆의 꽃 모양 디자인은 탁자 위의 등 아래에 두어 인테리어 소품으로 이용되면서 실내 주광성 곤충을 잡는 트랩으로 이용될 수 있다.

마지막 디자인은 내부에 등을 달아 무드등과 같은 소품으로 제작되었다. 빛을 보고 몰려온 주광성 곤충을 연꽃잎에 붙도록 하는 방법의 트랩으로, 이 디자인도 연꽃잎을 교체하여 재사용 할 수 있다.

[alluring flower]

출처: 캡스톤디자인 과제

이와 같이 초기 디자인을 바탕으로 여러 디자인을 고안하여 제작하였다. 초기에는 끈끈이 트랩 디자인 개선이 목적이었지만, 아이디어가 추가되면서 다양한 환경에 이용할 수 있도록 응용되었다. 제작하여 실험을 해보니, 고안한 것과 완전히 같은 효과를 보지는 못하였다. 하지만 끈끈이 트랩 기능이 해충제어라는 협소한 한계를 벗어나 공간 조화를 이루는 데 이용될 수 있나는 가능성을 증명할 수 있었다. 형태가 유지되지 않는 한계점을 극복하여 완제품을 만든다면 꽃 모양 끈끈이 트랩은 확대된 기능으로 사용될 수 있을 것이다.

[꽃모양 끈끈이 트랩]

연꽃등 끈끈이 트랩

네잎클로버 끈끈이 트랩

내 안의 꽃 끈끈이 트랩

출처: 캡스톤디자인 과제

(3) 활용 방안 및 기대효과

'alluring flower(꽃 모양 끈끈이 트랩)'은 음식점, 야간에 불을 켜 놓고 장사하는 가게, 농가를 상대로 판매할 것이다. 음식점 실내, 농가 비닐하우스, 야간에 밝음을 유지해야 하는 가게(편의점 등)는 물리적이고 화학적인 해충 방제를 사용하고 있다. 이보다 더 효과적이고 간편하게 해충을 제거하면서 기존 해충 방제 기계보다 저렴한 가격에 반영구적으로 사용이 가능하다. 특히 농가에서 사용할 때는 빈번한 해충을 효율적으로 확인이 가능하도록 곤충 예시 그림과 눈금 등을 활용하여 쓰임새를 높인다.

우리 제품 장점은 기존 해충 트랩에 비해 저렴한 가격과 지속성이다. 끈끈이 부분만 갈아준다면, 영구적인 사용이 가능하다. 모눈종이와 예시 해충스티커가 붙어 있기 때문에 등장하는 해충 종류와 크기 파악도 가능하다. 농가에 사용하게 된다면 충남대학교 '미래농 동아리'를 통하여 창의적 농가 물품 개발에 참여하여 실제 전문가들과 현직 농업인들의 조언을 얻어 제품 완성도를 더욱 높이도록 한다.

기존 끈끈이 트랩은 판 모양이 대다수이다. 현재까지 나왔던 끈끈이와는 다른 디자인으로 특허 출원이 가능하다. 현대인에 맞춘 디자인과 기능은 이전 끈끈이 트랩과 차별성을 가질 수 있다.

특히, 해충이 많은 계절인 여름에 상품의 수요도가 많아질 것이다. 기존 해충방제용 끈끈이는 구시대적인 디자인이기 때문에 시각적, 위생적으로도 좋지 않다. 해충 방제의 새로운 이미지를 제안한 이 제품은, 해충방제와 인테리어 기능까지 충족 될 수 있기 때문에 충분한 시장성을 갖고 있다.

처음에는 시제품을 무료 보급하여 제품 유용성을 알린다. 일반 가정과 음식점, 농가 등에 달아 놓음으로써 자연스럽게 사람들에게 노출되어 광고효과를 얻도록 한다. 또한 동영상 제작을 통하여 제품 창의성과 제작 과정을 보임으로써 홍보하도록 한다. 농가에는 동영상을 통한 홍보에는 어려움이 있으므로, 미래농 동아리를 통하여 산하기관과 협력을 맺는다. 이후, 제품을 직접 시험하여 보여주는 형식의 홍보를 진행하도록 한다.

1.2 융합 분야 과제 수행 사례

1) NFC를 이용한 수하물 찾기 서비스

팀명	· 수찾사: 수(하물을) 찾(아주는) 사(람들)
팀원	· 경영학부 신유범, 전기공학과 김동완, 토목공학과 김주양, 장동훈
특허	· 출원번호 10-2019-0017151

(1) 과제 개요

공항에서 목적지 도착 후 고객들이 언제 나올지 정확하게 모르는 수하물을 찾기 위해 수하물 찾는 곳에서 계속 기다려야 하고, 수하물이 바뀌거나 지나쳐 버리는 경우도 있다. 이러한 불편을 해결하기 위해서 주제를 설정하게 되었다. 결과물이 항공사 등 수하물을 받을 필요가 있는 장소에서 고객들이 자신의 수하물을 찾기 위해 시간과 노력을 허비하는 일을 막는 것이다.

[수하물 인도장 모습]

HOME > 뉴스 > 산업 > 뉴스캐스트

항공사 수하물 분실사고 5년 간 '450건'…"짐을 못 찾았다면"

김영봉 기자 승인 2018.08.10 02:28 8면 댓글 0

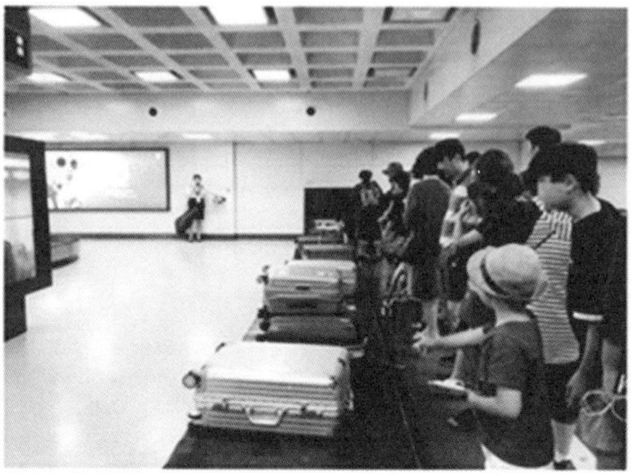

제주공항 수하물 찾는 곳(사진=김영봉 기자)

[아시아타임즈=김영봉 기자] **"최근 비슷한 가방으로 인해 수화물이 분실되는 경우가 자주 발생하고 있습니다. 탑승객께서는 가방에 부착된 이름표를 잘 확인하시고 짐을 가져가시기 바랍니다."**(공항방송)

출처: https://www.asiatime.co.kr/192923#_enliple#_mobwcvr

수하물을 옮기는 컨베이어 벨트에 NFC 리더기를 설치하고, 고객 수하물에는 NFC 스티커를 부착해서 고객이 자신의 수하물을 언제 받을 수 있는지 항공사 애플리케이션으로 확인할 수 있는 장치이다.

[수하물 분실 및 파손 현황]

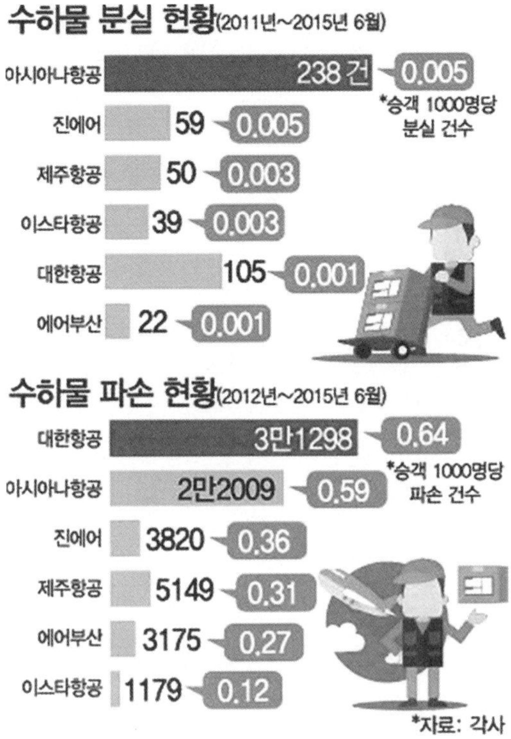

출처: https://www.ajunews.com/view/20150922083424266

[수하물을 기다리는 모습]

출처: https://torontoktown.com/%EC%A7%80%EC%8B%9D-news/?vid=119

(2) 과제 내용

NFC 리더기 설치는 결과물이 항공사 등 수하물을 받을 필요가 있는 장소에서 고객들이 자신의 수하물을 찾기 위해 시간과 노력을 허비하는 일을 막는 것이다.

수하물을 옮기는 컨베이어 벨트에 NFC 리더기를 설치하고, 고객의 수하물에는 NFC 스티커를 부착해서 고객이 자신의 수하물을 언제 받을 수 있는지 항공사 애플리케이션으로 확인 할 수 있는 장치이다.

[수하물에 대한 보도자료]

머니S

"앗 내 캐리어" 인천→사우디아항공 승객 100여명 수하물 분실 - 머니S

인천에서 출발해 사우디아라비아를 경유한 사우디아항공 탑승객 100여명이 수화물을 분실하는 사고가 발생했다.1일 항공업계에 따르면 지난 27일 오후...

1일 전

MSN

인천발 사우디아항공 수하물 대량 분실

[앵커] 황금연휴를 맞아 해외 여행 가시는 분들 많은데, 막상 비행기 내렸더니 부쳤던 짐이 없다면 어떨 것 같으십니까.

1일 전

네이트 뉴스

승객 짐 통째 분실한 항공기...대체 어디로?

인천에서 출발해 사우디아라비아를 경유, 유럽과 아프리카 국가 등으로 떠난 승객 100여명이 수하물을 분실하는 사고가 발생했다.

2일 전

J 중앙일보

점잖게 신고? 대차게 따져라...공항에 내 짐 안왔을때 대처법

해외에 나갔을 때 수하물 지연 도착은 수시로 일어나는 사고다. 수하물 지연 도착의 이유는 다양하다. 수하물 지연 도착에 따른 보상은 항공사마...

2023. 6. 1.

D 디지털투데이

항공 수하물 분실량 10년 내 최고치...최악의 항공사는?

[디지털투데이 AI리포터] 항공사의 수하물 분실량이 10년 만에 최고치를 기록했다고 23일 영국 일간 데일리메일이 전했다.

출처: https://www.google.com/search?q=%EC%88%98%ED%95%98%EB%AC%BC+%EB%B6%84%EC%8B%A4&sca_esv=570220637&tbm=nws&sxsrf=AM9HkKnaOqUjDAmnl0KZCX9Pe_-kkOR2Gw:1696302346396&ei=CoUbZaOwF9Tc2roP3t2NsA0&start=30&sa=N&ved=2ahUKEwij3abW8tiBAxVUrlYBHd5uA9Y4FBDy0wN6BAgBEAk&biw=1156&bih=859&dpr=1.1

[NFC를 이용한 수하물 알림 기능]

출처: 캡스톤디자인 과제

NFC 리더기 컨베이어 벨트 시작 부근에 설치하여, 인식된 수하물 어플을 통해 알림을 보낸다.

[수하물에 NFC 스티커 부착 모델]

출처: 캡스톤디자인 과제

[알림 수신]

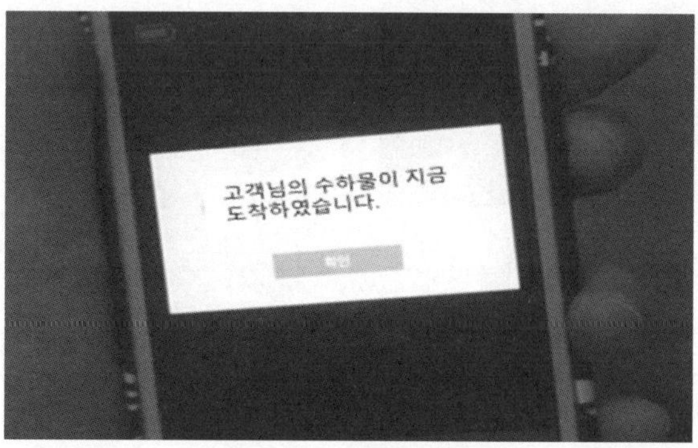

출처: 캡스톤디자인 과제

[제작과정]

① 컨베이어벨트 제작	
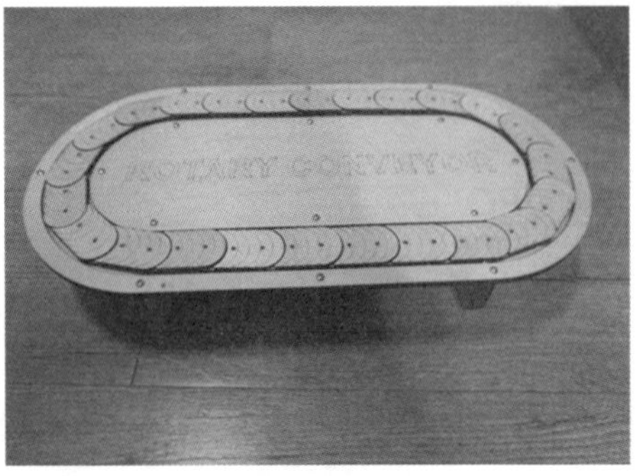	컨베이어벨트 제작 공항 내 컨베이어벨트 역할
② NFC 리더기 부착	
	NFC 리더기 부착 제작한 컨베이어벨트 옆에 NFC 리더기를 부착하여 화물 모형이 지나가면 NFC 태그를 스캔
③ 화물무형 제작	
	제작된 화물모형에 NFC 태그를 부착 실제 활용 시 NFC 태그에 항공사 로고를 인쇄

출처: 제3차 과학기술 기반 사회문제해결 종합계획(2023~2027) 사회문제 보고서

[제작 과정]

④ NFC 정보 입력	
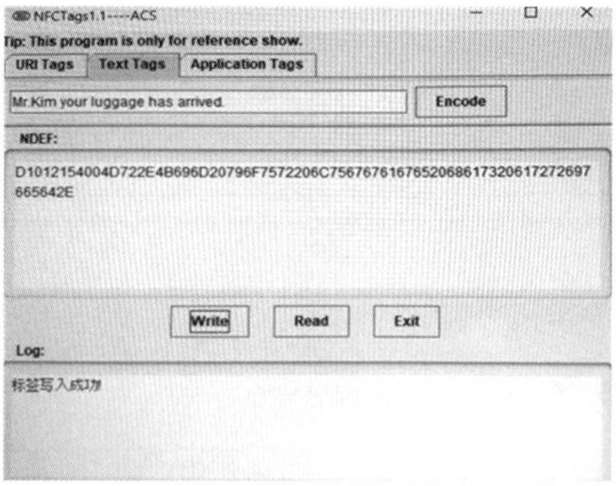	프로그램을 이용해 NFC 태그에 고객에게 전송될 내용을 입력 태그 접촉시 입력된 문자 전송
⑤ 도착 알림	
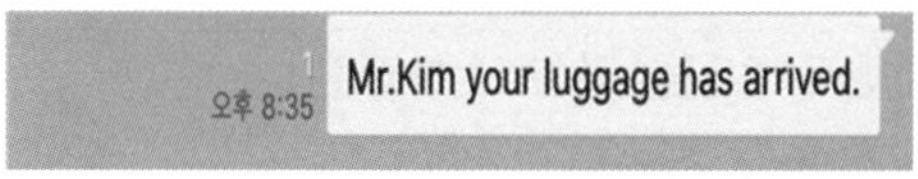	카카오톡을 이용해 도착 알림 실제 사용시 항공사 APP을 이용해 도착 알림

출처: 제3차 과학기술 기반 사회문제해결 종합계획(2023~2027) 사회문제 보고서

(3) 활용 방안 및 기대효과

수하물 찾기 서비스를 이용하는 고객들에게 항공사 애플리케이션을 설치하게 하고 NFC 스티커에 항공사 로고를 인쇄하여 홍보 효과를 누릴 수 있고, 수하물 찾는 시간이 절약되어 기다리는 승객들에게 편의를 제공할 수 있다.

항공사나 고객들이 수하물을 찾을 필요가 있는 곳에서 사용할 수 있다. 이 서비스가 필요한 곳에서는 NFC 리더기 설치와 NFC 스티커 부착만을 통해서 필요한 고객에 의해 애플리케이션으로 확인할 수 있기 때문에 수하물 찾는 곳에 전광판을 따로 달거나 여타 장치를 설치할 필요가 없다.

1) 애플리케이션을 통한 마케팅 효과

2) 지하철역 구내 광고 비용 절감 효과

특대형 와이드 칼라 200~400만 원

옥외광고: 부산네온 2억 500만 원

신문광고: 마지막 전면 1억 530만 원

TV 광고: 토막광고 30초당 1억 23만 원

라디오광고: 토막광고 20초당 68,900원

[온라인 광고비용 현황]

광고상품	광고상품	내용
배너광고	일반 배너	Cpm 1,000원~5,000원까지
	기법광고배	Cpm 5,000원~ 15,000원까지 다양함
VOD	VOD	Cpm 10,000원 이나 내고폭이 큼 4,500~6,000원
키워드	키워드	키워드 광고주 경매방식으로 클릭당 판매 (평균비용
메일	메일광고	발송단가 : 1개 발송당 10원(기본타겟포함 :
모바일	SMS	1통 발송당 : 50원(SKT / KTF)

출처: 캡스톤디자인 과제

우선, 다음 국내 항공사 등에서 활용이 가능하다.

[태양열 패널 적용 사례 및 활용 방안]

출처: https://www.mediapen.com/news/view/513705

2) 여성 안심 케이스

팀명	· 여보(여성안심보안관)
팀원	· 전기공학과 유성록, 정영규, 김재훈, 노영훈
특허	· 출원번호 10-2019-0016909

(1) 과제 개요

최근 사회에서 가장 큰 문제로 떠오르는 여성 대상 범죄 중 스마트폰을 사용한 몰래카메라 범죄가 빈번하게 일어나고 있다. 여러 미디어에서 노출되고 있는 심각한 범죄가 많은 여성을 불안에 떨게 하고 있다. 이러한 사회적 문제를 어떻게 하면 해결할 수 있을까 고민 중, 실제로 보이는 부분인 렌즈를 직접 가리는 걸 방법을 생각해 내었다. 그때 핸드폰을 직접 디자인하는 방법은 불가능하였기에 렌즈를 가릴 수 있는 스마트폰 케이스를 제작하게 되었다. 케이스를 이용하여 렌즈를 가리게 된다면 여성들이 안심함은 물론 의도치 않게 의심을 받을 수 있는 남성들에게도 사용하기 좋은 사례라는 점을 이용하여 제작하였다.

(2) 과제 내용

기존 판매 중인 케이스를 조사하였을 때 몰카 방지 목적으로 렌즈 부분을 가리는 케이스는 전무하고, 젊은 층은 디자인 위주로 선호하는 것을 알 수 있었다. 이 부분에서 젊은 세대들이 사용하기에 부담 없는 트렌디한 디자인과 요즘 주목받는 여성 몰카범죄에 초점을 맞춘 여성 안심 케이스를 제작하였다.

케이스는 평상시에 보통 케이스처럼 사용하다가도 혹여나 오해받을 수 있는 상황에서 버튼을 위로 올려 카메라 렌즈를 가려 줌으로써 오해 상황을 방지하여 사용자와 피사용자 모두에게 좋은 상황을 만들어 줄 수 있다. 이 케이스를 만들기 위해 기존 덮개 케이스 안쪽에 버튼을 부착한 렌즈 가림막을 설치하여 버튼을 조정하여 렌즈를 가릴 수 있도록 하고 렌즈 가림막에는 프린트된 이미지를 부착하였다.

[설계 도면]

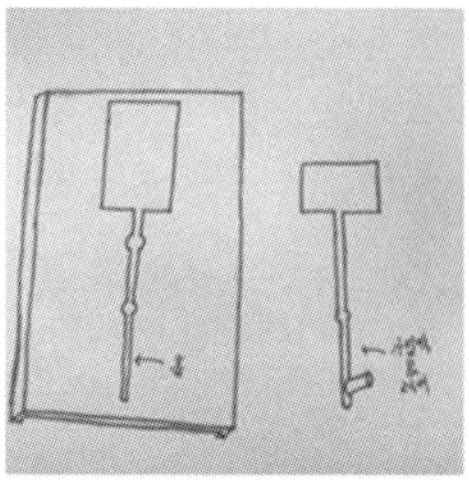

안쪽 케이스 및 가림막 레버

바깥쪽 케이스

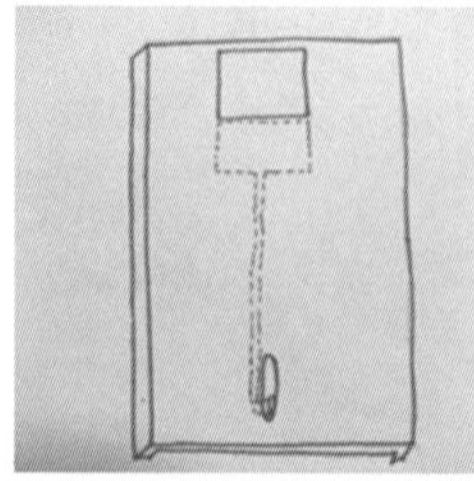

완성 케이스

출처: 캡스톤디자인 과제

(3) 활용 방안 및 기대효과

젊은 층 소비 트렌드에 대해 조사를 하였다. 주로 SNS를 이용하는 층이 두껍고, 여기서 상품 판매 및 구매 교류가 활발한 것으로 드러났다.

[제작 작품]

〈케이스 본체〉

〈렌즈 가림막〉

〈케이스 덮개〉

출처: 캡스톤디자인 과제

이 케이스는 부모님 세대보다는 젊은 20~30대 남녀를 겨냥한 것이기 때문에 SNS를 통한 홍보를 시작으로 판매를 시작할 계획이다. 가시층이 두터운 SNS 페이지를 통해 제품에 대한 정보를 흘려서 판매하기 시작할 것이며, 소량 주문 제작으로 시작하여 수익 증가에 따라 오프라인 매장 설립을 고려할 계획이다.

아무리 좋은 목적과 실용성을 가지더라도 젊은 세대 소비 성향은 디자인을 우선으로 생각하고 가성비를 많이 따지는 성향이 있다. 그래서 디자인 설계에도 많은 투자를 할 것이고 단가는 마진을 최소화하고 판매량을 극대화할 수 있는 최적의 비용으로 책정할 것이다. 많은 판매량에 따라 널리 보급되는 본 시제품은 현 사회에 문제인 몰카 범죄나 여성들의 불안 증세를 감소시킬 것이다. 이에 따라 사회 전반적인 분위기를 쇄신시킬 수 있을 것으로 기대한다.

3) 수동 코털 제거기

팀명	· 베니스팀
팀원	· 최상헌 경제학과, 김겨레 수학과, 임성선 정밀응용화학과, 정진혁 토목공학과, 조의연 환경소재공학과, 최승규 바이오시스템기계공학과, 모원식 건축학과
특허	· 출원번호 10-2019-0016914

(1) 과제 개요

현대 사회에서는 깔끔하고 용모단정한 사람을 선호한다. 남성의 경우 외출 전에 세안과 면도를 하는 것이 일상화되어 있다. 코털을 정리하는 것 역시 마찬가지이다. 현세대들은 용모단정에 관심이 많다. 이에 따라 코털 제모 역시 중요성이 커지고 있기에 이에 관련한 미용 제품 수요가 점점 늘어나고 있다.

시중에 팔리는 코털 제거기는 일반적으로 전기에너지를 이용한다. 이러한 도구들은 보통 배터리 혹은 전원플러그를 통해 전기를 공급하기 때문에, 가정이 아닌 직장 · 여행 · 출장 등 야외 활동을 할 때 만약 배터리가 충분하지 않거나 콘센트를 꼽지 못하는 환경에서는 이용이 제한될 것이다. 이러한 문제를 보완하기 위해 해결 방안을 고민하던 중 인력을 활용하면 어떨까 하는 의견이 모색되었다. 인력을 통해 그 역할을 할 수 있다면 여분의 부가물을 들고 다닐 필요가 없고 자유롭게 사용할 수 있어 휴대성을 극대화 할 수 있을 것이다.

(2) 과제 내용

기존 시중에 팔리는 제품은 수분에 접촉하면 감전, 고장 및 화재가 발생할 우려가 있다. 또한 물에 닿으면 안 되기 때문에 특정 부분 세척에도 제한이 생겨 위생상 문제 또한 야기된다. 그리고 배터리를 사용하는 제품의 경우 그 기한이 유한하고, 여분 배터리가 없으면 사용 제한이 생긴다. 전기 콘센트를 이용한 제품이면 환경 제약이 생기기 때문에 종합적으로 편리성이 떨어진다.

이러한 문제점을 해결하기 위해, 인력을 사용하는 방안을 모색했다. 이를 통해 기존 전기제품이 가지는 제약을 해결할 수 있다. 인력을 이용하기 때문에 반영구적으로 사용할 수 있으며, 방수성을 가지게 된다. 방수성을 가지게 됨으로써 화재 위험이나 고장에서도 자유롭고, 세척도 쉽다.

수동 제모기를 만드는 데에는 많은 현실적인 제약이 있었다. 우선 인력으로 작동하려면 어떤 메커니즘으로 이루어져야 하는지, 어떤 구조가 제한된 인력을 극대화할지, 칼날의 각도, 칼날이 회전하는 속도 등 어떻게 이루어져야 제모에 효율적인지에 대한 데이터를 얻기 위해서는 많은 실험과 시간과 자본이 필요하다. 이를 우리가 직접 시행하기에는 한계가 존재했다. 그래서 우리는 일단 최종 제작보다는, 그 구조와 인력을 극대화할 설계까지만을 목표로 했다.

설계를 위해, 우선 참고할 만한 제품을 분해해 보았다. 총 3가지 제품을 분해했는데, 수동 선풍기, 전기 제모기, 수동 제모기를 분해하였다. 그중 우리는 수동 선풍기를 분해하기로 하였다. 이 제품을 분해하기로 한 이유는 크기(규격)도 비슷할 뿐만 아니라, 한손으로 작동한다는 점이 인력을 이용한 수동 제모기 제작 취지와 부합했기 때문이다. 용수철과 방아쇠 그리고 톱니를 이용한 아주 단순한 구조였다. 단순히 방아쇠를 당기면, 톱니바퀴들이 운동에너지를 받고 선풍기 날개까지 운동에너지를 전달하는 구조였다. 우리는 이러한 메커니즘을 참고하기로 하였다. 수동 선풍기에서는 방아쇠 방향과 수평적인 에너지 전달을 통해 날개까지 에너지를 전달받았지만, 여기서 톱니 하나를 수직으로 구성하면 방아쇠 방향과 수직으로 에너지를 전달할 수 있다. 우리는 이러한 점을 참고하여 제한된 인력 에너지를 극대화하는 구조를 설계했다.

[종이 제조 과정]

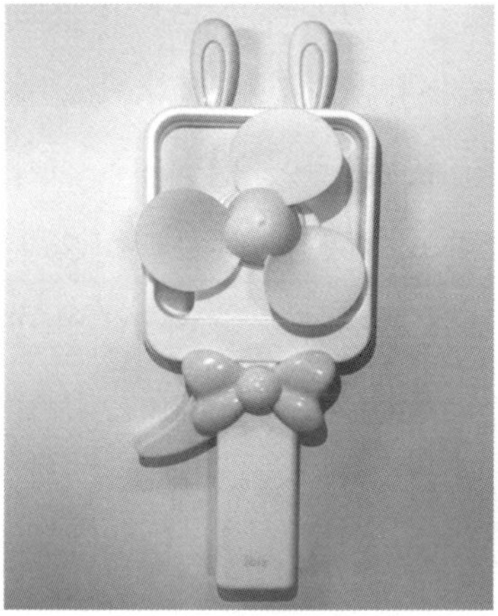

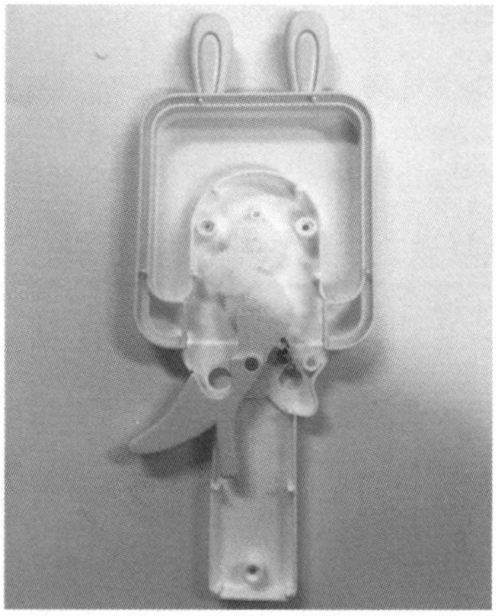

수동 선풍기 해체전　　　　수동 선풍기 해체후

출처: 캡스톤디자인 과제

다음은 우리와 시장에서 경쟁할 전기에너지를 이용하는 제모기(이하 전기 제모기) 역시 어떻게 구성되고 어떤 메커니즘으로 작동하는지 이해할 필요가 있었다. 전기 제모기는 건전지와 모터를 통해 구동되었다. 칼날이 어떤 구조로 이루어져 있는지 참고할 수 있었는데, 이중 칼날로써 한 칼날만 움직여 가위처럼 절삭시키는 효율적인 구조였다.

[전기 제모기]

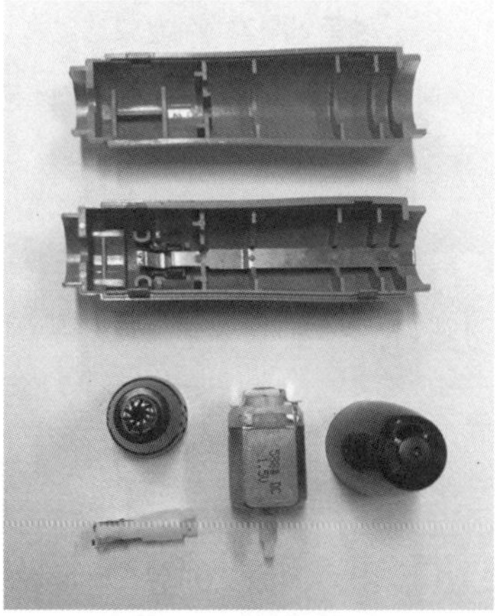

전기 제모기 해체전　　　　전기 제모기 해체후

출처: 캡스톤디자인 과제

구조를 참고하고, 개선할 것이 있으면 개선하려는 목적으로 시중에 팔리는 수동 제모기를 분해해 보았다. 수동 제모기 제품은 스테인리스(stainless steel) 재질로 만들어져 위생적으로 관리하기 좋게 보였다. 구조가 단순하여 생산 단가 절감에도 우수했고, 작동 방식 역시 우수했다. 하지만, 이 제품에는 치명적인 단점이 있었는데, 전기 제모기와 똑같은 이중 칼날 구조였지만 움직이는 칼날이 반 바퀴 돌고, 다시 돌아온다는 점이었다. 절삭하는 과정이 비효율적이라 깨끗이 제모하기 위해서는 두 번, 세 번 방아쇠를 당겨야 했다. 우리는 새 제품을 구조화할 때 이러한 비효율 문제를 피하고자 칼날이 다시 돌아오는 것보다는 그대로 멈추는 것으로 설계하자는 결론을 얻었다.

[수동 제모기]

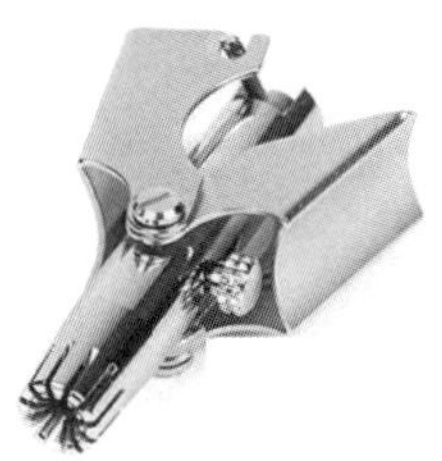

수동 제모기 해체전

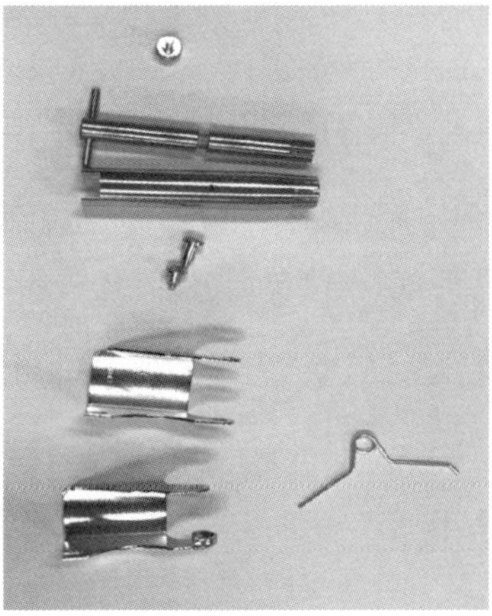

수동 제모기 해체후

출처: 캡스톤디자인 과제

세 가지 제품을 분해하여 각 제품 장단점과 구조를 이해한 우리는 이를 바탕으로 설계 도면을 작성했다. 이렇게 만들어진 우리 수동제모기만이 가질 수 있는 특징은 다음과 같다.

① 이중 면도날이 서로 맞물려서 코털을 자르기 때문에 가위와 비슷하거나 우수한 효과를 낼 수 있다. 시중 다른 제품보다 절삭력이 우수하다.

② 제품은 용수철과 톱니바퀴를 통해 인력을 전달하여 작동하는 방식이다. 손잡이를

잡고 방아쇠를 손가락으로 누르는 방식으로 손쉽게 사용 가능하고, 전기에너지를 사용할 필요(건전지가 필요가 없음)가 없어 경제적이다.

③ 배터리나 모터가 내장되지 않기 때문에 무게와 부피가 줄어들고 다니기 편리하다.

④ 기계적 고장의 염려가 없고 외장 재질은 스테인리스로 제작하여 내구성이 좋다.

⑤ 이중 원형 날 작동시에 안쪽 날이 회전하고 바깥쪽 날은 고정되어 있기 때문에 피부가 닿아도 베일 염려가 없다.

⑥ 전자제품이 아니기 때문에 물로 세척이 쉽다.

(3) 활용 방안 및 기대효과

제작한 수동 제모기는 다른 시중 제품들보다 정확한 역할 수행이 가능하고, 효율성, 휴대성, 위생성(청결성), 내구성, 안정성이 우수하여 다른 제품들보다 경쟁력 있음을 확신한다.

[공리적 설계 과정]

한 방향 회전 원리 1→2→3→4→5→6→1		
1	2	3

처음 모습 2번 톱니바퀴와 3번 톱니바퀴를 맞대지 아니하게 한다.	1번 톱니바퀴를 시계방향으로 회전 시킨다.	2번 톱니바퀴는 1번 톱니바퀴의 회전으로 인해 시계반대방향으로 회전하게 된다.

4	5	6
		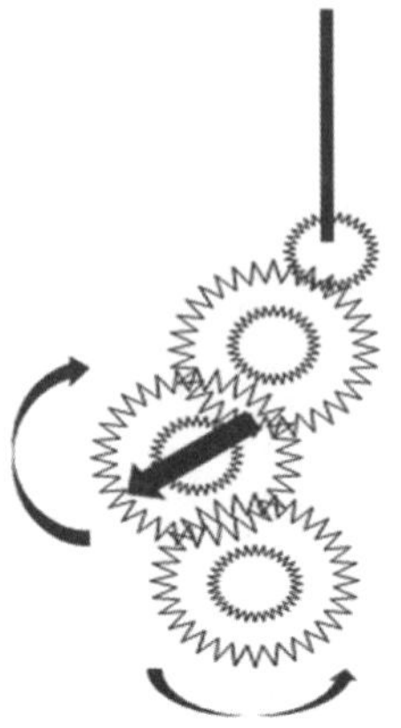
2번 톱니바퀴가 시계반대방향으로 회전하면서 3번 톱니바퀴쪽(대각선방향)으로 올라가게 된다.	3번 톱니바퀴는 2번 톱니바퀴의 회전으로 인해 회전 하게 되고, 4번 톱니바퀴는 3번 톱니바퀴에 의해 회전하게 되어 칼날이 회전하게 된다.	다시 1번 톱니바퀴를 시계반대방향으로 회전하여 2번 톱니바퀴는 시계방향으로 회전하게 되고 대각선 방향으로 내려가게 된다.

출처: 캡스톤디자인 과제

[공리적 설계 과정]

덮개 모양	
정면	위
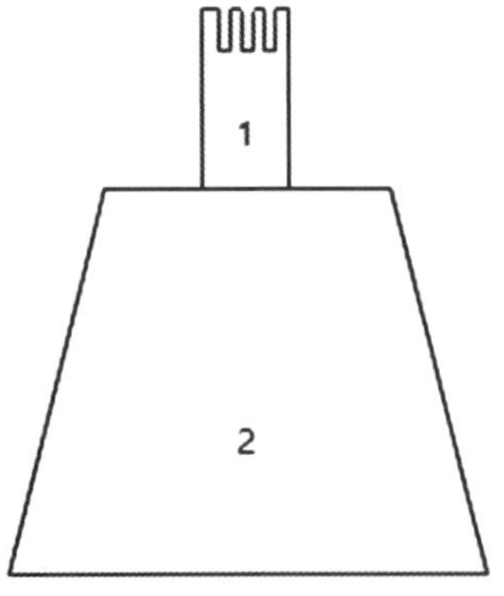	

출처: 캡스톤디자인 과제

칼날 모양	
정면	위
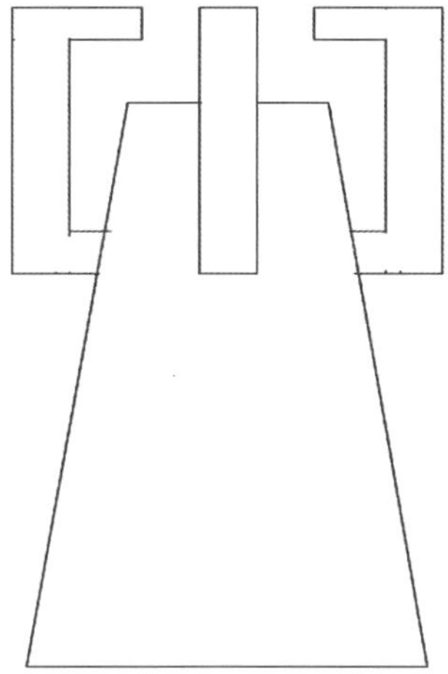	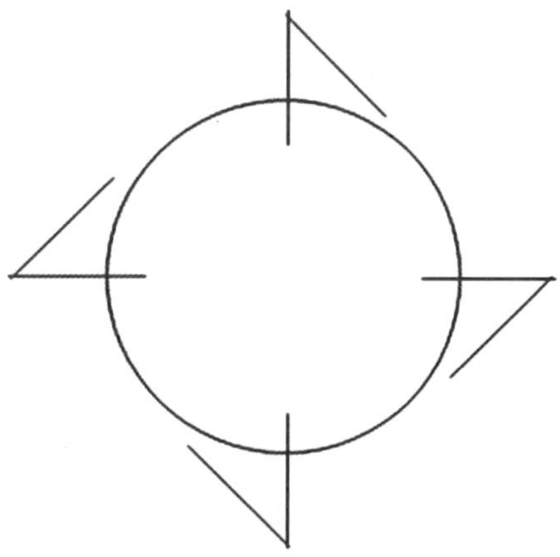

[공리적 설계 과정]

최종 설계도
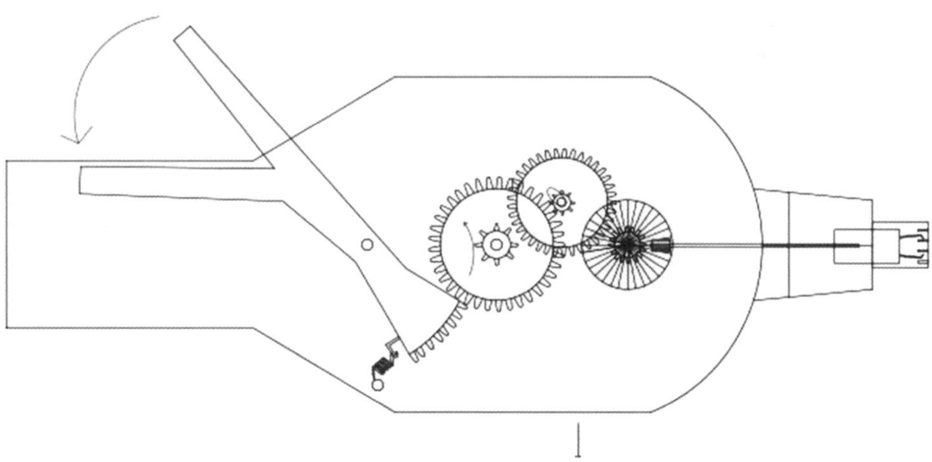

출처: 캡스톤디자인 과제

참고자료

[도서]

- 강보선, 김영철, 류동일. 2014. 창의설계 입문. 창의설계교육연구회. 전남대학교출판부
- 김은희. 2020. 제주대 캡스톤디자인센터 발표 자료
- 김영아. 2020. 충남대 글로벌 캡스톤디자인운영 현황 발표자료
- 김영아. 2023 제주가자 발표자료
- 국가과학기술자문회의. 제3차 과학기술 기반 사회문제해결 종합계획(2023~2027) 사회문제 보고서
- 과학기술정보통신부. 현장적용 확산을 위한 사회문제해결 R&D 가이드라인, 2021. p.8
- 한국연구재단, 2022 대학 산학협력활동 조사보고서

[인터넷]

- https://capstone.catholic.ac.kr/main/
- https://erica.hanyang.ac.kr/capstone
- https://uwaterloo.ca/capstone-design/project-abstracts
- https://uwaterloo.ca/capstone-design/project-abstracts
- https://uwaterloo.ca/capstone-design/2022-capstone-design-projects
- https://www.eng.uwaterloo.ca/2022-capstone-design/biomedical/participants/
- https://www.capstone.gatech.edu/
- https://www.capstone.gatech.edu/
- https://bioeng.berkeley.edu/undergrad/capstone
- https://www.ee.uh.edu/capstone-design
- https://cse.usf.edu/~kchriste/class6/capstoneBrochure.pdf
- https://www.google.com/search?q=%EC%88%98%ED%95%98%EB%AC%BC+%EB%B6%84%EC%8B%A4&sca_esv=570220637&tbm=nws&sxsrf=AM9HkKnaOqUjDAmnl0KZCX9Pe_-kkOR2Gw:1696302346396&ei=CoUbZaOwF9Tc2roP3t2NsA0&start=30&sa=N&ved=2ahUKEwij3abW8tiBAxVUrlYBHd5uA9Y4FBDy0wN6BAgBEAk&biw=1156&bih=859&dpr=1.1
- https://www.mediapen.com/news/view/513705

Chapter 03

캡스톤디자인 계획서, 주제선정, 보고서 작성

Ⅰ. 캡스톤디자인 계획서 작성
Ⅱ. 캡스톤디자인 물품구매 신청
Ⅲ. 캡스톤디자인 과제 결과 보고서 작성
Ⅳ. 캡스톤디자인 주제 선정

03 창의적인 지식재산 **캡스톤디자인**

캡스톤디자인 계획서, 주제선정, 보고서 작성

I 캡스톤디자인 계획서 작성

학습 목표

· 캡스톤디자인 과제계획서 작성 방법을 숙지하여 작성할 수 있다.

1.1 과제 계획서 양식

캡스톤디자인 과제계획서 양식은 프로젝트 목표, 필요 자원, 예상 일정, 예산 계획 등을 포함한다. 이 양식은 프로젝트 전체 구조를 명확하게 하고, 각 팀원이 맡을 역할과 책임을 구체적으로 명시하는 데 사용된다.

대학교 캡스톤디자인 과제 계획서는 대부분 아래와 유사한 양식으로 운영되며, 학생들에게 작성 요령을 알려주어 작성하게 하면 편리하다.

[캡스톤디자인 과제 계획서 양식]

[양식1] 신청 팀 모두 작성

2023학년도 1학기 캡스톤디자인 과제 계획서

[과제 유형]

과제유형	창의형		산업연계형		사회문제해결형	
	☐ 제작팀 ☐비제작팀					

[과제 개요]

과 제 명			
팀 명			
수강 교과목명	지식재산 캡스톤디자인1		
교과목 담당교수	소 속	성 명	
	E - mail	연락처(C.P)	
지도교수 ([illegible])	소 속	성 명	
	E - mail	연락처(C.P)	

[참여인원 및 담당업무 세부 현황]

번호	성명	소속			연락처		역할(담당업무)
		학과	학년	학번	휴대폰	이메일	
1							
2							
3							
4							
5							

* *복수전공 학과 별도 기입(괄호로 표시하여 작성)*
* *담당업무: 팀장, 재료구매, 부팀장 등으로 표기*

[산업체 참여 현황]

번호	성명	소속		연락처		담당업무
		기업명	직책	휴대폰	이메일	
1						
2						

* *위 과제유형에 산업연계형으로 표시 한 경우에만 작성*

1 과제 개요

☐ **과제 선정 배경**

o

o

☐ **과제의 필요성**

o

o

* *주제를 선택하게 된 동기를 충분히 전달할 수 있도록 배경, 현황, 필요성 등을 기술(설명에 필요하다면 개략도 혹은 모형도 첨부 가능함)*

2 과제 목표 및 내용

☐ **목표**

정성목표	정량목표

☐ **추진내용(진행방법)**

o

o

기존방식(또는 문제점)	개선방향(해결방안)

* *과제 평가 시 사용가능함으로 유의해서 작성*

3 결과물에 대한 기대효과 및 활용방안

o

o

* *과제 수행 후 얻을 수 있는 기대효과 및 활용방안 작성(특허/실용신안 출원, 상품화 가능성 혹은 상품화 가능한 응용분야 등)*

출처: 김영아. 캡스톤디자인 수업 자료

[캡스톤디자인 과제 계획서 작성 요령]

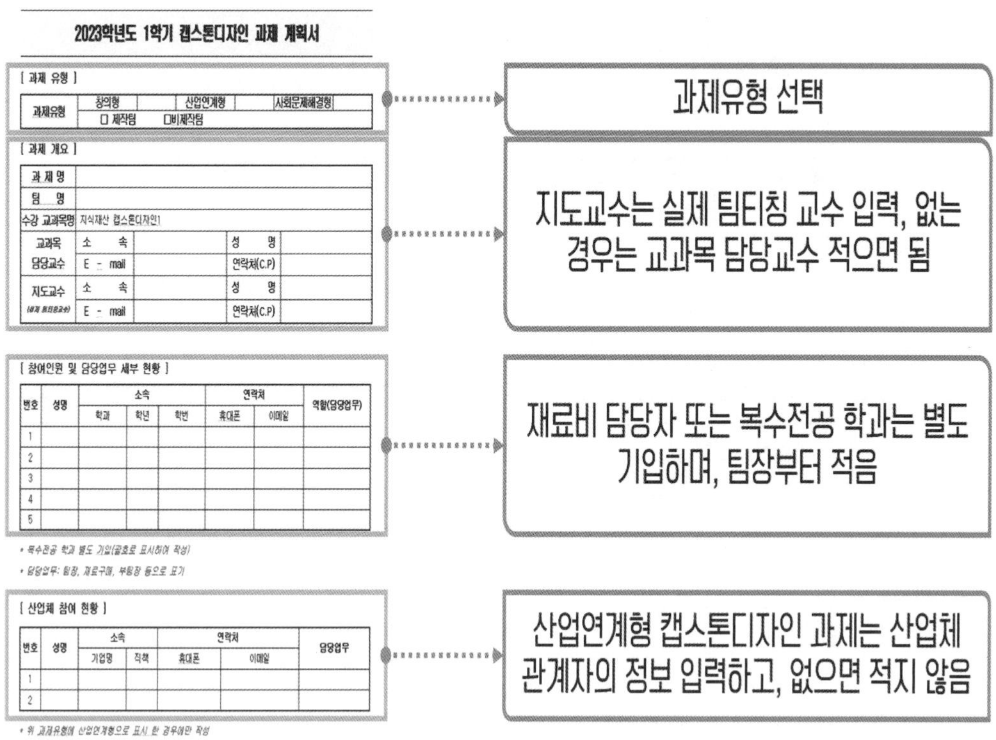

출처: 김영아. 캡스톤디자인 수업 자료

1.2 제작팀 과제 계획서 작성 방법 및 사례

제작팀은 프로젝트의 실질적인 구현을 담당하며, 설계부터 제작, 테스트까지 모든 기술적 과정을 수행한다. 예를 들어, 프로토타입을 개발하거나 시스템을 구축하여 프로젝트의 구체적인 결과물을 생산하는 역할을 한다.

1) 제작팀 과제 계획서 작성 방법

[제작팀 과제 계획서 예시]

2024학년도 2학기 캡스톤디자인 과제 계획서

[과제 유형]

<table>
<tr><td rowspan="2">과제유형</td><td>창의형</td><td></td><td>산업연계형</td><td>√</td><td>사회문제해결형</td><td></td></tr>
<tr><td colspan="6">■ 제작팀 □비제작팀</td></tr>
</table>

[과제 개요]

<table>
<tr><td>과 제 명</td><td colspan="4">부력을 이용한 빗물받이 망</td></tr>
<tr><td>팀 명</td><td colspan="4">(6조)쓰레받이</td></tr>
<tr><td>수강 교과목명</td><td colspan="4">지식재산 캡스톤디자인1</td></tr>
<tr><td rowspan="2">교과목
담당교수</td><td>소 속</td><td>지식재산전문인력양성사업단</td><td>성 명</td><td>김영아</td></tr>
<tr><td>E - mail</td><td>younga@cnu.ac.kr</td><td>연락처(C.P)</td><td>010-0000-0000</td></tr>
<tr><td rowspan="2">지도교수
(실제 멘티링교수)</td><td>소 속</td><td>지식재산전문인력양성사업단</td><td>성 명</td><td>김영아</td></tr>
<tr><td>E - mail</td><td>younga@cnu.ac.kr</td><td>연락처(C.P)</td><td>010-0000-0000</td></tr>
</table>

[참여인원 및 담당업무 세부 현황]

<table>
<tr><td rowspan="2">번호</td><td rowspan="2">성명</td><td colspan="3">소속</td><td colspan="2">연락처</td><td rowspan="2">역할(담당업무)</td></tr>
<tr><td>학과</td><td>학년</td><td>학번</td><td>휴대폰</td><td>이메일</td></tr>
<tr><td>1</td><td>유상공</td><td>기계공학부</td><td>4</td><td>201808900</td><td>010-4545-9999</td><td>4101@naver.com</td><td>팀장</td></tr>
<tr><td>2</td><td>배기공</td><td>기계공학부
(무역학과)</td><td>3</td><td>201803567</td><td>010-4546-9999</td><td>4455@naver.com</td><td>기록자</td></tr>
<tr><td>3</td><td>이화학</td><td>화학공학과
((지식재산융합전공)</td><td>3</td><td>202088889</td><td>010-2345-9999</td><td>9999@naver.com</td><td>부팀장</td></tr>
<tr><td>4</td><td>김소비</td><td>소비자학과
(지식재산융합전공)</td><td>3</td><td>202188889</td><td>010-2345-9955</td><td>3055@naver.com</td><td>재료구매 담당</td></tr>
</table>

* 복수전공 학과 별도 기입(괄호로 표시하여 작성)
* 담당업무: 팀장, 재료구매, 부팀장 등으로 표기

[산업체 참여 현황]

<table>
<tr><td rowspan="2">번호</td><td rowspan="2">성명</td><td colspan="2">소속</td><td colspan="2">연락처</td><td rowspan="2">담당업무</td></tr>
<tr><td>기업명</td><td>직책</td><td>휴대폰</td><td>이메일</td></tr>
<tr><td>1</td><td>구구남</td><td>유성구
자원봉사센터</td><td>국장</td><td>010-3222-3222</td><td></td><td></td></tr>
</table>

* 위 과제유형에 산업연계형으로 표시 한 경우에만 작성

출처: 김영아. 캡스톤디자인 수업 자료

[제작팀 과제 계획서]

1 과제 개요

□ **과제 선정 배경**

- ○ 배수시설인 빗물받이를 막은 담배꽁초나 가림막이 수해 피해를 키웠고. 폭우 때 문제가 됐던 빗물받이(배수구)가 여전히 가림막. 쓰레기 등으로 막혀 있음.
- ○ 빗물받이를 막아두거나 쓰레기를 방치할 경우 하수의 흐름을 방해할 뿐 아니라 폭우나 태풍이 왔을 때 피해를 더 키울 수 있다. 수도권 집중호우 당시 유독 심각했던 침수 피해의 원인 중 하나로 부실한 빗물받이 관리가 꼽히기도 했음.

□ **과제의 필요성**

- ○ 폭우로 인해 사회적 피해가 많이 발생함에 따라 피해 발생 원인을 찾아본 결과 쓰레기 및 낙엽으로 인한 빗물받이의 막힘으로 배수가 원활하지 못함.
- ○ 기존에 빗물받이의 막힘을 방지하기 위해 불순물이 들어가지 못하도록 설치해둔 가림막. 망과 같은 장치들이 효과적이지 못하기 때문에 보다 개선된 것이 필요함.

• 주제를 선택하게 된 동기를 충분히 전달할 수 있도록 배경, 현황, 필요성 등을 기술(설명에 필요하다면 개략도 혹은 모형도 첨부 가능함)

2 과제 목표 및 내용

□ **목표**

정성목표	정량목표
폭우시 원활한 배수가 되게 함	원활한 배수를 위해 3~4cm 정도 띄우게 함
쓰레기가 빗물받이 내로 유입되지 않도록 함	
통행 및 미관에 방해되지 않도록 함	

□ **추진내용(진행방법)**

- ○ 기존에 악취 차단을 목적으로 했던 가림막이나 망으로 인해 쓰레기가 쌓여 배수가 안되는 현상이 많이 발생하여 이를 해결하기 위해 부력을 이용한 망을 만들어 망과 빗물받이 사이에 공간을 만들어 줌으로써 원활한 배수를 도움.
- ○ 망이 없는 빗물받이는 쓰레기가 내부로 유입되어 배수가 원활하지 않아 망을 설치함으로써 쓰레기 내부 유입을 차단할 수 있음.

기존방식(또는 문제점)	개선방향(해결방안)
망(가림막)으로 인해 쓰레기가 쌓이면 물이 흐르지 않음	망을 들어줌으로써 물이 원활하게 빠질 수 있음
망이 없는 곳에서는 쓰레기가 빗물받이 내부로 들어가 배수 문제가 생김	망으로 인해 쓰레기가 빗물받이 내부로 들어가지 않기 때문에 막힐 위험이 줄어들게 됨

• 과제 평가 시 사용가능함으로 유의해서 작성

3 결과물에 대한 기대효과 및 활용방안

- ○ 폭우 시 빗물받이가 막히지 않도록 하여 원활한 배수를 도와 침수 피해를 줄일 수 있음.
- ○ 기존의 빗물받이를 직접 들어내어 내부의 쓰레기를 건져내는 수고를 덜어줌으로써. 불필요한 청소 인력과 예산을 줄여 다른 곳에 활용할 수 있음.

• 과제 수행 후 얻을 수 있는 기대효과 및 활용방안 작성(특허/실용신안 출원, 상품화 가능성 혹은 상품화 가능한 응용분야 등)

출처: 김영아. 캡스톤디자인 수업 자료

[제작팀 타 과제 계획서 내용 발췌]

+ 결과물에 대한 기대효과 및 활용방안

- 족욕 체험장의 형상 개선으로 인해 위생적으로 거부감을 느끼는 사람들도 이용할 수 있을 것으로 예상됨
- 기존의 족욕 체험장보다 심미성이 좋아 전보다 이용자의 이목을 끌 수 있을 것으로 예상됨

구분	활용방안
지식재산권 확보	족욕 체험장에 대한 특허 및 디자인 검색 결과 충분히 과제에 대한 지적 재산권을 확보 가능할 것으로 예상됨
상품화 가능 분야	주제 결과로 인해 기존 족욕 체험장의 위생 개선이 가능하고 다른 온천축제에도 충분히 적용 가능할 것으로 예상됨
향후 활용분야	축제에서 더 나아가 소형화, 경제성을 고려하여 개인용 및 가족 단위의 족욕장에도 적용 가능할 것으로 예상됨

출처: 김영아. 캡스톤디자인 수업 자료

1.3 비제작팀 과제 계획서 작성 방법 및 사례

비제작 팀은 프로젝트 결과물을 시제품 제작이나 상품으로 제시하기 어려울 수 있으므로, 보고서, 논문, 정책반영, 캠페인 등으로 제시할 수 있다. 예를 들어, 연구 자료를 수집하고 분석하여 기술 보고서를 작성하거나, 프로젝트 성과를 외부에 홍보하는 활동을 수행해도 된다.

1) 비제작팀 과제 계획서 작성 방법

[비제작팀 과제 계획서 예시]

[양식1] 신청 팀 모두 작성

2019학년도 1학기 캡스톤디자인 과제 계획서

[과제 유형]

과제유형 (해당하는 곳 '0')	창의형	0	산업연계형	
	□ 제작팀	■ 비제작팀		

[과제 개요]

과 제 명	유성구 지역문제, 독거노인 돌봄 방안			
팀 명	열린경로당			
수강 교과목명	사회문제해결 캡스톤 디자인			
교과목 담당교수	소 속	LINC+ 사업단	성 명	김영아
	E - mail	younga@cnu.ac.kr	연락처(C.P)	010-0000-0000
지도교수 *(실제 팀티칭교수)*	소 속	신약전문대학원	성 명	유관순
	E - mail	you@cnu.ac.kr	연락처(C.P)	010-4444-4444

[참여인원 및 담당업무 세부 현황]

번호	성명	소속			연락처		역할(담당업무)
		학과	학년	학번	휴대폰	이메일	
1	이은성	경영학부	4	201011111	010222222	huko@naver.com	팀장
2	권형원	경영학부	4	201222222	010333333	rnjs@naver.com	부팀장
3	양현서	전자공학과	4	20133333	010444444	did@naver.com	재료구매
4							
5							

** 복수전공 학과 별도 기입(괄호로 표시하여 작성)*

** 담당업무: 팀장, 재료구매, 부팀장 등으로 표기*-재료구매자에게 납품 업체 또는 행정실에서 연락함

출처: 김영아. 캡스톤디자인 수업 자료

[비제작팀 과제 계획서]

1 과제 개요

□ 과제 선정 배경

○ 1인가구가 2005년 이후부터 20%를 넘기 시작하면서 독거노인의 수도 점점 늘어나는 추세를 보이고 있다. 독거노인은 고독사 문제를 함께 가지고 왔는데 고독사의 개념에 대하여 현재 정부는 정확한 정의는 내려지고 있는 상황은 아니다. 학계에서는 '사회와 단절된 상태로 살다 홀로 사망한 일정기간(약 7일) 뒤에 발견된 죽음'이라 정의하고 있다. 이런 상황에서 정부에서 내놓은 그와 유사한 개념인 독거사, 무연고사, 고립사 등이 있다. 이와 관련된 통계는 2013년 경찰청 변사자료 31,891건과 지자체의 무연고 사망자 처리보고서 966건으로 총 32,857건이 있다. 통계를 보면 알 수 있듯이 고독사가 점차 사회문제로 부각된다는 것을 알 수 있다. 고독사의 가장 큰 원인은 가족과의 불화, 사회적 고립 등이 있다. 이를 해결하기 위한 방안이 필요한 시점이다.

□ 과제의 필요성

○ [노인의 독거 상태가 객관적·주관적 삶의 만족도에 미치는 영향: 고령화패널연구를 활용한 종단연구(노미영, 원소윤)]에 따르면 우리나라는 2019년과 2026년에 각각 고령사회와 초고령 사회로 진입할 것을 예측하고 있다고 한다.(통계청, 2011) 이 상황에서 노인의 삶의 만족도에 대한 관심이 증가하고 있다. 그러나 노인 1인 가구의 형태가 노인의 삶의 만족도를 하락시키면서 이에 대한 연구가 활발히 이루어지고 있다.(문지현, 김다혜, 2017; Gaymu, Springer, 2010; Kwak, Chung & Kim, 2017)

한국의 경우에는 독거노인 비율의 급격한 증가로 많은 사회적 이슈가 나타나고 있다. 한국의 노인 1인 가구는 1990년 10.6%에서 2010년 34.3%, 3배 이상으로 매년 가파르게 증가하는 추세를 보이고 있다. 결론적으로 이 연구의 결과는 독거노인이 아닌 사람들에 비해 삶의 만족도가 상당히 낮은 것으로 나타났다.

○ 우리가 생각한 과제 해결법은 경로당을 네트워킹의 중심에 두는 것이다. 이 때 가장 크게 기대할 수 있는 효과는 노인끼리의 네트워크를 구축하는 것이다. 이를 통해 고독사의 가장 큰 원인인 사회와의 단절을 극복할 수 있을 것이다. 또한 이렇게 함으로써 독거노인들의 삶의 만족도도 올릴 수 있을 것이라 예상한다. 그리고 이렇게 네트워킹을 구축함으로 노인들에게 보다 쉽게 접근할 수 있을 것이고 이를 통해 어떤 수요가 있고 어떤 식으로 그 수요를 만족시킬지 결정할 수 있을 것이다.

○ 통계에 따르면, 2017년 유성구의 노인인구는 7.87%로 늘어가는 추세이다. 또한 노인인구 중 1인가구의 경우 5.6%(통계청 , 지역통계총괄과, 2018)로 무시할 수 없는 수치로 나타난다. 게다가 노인인구 증가 추세에 따라 독거노인도 따라서 증가할 것으로 예상되어 독거노인에 대한 처우개선이 필요하다.

○ 노인복지서비스의 선호도조사에 따르면 의료 서비스 확대에 대한 선호가 58.7%로 가장 높았다. 그 다음으로 노인 일자리와 소외 노인 지원 강화가 뒤를 이었는데 어떤 선호를 가장 좋아하고 그 수요를 충족시켜줄 수 있을지에 대한 즉각적인 피드백이 필요한 상황이다.

2 과제 목표 및 내용

□ 목표

○ 유성구 노인 복지관에서 네트워크 관리를 위하여 유성구내의 모든 경로당(189개)과 연결을 한다.

○ 유성구 내의 동별로 인접한 4~5개의 경로당끼리 그룹을 이루어서 하나의 네트워크를 형성한다. (참고자료 : http://www.yuseong.go.kr/?page_id=54311)

□ 추진내용(진행방법)

○ 네트워크 구축 방법

1) 컴퓨터를 활용하여 일차적으로 전산 네트워크를 형성한다. (프로그램 제작 혹은 인터넷 사이트 제작을 통해 진행)

2) 웹캠이나 화상채팅 기능을 가진 프로그램을 통해서 우선 유성구청 노인복지관과 모든 경로당을 연결하고(종합 채널 형성), 각 동별로 그룹을 나눈 경로당끼리 연결한다.(개별채널 형성)

3) 각 동의 경로당에 오지 못하시는 독거노인 분들을 위해, 그 분들의 거주지에 경로당에 설치한 시스템과 동일한 시스템을 설치하여서, 인접한 경로당과 연결한다.

4) 캠을 활용 시에는 각 경로당 별로 4~5개의 경로당과 유성구청 노인 복지관의 화면이 연결 되므로, 5~6개로 분할 된 화면을 띄울 수 있는 스크린이나 TV가 필요하고, 이를 구동 할 수 있는 컴퓨터와 컴퓨터 프로그램이 필요하다.

3 결과물에 대한 기대효과 및 활용방안

□ 기대효과

○ 가장 먼저 이 정책을 통해 경로당을 좀 더 공식조직화 할 수 있게 된다. 이 의미는 경로당이 보다 체계적으로 운영된다는 것을 의미한다.

경로당이 체계적으로 운영될 때 좋은 점은 몇 가지가 있다. 첫 번째로 유성구청 혹은 정부기관에서 노인들에게 접근하기가 용이해진다. 현재 경로당은 상당히 많은 수가 개별로 존재하여 경로당에 어떤 인원이 어느 정도 있는지 파악하는 것조차 힘든 상황이다. 그러나 몇몇의 경로당을 하나로 묶어 네트워크를 형성한다면 지자체에서 그 인원과 상황을 파악하기 용이해질 것이고 이는 노인들에게 더 나은 서비스를 보다 쉽게 전달할 수 있게 된다.

또한 개별적으로 존재하는 경로당을 묶어 하나의 네트워크를 형성해 줌으로써 노인들의 고독감 문제를 해결해 줄 수 있다. 경로당에 네트워크를 형성하고 그를 중심으로 서비스를 제공한다면 주변의 노인을 끌어들일 유인이 충분할 것이다. 그렇게 된다면 보다 많

출처: 김영아. 캡스톤디자인 수업 자료

[비제작팀 과제 계획서]

3 결과물에 대한 기대효과 및 활용방안

□ **기대효과**

○ 가장 먼저 이 정책을 통해 경로당을 좀 더 공식조직화 할 수 있게 된다. 이 의미는 경로당이 보다 체계적으로 운영된다는 것을 의미한다.

경로당이 체계적으로 운영될 때 좋은 점은 몇 가지가 있다. 첫 번째로 유성구청 혹은 정부기관에서 노인들에게 접근하기가 용이해진다. 현재 경로당은 상당히 많은 수가 개별로 존재하여 경로당에 어떤 인원이 어느 정도 있는지 파악하는 것조차 힘든 상황이다. 그러나 몇몇의 경로당을 하나로 묶어 네트워크를 형성한다면 지자체에서 그 인원과 상황을 파악하기 용이해질 것이고 이는 노인들에게 더 나은 서비스를 보다 쉽게 전달할 수 있게 된다.

또한 개별적으로 존재하는 경로당을 묶어 하나의 네트워크를 형성해 줌으로써 노인들의 고독감 문제를 해결해 줄 수 있다. 경로당에 네트워크를 형성하고 그를 중심으로 서비스를 제공한다면 주변의 노인을 끌어들일 유인이 충분할 것이다. 그렇게 된다면 보다 많은 노인들이 서로 관계를 맺고 살아가며 고독감 문제를 어느 정도 해소할 수 있을 것으로 보인다.

마지막으로 노령화되어가고 있는 사회에서 보다 안정감을 안겨줄 수 있을 것이다. 현재 유성구의 노인 인구는 약 7%로 낮은 수준이지만 꾸준히 증가하는 추세에 있다. 즉, 점점 더 노인의 수가 많아진다는 의미인데 자신이 노인이 되었을 때 재정적으로 혹은 사회적으로 준비되지 않은 수가 많다. 2017년 통계청 자료에 따르면 국민 3명 중 1명이 노후준비를 할 여력이 되지 않는다고 답변을 하였다. 이런 상황에서 차후에 노인이 될 인구가 경로당을 통해 사회에서 소외되지 않고 적극적으로 다가갈 수 있는 발판이 되어 그들에게 안정감을 안겨줄 수 있을 것이라 예상한다.

□ **활용방안**

○ 유성구청 노인 복지관에서 시행하는 행사들의 정보나, 전파사항을 각 노인정에 쉽고 빠르게 전파 할 수 있어서, 노인들의 참여를 확대 할 수 있고, 각 노인정과의 의사소통이 원활하게 이루어 질 수가 있다.

○ 형성된 네트워크를 통해 출장 의료 서비스와 같은 노인들의 요구를 반영한 서비스를 제공할 수 있다. 이를 통해 노인들의 삶의 질과 정보의 부족으로 인해 서비스를 제공받지 못하던 사람들의 만족도를 개선할 수 있다.

○ 캠을 활용하여 유성구청 노인 복지관에 직접 찾아오시지는 못하나 인접한 동의 경로당에는 찾아 올 수 있는 노인들의 위해 복지관측에서 동별로 시기를 정해 행사를 시행하면 참여도가 확대가 된다.

○ 동별로 연결된 네트워크를 통해 하나의 경로당이 아닌 4~5개의 경로당에 계신 노인들을 연결한다. 화상 채팅을 통해 각 경로당 별로 더 많은 사람들과 만나서 대화하고, 함께 활동적인 생활을 할 수 있다.

○ 거동이 불편하거나, 개인적인 사정으로 경로당에는 오지 못 하는 노인들을 위해 동일하게 각 거주 지역에 캠을 설치하여 인접한 경로당과 연결하여 경로당 내부에서 시행하는 행사 참여기회와 경로당 내의 다른 노인들과 친목을 도모 할 수 있는 기회를 제공해 드린다.

출처: 김영아. 캡스톤디자인 수업 자료

1.4 산업연계형 과제 계획서 작성 방법 및 사례

산업 연계 과제 계획서는 산업체와 대학 간 협력을 구체화하는 것으로, 프로젝트의 목표, 기대 효과 등을 적는다. 작성 시 고려 사항은 협력의 구체적 목적, 참여 기업 역할, 그리고 예상되는 상호 이익이다. 예를 들어, 새로운 기술 개발 프로젝트에서 기업은 자원을 제공하고, 학생들은 연구를 통해 실질적인 문제 해결에 기여하는 방법으로 협력할 수 있다.

1) 산업연계형 과제 계획서 작성

[산업연계형 과제 계획서 예시]

2022학년도 2학기 캡스톤디자인 과제 계획서

[과제 유형]

과제유형	창의형		산업연계형	o	사회문제해결형		글로벌	
	■제작팀				□비제작팀			

[과제 개요]

과 제 명	웰니스 효과 입증 기반의 스토리텔링 디자인		
팀 명	제주 어때?		
수강 교과목명	지식재산 캡스톤 디자인 1		
교과목 담당교수	소 속	지식재산사업단	성 명	김영아
	E - mail	younga@cnu.ac.kr	연락처(C.P)	010-0000-0000
지도교수	소 속	지식재산사업단	성 명	김영아
	E - mail	younga@cnu.ac.kr.	연락처(C.P)	010-0000-0000

[팀구성 및 담당업무]

번호	성명	소속			연락처		역할(담당업무)
		학과	학년	학번	휴대폰	이메일	
1	신우승	메카트로닉스공학과	4	201808900	010-4545-9999	4101@naver.com	팀장
2	윤대상	신소재공학과	3	201803567	010-4546-9999	4455@naver.com	기록자
3	곽은상	기계공학부	3	202088889	010-2345-9999	9999@naver.com	부팀장
4	김동상	기계공학부	3	202188889	010-2345-9955	3055@naver.com	재료구매 담당
5	허장려	신소재공학과	4	201904202	010-2345-5555	5555@naver.com	팀원

[산업체 참여 현황]

번호	성명	소속		연락처		팀 지도 등 역할
		기업명	직책	휴대폰	이메일	
1	000	제주관광공사	그룹장	010-7745-7799	7799@naver.com	자문, 평가
2						

※ 기업, 유관기관 등 산업체가 팀 활동에 연계되어 참여하는 경우 모두 작성

출처: 김영아. 캡스톤디자인 수업 자료

[산업연계형 과제 계획서 예시]

1 과제 개요

▢ 과제 선정 배경

- ○ 코로나19 이후 제주 관광 여행객이 감소했으나, 코로나19 기간이 계속되고 해외여행이 어려워지면서 제주도 국내 관광객이 다시 증가하고 있음
- ○ 코로나로 인해 신체적, 정신적, 사회적으로 불안정한 상태에 놓인 사람들의 증가

▢ 과제 수행의 필요성

- ○ 번잡한 도시 삶에서 벗어나 유명한 웰니스 관광지를 방문했을 때, 관광객 밀집으로 웰니스 효과 반감
- ○ 코로나19 펜데믹 이후 제주 오름 방문객의 급증으로 일부 오름의 훼손 가속화, 오름의 체계적인 관리 방안 마련 필요
- ○ 신체적, 정신적 사회적으로 건강하고 안정된 상태를 추구하는 방안으로서 웰니스 여행에 대한 필요성이 부각됨에 따른, 시장규모의 증가

2 수행목표 및 내용

▢ 수행목표

- ○ 20~30대를 겨냥한 맞춤형 숨은 제주도 명소 찾기를 통해 제주도의 아름다운 자연 경관과, 생태 환경을 체험함으로써 심리적, 정신적 안정을 추구
- ○ SNS 마케팅을 통한 제주도 웰니스 관광 여행을 소개 및 홍보

구분	목표
정성목표	건강한 삶 추구, 재생과 휴식, 의미와 관계, 진정한 문화적, 지역적 경험을 추구, 치유가 아닌 사전 예방과 건강 관리
정량목표	소외된 350여 개의 오름 방문 관광객 증가

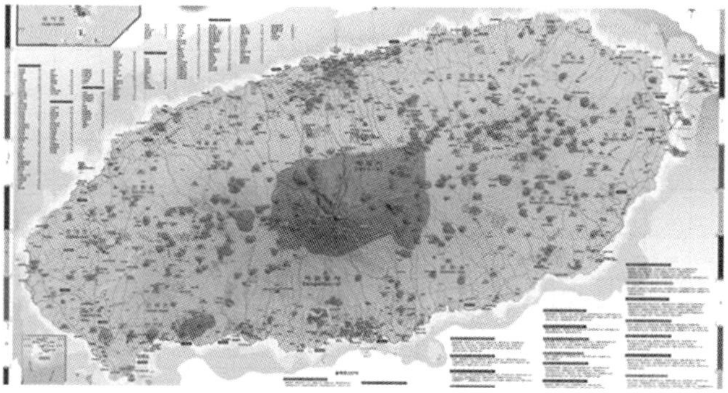

출처: 김영아. 캡스톤디자인 수업 자료

▢ 방법 및 주요내용

방법 1

- ○ 제주도 방문 시, 미션의 형식으로 제주 관광 공사가 사전에 제시한 사진의 장소를 찾아가는 과정을 통해 산책 및 자연경관 감상으로 웰니스 효과를 얻는다. 여행자는 사진을 찍은 보상으로 배지를 받거나 사진첩을 얻는다.

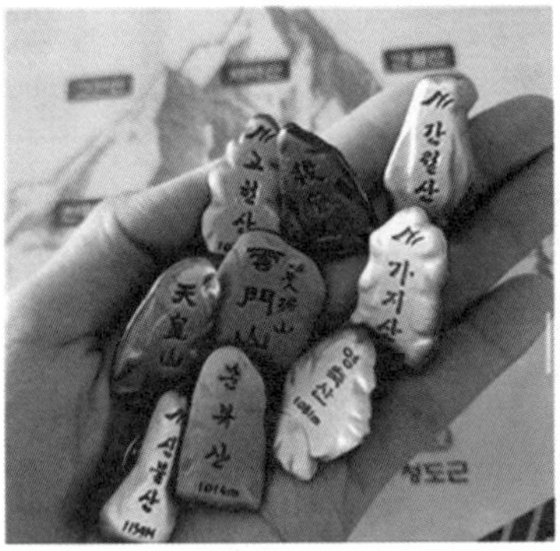

출처: 인스타그램(ID): with_walk)

- ○ 제주 관광 공사는 사람들이 잘 찾아가지 않는 자연경관을 사진으로 제시한다. 계절별로 스팟을 바꾼다.
- ○ 제주 관광 공사는 배지를 수집할 수 있는 수집판을 사전에 제시하고, 여행자가 배지를 다 모았을 때는 상품을 추가로 제공한다.

방법 2

- ○ 오름 별로 사진 스폿을 미리 정해둔다. 해당 사진 스폿에서 사진을 찍고 인스타그램 게시물을 올리면 상품을 추첨 없이 모두에게 지급한다.
- ○ 오름을 방문한 관광객들에게 특정 해시태그로 인스타그램 게시물을 올리도록 유도한다. 그중 추첨으로 선발해서 상품을 추가 증정한다. (인스타그램 해시태그 '오운완'과 같이 파급력 있는 해시태그를 홍보한다.)
- ○ 상품은 스타벅스 상품권, 아메리카노 교환권, 족욕 체험권, 웰니스 숙박 할인권, 제주도 다른 관광지 이용권(할인권), 등산화 등으로 한다.
- ○ 현 단계에선 오름을 위주로 스폿을 기획하지만, 차후 타 여행지를 포함한 내용으로써 적용해 나갈 수 것이다.

출처: 김영아. 캡스톤디자인 수업 자료

방법 3

- ○ 제주도를 여행하는 과정에서 만보기로 측정된 걸음 수에 비례해 더 나은 상품을 제공한다.
- ○ 방법 3은 오름 이외에도 다른 여행지를 다니면서 걸음 수를 채울 수 있다.

기존방식(또는 문제점)		개선방향(해결방안)
제주도 여행지의 획일화	⇨	소외된 관광명소에 대한 재조명
일부 유명 오름 훼손 가속화 약 350개의 오름에 대한 마케팅 부족		상기 기재된 마케팅 방식을 활용하여 오름 적극 홍보 및 관광객 분산으로 개 름의 효율적인 관리/유지

3 결과물에 대한 기대효과

- ○ 제주도의 숨은 관광명소 소개
- ○ 웰니스 관광명소로 제주도 부각
- ○ 특정 오름의 관광객 과밀도 현상을 해소하고, 이에 기인한 자연환경 훼손 문제 해소
- ○ 색다른 마케팅 방식으로 제주도 관광 욕구 증진

출처: 김영아. 캡스톤디자인 수업 자료

(1) 산업연계 과제 주제

캡스톤디자인 산업 연계 과제 주제로 제주관광공사에서 제주도 관광 활성화를 위한 기획, 디자인, 음식 개발 등이 제시된 적이 있다. 'LINC 3.0 아이디어톤 경진대회, 제주가자!'라는 대회명으로 충남대에서는 실시되었다. 이 과제는 제주관광공사, 가톨릭대학교, 제주대학교, 충남대학교가 협력하여 진행되었고, 대학별 예선전인 아이디어톤 대회에서 최우수 아이디어로 선정된 팀은 LINC 3.0 사업단장상을 받고 본선에 진출하였다. 최종 발표평가에서는 서귀포시장상과 제주관광공사 사장상 및 부상이 주어지는 프로그램이었다. 각 대학 학생들은 제주관광공사에서 제시된 주제를 선정하여 프로젝트를 수행하였고, 이를 위해 제주 지역을 탐방하고, 지역민, 지역산업체를 만나 문제를 발굴하기 위해 노력하였다.

일반적으로 알고 있던 제주 관광지가 아닌 새로운 곳을 찾아내고, 상품을 개발하며 홍보하는 창의적인 문제해결 방법을 제시하는 학생들 의지가 돋보이는 프로그램이라 할 수 있다.

[산업연계형 과제-LINC 3.0 아이디어톤 경진대회, 제주가자! 주제]

구분	주제	내용
주제1	고부가가치 High-end, Luxury 기반 웰니스 관광 프로그램 기획	국내외 고부가가치 웰니스 관광상품의 실태 조사를 바탕으로 하여 현 제주도 내 고급 웰니스 관광지 및 관광 자원의 경쟁력을 분석하고 제주만의 럭셔리 웰니스 관광 상품 모색 및 상품화 방안 제안
주제2	웰니스 효과 입증기반의 스토리텔링 디자인	산림치유, 치유농업, 명상 등 기존의 웰니스 프로그램에 관하여 선행 연구된 실증적, 과학적인 효과 및 효능 자료를 기반으로, 이용자에게 어필할 수 있는 스토리텔링 디자인을 통한 웰니스 관광지 및 프로그램 경쟁력 강화 방안 제안
주제3	제주 건강한 밥상, 메뉴 등 Wellness Food 제안	소비자가 원하는 효능 혹은 자신의 체질에 따라 직관적으로 메뉴를 고를 수 있도록 사용한 식재료별 신체 작용 효과를 주제별로 구체화한 웰니스 푸드 레시피 및 푸드 상품 기획 제안(제주 농산물, 제주 밥상, 기존의 비건 메뉴 등을 바탕으로 제주만의 웰니스 상차림 제안)
주제4	치유사(Healer) 호스트 웰니스 상품 기획	웰니스 분야 전문 치유사들의 전문성에 소비자들의 선호 및 관심을 접목하여, 호스트(치유사)의 개성이 매력적으로 드러나는 치유 해설 웰니스 프로그램 구성 및 기획

출처: 2022. 제주관광공사 제안 과제 설명회 자료

[제주 웰니스 관광지 (Jeju Wellness Destination)]

만남 · 즐김 치유

2021 제주웰니스 관광지

Jeju Wellness Destination for 2021

가뫼물(서귀포시)

신흥2리 동백마을(서귀포시)

폴개협동조합(서귀포시)

출처: 2022. 제주관광공사 제안 과제 설명회 자료

[제주형 웰니스 관광]

" 위드 코로나 시대,
제주 여행의 패턴이 개별여행, 가족여행 등 소규모 여행과 안전과 건강,
치유를 중요시하는 웰니스 관광으로 변화 "

단체 일주 제주관광 지고 마을 체류 힐링여행 뜬다

문화체육관광부 2021 여행 트렌드, 치유와 건강·안전 추구

제주, 포스트 코로나 '웰니스'로 승부

코로나19시대 주목받는 마을관광

전통문화와 자연환경 어우러진 농어촌 체류형 마을관광 뜬다

사람많이 몰리는 여행지 외면··한적한 자연경관 인기

보약보다 낫다! 건강까지 챙기는 일거양득 여행지 11

건강·힐링·행복 찾는 '웰니스 관광'... 제주, 코로나 이후 핵심 산업 육성

포스트코로나 제주 여행 테마는 '힐링'과 '스마트관광'

출처: 2022, 제주관광공사 제안 과제 설명회 자료

[제주 머체왓숲길]

2021 제주웰니스 관광지

운영주체	주요시설	운영방식
마을공동체	머체왓숲길(3개 코스), 방문객지원센터, 머체왓식당, 카페 & 족욕체험장 (편백족욕, 찜질)	• 숲길 이용은 무료 & 자율탐방 • 족욕, 약차, 찜질체험, 산림치유 등 특화 • 프로그램별 이용요금 부과 : 족욕(7,000원), 한방약차(4,500원) • 숲치유 프로그램 운영(해먹명상, 숲속 독서, 그림 등)

- 족욕 및 약초찜질 프로그램을 운영하는 건강체험장
- 옥상공간 야외 족욕 체험공간 조성 중
  - 머체왓숲길에서 채취한 편백 족욕제 및 약초를 활용한 족욕제 활용
  - 허브차와 족욕을 패키지화 하여 판매
- 당초 약초찜질 프로그램 운영을 위해 조성된 찜질방 공간은 코로나로 인해 운영 중단 중

출처: 2022. 제주관광공사 제안 과제 설명회 자료

[제주 머체왓숲길]

- 숲 탐방 및 해설 프로그램 등을 위한 상설 체험공간
- 해먹 및 트리 클라이밍 프로그램 등

출처: 2022. 제주관광공사 제안 과제 설명회 자료

[파파빌레]

2021 제주웰니스 관광지

운영주체	주요시설	운영방식
민간	3,000여평 면적의 현무암 공원, 카페, 산림치유 프로그램 진행 공간 등	• 현무암에서의 대량의 음이온 방출과 항균효과 등 효능을 지닌 현무암 공원 조성 • 파파빌레-인근 자연 자원 연계한 프로그램은 주로 단체 예약을 통해 진행

- 파파빌레 근처 편백나무 숲, 바농오름까지 2시간 코스 가능
- 음이온 및 피톤치드 발산 등 웰니스 효능이 있는 주변 자원을 활용한 프로그램

출처: 2022. 제주관광공사 제안 과제 설명회 자료

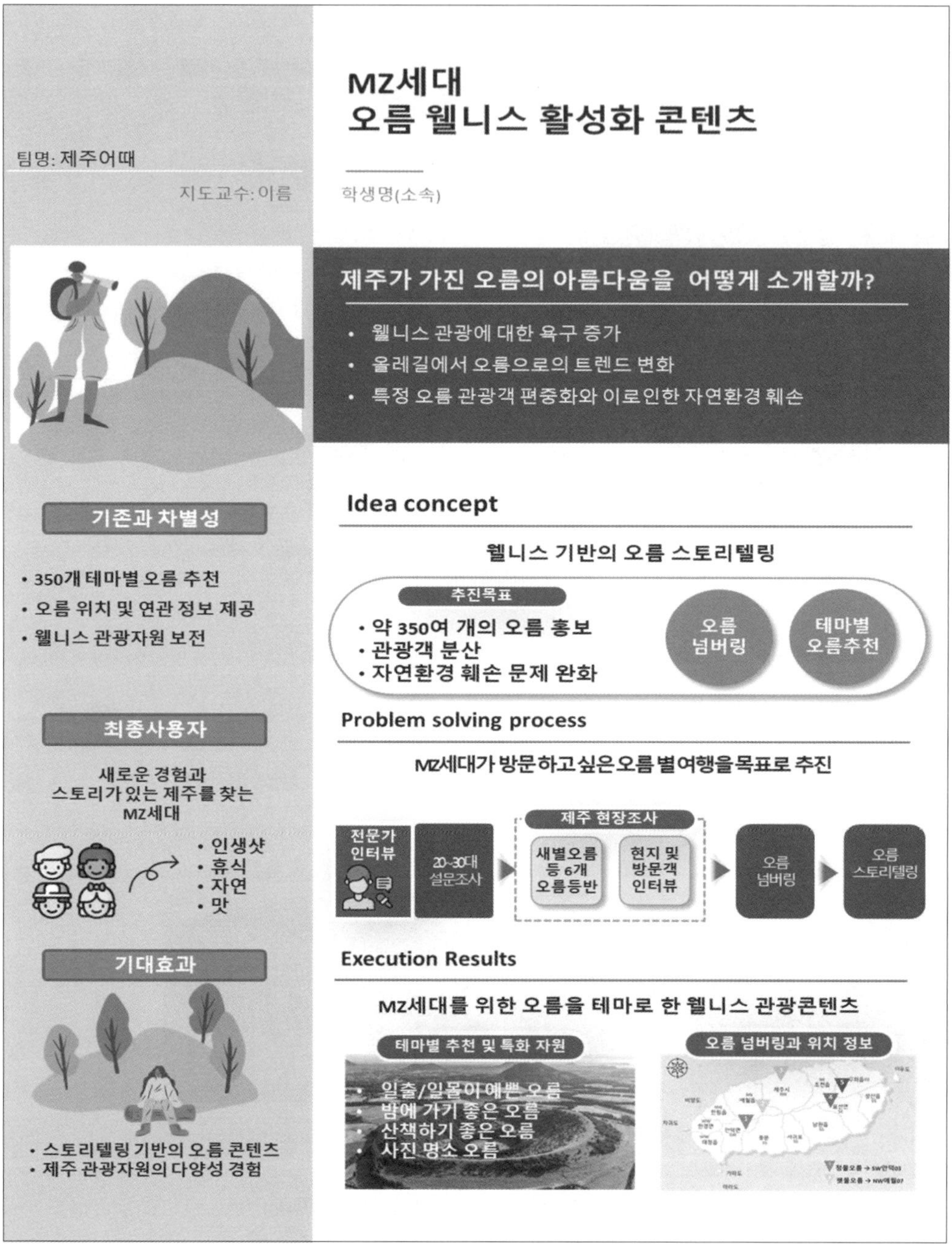

출처: 2022. 충남대 캡스톤디자인 성과공유회 자료

[포스터 제작]

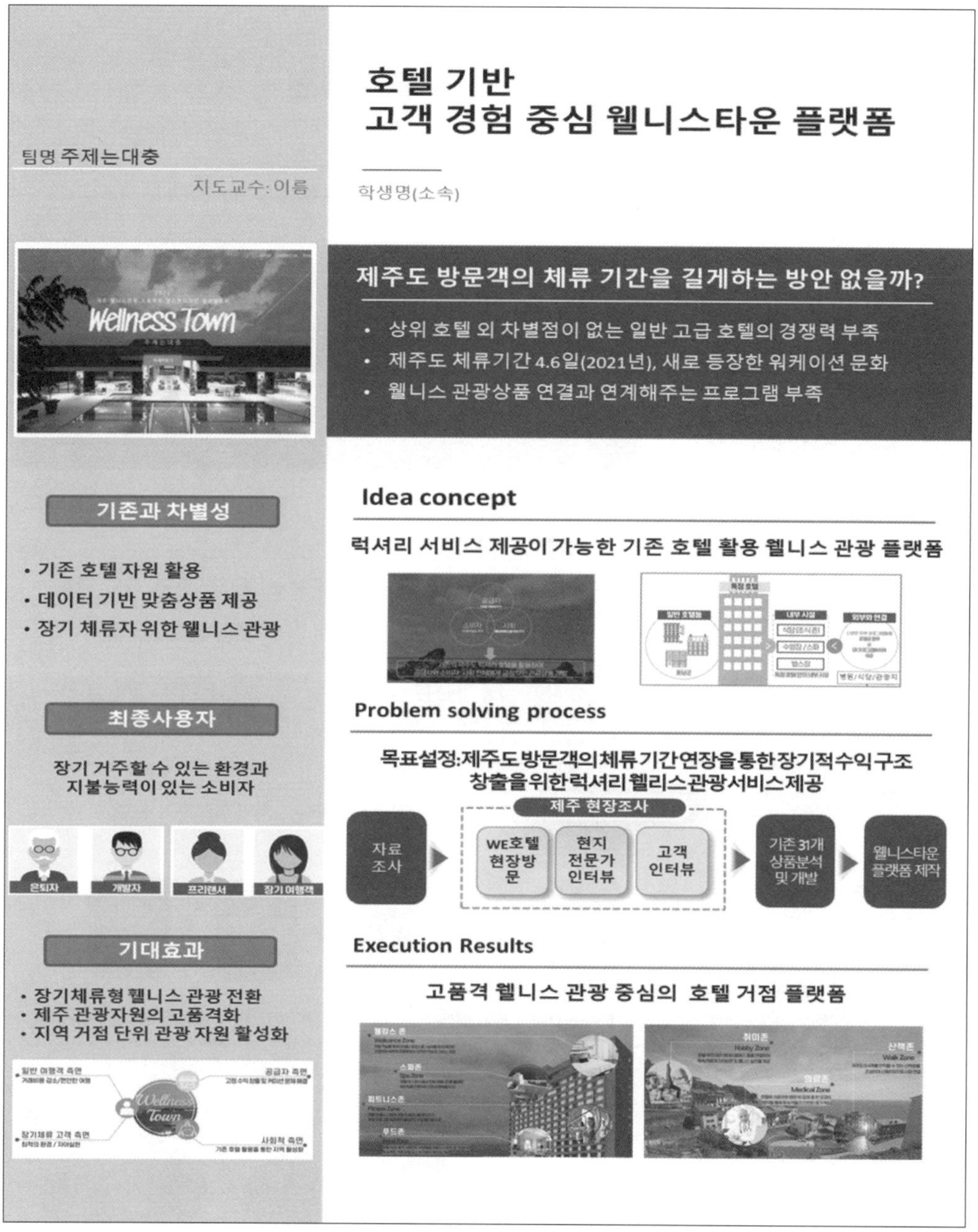

출처: 2022. 충남대 캡스톤디자인 성과공유회 자료

[포스터 제작]

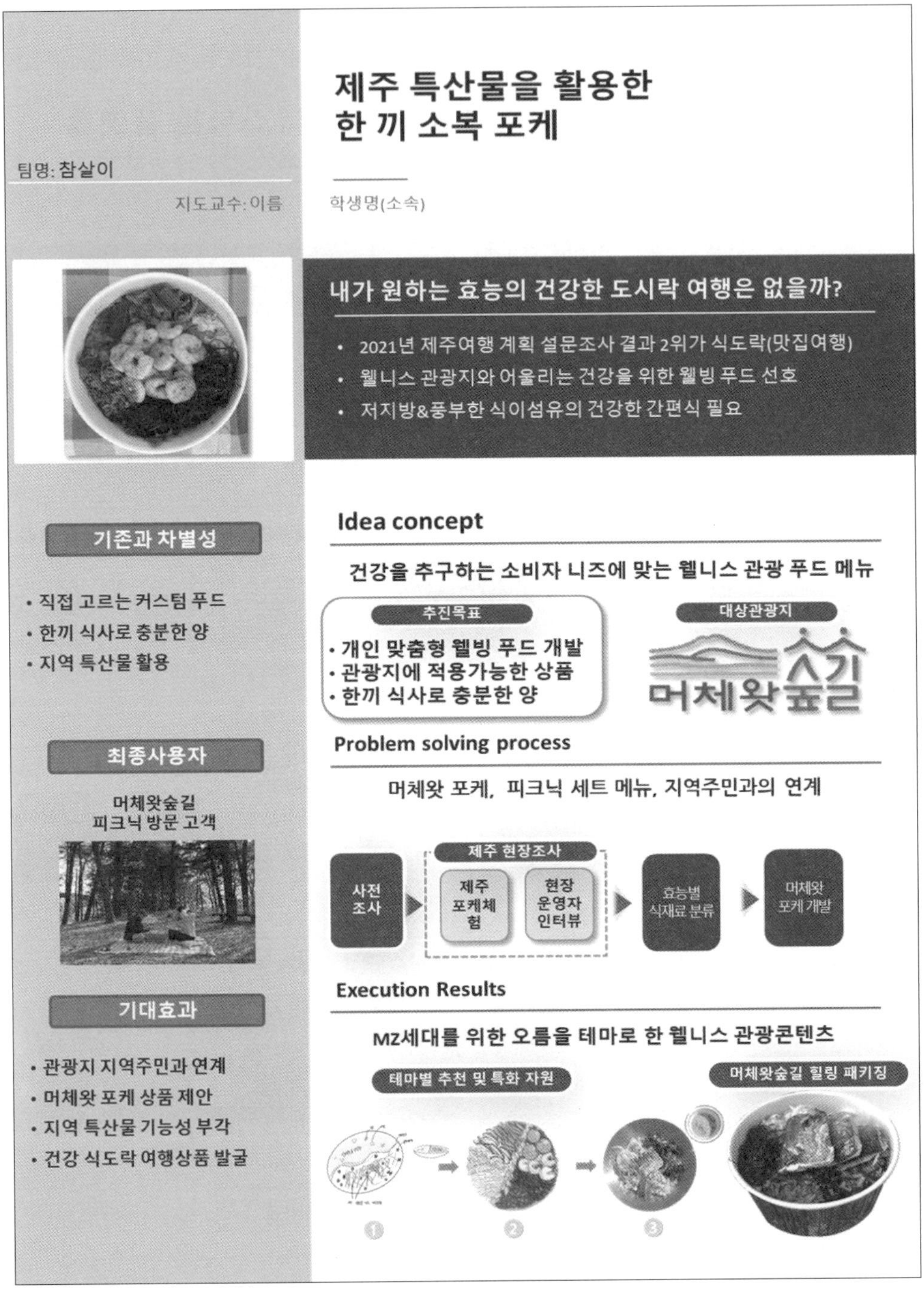

출처: 2022. 충남대 캡스톤디자인 성과공유회 자료

1.5 산업연계 계획서 작성 방법 및 사례 2

한국 조폐공사와 산학 협력을 한 사례를 소개하고자 한다. 추진 목적은 한국조폐공사와 협업을 통해 지역 기반 혁신 · 동반성장 생태계 조성, 캡스톤디자인 공동 과제 추진으로 지역 인재 양성 및 취 · 창업 역량 강화, 공사 현안에 대해 학생들의 아이디어를 활용하여 해결 방안을 도출하였다.

[조폐공사 주제]

연번	주제	담당부서
1	조직 내 예산 절감 문화 확산을 위한 실천과제 수립	본사 경영관리팀
2	공사 임직원 품질의식 제고용 포스터 제작	본사 품질경영팀
3	Brand Protection 제품 디자인 및 기획	본사 기술사업팀
4	폐수처리장 슬러지 탈수설비 개선방안 수립	기술연구원 연구관리팀
5	면펄프 Filler을 활용한 친환경 고분자 복합소재 개발	기술연구원 위조방지연구센터
6	공사 에너지 사용실태 조사 및 친환경 에너지로 전환 방향 수립	제지본부 공무과

출처: 2022. 충남대 캡스톤디자인 성과공유회 자료

[일정]

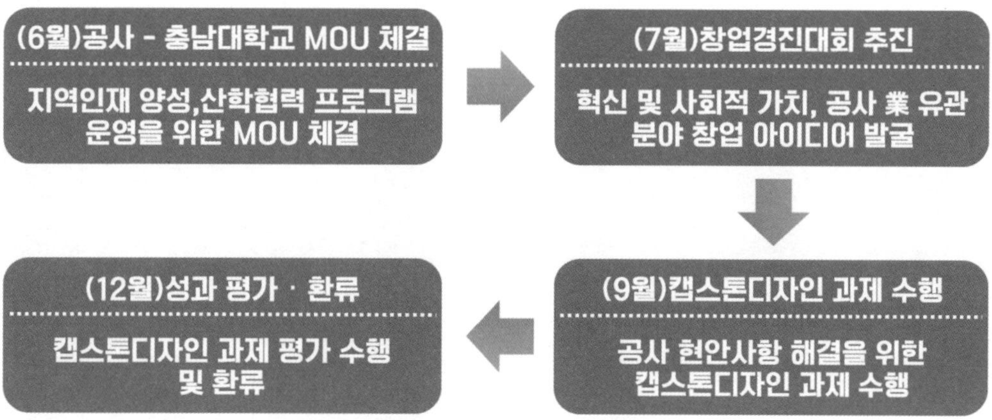

출처: 2022. 충남대 캡스톤디자인 성과공유회 자료

[학생팀-주제-담당자-담당부서 협력]

연번	팀명	팀장	주제	담당자	담당부서
1	씨앤유위보	이*현 (행정학부, 3학년)	조직 내 예산 절감 문화 확산을 위한 실천과제 수립	안*효	본사 경영관리팀
2	-	전*우 (항공우주공학과, 4학년)			
3	長조링	박*은 (일어일문학과, 4학년)	공사 임직원 품질의식 제고용 포스터 제작	김*한	본사 품질경영팀
4	해쳐모여	장*은 (화학과, 4학년)	Brand Protection 제품 디자인 및 기획	최*환	본사 기술사업팀
5	어벤져스 *불참	조*진 (컴퓨터공학과, 4학년)			
6	어드벤처	정*호 (응용화학공학과, 4학년)	폐수처리장 슬러지 탈수설비 개선방안 수립	김*영	기술연구원 연구관리팀
7	메탈슬러지	신*민 (바이오시스템기계공학과, 4학년)			
8	김김이	감*은 (응용화학공학과, 3학년)	면펄프 Filler을 활용한 친환경 고분자 복합소재 개발	유*형	기술연구원 위조방지연구센터
9	탄소배출 줄여조	이*영 (응용화학공학과, 4학년)	공사 에너지 사용실태 조사 및 친환경 에너지로 전환 방향 수립	주*영	제지본부 공무과
10	- *연락안됨	성*경 (생물환경화학과,3학년)			
11	예쓰지마요	오*아 (기계공학부, 4학년)			

출처: 2022. 충남대 캡스톤디자인 성과공유회 자료

HOME > 지역 > 세종·대전·충남 > 보도자료

충남대·한국조폐공사, '캡스톤디자인 과제 최종보고회' 개최

이현식 기자 | 승인 2021.12.17 11:04 | 댓글 0

| 김김이 팀, 한국조폐공사 사장상 수상

충남대학교와 한국조폐공사가 조폐공사 현안 과제 발굴 및 해결방안을 마련하는 '캡스톤디자인 과제 최종보고회'를 개최한 가운데 김김이 팀이 대상을 받았다.(사진=충남대학교)

[대전=뉴스프리존] 이현식 기자= 충남대학교와 한국조폐공사가 조폐공사 현안 과제 발굴 및 해결방안을 마련하는 '캡스톤디자인 과제 최종보고회'를 개최한 가운데 김김이 팀이 대상을 받았다.

충남대와 한국조폐공사는 16일 오후 2시, 비대면(Zoom)으로 '캡스톤디자인 과제 최종보고회'를 개최하고 캡스톤디자인 성과발표 및 질의응답, 심사 및 우수과제 시상 등이 진행됐다.

이날 최종보고회에 이은 성과발표회 결과, 김김이(응용화학공학과 김가은, 김지은, 이민경, 지도교수 김영아)가 '면펄프 Filler을 활용한 친환경 고분자 복합소재 개발'을 발표해 대상(한국조폐공사 사장상, 상금 200만 원)을, 메탈슬러지(바이오시스템기계공학과 신석민, 메카트로닉스학과 김신, 정윤재, 지도교수 김영아)가 '폐수처리장 슬러지 탈수설비 개선방안 수립'을 발표해 최우수상(한국조폐공사 부사장상, 상금 100만 원)을 받았다.

지난 9월 1일부터 12월 31일까지 4개월간 진행되는 이번 캡스톤디자인 과제 수행에는 2학기 LINC+사업단 수강생, 각 학과에 개설된 캡스톤디자인 또는 종합설계 교과목 수강생 총 10개 팀, 32명의 학생이

출처: http://www.newsfreezone.co.kr/news/articleView.html?idxno=351558

II 캡스톤디자인 물품구매 신청

학습 목표

· 예산의 의미를 알고 계획하여 과제를 잘 수행할 수 있다.
· 물품구매 방법을 숙지하여 과제 성격에 맞게 작성할 수 있다.

캡스톤디자인 과제에서 물품 구매 신청은 프로젝트의 원활한 진행을 위해 필수적이다. 학생들은 실험에 필요한 재료, 도구 등을 확보하기 위해 구체적인 필요 물품을 정리하고, 이에 대한 견적을 첨부하여 제출한다. 이 과정은 예산 관리 일환으로, 팀 프로젝트 계획에 맞춰 신중하게 진행된다. 물품 구매 신청은 프로젝트를 관리하는 대학 산학협력단, LINC사업단, 학과 등 승인 절차를 거치고, 적절한 시기에 필요한 예산 지원을 하는 중요한 역할을 한다. 이러한 절차는 프로젝트 성공을 위한 중요한 관리 요소이다.

1.1 예산 계획

캡스톤디자인 과제에서 예산 계획은 프로젝트 수행에 필요한 자원을 효율적으로 배분하기 위해 수립한다. 이는 예산 경비 항목을 체계적으로 정리하고, 각 항목에 필요한 금액을 미리 계획하여 예산 초과를 방지하거나 낭비 방지에 중요하다.

캡스톤디자인 교과목 예산 지원의 목적은?

- 캡스톤디자인 교과목 목적 및 과제 수행에 필요한 재료비 또는 시제품 제작비 등을 지원하며, 이는 목적에 맞는 결과물이 도출되어야 하기 때문이다.

대학정보공시에서 캡스톤디자인 교과목으로 인정 받으려면?

인정 기준

1) 3학년 이상 정규 교과목
   산업체(또는 사회)가 필요로 하는 과제를 대상으로 학생 스스로 기획과 종합적인 문제해결을 통해 창의성과 실무능력, 팀워크, 리더십을 배양하도록 지원
2) 교과목명에 "캡스톤디자인(Capstone design)" 또는 "종합설계"를 부기
3) 시제(작)품 제작 등을 위한 실험 · 실습 또는 교육프로그램 지원비가 지급됨 → 재료비 사용
4) 팀 과제로 1학기 이상 운영: 캡스톤디자인의 목적에 맞는 결과물이 도출되어야 함

[대학정보공시]

대학정보공시가 무엇일까?

+ 교육부로 대학 현황을 보고하는 절차를 통해 공식적인 정보가 공개되는 것
  1) **대학정보공시**라고도 함
     - **대학알리미** 사이트를 통해서 정보 확인이 가능함
  2) 기본적인 학적 정보 현황은 매년 2회 기준일 (상반기 4월 1일, 하반기 10월 1일) 정보를 제출하게 됨
  3) 대학의 경쟁력, 대학간 순위 등을 볼 수 있게 됨

출처: 대학알리미 사이트 http://www.academyinfo.go.kr

1.2 물품구매

캡스톤디자인 과제에서 물품 구매 신청은 프로젝트 진행에 필요한 재료나 장비를 구입하기 위해 제출하는 신청서이다. 이는 실험 재료, 실험 도구 등 프로젝트 필수 요소의 원활한 확보를 위해 중요하다.

[물품구매신청서]

서류	내용
물품구매신청서	• 견적서는 업체로부터 받아 교수님에게 확인받고 교수님에게 제출함
견적서	• 물품구매는 두가지 방법이 있음 1) 교수에게 엑셀 물품신청서를 작성하여 제출하면 구매업체가 대행하여 구매가능 2) 물품구매 신청서를 제출한 후 승인이 나면 행정실에 가서 카드를 받고 그 자리에서 온라인 구매 • 물구매사유서는 2회까지 작성 및 사용 가능함 • 물품가격은 한 사이트에서 해주는 것이 좋음 • 물품을 담으면 견적서가 작성되는 곳이면 좋음

출처: 대학알리미 사이트 http://www.academyinfo.go.kr

[물품구매 신청서 양식]

캡스톤디자인 물품구매 신청서

수강교과목명			
과 제 명			
대표학생 학과명		교과목 담당교수	
팀 명		팀 장	

■ 구매물품 내역

	구매물품	배송비가 있는 경우 체크
1		
2		
3		
4		
5		
6		

■ 구매사유

※과제수행과 관련성을 알 수 있도록 최대한 상세하게 기록해야함.

위와 같이 재료구매를 신청하오며, 추후 문제발생 시 물품반납 또는 회계적으로 책임질 것을 확인합니다.

2024년 9 월 일

대표학생 : (인)

교과목 담당교수 : (인)

충남대학교 0000사업단장 귀하

출처: 김영아. 캡스톤디자인 수업 자료

[물품구매 신청서 양식]

캡스톤디자인 물품구매 신청서

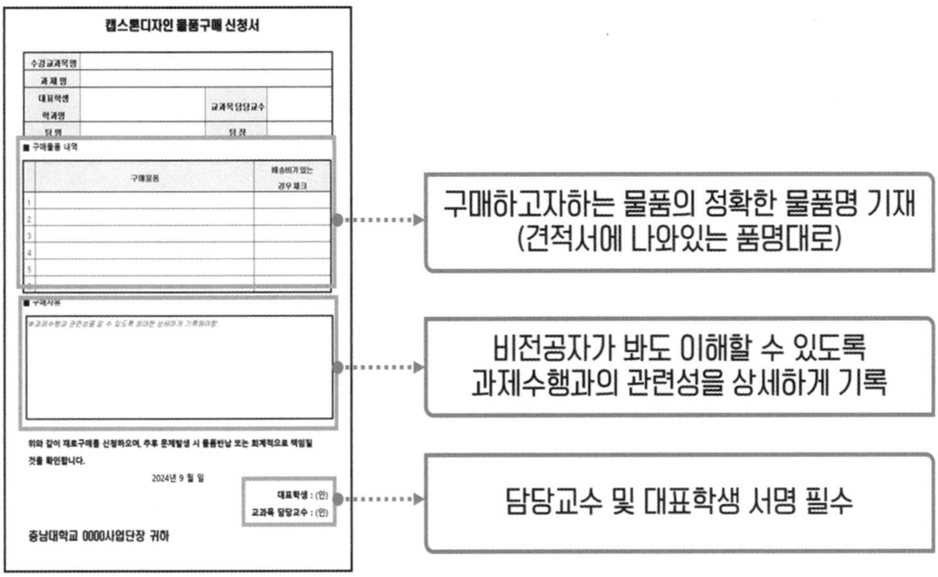

출처: 김영아. 캡스톤디자인 수업 자료

[물품구매 신청서 예시]

UNC+사업단 캡스톤디자인 물품구매 사유서

수강교과목 명	창의형 캡스톤 디자인		
과 제 명	갑천 내 취약 지역 극복을 위한 센서등 LED 센서등		
학 과 명	환경***과	교과목 담당교수	김영아
팀 명	Lighting	팀 장	우**

■ 구매물품 내역

	구매물품
1	초음파센서
2	아두이노 우노
3	4채널 릴레이 모듈
4	연장 피복선
5	5050 3구 LED모듈(일반타입)
6	SMAJ-R4 15mm / SMA 커넥터 (암) 판넬용 볼트 체결방식 4홀
7	Cables (Cable Assemblies) Low Loss <.7dB/ft SMA/SMA S/S M/M 36in
8	12V 자동차 배터리
9	배송비

■ 구매사유

1. 초음파센서 -> 갑천 다리내 사람들이 지나가는 것을 인지
2. 아두이노 우노 -> 데이터 연산 및 부품 연결
3. 4채널 릴레이 모듈 -> 사람이 지나가는것에 따라 on/off 스위치 역할
4. 연장 피복선 -> 조명 및 아두이노와 연결의 편리를 위해
5. 5050 3구 LED모듈(일반타입) -> 빛을 밝히기 위해
6. SMAJ-R4 15mm / SMA 커넥터 (암) 판넬용 볼트 체결방식 4홀 -> 초음파 센서 및 안테나 제작으로 two track으로 물질 감지
7. Cables (Cable Assemblies) Low Loss <.7dB/ft SMA/SMA S/S M/M 36in -> 초음파 센서 측정을 위하여
8. 12V 자동차 배터리 -> 전구 점등을 위하여

위와 같이 재료구매를 신청하오며, 추후 문제발생 시 물품반납 또는 회계적으로 책임질 것을 확인합니다.

2019년 9월 30일

대표학생 : 우** (인)

교과목 담당교수 : 김영아 (인)

충남대학교 UNC+사업단장 귀하

출처: 김영아. 캡스톤디자인 수업 자료

[견적서 예시]

2018. 10. 5.

shopper's ♥ heaven! 인터파크!

INTERPARK

견 적 서

거래처	상호(법인명)	(주)인터파크	대표이사	이상규
	사업자번호	214-87-98889		
	사업장 주소	서울특별시 강남구 삼성로 512 삼성동빌딩 10층(삼성동)		
	업태	소매	종목	전자상거래

아래와 같이 견적합니다.
견적일 : 2018 년 10월 5일
수신인 : 충남대학교

구분	상품명	수량	판매가	공급가액	부가세	합계
1	흑착색/흑색 볼트/너트 나사/접시/둥근/머리/렌치 [선택1 / F.유두렌치(흑착색)] [선택2 / m6-20 (12개)]	8	2,000	14,544	1,456	16,000
2	흑착색/흑색 볼트/너트 나사/접시/둥근/머리/렌치 [선택1 / F.유두렌치(흑착색)] [선택2 / m6-15 (14개)]	4	2,000	7,272	728	8,000
3	흑착색/흑색 볼트/너트 나사/접시/둥근/머리/렌치 [선택1 / J.평와셔(흑착색)] [선택2 / pw-m06 (29개)]	3	1,000	2,727	273	3,000
4	흑착색/흑색 볼트/너트 나사/접시/둥근/머리/렌치 [선택1 / J4.나비너트(흑착색)] [선택2 / nut-m06 (3개)]	1	1,000	909	91	1,000
5	배송비					2,500
6	가구경첩/장롱경첩/싱크대경첩/유리경첩/욕실장경첩 [선택1 / 인도어경첩] [선택2 / 인도어경첩]	3	1,200	3,273	327	3,600
7	배송비					2,500
8	네오디움 원형 강력자석 모음전 /네오디움 마그네틱 [상품선택 / 10mm x1T (9개)]	1	990	900	90	990
9	배송비					2,500
10	프로파일부품 부속 인서트 스프링 T너트 브라켓 모음 [선택1 / 선택2 스프링 너트] [선택2 / 40용(406)]	45	300	12,285	1,215	13,500
11	프로파일부품 부속 인서트 스프링 T너트 브라켓 모음 [선택1 / 선택3 T 너트] [선택2 / 40용(406)]	45	300	12,285	1,215	13,500
12	프로파일부품 부속 인서트 스프링 T너트 브라켓 모음 [선택1 / 선택7 알미늄 브라켓] [선택2 / 40용]	45	600	24,525	2,475	27,000
13	배송비					0
14	고무판 방진고무판 골고무판 고무패드 충격흡수 사각 [가로x세로x두께 / 골고무판 300mm x 300mm x 10mm]	1	2,900	2,636	264	2,900
15	배송비					2,500
16	자전거헬멧/보드헬멧/스키헬멧/어반헬멧/인라인헬멧	2	24,500	44,546	4,454	49,000
17	배송비					3,000
소 계			₩ 36,790	₩ 125,902	₩ 12,588	₩ 151,490

- 오픈마켓상품은 인터파크에서 세금계산서발행이 되지 않으며, 발행 여부는 판매자에게 문의바랍니다.
- 인터파크에 등록된 오픈마켓 상품은 그내용과 책임이 모두 판매자에게 있습니다.
- 본 견적은 견적일 판매가 기준입니다.(차후 가격변동 시 효력없음)

출처: 김영아. 캡스톤디자인 수업 자료

[물품구매 신청서 양식]

견적서 예제

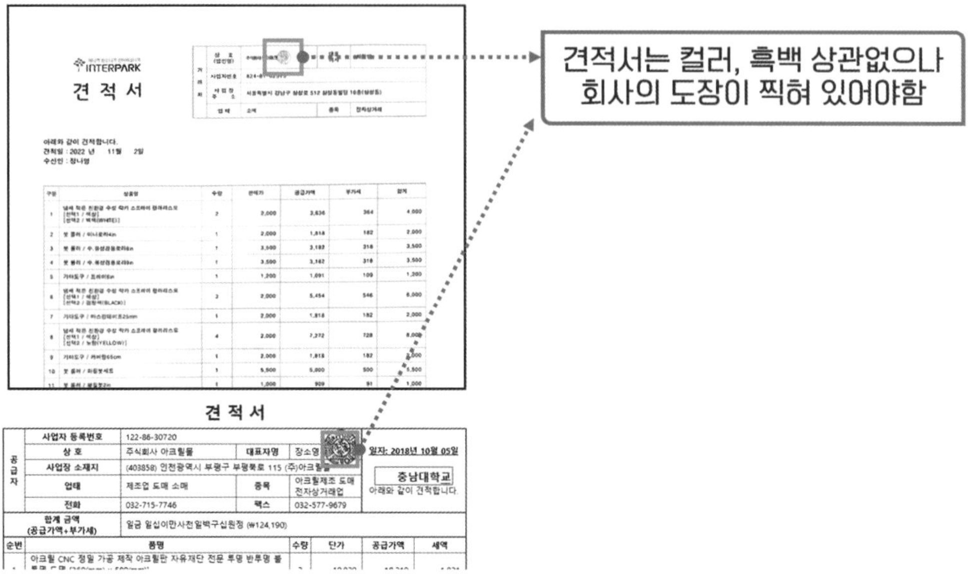

출처: 김영아. 캡스톤디자인 수업 자료

4) 과제비 집행 원칙

과제비 집행은 투명성과 효율성을 바탕으로 예산을 계획하고, 승인된 목적에 맞게 사용하며, 지출 내역도 명확히 기록해야 한다.

- 견적서 및 거래명세서는 업체 도장 필수 확인
- 상품권, 기프트카드 사용 금지
- 예산 담당자는 팀별 1명 지정
- 물건 배송
- 학생이 물건 직접 수령
- 교환 및 환불
- 진행 시 사업단 사전 통보 후 진행

1.3 출장비

캡스톤디자인 과제에서 출장비는 프로젝트 수행을 위해 필요한 현장 방문이나 외부 전문가와의 미팅에 사용한다. 출장비는 교통비, 숙박비, 그리고 식비 등을 포함하며, 프로젝트의 성공적인 수행을 지원하는 중요한 비용 항목이다.

1) 사용 방법

1) 사전에 교과목 담당 교수 허락하에 출장신청서 제출
2) 교통비(시외버스, 기차 등), 식비 지원 가능함. 대중교통 승차권 구입금액(식비 : 10,000원)
3) 대중교통 이용이 원칙
4) 부득이하게 자동차 등을 이용하는 경우에는 대중 교통비에 준하여 지급-자가용 동승자에 대해서는 운임을 지급하지 않음
5) 출장지에서 출장자를 포함한 사진 필수

[출장비 신청서 양식]

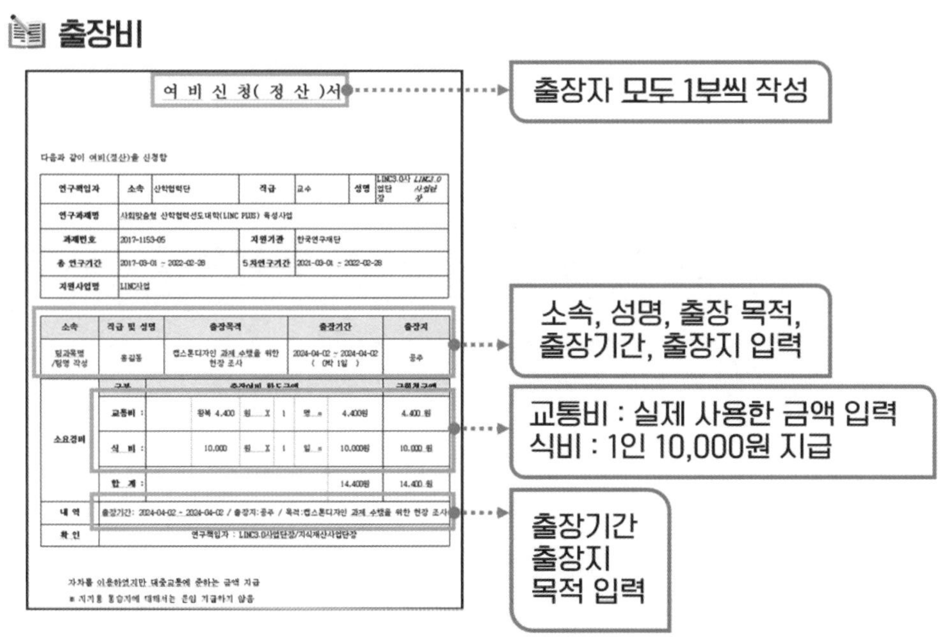

출처: 김영아. 캡스톤디자인 수업 자료

2) 작성 방법 및 제출

1) 출장비 관련 서류-개별(팀원 전체)로 작성

① 여비 신청(정산)서, ② 운임 증빙, ③ 통장 사본-대표 학생이 작성

④ 출장신청서, ⑤ 출장보고서, ⑥ 사진 증빙

2) 제출 방법-출장을 다녀온 후 원본 서류 제출

[출장비 신청서 양식]

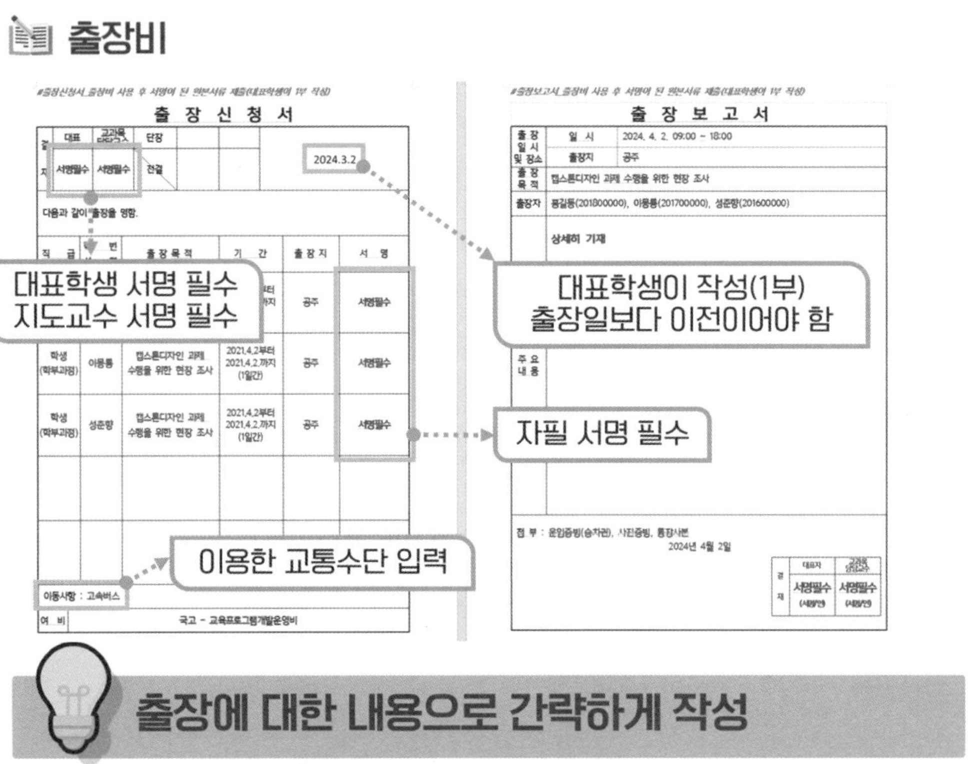

출처: 김영아. 캡스톤디자인 수업 자료

1.4 회의비

캡스톤디자인 과제에서 회의비는 팀원들 회의에 필요한 경비로 사용한다. 이는 장소 대여비, 식사비 등을 포함할 수 있다.

1) 사용 방법

1) 인문사회예체능팀, 비제작 팀만 사용이 가능함(대학별 상이함)

2) 대상 : 지도교수, 팀원, 기업체 자문 직원 등(산업체 관계자 1인 이상 참석해야 함)

3) 회의비는 최대 100,000원까지 사용이 가능함(대학별 상이함)

4) 회의일시, 장소(회의 장소, 식사 장소) 내용, 참석자 등을 기재한 회의록 구비하기

5) 회의 장소는 학교 근처(반경 5km 이내)를 권장함(회의 장소와 식사 장소가 원거리일 경우 사유 기재, 사유가 명확하지 않을 시 환수 조치)

6) 참석자 전원 서명 기재(단, 외부 인사와 회의 시 반드시 참석자 명부 지참 후 서명받아야 함)

7) 일반음식점 음식비가 아닌 유흥비, 주류 불인정, 21시 이후에는 사용이 불가능함

8) 주말에는 사용할 수 없음

※ 반드시 사업단 법인카드를 사용하여야 함

※ 위의 사항은 대학별로 차이가 있으므로 예산 지원 기관이나 학과 문의 필수

[회의록과 방명록 양식]

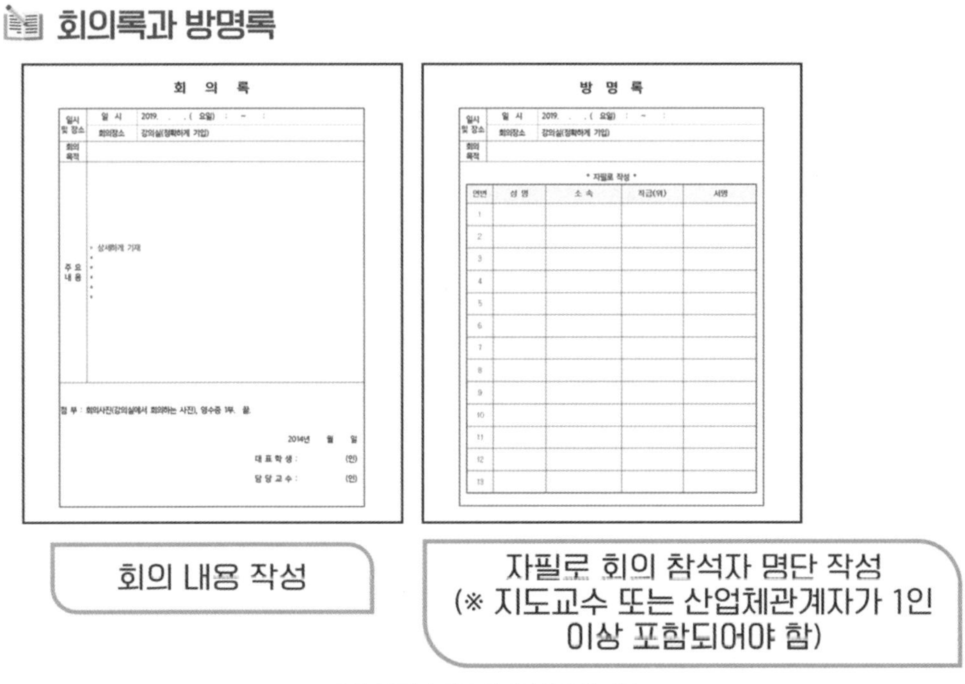

출처: 김영아. 캡스톤디자인 수업 자료

2) 유의 사항

1) 주류 판매 업체에서 사용 금지

2) 영수증 상으로 팀원 수보다 메뉴 수가 넘어가면 안 됨(1인 1메뉴 이하)

3) 주제에 대해 논의의 연장선으로 사용이 원칙(회의록 필수)

4) 회의비는 1일 1회 사용

5) 참여학과 소속이 아닌 팀원에 대한 회의비용 사용이 불가능

6) 1인당 15,000원이며, 초과 사용이 불가능

3) 제출 서류

회의비 사용 후 제출 서류는 1)회의록, 2)방명록, 3) 영수증이다.

III 캡스톤디자인 과제 결과보고서 작성

학습 목표

· 캡스톤디자인 과제 결과보고서 양식에 따라 작성할 수 있다.

1.1 과제 결과보고서 양식

캡스톤디자인 과제 결과보고서는 프로젝트 진행 과정과 성과를 종합적으로 정리한 문서로, 과제 수행 방법, 수행 결과, 그리고 결론, 기대 사항 등을 포함한다. 이 보고서는 프로젝트 목표 달성 여부를 평가하고, 향후 개선 사항을 제시하는 데 중요한 역할을 한다.

[과제 결과보고서 작성 및 제출]

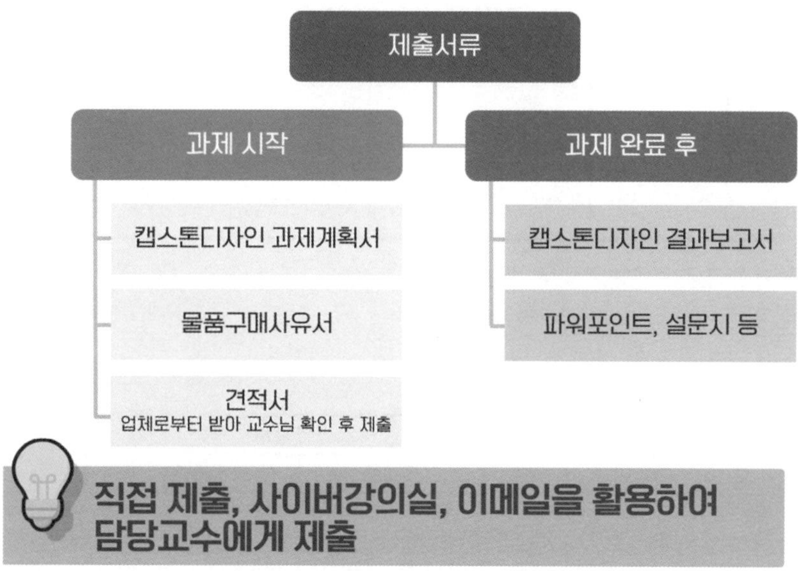

출처: 김영아. 캡스톤디자인 수업 자료

[양식3] 신청 팀 모두 작성

2023학년도 2학기 캡스톤디자인 결과 보고서

[과제 유형]

과제유형	창의형		산업연계형		사회문제해결형	
	□ 제작팀	□비제작팀				

[과제 개요]

과 제 명			
팀 명			
수강 교과목명			
교과목 담당교수	소 속		성 명	
	E - mail		연락처(C.P)	
지도교수 *(설계 멘토링교수)*	소 속		성 명	
	E - mail		연락처(C.P)	

[참여인원 및 담당업무 세부 현황]

번호	성명	소속			연락처		역할(담당업무)
		학과	학년	학번	휴대폰	이메일	
1							
2							
3							
4							
5							

** 복수전공 학과 별도 기입(괄호로 표시하여 작성)*

** 담당업무: 팀장, 재료구매, 부팀장 등으로 표기*

[산업체 참여 현황]

번호	성명	소속		연락처		담당업무
		기업명	직책	휴대폰	이메일	
1						
2						

** 위 과제유형에 산업연계형으로 표시 한 경우에만 작성*

출처: 김영아. 캡스톤디자인 수업 자료

[과제 결과보고서 양식]

<table>
<tr><td>1. 과제 개요</td></tr>
<tr><td>- 과제 수행 배경, 필요성, 목적 기술</td></tr>
<tr><td>2. 과제 내용</td></tr>
<tr><td>- 기존 기술/제품/서비스 문제점 및 이에 대한 해결 방안
- 과제 결과물의 특장점 및 구체적인 과제 수행 내용 기술
- 과제 수행 결과를 가장 잘 표현할 수 있는 대표 사진, 도면, data 등을 반드시 삽입</td></tr>
<tr><td>3. 활용 방안 및 기대효과</td></tr>
<tr><td>- 본 과제 결과물을 이용한 사업화 추진 전략 또는 창업계획
- 본 과제 결과물의 사업화, 창업화 시 에 따른 시장성 및 기대효과</td></tr>
</table>

출처: 김영아. 캡스톤디자인 수업 자료

[과제 결과보고서 양식]

4. 증빙사진

팀 활동사진	
〈사진1〉	〈사진2〉

완성작품 및 최종 결과물 사진(비제작팀의 경우 생략 가능)	
〈사진1〉	〈사진2〉

완성작품 및 최종 결과물 사진(비제작팀의 경우 생략 가능)	
〈사진1〉	〈사진2〉

5. 캡스톤디자인 과제 진행 소감

출처: 김영아. 캡스톤디자인 수업 자료

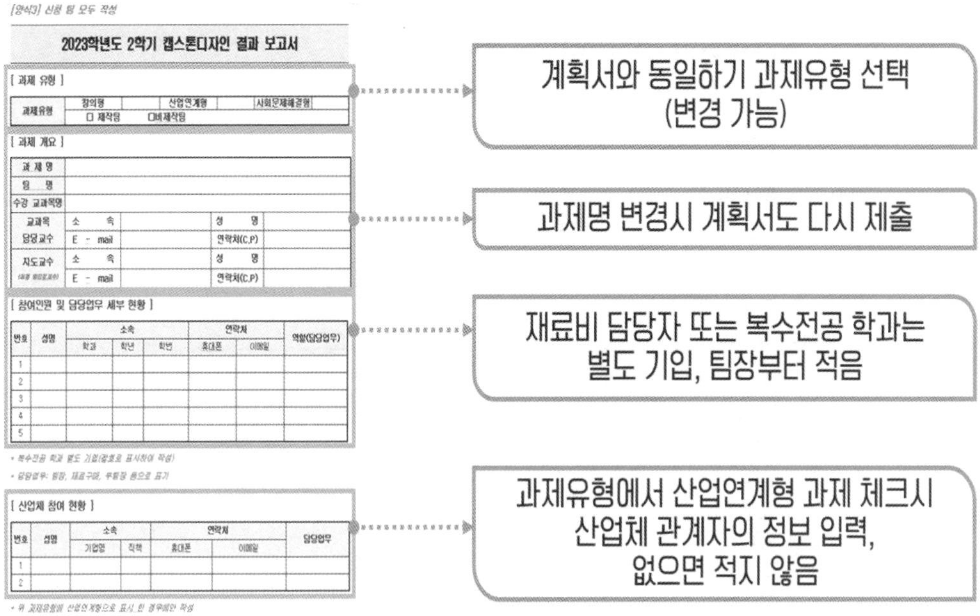

출처: 김영아. 캡스톤디자인 수업 자료

1.2 중간발표 파워포인트 작성 양식

과제 수행에 대한 중간 확인을 위해 중간발표를 진행하며, 중간발표 자료를 파워포인트로 제작한 것에 대해 제출하도록 한다.

이를 통해 학생팀이 현재까지 수행할 과제 진행 사항에 대해 알 수 있다. 양식에는 브레인스토밍, 시장조사, 경쟁기업, 트렌드, 설문, 선행 특허, 앞으로 추진 내용, 기대 사항 등 여러 가지 부분을 포함하여 작성 샘플을 제시해 주면 좋다.

[중간발표 자료 제출에 따른 공지 양식]

+ 제출양식 : 파워포인트 형식
+ 표지 : 주제, 과목명, 담당교수, 팀명, 팀원
+ 내용 : 팀소개. 역할
+ 비대면 수업으로 인한 팀별활동 내역
(날짜별, 횟수, 담당역할)
+ 톡 캡쳐, zoom 장면, 면대면 회의 장면, 물품구매 장면, 제작장면

+ 설문지 양식, 설문지 작성 방법, 인터뷰 장면 등 해당하는 것 넣을 것
(팀원1인당 최소 한 장면 이상은 나오도록 할 것
+ 설계 방법 및 내용
+ 설문지
+ 결과물(된 것 넣거나 예측되는 것 넣으면 됨)
+ 기대효과

출처: 김영아. 캡스톤디자인 수업 자료

1.3 제작팀 결과보고서 작성 방법 및 예시

[제작팀 결과보고서 작성 예시]

[양식3] 신청 팀 모두 작성

2024학년도 2학기 캡스톤디자인 결과 보고서

[과제 유형]

과제유형	창의형		산업연계형	√	사회문제해결형	
	■ 제작팀	□비제작팀				

[과제 개요]

과 제 명	부력 장치를 활용한 빗물받이 장치			
팀 명	쓰레받이			
수강 교과목명	지식재산 캡스톤디자인1			
교과목 담당교수	소 속	지식재산전문인력양성사업단	성 명	김영아
	E - mail	younga@cnu.ac.kr	연락처(C.P)	010-000-0000
지도교수 ([illegible])	소 속	지식재산전문인력양성사업단	성 명	김영아
	E - mail	younga@cnu.ac.kr	연락처(C.P)	010-000-0000

[참여인원 및 담당업무 세부 현황]

번호	성명	소속			연락처		역할(담당업무)
		학과	학년	학번	휴대폰	이메일	
1	유상공	기계공학부	4	201808900	010-4545-9999	4101@naver.com	팀장
2	배기공	기계공학부 (무역학과)	3	201803567	010-4546-9999	4455@naver.com	기록자
3	이화학	화학공학과 ((지식재산융합전공)	3	202088889	010-2345-9999	9999@naver.com	부팀장
4	김소비	소비자학과 (지식재산융합전공)	3	202188889	010-2345-9955	3055@naver.com	재료구매 담당

* *복수전공 학과 별도 기입(괄호로 표시하여 작성)*
* *담당업무: 팀장, 재료구매, 부팀장 등으로 표기*

[산업체 참여 현황]

번호	성명	소속		연락처		담당업무
		기업명	직책	휴대폰	이메일	
1	구구남	유성구 자원봉사센터	국장	010-3222-3222		

* *위 과제유형에 산업연계형으로 표시 한 경우에만 작성*

1. 과제 개요

<과제 수행 배경>

- 배수시설인 빗물받이를 막은 담배꽁초나 가림막이 수해 피해를 키웠고. 폭우 때 문제가 됐던 빗물받이(배수구)가 여전히 가림막. 쓰레기 등으로 막혀 있었다.
- 빗물받이를 막아두거나 쓰레기를 방치할 경우 하수의 흐름을 방해할 뿐 아니라 폭우나 태풍이 왔을 때 피해를 더 키울 수 있다. 수도권 집중호우 당시 유독 심각했던 침수 피해의 원인 중 하나로 부실한 빗물받이 관리가 꼽히기도 했다.

<과제의 필요성>

- 폭우로 인해 사회적 피해가 많이 발생함에 따라 피해 발생 원인을 찾아본 결과 쓰레기 및 낙엽으로 인한 빗물받이의 막힘으로 배수가 원활하지 못했다.
- 기존에 빗물받이의 막힘을 방지하기 위해 불순물이 들어가지 못하도록 설치해둔 가림막, 망과 같은 장치들이 효과적이지 못하기 때문에 보다 개선된 것이 필요하다.

2. 과제 내용

- 기존의 빗물 받이의 경우 스틸그레이팅의 구멍의 크기가 커 쓰레기가 빗물받이 내부로 들어가 배수로를 막는 문제가 존재하였다. 이를 해결하기 위해 망을 설치하여 쓰레기가 빗물받이 내부로 들어가는 것을 방지하였다.
- 기존의 망의 경우 쓰레기를 막는 것은 효율적이었으나. 쓰레기가 과하게 쌓일 경우 빗물받이 내부로 물이 흘러들가지않아 많은 비가 오면 정상적으로 빗물받이의 역할을 하지 못하는 문제가 존재하였다. 이를 해결하기 위해 스틸그레이팅 아래에 부력체를 설치하여. 비가 많이 올 경우 망을 들어주어 배수작용을 돕고. 평상시엔 쓰레기가 들어가는 것을 방지하여 두 문제를 모두 해결 할 수 있었다.
- 빗물받이를 구매하고. 상부결합체를 직접 용접과 프린터를 이용해 제작하여 실험을 진행하였다. 호수를 이용해 비가 오는 상황을 가정하고. 유입관과 배수관을 설치하여 비가 많이 오는 상황과 비가 오지 않는 상황을 가정하였다. 또한 망 위에 종이와 낙엽을 배치하여. 빗물 받이 위에 쓰레기가 많이 쌓인 상황을 가정하여 실험을 진행하였다. 그 결과 빗물 받이 내부에 적당량 이상의 물이 흐르게 될 경우 망이 들어올려져 배수작용을 돕는 것을 확인하였다.

※ 사진은 4.증빙사진란에 첨부하였다.

3. 활용 방안 및 기대효과

- 평상 시 스틸그레이팅 상부에 위치한 거름망을 통해 빗물받이 내부로 쓰레기가 유입되는 것 차단할 수 있다.
- 거름망이 스틸 그레이팅 상부에 위치하기 때문에 기존과 달리 스틸 그레이팅을 별도로 들어올리지 않고 수월하게 쓰레기를 수거할 수 있다.
- 우천 시 거름망 상부에 쓰레기가 쌓여 원활한 배수가 이뤄지지 않을 때는 부력체가 망을 들어올려 생성된 틈새로 배수 작용을 도울 수 있다.
- 거름망을 들어 올리는 힘을 물에 의한 부력을 사용함으로써 별도의 에너지를 사용하지 않기 때문에 효율적이다.

출처: 김영아. 캡스톤디자인 수업 자료

[제작팀 결과보고서 작성 예시]

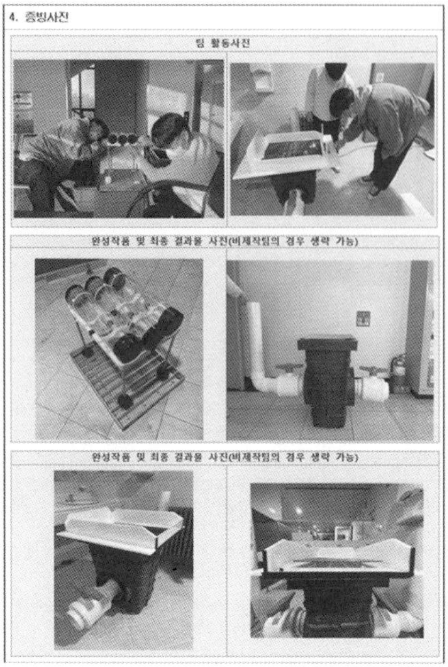

5. 캡스톤디자인 과제 진행 소감

사회적인 문제들을 뉴스와 기사를 통해 접해보긴 했으나, 이를 해결하고자하는 생각은 해보지 않고 살았었다. 하지만 이 과제를 진행하면서 사회적인 문제를 해결하기 위해 더 많은 고민을 해보고, 생각한 아이이어에 대해 직접 설계 및 제작을 하면서 사회적인 문제에 대해 직접 해결해 봄으로써 성취감을 느꼈다.

봉사활동을 하면서 빗물받이 위에 쓰레기가 들어가지 못하도록 망이나, 물건을 올려두는 상황을 많이 보았다. 또한 쓰레기가 내부에 많은 것도 확인하였다. 이를 통해 이 제품을 구상하고 만들어 보면서 망의 장점인 쓰레기가 들어가지 않도록하는 것은 살리고, 그 쓰레기로 인해 물이 원활히 배수되지 않는 현상을 해결해보았다. 처음에는 차량의 힘을 이용하여 배수로의 쓰레기를 한쪽으로 모으고 처리하는 방향도 생각해 보았고, 빗물받이 내부에 망을 두는 것도 생각해봤었는데, 부력을 이용함으로써 미관을 해치지 않고, 기존의 형상을 변형하지 않고 사용할 수 있도록 제작해보면서, 스스로 사회적인 문제를 해결 할 수 있는 능력을 키울 수 있었고, 여러 전문가에게 피드백과 방향성을 물어보면서 혼자 생각해서는 할 수 없는 부분까지 함께 조절하며 제작해갈 수 있었다.

캡스톤디자인을 통해 빗물받이의 문제점에 대한 인식을 재고할 수 있었고 직접 해결방안을 모색하고 실천함으로써 보람을 느꼈다.

결과보고서 작성 시, 과제 개요와 내용, 활용방안 기대효과의 내용이 기입되어 있다면 해당 양식 이외에도 파워포인트, 혹은 기타 양식과 파일을 통해 제출이 가능함

출처: 김영아. 캡스톤디자인 수업 자료

[제작팀 결과보고서 작성 예시]

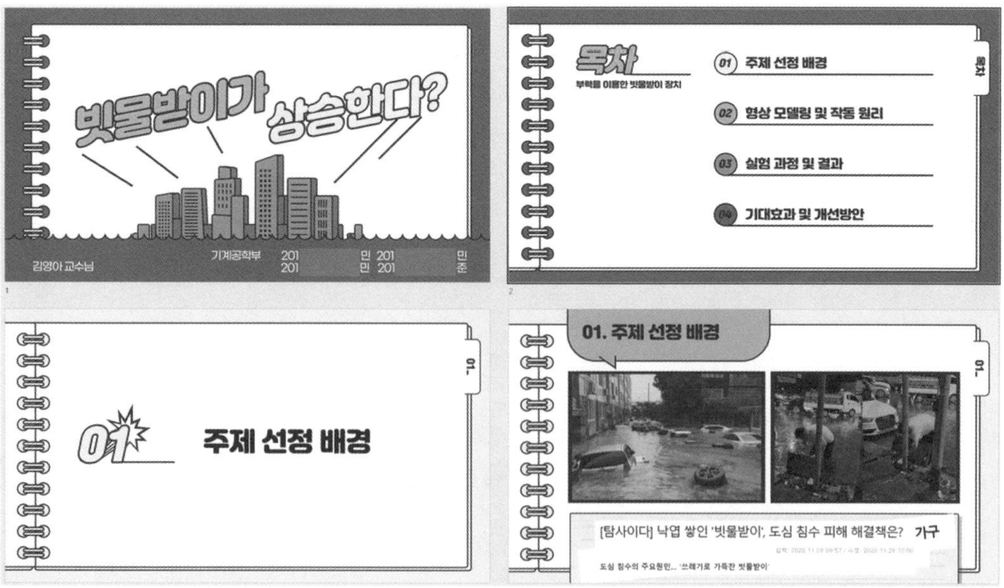

출처: 김영아. 캡스톤디자인 수업 자료

[제작팀 결과보고서 작성 예시]

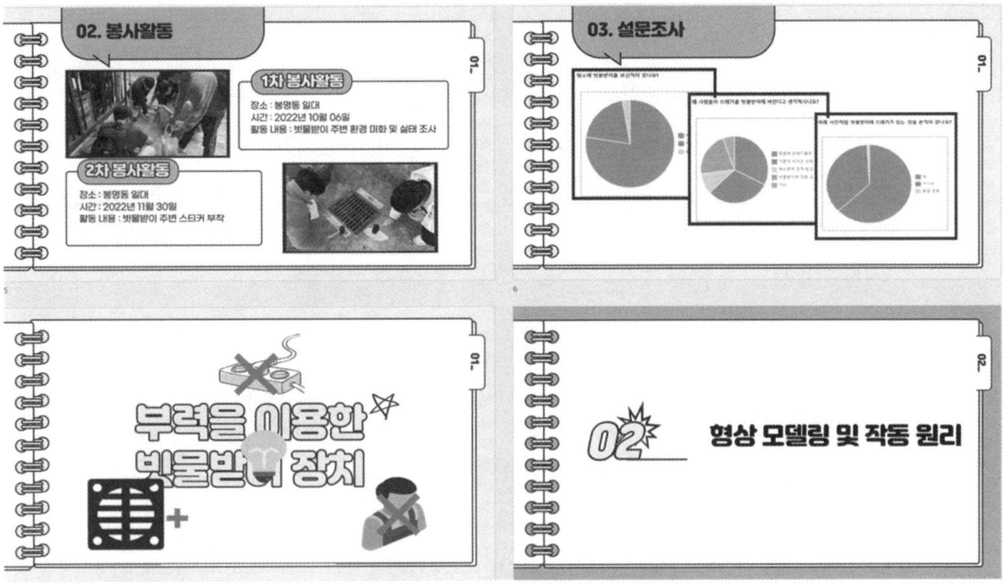

출처: 김영아. 캡스톤디자인 수업 자료

[제작팀 결과보고서 작성 예시]

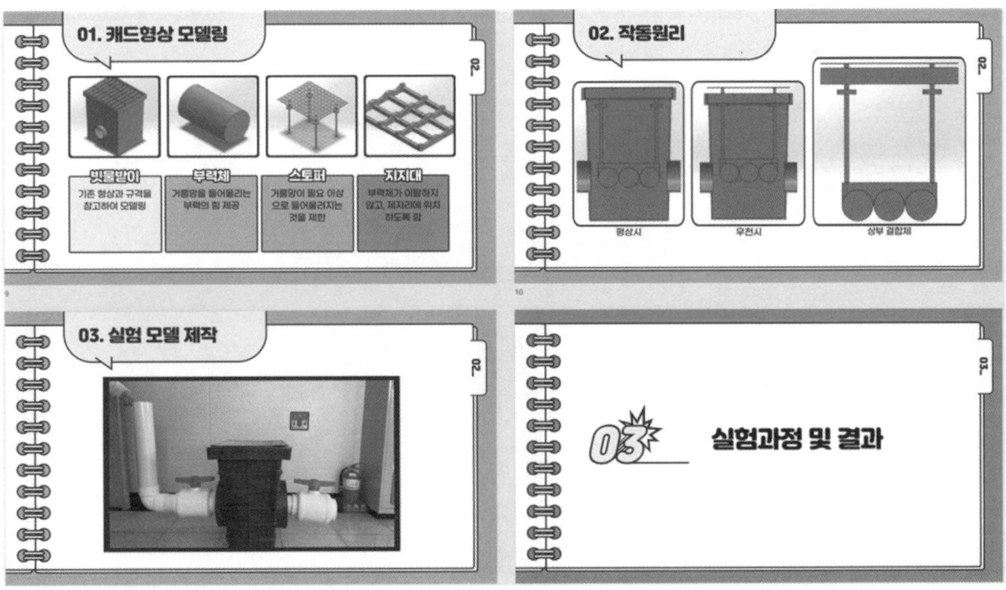

출처: 김영아. 캡스톤디자인 수업 자료

[제작팀 결과보고서 작성 예시]

출처: 김영아. 캡스톤디자인 수업 자료

[제작팀 결과보고서 작성 예시]

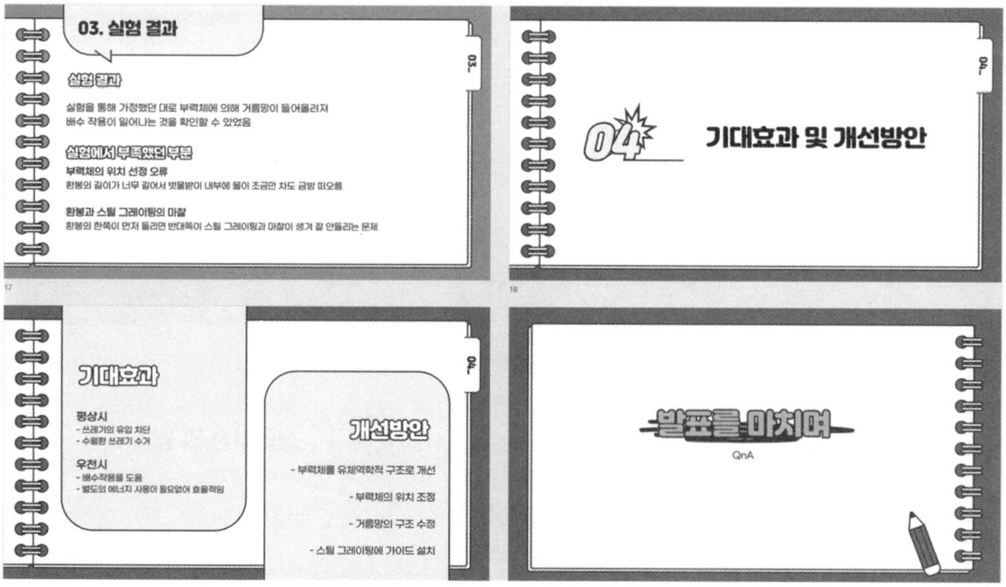

출처: 김영아. 캡스톤디자인 수업 자료

1.4 대학 내 문제 해결 과제 작성 사례

캠퍼스가 넓은 대학의 경우 한 단과대학에서 다른 건물, 기숙사, 식당 등으로 이동 시 거리가 먼 경우가 많다. 특히, 밤길에는 가로등이 있어도 사람이 적으면 무서움과 두려움이 있을 수 있다.

충남대학교 농생대와 중앙도서관 사이에 있는 길을 '아리랑고개'라고 하는데, 이곳이 나무가 크고 운치가 있어 낮에는 산책하기에 아주 좋은 장소지만, 밤에 여학생 혼자 가게 되면 왠지 무섭게 느껴지기도 한다.

따라서, 학생팀은 이를 문제로 인식하여 해결하고자 하였다.

[학교 주제]

출처: 김영아. 캡스톤디자인 수업 자료

[대학내 문제해결 과제 결과보고서 작성 예시]

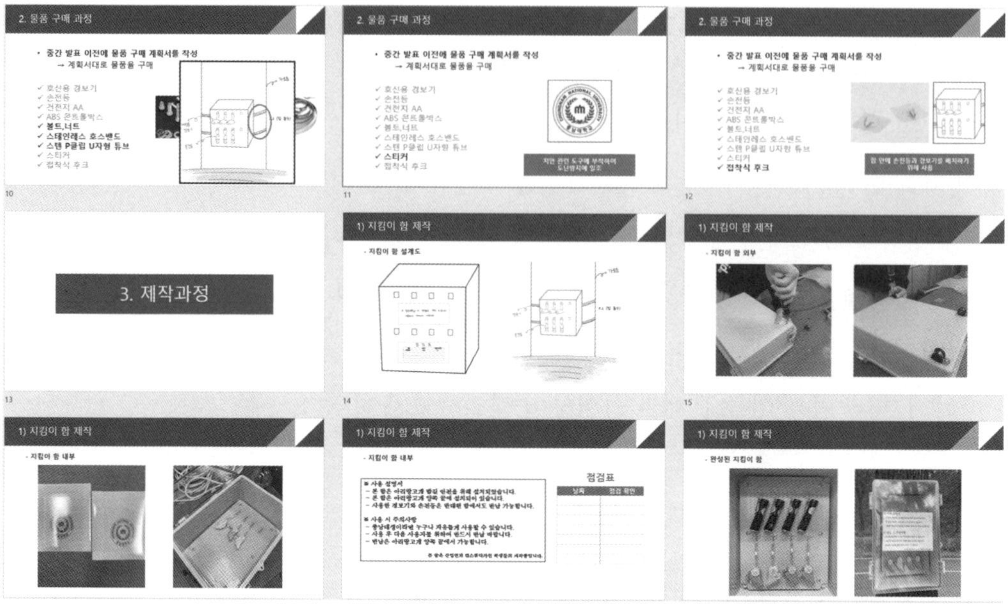

출처: 충남대 캡스톤디자인

[대학내 문제해결 과제 결과보고서 작성 예시]

출처: 김영아. 캡스톤디자인 수업 자료

1.5 결과발표 및 심사

[과제수행에 대한 의견 나누기]

출처: 김영아. 캡스톤디자인 수업 자료

[과제수행에 대한 의견 나누기]

출처: 김영아. 캡스톤디자인 수업 자료

[결과 발표 및 시상]

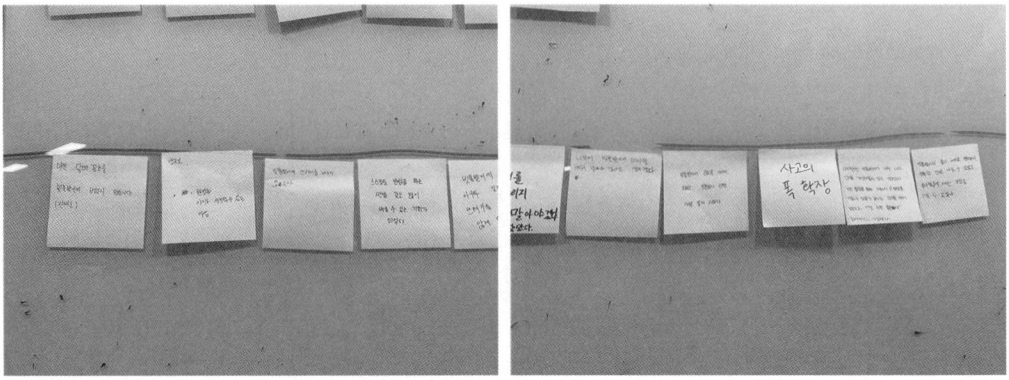

출처: 김영아. 캡스톤디자인 수업 자료

[결과 발표 및 심사위원 평가 장면]

심사 위원 평가

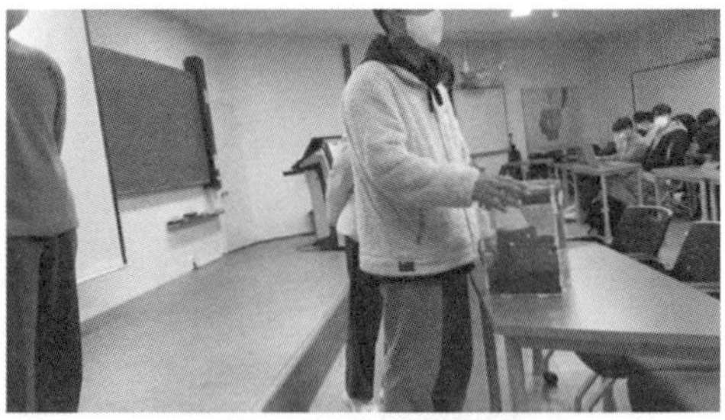

심사 위원 평가

출처: 김영아. 캡스톤디자인 수업 자료

[결과 발표 심사 평가표 예시]

평가표

심 사 평 가 표(캡스톤디자인)

번호	분야	팀명	과제명	소속학과	대표 학생	심사항목				합계
						산업상 이용 가능성 (30점)	창의성 (30점)	팀워크 /열정 (20점)	발표자료/ 발표태도 (20점)	
1										
2										
3										
4										
5										
6										
7										
8										
9										
10										
11										
12										

심사평가자 소속 : 성명 : (서명)

출처: 김영아. 캡스톤디자인 수업 자료

IV 캡스톤디자인 주제 선정

학습 목표

· 주제 선정을 위한 공감하기를 할 수 있다.
· 주제 선정을 위한 브레인스토밍을 할 수 있다.

1.1 주제 선정을 위한 공감하기

캡스톤디자인 주제 선정을 위한 공감하기 단계에서는 팀이 타깃 사용자나 관련 이해관계자의 필요와 문제를 깊이 이해하는 것이 중요하다. 이를 통해 실제 문제를 해결할 수 있는 주제를 발굴하고, 사용자 중심의 접근 방식을 설계하는 기초를 마련한다.

1) 본인의 관심 사항이나 취미는 무엇인가요?

[관심 사항이나 취미에 대해 포스트잇에 적기]

출처: 김영아. 캡스톤디자인 수업 자료

브레인스토밍은 창의적 발상에 도움이 되는데, 이는 참가자들이 자유롭게 의견을 제시하고, 다수가 아이디어 회의에 참여하도록 장려하는 실천 방법을 적용하기 때문이다. 제안된 아이디어가 대단하지 않더라도 다른 참석자들에게는 새로운 발상의 출발점이 되어, 이전에 생각하지 못했던 독창적인 아이디어가 생성될 수 있다.

2) 브레인스토밍 도구 활용하기

브레인스토밍 도구 활용하기는 팀이 창의적인 아이디어를 더 효과적으로 수집하고 정리하는 데 도움을 준다. 이러한 도구들은 아이디어 맵, 포스트잇, 디지털 협업 소프트웨어 등을 포함하며, 각 참가자가 쉽게 아이디어를 공유하고 시각화할 수 있도록 지원한다.

[브레인스토밍 도구 활용]

· 종이와 펜 - 기본적이고 접근성이 높은 도구
· 화이트보드와 마커 - 아이디어 시각화 및 그룹 협업에 유용
· 포스트잇 노트 - 아이디어 정리와 재배치에 효과적
· 마인드 맵 소프트웨어 - 복잡한 아이디어 구조화에 도움
· 녹음기/스마트폰 - 아이디어 기록과 리뷰
· 비디오 카메라 - 회의 및 브레인스토밍 세션 기록
· 프로젝터 - 시각 자료 공유 및 프레젠테이션
· 비주얼 프로그래밍 툴 - 아이디어의 시각적 표현
· 온라인 협업 도구 (예: Google Docs, Trello) - 실시간 협업 및 아이디어 관리
· 플립 차트 - 그룹 토론 시 시각적 자료 활용
· 디지털 노트 앱 (예: Evernote, OneNote) - 아이디어 저장 및 검색
· 브레인스토밍 카드 - 창의적인 질문을 통해 아이디어 도출
· 타이머 - 시간 관리 및 집중도 유지
· 리서치 도구 - 아이디어와 관련된 자료 조사
· 목소리 인식 소프트웨어 - 아이디어의 빠른 기록
· 레퍼런스 자료 - 관련 아이디어 참고 및 영감

출처: 김영아. 캡스톤디자인 수업 자료

3) 주제 개발 단계

주제 선정을 위한 공감하기에서 주제 개발 단계에서는, 팀이 모은 데이터를 바탕으로 핵심 문제를 정의하고, 이를 해결하기 위한 다양한 주제를 탐색한다. 이 과정에서 사용자 경험과 요구를 반영하여, 실질적이고 의미 있는 프로젝트 주제를 구체화한다.

[주제(문제)개발 단계]

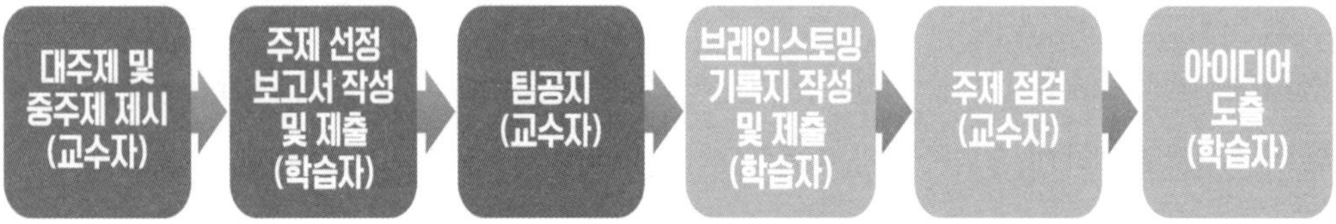

출처: 김영아. 캡스톤디자인 수업 자료

(1) 학생(학습자) 특성(수준, 흥미 등) 파악

- 주제 정하기 : 팀을 정하기 위한 사전 작업
- 주제 보고서 작성 : 주제 선정 기록지 작성(A4용지 ½ 분량)

(2) 문제 발견하기

- 지역사회 최근 이슈나 학생 관심사
- 관심사(주제)에 따라 적절한 인원수로 팀을 구성함 : 팀은 3인~5인으로 구성됨
- 팀 공지 : 사이버 강의실에 공지, 브레인스토밍 후 팀 구성은 변경 될 수 있음

(3) 역할과 상황 설정하기

- 아이디어를 도출할 수 있도록 리더(팀장)와 도출된 아이디어를 간단명료하게 기록할 수 있는 기록자를 선정
- 최종 팀장, 총무, 팀원 등을 정해 각자 역할 담당
- 브레인스토밍 기록지 작성(아이디어 도출을 위한 1차 브레인스토밍, A4용지 1~2장)

(4) 주제(문제) 점검 및 작성하기

- 아이디어 도출, 아이디어 평가 및 선정, 계획서 작성

(5) 설계 및 제작, 실험

(6) 수요자 평가

[주제 선정을 위한 고민]

주제 선정을 위한 고민

+ 왜, 우리는 00에 대해 관심을 가지며 과제를 수행해야 하는가?
수요자가 어떤 생각을 하는지...
우리가 아이디어를 내는 것이 누구에게 필요한 것인가...

출처: 김영아. 캡스톤디자인 수업 자료

[주제 정하기]

주제 정하기(팀을 구성을 위한)

1) 팀구성은 3명
(관심 주제별로 인원을 파악하여 추후 팀을 구성할 예정)

2) 주제 정하기

- 과제
00지역 문제해결, 지역 축제 활성화, 00주변 상권 살리기, 지역민의 힐링과 위안(마을정원만들기 등) 고령화문제, 치매 등 보건의료, 00지역 디지털 취약계층의 디지털 격차 해소, 비대면 (교육 등), 안전(안전한 거리, PM, 소방등), 교통(도시철도, 버스 등), 공유공간(주택 등), 재활용(폐플라스틱, 포장재 등)
- 자유형 과제
UN 지속가능발전목표 17개 주제 중에서 해결과제 선정-기후 변화, 물과 위생, 젠더의식, 불평등, 재생에너지
- "과제물란을 참고하여 과제 제출 요망

출처: 김영아. 캡스톤디자인 수업 자료

[주제 정하기 과정]

ㆍ주제 예시

대주제	중주제
00지역문제해결	00주변 상권 살리기
	문화 놀이공간 만들기
축제 활성화	00 축제, 굿즈 제작
지역민의 힐링과 위안	감염병 예방
	마을정원 만들기, 스마트팜, 실내재배기
교통	교통, 철도, 지하철, 대중교통 등에서 선택
비대면	온라인 강의, 실습, 플랫폼, 면접 등에서 선택
Aging	노인, 노인 복지, 사회적 경제, 스마트폰, 쇼핑, 독거노인 등에서 선택
UN이 정한 지속가능한 목표 17	1. 빈곤종식/지속가능한 농업 -- 뒷장 참조

출처: 김영아. 캡스톤디자인 수업 자료

[주제 정하기 과정]

+ 위의 내용 중 관심이 있고 프로젝트 주제로 하고 싶은 것을 제시된 주제를 보고 순위를 적어 내시오.

1순위			2순위			
대주제	중주제	생각하고 있는 세부 내용	대주제	중주제	생각하고 있는 세부 내용	비고
OO지역문제 해결	대학주변 상권 살리기	지역 상점과 협력하여 골목정원만들기	Aging	노인	독거 노인의 반찬서비스 시간 단축을 위한 간편 시스템 도입	예시

출처: 김영아. 캡스톤디자인 수업 자료

[자유형 과제 선정을 위한 참고 자료]

자유형 과제 : UN 지속가능발전목표(SDGs) 17개 주제 중에서 해결과제 선정

출처: 김영아. 캡스톤디자인 수업 자료

[자유형 과제 형태에 대한 설명 자료]

ㆍ자유형 과제 형태

1) 모든 곳에서 모든 형태의 빈곤 종식
2) 기아 종식, 식량 안보 달성, 개선된 영양상태의 달성, 지속 가능한 농업 강화
3) 모든 연령층의 모든 사람을 위한 건강한 삶 보장 및 복지증진
4) 포용적이고 공평한 양질의 교육 보장 및 모두를 위한 평생학습 기회 증진
5) 양성평등 달성 및 모든 여성과 소녀의 권익 신장
6) 모두를 위한 물과 위생의 이용가능성 및 지속가능한 관리 보장
7) 모두를 위한 저렴하고 신뢰성 있으며 지속가능하고 현대적인 에너지에 대한 접근 보장
8) 모두를 위한 지속적이고 포용적이며 지속가능한 경제성장 및 완전하고 생산적인 고용과 양질의 일자리 증진
9) 회복력 있는 사회기반시설 구축, 포용적이고 지속가능한 산업화 증진 및 혁신 촉진
10) 국가 내 및 국가 간 불평등 완화
11) 포용적이고 안전하며 회복력 있고 지속가능한 도시와 정주지 조성
12) 지속가능한 소비 및 생산 양식 보장
13) 기후변화와 그 영향을 방지하기 위한 긴급한 행동의 실시
14) 지속가능개발을 위한 대양, 바다 및 해양자원 보존 및 지속가능한 사용
15) 육상 생태계의 보호, 복원 및 지속가능한 이용 증진, 산림의 지속가능한 관리, 사막화 방지, 토지 황폐화 중지, 역전 및 생물다양성 손실 중지
16) 모든 수준에서 지속가능개발을 위한 평화롭고 포용적인 사회 증진, 모두에게 정의에 대한 접근 제공 및 효과적이고 책임 있으며 포용적인 제도 구축
17) 이행수단 강화 및 지속가능개발을 위한 글로벌 파트너십 활성화

출처: 김영아. 캡스톤디자인 수업 자료

1.2 주제 선정을 위한 브레인스토밍

주제 선정을 위한 브레인스토밍을 통해 도출된 15개 아이디어 가운데, 모든 팀원이 전원 찬성한 후 15개 아이디어가 선택되었음을 알 수 있다.

찬성, 반대를 하여 4개 아이디어가 선택되었고, ○로 표시된 주제를 중심으로 다시 아이디어 회의를 한 후 주제를 구체화하게 된다.

[신개념 알람시계 만들기의 1차 브레인스토밍 결과 기록]

<table>
<tr><th>구분</th><th colspan="4">내용</th></tr>
<tr><td>날짜</td><td colspan="4">2024년 4월 15일 오후 7시 ~ 7시 50분</td></tr>
<tr><td>장소</td><td colspan="4">카톡방, 전화, 99카페, 스타벅스 충대점</td></tr>
<tr><td rowspan="3">팀 구성</td><td>진행자(팀장)</td><td>김철수</td><td colspan="2">학과</td></tr>
<tr><td>기록자(총무)</td><td>민영희</td><td colspan="2">학과</td></tr>
<tr><td>참가자(팀원)</td><td>이영아, 장은수</td><td colspan="2">학과</td></tr>
<tr><td>주제</td><td colspan="4">잠을 반드시 깨우는 신개념 알람시계</td></tr>
<tr><td rowspan="16">아이디어 도출 및 선택

[선택 표시 방법]

○: 전원 찬성
△: 일부 찬성
×: 전원 반대</td><td colspan="3">아이디어 도출 목록</td><td>선택</td></tr>
<tr><td colspan="3">1. 표시된 문장을 정확히 읽어야 알람이 멈추는 시계</td><td>△</td></tr>
<tr><td colspan="3">2. 침대에서 분리되는 시계 (시계를 원래대로 조립하지 않으면 침대가 기울어짐)</td><td>△</td></tr>
<tr><td colspan="3">3. 복대와 연결되어 진동하는 시계</td><td>×</td></tr>
<tr><td colspan="3">4. 얼굴에 물을 뿌리는 물총 시계 (물을 채워야 멈춤)</td><td>○</td></tr>
<tr><td colspan="3">5. 난이도에 따라 문제를 풀어야 멈추는 시계</td><td>△</td></tr>
<tr><td colspan="3">6. 동작을 정확히 따라해야 멈추는 시계</td><td>△</td></tr>
<tr><td colspan="3">7. 음악 소리를 내면서 3조각으로 분리되는 시계(조각을 맞춰야 멈춤)</td><td>○</td></tr>
<tr><td colspan="3">8. 옆집 알람시계를 울리게 해서 민폐를 끼치는 시계</td><td>△</td></tr>
<tr><td colspan="3">9. SMS로 전송된 비밀번호를 입력해야 멈추는 시계</td><td>△</td></tr>
<tr><td colspan="3">10. 9개의 실을 모두 꿰어야 멈추는 시계</td><td>△</td></tr>
<tr><td colspan="3">11. 고무공 발사 시계(정확한 날짜와 시간을 입력해야 동작을 멈춤)</td><td>○</td></tr>
<tr><td colspan="3">12. 제한된 시간 안에 문제를 풀지 않으면 시계 안에 넣어둔 돈을 태우는 시계</td><td>○</td></tr>
<tr><td colspan="3">13. 구구단 게임을 성공해야 멈추는 시계</td><td>△</td></tr>
<tr><td colspan="3">14. 한자 문제를 풀어야 멈추는 시계</td><td>×</td></tr>
<tr><td colspan="3">15. 다섯 번 펀치를 날려야 멈추는 시계</td><td>×</td></tr>
<tr><td rowspan="4">선택된 아이디어</td><td colspan="3">A. 얼굴에 물을 뿌리는 물총 시계(4번)</td><td>△</td></tr>
<tr><td colspan="3">B. 음악소리를 내면서 3조각으로 분리되는 시계(7번)</td><td>△</td></tr>
<tr><td colspan="3">C. 고무공 발사 시계 (11번)</td><td>○</td></tr>
<tr><td colspan="3">D. 제한된 시간 안에 풀지 않으면 시계 안에 넣어둔 돈을 태우는 시계 (12번)</td><td>○</td></tr>
</table>

출처: 김은경. 창의적공학설계. 한빛아카데미 수정 반영

<table>
<tr><td colspan="8">브레인스토밍 기록지(2024학년도 2학기)</td></tr>
<tr><td colspan="8">□에 √체크 □ 지식재산 캡스톤디자인 □ 사회문제해결 캡스톤디자인
□ 창의형 캡스톤디자인 □ 글로벌 캡스톤디자인 □ 산학연 캡스톤디자인</td></tr>
<tr><td>회의 날짜</td><td colspan="7"></td></tr>
<tr><td>회의 장소</td><td colspan="7"></td></tr>
<tr><td rowspan="2">번호</td><td rowspan="2">성명</td><td colspan="3">소속</td><td colspan="2">연락처</td><td rowspan="2">역할(담당업무)</td></tr>
<tr><td>학과</td><td>학년</td><td>학번</td><td>휴대폰</td><td>이메일</td></tr>
<tr><td>1</td><td></td><td></td><td></td><td></td><td></td><td></td><td>팀장(리더)</td></tr>
<tr><td>2</td><td></td><td></td><td></td><td></td><td></td><td></td><td>기록자</td></tr>
<tr><td>3</td><td></td><td></td><td></td><td></td><td></td><td></td><td>총무</td></tr>
<tr><td>4</td><td></td><td></td><td></td><td></td><td></td><td></td><td>팀원</td></tr>
<tr><td>5</td><td></td><td></td><td></td><td></td><td></td><td></td><td></td></tr>
<tr><td colspan="3">주제</td><td colspan="5"></td></tr>
<tr><td colspan="3" rowspan="17">아이디어 도출 및 선택
[선택 표시 방법]
○: 전원 찬성
△: 일부 찬성
×: 전원 반대</td><td colspan="5">아이디어 도출 목록</td></tr>
<tr><td>연번</td><td colspan="2">아이디어 주제명</td><td>의견제시자</td><td>선택
표시</td></tr>
<tr><td>1</td><td colspan="2"></td><td></td><td></td></tr>
<tr><td>2</td><td colspan="2"></td><td></td><td></td></tr>
<tr><td>3</td><td colspan="2"></td><td></td><td></td></tr>
<tr><td>4</td><td colspan="2"></td><td></td><td></td></tr>
<tr><td>5</td><td colspan="2"></td><td></td><td></td></tr>
<tr><td>6</td><td colspan="2"></td><td></td><td></td></tr>
<tr><td>7</td><td colspan="2"></td><td></td><td></td></tr>
<tr><td>8</td><td colspan="2"></td><td></td><td></td></tr>
<tr><td>9</td><td colspan="2"></td><td></td><td></td></tr>
<tr><td>10</td><td colspan="2"></td><td></td><td></td></tr>
<tr><td>11</td><td colspan="2"></td><td></td><td></td></tr>
<tr><td>12</td><td colspan="2"></td><td></td><td></td></tr>
<tr><td>13</td><td colspan="2"></td><td></td><td></td></tr>
<tr><td>14</td><td colspan="2"></td><td></td><td></td></tr>
<tr><td>15</td><td colspan="2"></td><td></td><td></td></tr>
<tr><td colspan="3" rowspan="4">선택된 아이디어</td><td>1</td><td colspan="2"></td><td></td><td></td></tr>
<tr><td>2</td><td colspan="2"></td><td></td><td></td></tr>
<tr><td>3</td><td colspan="2"></td><td></td><td></td></tr>
<tr><td>4</td><td colspan="2"></td><td></td><td></td></tr>
</table>

출처: 김영아. 캡스톤디자인 수업 자료

1.3 주제 결정의 애로사항

학생들이 과제 주제를 결정하기 어려운 경우가 많다. 이러한 어려움의 양상은 다음과 같이 다양하다.

[주제 선정의 어려움 양상]

학생들이 초기 주제 선정 과정에서 겪는 어려움의 양상

구분	내용
1. 자신감의 부재	(1) 팀에서 정한 주제에 대한 낮은 자신감 • 좋은 주제 선정 능력에 대한 낮은 자신감 • 프로젝트 경험의 부재로 인한 자기 효능감 부재
	(2) 교수자 및 전문가의 승인과 판단을 기대 하는 태도 • 팀원들이 정한 주제에 대해 교수자 및 전문가의 승인과 판단을 기대하는 태도 • 선 경험을 바탕으로 한 적극적인 주제 선정
2. 제한된 리소스	(1) 제한된 연구 시간, 리소스 • 사전에 제공된 프로젝트 예시에 대한 집착 • 제한된 연구 시간과 리소스를 통해 주제의 범위 제한
	(2) 외부 조력자의 부재 • 외부 조력자의 부재에 대한 아쉬움 • 제한된 팀원의 역량에 대한 한계점 인식
3. 공유된 공통의 의미 있는 목표 부재	(1) 공유된 성취동기와 목표의 부재 • 주제 선정 이후 공유된 성취동기와 목표에 대한 혼란 • 팀의 해체와 주제 재설정의 경험
	(2) 융합 팀원 간 전공별 주제에 대한 이해도 차이에서 오는 한계 • 융합팀 구성에 따른 전공별 주제에 대한 이해도 차이 • 주제에 대한 이해 부족에서 겪는 팀원들의 어려움과 비주도성

출처: 변문경 · 조문(2016). 공대 학생들의 프로젝트 주제 선정을 위한 초기 교수학습 지원 방안 탐구. 공학교육연구, 19(1), 37-46.

[자신감의 부재]

자신감의 부재

팀에서 정한 주제에 대한 낮은 자신감

1) 좋은 주제 선정 능력에 대한 낮은 자신감
   브레인스토밍은 다양한 아이디어를 산출하기 위한 활동에서 주로 활용됨
   (Johnson, Johnson, & Smith, 1991)
2) 팀을 구성한 학생들은 우선 브레인스토밍을 통해 얻은 다양한 주제의 목록을 구성
   - 대부분의 팀에서 30개 이상의 아이디어가 나오고 팀 내부에서 의견 조정을 거쳐 주제를 확정해야 하는 상황

출처: 김영아. 캡스톤디자인 수업 자료

[자신감의 부재]

팀에서 정한 주제에 대한 낮은 자신감

- 초기에 결정했던 주제가 계속 바뀌거나 주제 선정에 대해 많은 어려움을 느낌
- 학생들은 자신의 주제 선정 능력에 대해서 낮은 자신감을 가지고 있어 많은 시간을 고민하고도 쉽게 주제를 확정하지 못함

학생들의 능력 안에서 수행하기 위한 프로젝트 주제를 선정하는 것이 가장 큰 어려움

출처: 충남대 캡스톤디자인

[자신감의 부재]

팀에서 정한 주제에 대한 낮은 자신감

학생 인터뷰

"처음 하는 것이다 보니 단순한 아이디어보다는 생활에 실질적인 도움을 줄 수 있는 아이디어를 선정하기 위해서 정말 며칠간 고민하였고 두 번이나 연구 주제를 바꾸는 등 주제 선정에 많은 고민이 있었습니다."

출처: 김영아. 캡스톤디자인 수업 자료

[주제 선정에 대한 어려움]

교수자 및 전문가의 승인과 판단을 기대하는 태도

사례 사전에 특허 분석을 한 경험이 있는 학생

+ 특허와 기존 정보 검색을 통해서 불필요한 주제를 스스로 걸러내어 주제 선택에 대한 자신감을 보이기도 함
+ 사전에 특허분석을 하는 수업을 한 학기 동안 진행한 것이 도움이 많이 되었음
+ 특허와 기존 정보 검색으로 불필요한 주제를 걸러 낼 수 있었음

출처: 충남대 캡스톤디자인

[주제 선정에 대한 어려움]

팀원의 능력 안에서 해결할 수 있는 주제로 한정

학생 인터뷰

"주제를 잡고 나아가는 과정에 있어서 처음에 예상하지 못했던 난관에 봉착하는 경우가 많았습니다. 가령 가장 대표적인 미생물이 있을 것이라고 OO대의 권위 있는 팀으로부터 조언을 받았는데, 실제 미생물 검사업체로부터 없다는 판정을 받았을 때 막막했습니다."

출처: 김영아. 캡스톤디자인 수업 자료

쉬어가는 코너

문제해결능력 어떻게 키우죠?

최원창 기자 승인 2019.04.22 09:17
학생들과 함께한 특허출원 및 특허등록 다수

문제해결능력이 있는 학생들은 어디에서도 환영을 받는다고 얘기하는 사람이 있다.

충남대학교 사회맞춤형 산학협력선도대학(LINC+) 사업단 김영아교수이다. 김영아교수는 대학에서 문제해결능력을 키우는 교과목인 캡스톤디자인(Capstone Design)을 2013년부터 충남대학교에서 가르치고 있다. 처음에는 김교수도 캡스톤디자인을 배워보거나 가르쳐 본 적이 없어 교과목명이 생소하고 이해하기 힘들었으나, 공학계열의 다른 교수가 하는 것을 어깨너머로 보면서 조금씩 이해하기 시작했다고 한다. 그만큼 공학자가 아니면 쉽게 이해하기 힘든 것이 캡스톤디자인 교과목인 것을 너무 잘 아는 김 교수는 본인의 전공인 농생명뿐만 아니라 인문사회예체능 교수와 학생들에게 캡스톤디자인의 장점을 전파하고 있다.

문제해결능력은 조직이나 직무에서 발생하는 문제를 정확하게 인지하고 분석한 후 해결하는 능력을 말한다. 대학생이면 모두 문제해결능력이 뛰어나지는 않아, 캡스톤디자인 수업시 어려움을 많이 겪는다. 그러나 한 학기동안 캡스톤디자인 수업을 진행하게 되면 문제해결능력이 향상된 학생들을 보게 된다. 그래서 대학에서 문제해결능력을 키울 수 있는 교과를 가르치고 있으며, 이의 선두에 캡스톤디자인 교과목이 있다고 할 수 있다. 교과의 형태에는 산업연계, 창의형, 융합형, 사회문제해결형 캡스톤디자인이 있다.

지난해부터 새롭게 도입되고 있는 사회문제해결 캡스톤디자인 교과를 예를 들어본다.

언론정보학과, 경영학과, 기계공학부 등 여러 학과의 학생들이 수강신청을 하여 모이게 된다. 3~4명으로 팀을 구성하여 현재 우리지역의 사회문제가 무엇인지를 토론하게 하고, 자료를 찾아 본 후 주제를 정해 아이디어를 내게 된다. 여기에 지역민, 지자체 및 민간단체 담당자, 교수가 멘토링을 수행하여 현장에 적용할 수 있는 주제로 다듬게 된다. 설문, 인터뷰 조사를 통해 문제를 알아내고, 해결하기 위해 현장에 필요한 물건을 만들기도 하고, 보고서를 작성하며, 시책건의를 하기도 한다. 이를 통해 특허출원을 하는 팀도 있고, NCS 기반 자기소개서에 잘 기술하여 취업을 하는 팀도 있다. 김 교수가 학생들과 캡스톤디자인을 통해 특허출원한 것은 50건, 특허등록이 10건, 기술이전 1건이며, 이를 잘 활용하여 취업에 성공한 학생들이 계속 나오고 있다.

현재, 캡스톤디자인 교과를 통해 2019년 유성온천문화축제 때 젊은 층의 관광객 확보를 위한 포토존용 목욕가운, 양머리띠, 이팝꽃수건을 제작하여 선보일 예정이며, 온천수를 활용한 수비드계란을 선보이고, 여기에서 나온 모금액은 지역의 취약계층을 위해 기부할 예정이다.

출처: http://www.firstnews.co.kr/news/articleView.html?idxno=77545

참고자료

[도서 및 논문]
· 변문경, 조문(2016). 공대 학생들의 프로젝트 주제 선정을 위한 초기 교수학습 지원 방안 탐구 . 공학교육연구, 19(1), 37-46.
· 제주관광공사 제안 과제 설명회 자료. 2022
· 충남대 캡스톤디자인 성과공유회 자료 2022

[인터넷]
· http://www.newsfreezone.co.kr/news/articleView.html?idxno=351558
· 대학알리미 사이트 http://www.academyinfo.go.kr
· http://www.firstnews.co.kr/news/articleView.html?idxno=77545

Chapter 04

문제인식과 창의적사고

Ⅰ. 문제인식과 문제정의
Ⅱ. 창의적사고
Ⅲ. TRIZ 개요 및 핵심개념
Ⅳ. 기술적 모순 및 40가지 발명원리

04 창의적인 지식재산 **캡스톤디자인**

문제인식과 창의적사고

I 문제인식과 문제정의

학습 목표

- 학습자는 문제 원인, 영향, 중요성을 인식하고 지속 가능한 해결책을 제안한다.

1.1 문제 인식

문제 인식 단계는 캡스톤디자인 프로젝트 기초를 마련하는 중요한 부분으로, 이 단계에서 팀은 다양한 방법을 통해 실제 문제를 발견하고 이를 명확하게 인식한다. 관찰, 사용자 인터뷰, 설문조사, 시장 조사 등의 방법을 활용하여, 프로젝트 핵심적인 문제를 심층적으로 탐구하고 이해하는 과정을 거친다. 이는 프로젝트 성공을 위한 기초를 다지는 중요한 과정으로, 문제를 명확히 인식하는 것이 프로젝트 나머지 부분에 큰 영향을 미친다.

문제 정의 단계는 프로젝트 성공을 위한 출발점으로, 프로젝트 모든 측면에 영향을 미치는 핵심적인 요소이다. 이 단계에서 명확하고 정확한 문제 정의는 프로젝트 목표 설정, 해결책 개발, 자원 배분, 이해관계자 참여, 위험 관리, 평가 및 개선 등 프로젝트의 모든 단계를 효과적으로 수행하는 데 필수적이다. 명확하게 정의된 문제는 프로젝트 목표를 설정하는 데 기준점을 제공한다.

프로젝트 팀은 이 문제 정의를 바탕으로 구체적이고 측정 가능한 목표를 설정하여, 프로젝트 진행 방향과 성공 기준을 명확히 한다. 이와 같은 목표 설정은 프로젝트 성공적인 실행을 위한 지침을 제공하며, 팀 노력이 올바른 방향으로 향하도록 돕는다.

1.2 문제 정의

문제 정의 단계는 캡스톤디자인 프로젝트에서 해결해야 할 핵심 문제를 명확하고 구체적으로 정의하는 과정이다. 이 단계는 프로젝트 방향을 설정하고, 해결책을 개발하는 기반을 마련한다.

"양파 출하 코앞인데 2만톤 수입이라니" 농민들 반발
전국양파생산자협회, 기획재정부 등에 의견 제출... '그 돈으로 국산 공공비축해야'
23.05.17 09:14l최종 업데이트 23.05.17 10:42l윤성효(cjnews)

"가격이 낮게 형성되면 시장경제 운운하며 시장에 맡기고, 가격이 높으면 정부가 즉각적으로 수입해 가격을 낮추는 근시안적인 수급정책이 아닌, 모두가 상생할 수 있는 정책을 기대한다."
농림축산식품부가 지난 12일 발표한 '양파가격 상승으로 수입하여 공급'이라는 설명자료와 기획재정부의 '시장접근물량 증량에 관한 규칙' 입법예고에 대해 (사)전국양파생산자협회가 이같은 입장을 전달한다고 17일 밝혔다.
올해 양파가 출하할 시기에 정부가 수입하겠다고 하니 농민들이 반발하고 있는 것이다.
정부는 지난해 2월 자료를 통해 "(양파 가격 하락에 따라) 2021년산 저장양파 2만톤 출하연기와 2022년산 조생양파 44ha 출하정지, 이후에 조생양파 156ha 출하정지를 더 시행"했다고 밝힌 바 있다.
이와 관련해 협회 측은 "저장양파 재고량을 감당하지 못해 조·중생양파가 출하되는 4~5월 양파가격 대폭락으로 농가의 피해가 매우 컸다"며 "이후 만생종 재배면적이 적었기 때문에 저장양파량도 줄어든 것"이라고 설명했다.
그러면서 농민들은 "지금 양파가격이 대폭락했던 지난해 가격과 비교 상승했기 때문에 수입할 수 밖에 없다라는 논리는 억지에 불과하다"고 했다.
'수입해 양파 가격 낮추기, 누구 배 불리나'
협회에 따르면, 신선양파 수입물량은 지난해와 비교해 3월 1235%와 4월 7500%, 평년 대비 각각 48%와 67%가 증가한 많은 물량이 수입되고 있다.

이들은 "수입을 해서 양파 출하기 가격을 낮추는 것은 양파농가를 위한 것도 아니고, 소비자를 위한 것도 아니다"며 "출하기 낮은 가격으로 이득을 보는 것은 대형유통, 저장업체뿐이다"라고 주장했다.
이어 "저율관세 양파 수입 이후 수입양파 가격이 하락했다"며 "동시에 국산 햇양파 가격도 하락했다. 수입양파 소비 활성화를 위해 국산양파 가격을 하락시키는 저율관세 양파 수입를 강행하는 정부는 도대체 누구를 위한 정부냐"고 따졌다.
또한 "이 시기 가락동 도매시장 시세는 하락했을지 몰라도 최종 소비자의 양파 구입가격에는 큰 변화가 없다"며 "소비자 가격 안정을 이야기하지만 실제로는 대형 유통업체만 돈을 버는 구조가 더 공고히 되는 것은 아닌지 우려스럽다"고 덧붙였다.
전국양파생산자협회는 "음식점 등의 부담을 줄여주기 위해 불가피하게 수입해 음식점 등에 시중 가격보다 낮은 가격으로 공급하겠다는 억지스러운 일차원적인 정책이 아니라, 농가에게는 생산비 보장, 소비자에게는 적정가격에 수입 양파가 아닌 국산 양파를 공급할 수 있도록 유통구조를 근본적으로 개선할 것"을 요청했다.
-중략-
이에 전국양파생산자협회는 이 입법예고에 반대하면서 "수입 2만톤 증량할 예산으로 국산양파를 비축해 물가조절한다면 국산양파 생산농가에도 도움이 되고 소비자인 국민에게도 건강한 국산양파를 합리적인 가격으로 지속적으로 공급할 수 있다"며 "수입양파 증량할 예산으로 꼭 국산양파 공공비축을 확대해달라"는 의견을 냈다.

https://www.ohmynews.com/NWS_Web/View/at_pg.aspx?CNTN_CD=A0002928107

신문 기사 내용을 바탕으로 정리한 표는 다음과 같다. 이 표는 양파 수입 증가 결정에 대한 농민들 반발을 중심으로 문제의 다양한 측면을 조명하고, 이에 대한 해결책 가치를 강조하고 있다.

구분	내용
문제 인식	정부의 양파 수입 결정에 대한 농민들 반발. 양파 가격 조절 목적의 수급 정책이 농민들에게 불리하게 작용하고 있음
문제 정의	양파 가격 상승에 대응하여 정부가 수입 양파로 가격을 낮추려는 정책은 국내 양파 농가에게 생산비 부담과 이익 감소를 초래함. 대형 유통업체와 저장업체만 혜택을 보는 구조가 됨
문제의 중요성	국내 농업 생태계와 농가 경제의 안정성에 대한 위협. 생산비 상승과 수확량 감소 예상 속에서 양파 수입 증가는 농민 생계와 국산 농산물 경쟁력을 약화시킬 위험 있음
문제 해결 가치	양파 수입 대신 국산 양파 공공 비축 확대와 같은 대안적 정책은 농가의 생산비 보장, 소비자에게 건강하고 합리적 가격의 국산 양파 제공, 국내 농업 지속 가능성 강화 및 식품 안보 강화에 기여함

II 창의적 사고

학습 목표

- 다양한 관점에서 문제를 바라보고, 새로운 아이디어를 생성하며 문제 해결에 창의적인 접근을 적용하는 능력을 기른다.
- 비판적 사고와 협력적 사고를 통해 혁신적인 해결책을 개발하고 실행하는 방법을 배우는 것을 목표로 한다.

1.1 창의성

1) 창의성이란 무엇인가

창의성이란 무엇인가? 옥스퍼드 영어 사전에 따르면 "무언가를 창조하기 위하여 상상력이나 독창성을 활용하는 것"이라고 정의하고 있다. 즉, 창의성은 독창성과 유효성이라는 두 개 요소로 구성되어 있다는 의견이 일치하고 있다. 다양하게 생각하고, 겉보기에 관련이 없어 보이는 개념들 사이에서 독특한 연결을 만들고, 독창적인 결과를 만들어내는 능력을 포함한다.

창의성은 다양한 배경과 문화를 가진 개인에게 존재하는 기본적인 인간 능력이다. 이는 혁신을 주도하고 개인 성장을 촉진하며 사회의 복잡한 문제를 해결하는 데 중요한 역할을 하게 된다. 또한 창의성은 타고난 재능이나 영감과 관련이 있는 경우가 많지만, 의도적인 연습, 호기심, 새로운 경험에 대한 개방성, 위험을 감수하고 다른 경험에서 배우려는 의지를 통해 배양되고 육성될 수도 있다.

2) 창의적 사고

창의적 사고는 일상적인 사고의 경계를 넘어서 새로운 가능성을 탐색한다. 창의적 사고는 일상적이고 전통적인 사고 방식을 벗어나 새롭고 독창적인 아이디어나 해결책을 찾는 과정이다. 이는 혁신, 문제 해결, 예술적 표현 등 다양한 분야에서 중요한 역할을 한다. 창의적 사고의 핵심 특징과 그것을 촉진하는 방법은 다음과 같다.

(1) 창의적 사고의 특징

가. 독창성: 기존 아이디어나 접근법에서 벗어나 새롭고 독특한 생각을 하는 것이다.

나. 융합적 사고: 서로 다른 개념이나 아이디어를 결합하여 새로운 관점을 창출한다.

다. 유연성: 다양한 관점에서 사고하고, 변화하는 상황에 적응하는 능력을 포함한다.

라. 원격 연상: 보편적이지 않은 연결을 찾아내고, 이를 통해 새로운 아이디어를 생성한다.

(2) 창의적 사고를 촉진하는 방법

가. 환경 변화: 새로운 환경이나 상황은 다른 방식으로 생각하게 만들어 창의력을 자극한다.

나. 질문과 호기심: '왜?', '어떻게?'와 같은 질문을 통해 기존 생각에 도전하고 새로운 가능성을 모색한다.

다. 다양한 경험과 지식: 다양한 분야 지식과 경험은 창의적 사고의 원천이 된다.

라. 놀이와 실험: 자유롭게 놀이하고 실험하는 것은 창의적 아이디어를 발전시키는 데 도움이 된다.

(3) 창의적 사고의 적용

창의적 사고는 개인의 내적 동기와 호기심에서 비롯되며, 이를 통해 예술, 과학, 교육, 비즈니스 분야에서 혁신적인 성과를 도출할 수 있다. 예술에서는 새로운 형태의 예술 작품을 창작하고 예술적 표현을 혁신하며, 과학에서는 과학적 문제를 해결하고 새로운 과학적 가설을 형성한다. 교육 분야에서는 창의적인 교육 방법론과 학습 도구를 개발하고, 비즈니스에서는 혁신적인 제품 디자인과 비즈니스 모델을 창출한다. 창의적 사고를 촉진하기 위해서는 일상에서 다양한 경험을 쌓고, 다른 관점을 탐색하며, 지속적으로 자기 생각을 확장하는 것이 중요하다. 이러한 과정은 학생들이 독창적이고 창의적인 사고 방식을 발전시키는 데 필수적이다.

3) 확산적 사고: 아이디어의 다양성

확산적 사고는 다양한 관점에서 문제를 바라보며, 여러 가지 아이디어를 생성한다. 확산적 사고(Divergent Thinking)는 창의적 사고의 한 형태로, 주어진 문제에 대해 여러 가지 가능한 해결책을 탐색하는 과정이다. 이는 기존 사고 패턴이나 틀에서 벗어나 다양하고 창의적인 아이디어를 생성하는 데 중점을 둔다. 확산적 사고 주요 특징과 방법은 다음과 같다.

(1) 확산적 사고의 특징

가. 아이디어의 다양성: 확산적 사고는 하나의 문제에 대해 여러 가지 다른 해결책을 모색한다.

나. 자유로운 사고: 전통적인 사고의 제약을 벗어나 자유롭게 생각하며, 비표준적인 아이디어를 탐색한다.

다. 양적 측면의 강조: 가능한 많은 아이디어를 생성하는 것이 중요하며, 이 중에서 유용한 아이디어를 선택한다.

라. 연결과 조합: 기존의 개념이나 아이디어를 새롭게 연결하거나 조합하여 독특한 생각을 창출한다.

(2) 확산적 사고를 촉진하는 방법

가. 브레인스토밍: 제한없이 아이디어를 발산하는 브레인스토밍 세션을 통해 창의적인 생각을 자극한다.

나. 질문하기: '만약에', '왜냐하면'과 같은 질문을 통해 다양한 가능성을 탐구한다.

다. 자유 연상: 한 가지 아이디어나 개념에서 시작하여 연관된 다른 아이디어로 자유롭게 이동한다.

라. 스케치나 마인드 맵: 시각적 도구를 사용하여 아이디어를 구체화하고, 새로운 연결을 발견한다.

(3) 확산적 사고의 적용

가. 문제 해결: 복잡한 문제에 대해 다양한 해결책을 고려하고, 최적의 해결책을 찾는다.

나. 창의적 프로젝트: 예술, 디자인, 작문 등에서 새롭고 독창적인 아이디어를 창출한다.

다. 혁신적 사고: 비즈니스나 기술 분야에서 새로운 개념이나 제품을 개발한다.

확산적 사고는 개방적인 태도와 함께 다양한 시각과 접근 방식을 시도하는 것이 중요하다. 이는 학생들에게 문제에 대해 다르게 생각하고, 새로운 해결책을 찾는 능력을 개발하는 데 도움을 준다. 이러한 사고 방식은 창의적인 사고력을 향상하고 다양한 분야에서 새로운 아이디어를 창출하는 데 기여할 수 있다.

4) 수렴적 사고

수렴적 사고는 다양한 아이디어 중에서 가장 적합한 것을 선택하고 구체화한다. 수렴적 사고(Convergent Thinking)는 다양한 정보와 아이디어를 통합하여 문제의 가장 적합하고 효율적인 해결책을 찾는 과정이다. 이는 주로 정확성, 논리성, 그리고 실용성을 중시하는 사고 방식으로, 특정 문제에 가장 적절한 답을 찾는 데 집중한다.

수렴적 사고는 문제를 해결하는 데 있어 필수적인 사고 방식으로, 논리적이고 체계적인 접근을 통해 최적의 해결책을 찾는다. 이를 통해 학생들은 복잡한 문제를 분석하고, 효과적으로 해결하는 능력을 개발할 수 있다.

(1) 수렴적 사고의 특징

가. 논리적이고 체계적인 접근: 문제 해결을 위해 논리적이고 체계적인 사고 과정을 따른다.

나. 정확한 답 찾기: 주어진 정보를 바탕으로 가장 적절하고 정확한 해결책을 찾는 것에 중점을 둔다.

다. 효율성과 실용성: 효율적이고 실용적인 해결책을 선호하며, 불필요한 정보나 아이디어를 제거한다.

라. 결정과 선택: 다양한 가능성 중에서 최선의 방법을 선택하고 결정하는 과정을 포함한다.

(2) 수렴적 사고를 촉진하는 방법

가. 문제 분석: 문제를 철저히 분석하여 핵심 요소와 조건을 파악한다.

나. 정보 정리 및 평가: 관련 정보를 체계적으로 정리하고, 중요도에 따라 평가한다.

다. 가설 테스트: 가능한 해결책을 가설로 설정하고, 이를 테스트하여 검증한다.

라. 최적의 해결책 선택: 평가 결과를 바탕으로 가장 적합한 해결책을 선택한다.

(3) 수렴적 사고의 적용

가. 과학적 연구: 실험 데이터를 분석하고, 과학적 결론을 도출한다.

나. 수학 문제 해결: 정해진 답을 찾기 위한 논리적이고 체계적인 접근이 요구된다.

다. 비즈니스 의사결정: 비용 효율성, 위험 관리 등을 고려하여 최적의 결정을 내린다.

라. 기술적 문제 해결: 특정 기술적 문제에 대한 구체적이고 실용적인 해결책을 개발한다.

5) 실제 사례를 통한 혁신적 사고의 적용

현실 세계의 성공 사례를 통해 혁신적 사고가 어떻게 적용될 수 있는지 보여준다. 혁신적 사고의 적용을 보여주는 실제 사례들은 학생들에게 이론적 지식을 현실 세계에 적용하는 방법을 보여주는 중요한 교육 도구이다. 이러한 사례들은 혁신적 사고가 어떻게 창의적인 아이디어와 해결책을 창출하는 데 사용될 수 있는지를 보여준다. 다음은 몇 가지 실제 사례들이다.

(1) 애플(Apple) 아이폰(iPhone)

가. 혁신: 전통적인 휴대폰과는 다른, 전체가 터치스크린으로 구성된 스마트폰 도입

나. 혁신적 사고: 기존 버튼 기반 인터페이스에서 벗어나 사용자 경험을 극대화하는 새로운 인터페이스 개발

다. 결과: 사용자 경험을 혁신적으로 변화시키며, 스마트폰 시장과 관련 산업에 대대적인 변화를 일으킴

(2) 테슬라(Tesla) 전기 자동차

가. 혁신: 내연 기관 자동차에 대한 대안으로 고성능 전기 자동차의 개발

나. 혁신적 사고: 지속 가능한 에너지 사용과 환경 보호를 위한 새로운 자동차 기술 탐색

다. 결과: 전기자동차 시장 성장을 촉진하고, 자동차 산업 지속가능성을 재정의

(3) 에어비앤비(Airbnb) 숙박 공유 서비스

가. 혁신: 전통적인 호텔 숙박 서비스에 대한 대안으로, 개인 공간을 공유하는 숙박 서비스 제공

나. 혁신적 사고: 숙박 산업 패러다임 전환, 개인 간 공유 경제 모델의 활용

다. 결과: 숙박 서비스의 새로운 형태를 창출하며, 전 세계적으로 대중화가 됨

(4) 구글(Google) 검색 알고리즘

가. 혁신: 인터넷 정보 검색 방식을 혁신적으로 변화시킨 고도화된 검색 알고리즘

나. 혁신적 사고: 사용자의 검색 경험을 최적화하기 위한 새로운 알고리즘 개발

다. 결과: 정보 검색 및 처리 방식을 혁신적으로 변화시키며, 인터넷 사용 일상화에 기여

이러한 사례들은 혁신적 사고가 어떻게 다양한 분야에서 새로운 아이디어와 기술을 창출하고, 기존 산업의 경계를 넘어설 수 있는지를 보여준다. 학생들에게 이러한 사례를 제시함으로써, 그들은 이론적인 개념을 실제 세계에 적용하는 방법을 배우고 자신들의 창의력과 혁신적 사고력을 발전시킬 수 있다.

6) 혁신적 사고 기법 연습

학생들이 직접 다양한 사고 기법을 적용해 보는 연습 과제를 제공한다. 혁신적 사고 기법을 연습하는 방법은 학생들이 창의적이고 혁신적인 사고 방식을 개발하는 데 도움이 된다. 다양한 연습 방법은 다음과 같다.

연습 방법	설명	예시
브레인스토밍	다양한 아이디어를 자유롭게 발산하는 과정. 구성원들이 자유롭게 아이디어를 제시하고, 이를 바탕으로 새로운 생각을 발전시킨다.	주제: "지속 가능한 환경을 위한 신제품 아이디어" - 구성원들은 다양한 아이디어를 제시하고 토론한다.
SCAMPER 기법	기존 제품이나 서비스를 개선하는 데 사용되는 사고 도구. Substitute(대체하기), Combine(결합하기), Adapt(적응하기), Modify(변경하기), Put to another use(다른 용도로 사용하기), Eliminate(제거하기), Reverse(반대로 하기)의 원칙을 적용한다.	주제: "일상용품을 재해석하여 새로운 제품 만들기" - 학생들은 주어진 일상용품에 SCAMPER 기법을 적용하여 새로운 아이디어를 창출한다.
6-3-5 브레인라이팅	6명의 참가자가 3개의 아이디어를 5분 동안 생각해내는 방식. 이 과정을 반복하여 다양한 아이디어를 생성한다.	주제: "도시 교통 문제 해결 방안" - 각 참가자는 5분 동안 3개의 아이디어를 생각하고, 이를 그룹과 공유하여 더 많은 아이디어를 발전시킨다.
역발상 기법	문제의 해결책을 찾기 위해 기존의 생각을 뒤집는 방식. 문제를 반대로 생각하거나, 기존의 해결책과 반대되는 아이디어를 탐색한다.	주제: "효율적인 학습 방법" - 학생들은 비효율적인 학습 방법을 먼저 생각해내고, 이를 반대로 전환하여 효율적인 방법을 도출한다.
마인드 맵	중심 아이디어에서 출발하여 관련된 아이디어나 개념을 시각적으로 연결하는 방법. 창의적인 사고와 기억력을 향상시킨다.	주제: "지속 가능한 도시 설계" - 중심 아이디어에서 출발하여 지속 가능한 도시에 필요한 요소들을 시각적으로 연결하고 확장한다.

이러한 연습 방법은 학생들이 혁신적인 사고를 연습하고, 창의적인 해결책을 찾는 데 도움을 준다. 각 방법은 특정 상황이나 문제에 따라 적용할 수 있으며, 다양한 방법을 조합하여 사용하는 것이 효과적이다. 이를 통해 학생들은 다양한 관점에서 문제를 바라보고, 창의적인 아이디어를 생성하는 능력을 개발할 수 있다.

각각의 혁신적 사고 기법에 대해 실제적이고 구체적인 예시는 다음과 같다.

연습 방법	주제	상세 내용
브레인스토밍	스마트 홈 기술 혁신	다양한 스마트 홈 기술 아이디어를 자유롭게 제시하고 토론한다.
	대학 캠퍼스 지속 가능한 발전	캠퍼스 내에서 지속 가능한 발전을 위한 아이디어를 모색한다.
	교통 체증 해결 방안	도시 교통 체증을 해결할 수 있는 창의적인 해결책을 논의한다.
SCAMPER 기법	일상 의류의 새로운 기능 추가	기존 의류에 새로운 기능을 추가하거나 디자인을 변경해본다.
	학교 교육 방식 혁신	현재의 교육 방식을 개선하기 위해 SCAMPER 기법을 적용한다.
	친환경 포장재 개발	일반 포장재를 친환경적으로 변형하는 아이디어를 모색한다.
6-3-5 브레인라이팅	모바일 앱 새로운 기능	스마트폰 앱에 추가할 수 있는 창의적인 기능들을 생각해본다.
	지역 사회 문제 해결	지역 사회가 직면한 문제들에 대한 해결책을 제안한다.
	대학생을 위한 새로운 서비스	대학생들을 대상으로 하는 새로운 서비스 아이디어를 개발한다.
역발상 기법	건강한 식습관 형성	부정적인 식습관을 먼저 나열한 후, 이를 긍정적인 방향으로 전환한다.
	에너지 절약 방법	에너지 낭비 원인을 파악하고, 이를 통해 절약 방법을 도출한다.
	효과적인 광고 전략	비효과적인 광고의 특징을 분석하고, 이를 개선하는 전략을 세운다.
마인드 맵	환경 친화적 도시 계획	환경 친화적인 도시를 설계하기 위한 다양한 요소들을 시각적으로 연결한다.
	학생 복지 증진 방안	대학생의 복지를 향상시킬 수 있는 다양한 요소를 마인드 맵으로 구성한다.
	스타트업 창업 아이디어	스타트업 창업에 필요한 핵심 요소들을 시각적으로 정리하고 연결한다.

이 표는 각 연습 방법에 따른 다양한 주제와 구체적인 내용을 제공한다. 학생들은 이를 바탕으로 각 연습 방법을 실제로 적용하고 연습해 볼 수 있다.

III TRIZ 개요 및 핵심개념

학습 목표

- TRIZ의 발전역사 및 특징을 이해할 수 있다.
- TRIZ의 3대 핵심개념 및 구성요소를 이해할 수 있다.

1.1 TRIZ의 발전역사

1) 트리즈의 창시자 알츠슐러

겐리히 알츠슐러(1926년~1998년)는 문제해결 패턴에 대한 연구를 바탕으로 '트리즈'라는 독창적인 문제해결 방법론을 개발한 발명가이자 학자였다. 'TRIZ'는 "Teoriya Resheniya Izobretatelskikh Zadach"의 러시아 단어의 머리글자를 따온 것으로, 영어로는 "Theory of Inventive Problem Solving" 혹은 "발명문제해결이론"으로 번역된다.

알츠슐러는 구소련 타슈켄트 지역에서 태어났다. 유년 시절부터 그는 발명에 대한 깊은 관심을 보였다. 14세에는 수중잠수 장치를 발명하여 첫 특허를 획득하였고, 15세에는 카바이드를 연료로 사용한 로켓엔진을 장착한 배를 개발하였다.

1946년 청년기에, 알츠슐러는 잠수함에서 잠수복 없이 탈출하는 기법을 개발했다. 이 발명은 그만큼 중요했기 때문에 군사기밀로 분류되었고, 이를 인정받아 카스피해의 해군 특허국에 배치되었다.

그러나 그의 삶은 항상 순탄치 않았다. 알츠슐러는 특허국에서의 업무와 별개로 스탈린에게 보낸 편지로 인해 25년형을 선고받았다. 그는 감옥에서 트리즈의 원리를 활용하여 살아남았으며, 수용소에서 다양한 전문가들과 교류하며 지식을 넓혔다.

1956년, 그는 "발명 창의성의 심리학(Psychology of Incentive Creativity)" 논문을 발표하였다. 이 논문은 200만 건 이상 특허를 분석하여 도출된 창의적 문제해결 이론을 바탕으로 작성되었다.

알츠슐러는 발명의 다양한 수준을 정의하였으며, 이 중에서도 4만 건의 3, 4레벨 수준의 특허를 집중적으로 분석하였다.

1969년, 그는 "발명 알고리즘(Algorithm of Invention)" 책을 출판하며 현재까지도 널리 알려진 40가지 발명 원리와 문제해결을 위한 첫 번째 알고리즘을 세계에 공개하였다. 그의 업적을 인정받아 1989년에는 알츠슐러를 중심으로 러시아 트리즈 협회가 설립되었다.

[알츠슐러가 제시한 발명 5가지 수준 정의]

수준	발명의 내용	필요한 지식
Level1	해당 분야 전문가들에게 익숙한 방법을 이용	개인적 지식
Level2	기존 시스템의 개선이나 최적화	협동적 지식
Level3	현재 시스템의 획기적인 개선	동일 산업 내 지식
Level4	신개념의 시스템 창조	타 산업 내 지식
Level5	획기적 신개념의 선구자적 발견	새로운 과학(유레카)

2) 트리즈와 창의력

트리즈는 시간에 따라 고전 트리즈(Classical TRIZ)와 현대 트리즈(Modern TRIZ), 트리즈 툴(TRIZ applications)로 구분할 수 있다.

40가지 발명 원리는 고전 트리즈로 구분할 수 있으며, 1998년 알츠슐러 사망 이후에는 트리즈 툴이 다양하게 개발되고 있다.

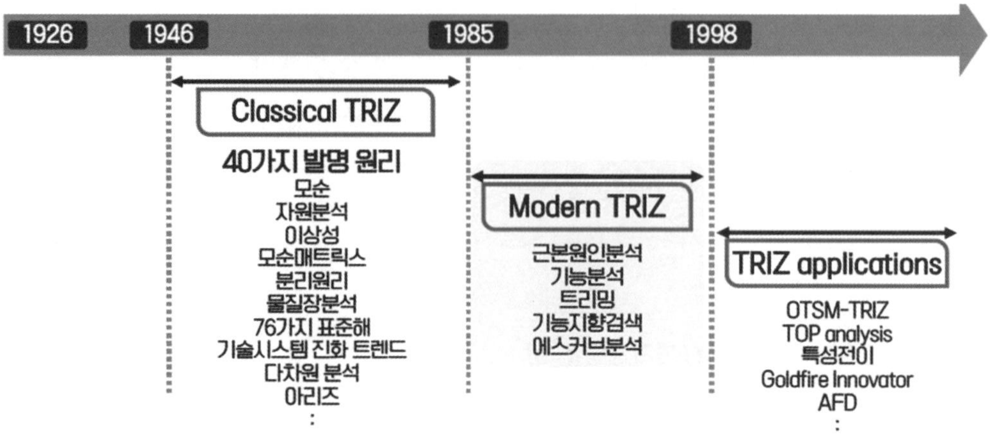

프랑스 철학자 앤트완 리바우트(Antwan Ribaut)는 1912년 그의 연구에서 창의성은 18세에 최고조에 달한 후 일생 동안 감소함을 보여주었으며, 보리스 즐로틴(Boris Zlotion)의 연구에서 창의성은 약 21세에 최저치를 보인다고 하였다. 알츠슐러는 리바우트 연구를 토대로 14세에 창의성은 최고점을 보이며 빠르게 떨어진다고 하였다.

즉 인간의 창의력은 태어나서부터 증가하다가 14~18세 전후로, 최고점으로 점차 감소한다는 점이다. 그러나 우리는 알츠슐러의 트리즈를 통해 창의력을 잃지 않으면서 지식을 얻어 문제를 푸는 방법을 찾을 수 있다.

창의성은 단순히 지식이나 지능의 표현이 아니다. 그것은 발상의 전환, 즉 통상적인 사고 방식에서 벗어나 새로운 시각에서 문제를 바라보는 능력을 중심으로 한다. 이러한 발상의 전환은 종종 혁신적인 아이디어나 해결책의 원천이 되며, 이것은 교육과 훈련을 통해 누구나 후천적으로 개발할 수 있다.

알츠슐러의 트리즈는 이러한 창의성의 체계화된 접근 방식을 제공한다. 그의 연구를 통해 발견된 특정 패턴과 원칙들은 일반적인 문제의 해결을 위한 방법론으로 제시되었다. 이 원칙들은 다양한 산업과 상황에서 반복적으로 나타나는 문제해결 패턴을 기반으로 하여, 이를 학습하고 적용함으로써 창의적 사고 능력을 개발할 수 있다.

따라서 트리즈는 창의성이 단순한 영감이나 천재성에만 의존하는 것이 아니라, 체계적이고 구조화된 학습을 통해 누구나 향상할 수 있다는 개념을 구체화하는 도구로 간주될 수 있다. 이는 창의성이 지능이나 지식만의 영역이 아니라, 꾸준한 교육과 훈련을 통해 누구나 배울 수 있는 능력임을 재확인한다.

어려운 발명 문제를 쉽게 푸는 방법을 알츠슐러가 이야기하는 창의적 문제 해결 이론인 트리즈를 통하여 풀 수 있다는 것이다.

3) 트리즈의 3대 핵심개념

트리즈에서 사용되는 핵심 개념들이 있다.

모순(Contradiction), 자원(Resource), 이상성(Ideality)을 3대 핵심 개념이라고 하며 이외에도 시스템이라는 개념도 함께 알아보고자 한다.

시스템이란 요소들의 결합체이며 각각의 요소의 특성이 모여 하나의 특성을 나타내는 것이다. 자연, 사회, 기술 등 모든 것에서 존재하는 것을 시스템이라고 볼 수 있으며, 눈에 보이는 유형의 대상물 외에도 의학, 언어, 예술, 철학, 기록 등 무형물도 시스템이다.

자연적인 시스템은 우주, 지형, 식물 등이 있으며 인위적인 시스템은 교육, 사회, 기술, 의학 등이 있다. 발명 문제를 비롯한 어떤 문제가 발생했을 때 효과적으로 문제를 해결하기 위해서는 시스템적인 사고 즉 문제를 시간, 공간, 상호 관계 측면에서 관찰할 수 있는 시각이 필요하다.

시스템과 기술은 모두 역동적이고 시간이 지남에 따라 발전하며 다양한 모순과 개선 또는 최적화가 필요한 잠재적 영역을 포함한다. 혁신가는 본질적인 모순을 해결하고 시스템과 기술 내 상호 작용을 최적화함으로써 효율적이고 지속 가능한 고급 솔루션을 만들 수 있다.

(1) 모순(Contradiction)

모순은 종종 문제 해결 과정에서 두 가지 또는 그 이상 상반된 요구 사항이나 조건이 동시에 충돌하는 상황을 나타낸다. 이에는 일상적인 모순과 기술적 모순이 포함되는데, 기술적 모순에서는 한 기술적 파라미터의 개선이 다른 파라미터의 저하를 초래하는 경우를 말한다.

일상생활에서 모순을 들어본다면, 다이어트를 예로 들 수도 있다. 많은 사람들은 건강하고 맛있는 음식을 먹고 싶어 하지만, 동시에 체중을 줄이기를 원한다. 이러한 상황에서 맛있는 음식을 많이 먹는 것과 체중 감량은 상반된 목표로 보일 수 있는 것이다.

또한, 휴가를 떠나기 위해 여유로운 시간을 갖고 싶지만, 그동안의 휴식으로 인해 작업이 쌓이게 되는 것을 원하지 않는 것도 모순적인 상황의 일종이다. 일상에서도 사람들은 고집스러운 친구와의 관계에서 친밀함과 의견 충돌의 모순을 경험하곤 한다.

기술적인 모순에서는 우리가 흔히 사용하는 칫솔에서 찾을 수 있다. 칫솔 브러쉬가 부드럽다면 잇몸에 상처를 주지 않는 반면, 너무 부드러우면 칫솔의 수명이 짧아질 것이다. 반대로, 브러쉬가 단단하면 내구성은 높겠지만 잇몸을 상하게 만들 수 있다.

이 외에도, 선풍기나 에어컨 사용 시 시원함과 전기 사용량 사이 모순, 큰 화면의 스마트폰 감상적 장점과 휴대의 불편함 등, 모순은 우리 주변에 끊임없이 존재한다. 추가로, 자동차에서 고속과 연비의 모순, 노트북 성능 향상과 열 발생의 모순도 기술적 모순의 예시로 들 수 있다.

트리즈는 이렇게 일상과 기술 모두에서 나타나는 모순적인 문제를 창의적으로 해결하기 위한 방법론을 제공하는데, 이를 통해 상반된 요구 사항을 동시에 만족시키는 해결책을 찾아낼 수 있다.

(2) 자원(Resource)

자원은 문제를 해결하기 위하여 사용할 수 있는 모든 것으로 물질, 에너지, 시간, 공간, 기능, 정보 등 문제 해결에 쓸 수 있는 모든 것이 자원이 될 수 있다.

TRIZ에서는 '자원'이라는 개념이 핵심이다. TRIZ의 리소스에는 문제를 해결하거나 제품 또는 프로세스를 혁신하기 위해 시스템이나 환경에서 활용되거나 활용될 수 있는 모든 것이 포함된다. 자원 사용은 시스템을 최적화하고 이상성(Ideality)에 더 가까이 다가가는 데 매우 중요하다.

TRIZ에서 자원은 광범위하게 정의된다. 여기에는 물리적인 물질이나 물질에만 국한되지 않고 시간, 공간, 정보는 물론 시스템 내 유해하거나 원치 않는 영향까지 포함된다. 이용할 수 있는 자원을 인식하고 활용하는 것은 창의적으로 문제를 해결하는 데 있어 기본적인 측면이다.

TRIZ는 시스템이나 환경 내에서 이미 사용할 수 있는 리소스를 사용하여 비용, 복잡성 및 낭비를 줄이는 것을 강조한다. 여기에는 한 공정의 폐기물을 다른 공정의 투입물로 사용하거나 압력이나 온도와 같은 환경 조건을 활용하여 원하는 효과를 얻는 것이 포함될 수 있다.

종종 시스템은 해롭거나 바람직하지 않은 영향을 미치기도 한다. TRIZ는 이러한 해로운 효과를 유익한 효과로 혁신적으로 전환하여 단점을 장점으로 바꾸는 것을 장려한다. 이러한 활용은 시스템 이상성을 높이고, 단점을 최소화하며, 기능을 최적화하는 데 중추적인 역할을 한다.

내부 자원이 중요하지만, TRIZ는 필요할 경우 외부 자원의 통합도 권장한다. 여기에는 주변 환경 정보, 재료 또는 에너지를 통합하여 시스템 성능을 향상하고 한계를 극복하는 것이 포함될 수 있다.

TRIZ에서 자원의 전략적 구현에는 문제 해결에 대한 체계적인 접근 방식이 포함된다. 사용할 수 있는 내부 및 외부 리소스에 대한 자세한 이해, 이를 활용하는 가장 효과적이고 효율적인 방법을 식별하고, 이를 원활하게 통합하여 솔루션을 혁신하고 최적화해야 한다.

결론적으로 TRIZ 리소스 개념은 광범위하고 다면적이며 시스템 내외에서 사용 가능한 모든 요소를 효율적으로 활용하는 데 중점을 둔다. 자원의 전략적 활용은 TRIZ 방법론의 초석이며, 효율적이고 비용 효율적이며 이상적인 최종 결과에 더 가까운 혁신적인 솔루션을 가능하게 한다.

즉, 알고 있는 자원의 숨겨진 속성을 적극적으로 탐색하여 추가적인 자원 투입 없이 문제를 해결하는 것이 가장 좋은 방법일 수 있다. 문제만 해결할 수 있다면 무엇이든지 자원이 될 수 있다. 해로운 요소 역시 자원이 될 수 있다는 것이다.

[자원의 종류와 예시]

자원(Resource)	설명	비고
물질(Substance)	시스템과 주변환경을 구성하는 모든 물질	형태적 구분
장(Field, Energy)	시스템 내부의 장, 에너지	
공간(Space)	빈공간, 다른 차원, 대상 물체의 내부 공간, 이동 물체가 움직이는 공간	
시간(Time)	작업의 전시간, 작업 이후 시간, 작업 사이의 시간	
환경	시스템 주위에 언제나 존재하고 쉬게 구할 수 있지만 평소에 인식하지 못하는 자원	위치별 구분
상위시스템	시스템 내부에 속해 있지 않으면서 시스템의 동작이나 수행에 영향을 주는 시스템 주변의 다른 시스템	
시스템 및 시스템 내부	시스템 내부에 속해 있는 요소	
예비자원	문제에 직접적으로 표현되는 자원	속성별 구분
숨은자원	예비 자원이 가지고 있었으나 활용되지 않았던 속성	
파생자원	예비자원 및 숨은 자원의 상호작용에 의해 발생되는 자원	

[자원 분석표 작성 실습]

문제상황 : 피크 시간대에 기차역에서 승객들이 기차에 빠르게 탑승하고 하차하는 것을 원활하게 하기 위한 방법을 찾아보자.

<table>
<tr><th>구분</th><th>예비 자원</th><th>숨은 자원</th><th>파생 자원</th></tr>
<tr><td>시스템 내부</td><td>1. 기차
2. 역사 내의 승객
3. 플랫폼</td><td>1. 기차 내부의 공간 배치
2. 열차 문 개폐 속도
3. 탑승 신호등</td><td rowspan="3">1. 탑승/하차 가이드라인
2. 빠른 열차 문 개폐 시스템
3. 피크 시간대 운행 간격 조절
4. 맞춤형 스케줄링
5. 승객 유도 앱 or 시스템
6. 환승 편의성 강화</td></tr>
<tr><td>상위 시스템</td><td>1. 전체 철도 네트워크
2. 스케줄링 시스템
3. 인력 자원(기차 승무원, 역 직원)</td><td>1. 기차 운행 간격
2. 다른 교통 연결 시스템</td></tr>
<tr><td>환경</td><td>1. 승객들의 행동 패턴
2. 기상 조건(비, 눈 등)
3. 기차역 주변의 교통 상황</td><td>1. 승객들의 정보 접근 능력(앱, 안내판)
2. 기차역 인근 상점 및 편의 시설</td></tr>
</table>

위 표는 기차역 상황을 간략하게 나타낸 것으로, 실제로는 더 다양한 자원 및 상황 요소들이 있을 것이다. TRIZ 방법론을 활용하면 이러한 다양한 자원들을 체계적으로 분석하고 최적화된 솔루션을 도출할 수 있다.

(3) 이상성(Ideality)

TRIZ에서 이상성은 문제가 지향하는 완벽한 해결책을 의미한다. 이상적인 시스템이란 시스템 자체는 존재하지 않으면서 그 기능은 수행되는 상태를 말한다. 즉 이상적인 결과란 모순관계를 극복하고 원하는 특성이 모두 만족하는 상태를 말한다

이상성은 시스템 이점 또는 유용한 기능과 비용 또는 해로운 기능 간의 관계로 측정된다. 매우 이상적인 상태에서 시스템은 피해나 불필요한 복잡성 및 비용 없이 기능을 수행한다. 이상성의 궁극적인 형태는 시스템이 물리적 실체로 존재하지 않고 원하는 기능을 수행하는 것이다.

TRIZ에서 이상성은 단지 이론적인 개념이 아닌 실천적 목표이다. 혁신가와 문제 해결자는 TRIZ 원칙과 도구를 사용하여 모순을 제거하고 시스템 이상성을 개선함으로써 문제에 체계적으로 접근하고 해결한다. 이상성을 추구하면 혁신 프로세스가 추진되고

경계를 넓혀 기능을 최적화하고 단점을 줄일 수 있는 것이다.

이상성을 달성하기 위한 핵심 단계는 시스템 내 모순을 식별하고 해결하는 것이다. 모순은 한 매개변수를 개선하면 다른 매개변수에 부정적인 영향을 미치는 상황으로, TRIZ는 이러한 모순을 제거하거나 타협하지 않고 이상적인 상태에 가까워질 수 있도록 체계적인 방법과 창의적인 원리를 제공한다.

이상성을 높이려면 가용 자원을 효율적으로 사용하는 것도 포함된다. TRIZ는 가치를 창출하고 시스템 기능을 향상하기 위해 혁신적인 방법으로 기존 자원(재료, 에너지, 정보)을 사용하는 것의 중요성을 강조하여 낭비를 최소화하고 솔루션의 효율성을 극대화한다.

이상적인 최종 결과(IFR : Ideal Final Result)는 TRIZ 방법론 핵심 개념이다. 이는 비용, 피해 또는 바람직하지 않은 영향 없이 원하는 결과가 달성되는 환상적이면서도 그럴 듯한 시나리오이다. IFR은 문제 해결 프로세스 가이드 역할을 하여 혁신가가 최적의 솔루션을 구상하고 이를 실현하기 위해 역방향으로 작업할 수 있도록 한다.

결론적으로 TRIZ 이상성은 시스템의 완벽한 상태를 구상하고 혁신적인 사고와 체계적인 방법을 사용하여 장애물과 모순을 극복하고 시스템 기능을 최적화하면서 결함과 자원 활용을 최소화하는 것이다.

[이상성]

$$Ideality = \frac{Funcionality(Effects, \text{효과})}{Cost} \begin{matrix}\uparrow \\ \downarrow\end{matrix}$$

시스템은 이상성이 증가하는 방향 즉 IFR을 향하여 진화한다.

-TRIZ 창지사, 알츠슐러-

IFR(Ideal Final Result) = Ideality → ∞

$\frac{Functionality \uparrow}{Cost \downarrow}$	$\frac{Functionality \uparrow\uparrow}{Cost \uparrow}$	$\frac{Functionality \uparrow}{Cost\,(C)}$
$\frac{Functionality\,(C)}{Cost \downarrow}$	$\frac{Functionality \downarrow}{Cost \downarrow\downarrow}$	

Ⅳ 기술적 모순 및 40가지 발명원리

학습 목표

- 기술적 모순에 대하여 설명할 수 있다.
- 40가지 발명원리를 이해하고 우리 주변에서 사용한 발명원리를 찾아볼 수 있다.

1.1 기술적 모순

기술적 모순(Technical Contradiction)은 시스템 특성 A를 개선하면 다른 특성 B가 악화되는 관계로 즉 서로 다른 특성들 간 상호 배타적인 관계로 절충 모순이라고도 부르며 향상과 악화는 사용자 관점에서 판단한다.

[기술적 모순은 39가지 기술 변수, 모순 매트릭스, 40가지 발명 원리를 활용]

If	P가 어떤 한 조건을 만족하면
Then	특성 A는 향상
But	특성 B는 악화

TRIZ 기술적 모순은 시스템 한 속성이나 특성을 개선하면 실수로 다른 속성이 저하되는 상황을 중심으로 전개되는 핵심 개념이다. 이러한 모순은 다양한 분야와 산업에 걸쳐 많은 설계 및 개발 프로세스에 내재하여 있으며 시스템이나 제품의 이상적인 상태를 달성하는 데 장애물로 작용한다. 예를 들어, 제품 디자인에서 제품 내구성을 강화하면 가격이나 경량성이 저하될 수 있는 것이다.

이러한 모순을 체계적으로 해결하고 혁신을 촉진하기 위해 TRIZ는 구조화된 방법론을 제공한다. 여기에는 상충하는 매개변수를 식별한 다음 다양한 영역에 걸친 특허 솔루션 분석에서 파생된 일반화된 전략인 TRIZ의 40가지 발명 원리를 활용하는 것이 포함된다. 이러한 원칙은 발명가와 엔지니어가 모순을 해결하는 솔루션을 개발하도록 안내하여 다른 특성을 손상하지 않으면서 한 특성을 개선할 수 있도록 한다.

기술적 모순을 해결하기 위해 TRIZ 방법론을 적용함으로써 혁신가는 틀에 얽매이지 않는 솔루션을 발견하고 전통적인 문제 해결 접근 방식에서 일반적으로 직면하는 상충 관계의 한계를 우회할 수 있다. 이러한 접근 방식은 획기적인 혁신 창출과 상충하는 요구 사항을 동시에 충족할 수 있는 제품 또는 시스템 개발을 촉진하여 기술과 디자인 발전을 위한 길을 열어주기도 한다.

TRIZ의 39가지 기술 변수는 모순 매트릭스의 중요한 구성 요소이며, 이는 기술적 모순 해결을 목표로 하는 TRIZ 방법론의 중추적인 도구이다. 이러한 기술 변수는 충돌하여 기술적 모순으로 이어질 수 있는 시스템, 제품 또는 프로세스의 다양한 특성이나 속성을 나타낸다. 예를 들어 기술 변수에는 길이, 면적, 속도, 힘, 온도 등과 같은 속성이 포함되며, 하나의 기술 변수가 개선되고 이로 인해 다른 기술 변수가 저하되면 해결이 필요한 기술적 모순이 발생한다.

39가지 기술 변수를 효과적으로 활용하기 위해 TRIZ 사용자는 당면한 문제에서 충돌하는 기술 변수를 식별하고 이를 모순 행렬 내에서 찾는다. 이 매트릭스는 모순을 해결하기 위해 수많은 특허 및 혁신에 관한 연구에서 파생된 일반화된 솔루션인 적절한 발명 원리를 식별하는 데 도움이 된다. 특정 모순을 발명 원리와 연결함으로써 모순 매트릭스는 잠재적인 솔루션을 탐색할 수 있는 구조화된 접근 방식을 제공하고 혁신 프로세스를 촉진한다.

결론적으로, TRIZ의 39가지 기술 변수는 시스템이나 프로세스 내 기술적 모순의 본질을 강조하고 명확하게 하는 데 중요한 역할을 하며 이는 모순을 해결하고 혁신적인 솔루션으로 이어질 수 있는 적절한 발명 원리를 식별하기 위한 기초를 형성한다. 이러한 기술 변수를 사용하는 구조화된 접근 방식을 갖춘 모순 행렬을 통해 발명가와 엔지니어는 기존의 문제 해결 장벽을 뛰어넘고 각자의 영역에서 획기적인 발전을 이룰 수 있다.

[39가지 기술변수]

1. 움직이는 물체의 무게(Weight of moving object)
2. 정지한 물체의 무게(Weight of non-moving object)
3. 움직이는 물체의 길이(Length of moving object)
4. 정지한 물체의 길이(Length of non-moving object)
5. 움직이는 물체의 면적(Area of moving object)
6. 정지한 물체의 면적(Area of non-moving object)
7. 움직이는 물체의 부피(Volume of moving object)
8. 정지한 물체의 부피(Volume of non-moving object)
9. 속도(Speed)
10. 힘(Force)
11. 장력, 압력(Tension, pressure)
12. 모양(Shape)
13. 물체의 안전성(Stability of the object's composition)
14. 강도(Strength)
15. 움직이는 물체의 작동시간(Duration of action of moving object)
16. 정지한 물체의 작동시간(Duration of action of non-moving object)
17. 온도(Temperature)
18. 밝기(Brightness)
19. 움직이는 물체가 소비하는 에너지(Energy spent by moving object)
20. 정지한 물체가 소비하는 에너지(Energy spent by non-moving object)
21. 파워=힘×거리(Power)
22. 에너지 손실(Waste of energy)
23. 물질의 손실(Waste of substance)
24. 정보의 손실(Loss of information)
25. 시간의 손실(Waste of time)
26. 물질의 양(Amount of substance)
27. 신뢰성 내구성(Reliability)
28. 측정의 정확도(Accuracy of measurement)
29. 제조의 정밀도(Accuracy of manufacturing)
30. 물체에 작용하는 유해 요소(Harmful factors affecting object)
31. 유해한 부작용(Harmful side effects)
32. 제조의 편이성(Manufacturability)
33. 사용의 편이성(Convenience of use)
34. 유지보수의 편이성(Repairability)
35. 적용성(Adaptability)
36. 장치의 복합성(Complexity of device)
37. 조정의 복합성(Difficulty of detecting and measuring)
38. 자동화 정도(Extent of automation)
39. 생산성(Productivity)

1.2 40가지 발명 원리

발명 원리는 아이디어들을 도출하고 기술적 모순을 해결하는 데 사용하는 트리즈 도구이다. 문제를 해결하기 위해서는 한 개 원리 또는 몇 개 원리를 동시에 사용하여 해결할 수 있고, 시스템은 여러 방향으로 개설될 수 있다. 대부분은 한 개 이상의 원리들이 사용된다.

실제로 기술적 모순 개념과 40가지 발명 원리는 문제 해결과 혁신을 위한 TRIZ 방법론 핵심 원칙이다. TRIZ 기술적 모순은 한 매개변수 개선이 다른 매개변수에 해로운 영향을 미치는 상황이다. 이는 한 측면을 최적화하면 다른 측면이 저하될 수 있는 설계 및 엔지니어링 분야에서 흔히 발생하며, 이러한 모순을 해결하는 것은 혁신에 매우 중요하다.

TRIZ 40가지 발명 원리는 기술적 모순을 해결하는 데 사용할 수 있는 일반화된 솔루션 또는 접근 방식 역할을 한다. 각 원칙은 창의적인 문제 해결의 패턴 연구에서 파생된 높은 수준의 개념적 솔루션을 나타내며, 모순을 해결하기 위한 다양한 사고 방식과 접근 방식을 제공하여 혁신가가 뻔한 해결책을 넘어 획기적인 아이디어를 생각해 낼 수 있도록 해준다.

TRIZ 40가지 발명 원리를 사용하면 기술적 모순을 체계적으로 해결하고 상충하는 요구 사항을 충족할 수 있는 혁신적인 솔루션을 찾을 수 있다. 이러한 원칙은 기존 틀에서 벗어나 생각할 방법을 제공함으로써 문제 해결 프로세스를 변화시키는 촉매제 역할을 하며, 기술 발전과 가치 창출을 추구하는 과정에서 기술적 모순을 해결하는 데 중추적인 역할을 한다.

TRIZ 기술적 모순을 해결하기 위해서는 40가지 발명원리가 필수적인 지침 전략으로 작용한다. 이러한 원칙은 다양한 분야에 걸쳐 수많은 혁신과 특허에 대한 포괄적인 연구를 통해 얻은 창의적인 솔루션의 정수이다. 이는 혁신 과정에서 직면하는 일반적인 과제와 모순을 해결하기 위한 보편적인 접근 방식으로 생각되며, 이를 통해 혁신가는 심리적 관성을 깨고 획기적인 솔루션을 구상할 수 있다. 이는 다양한 가능성과 접근 방식을 탐구하여 혁신적인 솔루션을 개념화하기 위한 일반적인 지침으로 기능하고 혁신가가 기존 사고 패턴에서 벗어날 수 있도록 도와준다.

TRIZ 각 발명 원리는 특정 모순을 해결하기 위한 독특한 접근 방식을 제공한다. 예를 들어, 한 가지 원칙은 안정성을 손상하지 않으면서 시스템 적응성과 유연성을 향상시키는 것을 다룰 수 있다. 또 다른 원칙은 객체 유용성을 최적화하기 위해 객체를 다기능으로 만드는 방법에 대한 솔루션을 제공할 수 있다. 이러한 원칙은 아이디어 자극제 역할을 하며 설계나 프로세스 모순을 해결하고 제거하기 위한 다양한 경로를 제안하여 새롭고 효율적인 솔루션의 개념화로 이어진다. 이는 혁신가들이 명백한 해결책 너머를 바라보고 관습에 얽매이지 않는 길을 탐색하도록 장려함으로써 혁명적인 아이디어의 발전을 촉진한다.

본질적으로 TRIZ 40가지 발명 원리는 혁신가가 혁신을 추구하면서 직면하는 기술적 모순을 체계적으로 다루고 해결할 수 있도록 지원하며 TRIZ 방법론 기초이며 창의적인 문제 해결을 추진하고 기술 개발을 발전시키는 능력에 크게 기여한다. 이러한 원칙을 활용함으로써 혁신가와 디자이너는 해당 분야의 복잡성을 헤쳐 나갈 수 있으며 기술과 디자인 분야에서 더욱 세련되고 효과적이며 새로운 솔루션을 개발할 수 있다.

[40가지 발명원리의 활용]

01 분할	02 추출	03 국부적 품질	04 비대칭	05 통합	06 다용도	07 중첩/포개기	08 무게 보상
물체를 나눈다/분리가 쉽도록한다	필요한 부분과 특성만 추출한다	균질에서 비균질로 상태를 바꾼다	물체의 형태를 비대칭으로 바꾼다	연관된 기능의 물체들을 결합한다	다른 물체의 기능까지 수행한다	다른 물체 안으로 들어가게 한다	물체가 부력이나 상승력을 갖는다
09 예비 반대조치	**10 예비 조치**	**11 사전 보상**	**12 높이 맞추기**	**13 반대로 하기**	**14 구형화**	**15 역동성 증가**	**16 부족 또는 초과 조치**
미리 반작용을 수행해둔다	요구가 있기전에 미리 조치한다	미리 안전 조치를 취해둔다	물체를 올리지도 내리지도 않는다	필요한 작용을 오히려 반대로 한다	물체의 곡률을 증가시킨다	정적인 물체를 움직이게 한다	원하는 것보다 조금 더하거나 덜한다

17 차원 변경	18 기계적 진동	19 주기적 작용	20 유익한 작용의 지속	21 서두르기/고속 처리	22 해로움을 이로움으로	23 피드백	24 매개체
1차원-2차원-3차원으로 변경한다	물체가 진동하게 한다	지속적장용에서 주기적 작용으로 변경한다	기능이 휴식없이 발휘되도록 한다	해로운 단계는 빠르게 진행한다	유해함을 이용해 유익한 효과를 낸다	피드백을 도입하거나 강화한다	작용을 전달,강화하는 매개체를 도입한다
25 셀프 서비스	**26 복제**	**27 값싼 일회용품**	**28 기계적 장의 대체**	**29 공기압과 유압**	**30 유연한 막 얇은 필름**	**31 다공성 물질**	**32 색깔 변화**
물체 스스로 필요한 기능을 수행하게 한다	원래의 물체 대신 복제물을 이용한다	값싸고 수명이 짧은 물체로 대체한다	장을 음향, 광학,미각 등으로 대체	고체 부품을 액체 기체로 바꾼다	구조물 대신 유연한 막, 필름을 이용	물체를 다공성 물질로 만든다	물체 또는 환경의 색깔을 바꾼다
33 동질성	**34 폐기 및 재생**	**35 속성 변화**	**36 상전이**	**37 열팽창**	**38 강력 산화제**	**39 불활성 환경**	**40 복합 재료**
상호작용 물체를 같은 물질로 한다	필요기능 수행후 물체 일부를 폐기한다	물체의 물리적 상태를 바꾼다	상전이 현상을 이용한다	재료의 열팽창,수축을 이용한다	산소가 풍부한 환경으로 바꾼다	불활성 환경으로 바꾼다	단일 재질을 복합 재질로 바꾼다

1.3 이종 산업 벤치마킹

이종 산업 벤치마킹은 한 산업에서 발견된 혁신적인 아이디어나 전략을 다른 산업에 적용하는 방법을 의미한다. 이 방법은 특정 산업에서의 독특한 문제 해결 전략이나 기술이 다른 산업에서도 효과적으로 작용할 수 있음을 인식하는 데 기반하고 있다. 예를 들어, 항공산업에서 고도로 발전된 터빈 기술은 자동차 산업에서의 엔진 효율 향상에 도움을 줄 수 있다.

TRIZ와 같은 창의적 문제 해결 방법론은 이종 산업 벤치마킹과 밀접한 관련이 있다. TRIZ는 기술적 모순을 중심으로 한 방법론으로, 다양한 산업에서 발생하는 유사한 기술적 문제들에 대한 해결책을 제시하는 데 중점을 둔다. 이로써, 한 산업에서 성공 사례나 기술을 다른 산업 문제 해결에 창의적으로 적용하는 데 도움을 줄 수 있다.

이종 산업 벤치마킹 주요 도전은 완전히 다른 맥락에서 발견된 해결책을 자신의 산업에 어떻게 효과적으로 적용할 것인지를 파악하는 것이다. 각 산업은 그만의 독특한 환경과 문제점을 가지고 있기 때문에, 단순히 다른 산업 해결책을 복사해서 적용하는 것만으로는 충분하지 않을 수 있다. 따라서, 다른 산업 전략이나 기술 핵심 원리를 깊이 이해하고, 그것을 자신의 산업에 맞게 조정하거나 변형하여 적용하는 능력이 필요하다. 이렇게 하면, 이종 산업 벤치마킹은 기존 방식에서 벗어나 혁신적인 접근을 가능하게 하는 강력한 도구가 될 수 있는 것이다.

우리는 이종 기술을 탐색하는 방법은 다양한 분야 기술과 지식을 이해하고, 그것을 다른 분야에 효과적으로 적용하는 능력을 키우는 것이 필요하다. 이종 기술을 탐색하는 방법에 관한 몇 가지 방법을 제시해본다.

1) 문헌 조사: 여러 분야 학술지, 기술 보고서, 특허 등을 주기적으로 리뷰하며, 다양한 기술 트렌드와 혁신을 확인한다. 특히, 자신이 활동하는 분야와는 다른 분야의 학술지나 특허를 살펴보는 것은 매우 유익할 수 있다.
2) 전문가 인터뷰: 다른 산업이나 분야 전문가와의 대화는 새로운 관점이나 아이디어를 제공할 수 있다. 이러한 대화를 통해 자신의 문제에 대한 다양한 해결책을 발견하거나 새로운 기술 동향을 파악하는 데 도움을 받을 수 있다.
3) 참가 관찰: 다른 분야 세미나나 워크숍, 콘퍼런스에 참여하며 다른 분야 전문가들과 네트워킹을 활성화하고 그들의 경험과 지식을 공유한다.
4) 기술 이전: 다른 분야에서 이미 검증된 기술을 자신의 분야에 적용하는 것을 고려한다. 예를 들면, 의학 분야 기술이 제품 디자인이나 제조 과정에 활용될 수 있다.
5) 다학제 연구: 여러 분야 연구자들과 협력하여 연구 프로젝트를 진행하며, 다양한 분야 지식과 기술을 결합하여 새로운 접근법을 모색한다.
6) TRIZ 활용: TRIZ는 기술적 모순을 해결하는 데 사용되는 방법론 중 하나로, 다양한 분야에서의 문제 해결 전략과 기술을 적용할 수 있도록 지침을 제공한다.

즉, 이종 기술 탐색은 지속적인 학습과 호기심, 그리고 다양한 분야와 연결을 유지하는 것이 중요하다. 이를 통해 새로운 기술 동향과 변화를 빠르게 파악하고, 그것을 자신의 분야에 효과적으로 적용할 수 있게 된다.

이종 산업 벤치마킹 예시

TRIZ를 사용한 산업 간 벤치마킹의 유명한 사례 중 하나는 항공 및 자동차 산업이다.
자동차 산업의 한 회사는 연비와 관련된 문제에 직면해 있으며 연료 소비를 줄이는 방법을 모색하고 있었다. 문제는 차량 성능을 저하하지 않으면서 연료 사용을 최소화할 수 있는 솔루션을 찾는 것이었다.
TRIZ 방법론을 사용하는 이 회사는 항공 산업에서 영감을 얻었다. 항공 분야에서는 연료와 관련된 높은 비용으로 인해 연료 효율이 중요한 요소이다. 이 문제를 해결하기 위해 비행기는 날개 끝의 작은 위쪽으로 구부러진 작은 날개를 사용하여 소용돌이 항력을 줄여 연료를 절약하였다.
이 항공 솔루션에서 영감을 얻은 자동차 회사는 비행기 날개처럼 공기 저항을 줄이기 위한 특정 공기 역학적 기능을 갖춘 차체 설계를 개념화했으며 공기 저항을 최소화하도록 차량 설계를 수정함으로써 차량의 속도나 성능에 영향을 주지 않고 연비를 크게 향상할 수 있었다.
결과적으로 다양한 산업 분야에 걸친 솔루션 벤치마킹을 통해 공기 역학이 강화된 혁신적인 자동차 디자인이 개발되었으며, 이는 자동차 산업에서 연료 효율이 더 높은 차량으로 이어졌다. 또한 산업 간 학습의 중요성과 한 분야의 솔루션을 적용하여 다른 분야의 과제를 해결하는 것을 강조했으며 혁신과 문제 해결을 촉진하는 데 있어서 TRIZ의 다양성과 효율성을 보여주었다.
이 예는 TRIZ가 기술적 모순을 해결하고 제품 또는 프로세스 성능을 향상해 혁신과 개발을 촉진하기 위해 다양한 산업의 솔루션을 식별하고 적용하는 방법을 보여준다.
우리의 기술적 모순을 해결하기가 어렵다면 다른 산업에서 아이디어를 얻어 본다. 프란스 요한슨은 " 타 산업 아이디어를 결합할 때 새로운 돌파구를 창조할 가능성은 최고로 커진다."라고 하였다. 다른 산업에서는 이미 같은 문제를 해결하고 성장해 나가고 있다. 이런 관점을 배워서 아이디어를 도출하여 우리의 문제를 해결해 본다.
표면적으로는 모든 문제가 특수한 상황에서 특수하게 발생하는 것 같지만 본질적으로는 유사한 문제가 유사하게 발생하고 있으며, 이를 해결하는 아이디어 또한 유사하다.

참고 자료

[도서]
· 레이먼 벌링스 외. 크로스오버 아이디어, 더난출판, 2016.
· 안성은. MIX, 더퀘스트, 2022.
· 겐리호 알트슐러. 새로운방식의 트리즈, GS인터비젼, 2011.

창의적인 지식재산 **캡스톤디자인**

Chapter 05

창의적 문제 해결법 디자인씽킹

Ⅰ. 디자인씽킹의 정의와 프로세스 이해
Ⅱ. 디자인씽킹 사례
Ⅲ. 디자인씽킹 마인드 셋

05 창의적인 지식재산 **캡스톤디자인**

창의적 문제 해결법 디자인씽킹

I 디자인씽킹 정의와 프로세스 이해

학습 목표

· 디자인씽킹 정의와 프로세스를 알고 단계별 핵심 요소를 이해할 수 있다.

초연결, 초지능의 현대사회는 급변하고 불확실하며 복잡하고 모호한 VUCA(Volatility·Uncertainty·Complexity·Ambiguity)의 시대라 일컬어진다. 분야별 개별 지식만으로는 복잡하고 다층적인 현안 이슈의 해결이 어렵게 되면서 한계에 부딪히게 되고 현대사회 문제에 대응하기 위해 창의성에 기반한 복합적 문제해결 방식의 접근이 강조되면서 디자인씽킹에 더욱 주목하게 되었다. 디자인씽킹은 사람 중심으로 문제를 해결하는 방법론으로 빠른 실패를 통해 실패를 자산화하고 협력하는 과정을 거쳐 협력의 방법을 배우며, 진짜 문제 발견과 해결에 도달하는 창의적 문제해결 방법론이다. 디자이너가 생각하는 방식, 문제를 해결하는 방식에서 시작된 디자인씽킹은 일상생활에서 또는 제품이나 서비스를 개발할 때 사용자의 문제를 발굴하고 문제의 해결 방안을 탐색하는 과정을 시스템적으로 운영할 수 있는 방법으로 확산하였으며 그 과정에서 사람을 중심으로 하는 창의적인 생각과 도전의 마음가짐을 키워갈 수 있다.

1.1 디자인씽킹 발전과 정의

디자인씽킹(Design Thinking) 용어와 개념은 디자이너가 생각하고 일하는 방법으로 복잡한 문제를 해결하는 과정에서 사용되면서 발전하였다. 사회과학에 자연과학적 사고방식을 도입하여 노벨경제학상을 받은 미국의 경제학자이자 인지과학자인 허버트 사이먼(Herbert A. Simon) 박사는 1969년 인공과학의 이해(The Sciences of Artificial)란 책에서 디자인이란 생각하는 방법(the way of thinking)이며 논리적 이성으로 해결이 불가한 난제에 디자이너의 직관적인 사고 과정을 통해 현재보다 더 나은 상태로 변화시키려는 활동이라고 정의하면서 디자인에 대한 새로운 시각의 정의가 도입되기 시작했다. 허버트 사이먼은 관찰을 통한 프로토타입 제작과 테스트의 과정을 중요하게 제안하는 등 디자인씽킹 핵심 프로세스 발전에도 이바지하였다. 그는 "사람들이 기존 상황을 보다 나은 상황으로 변화시키기 위해 행동을 한다면 그들 모두는 디자이너이다"라는 말로 디자인 분야 이외에도 디자인씽킹 개념과 방식을 확장하였다.

허버트 사이먼(Herbert A. Simon(1916~2001))

Everyone is a designer if they devises courses of action aimed at changing existing situations into preferred ones.

출처: 허버트 사이먼(Herbert A. Simon). The Sciences of Artificial(1969)

1980년대 영국 디자인 연구 전문가이자 개방대학 교수였던 크로스 니겔(Cross Nigel)도 디자이너들의 사고방식과 문제에 접근하여 해결하는 방법론을 지속적으로 연구하였고 1992년 디자인씽킹이라는 제목으로 저서를 발간하는 등 디자인씽킹 사고방식과 방법론을 발전시켰다.

한편, 1991년 팀 브라운(Tim Brown)은 데이비드 켈리(David Kelly)와 IDEO를 설립하고 디자인씽킹 개념과 방법론을 기업 비즈니스에 접목하여 광범위한 영역에 적용, 확산하는 데 이바지하였다. 팀 브라운은 다른 사람들이 보고 느끼고 경험하는 것에 대한 이해가 디자인 핵심이며, 디자인 심장은 타인과의 공감이라고 이야기한다. 그리고 디자인은 모두가 그 과정에 참여하는 기회를 통해서 다극화된 경험을 만들어 내며, 만족스러운 경험을 주고받는 과정이라고 주장하였다.

팀 브라운(Tim Brown(1962~))

Empathy is at the heart of design. Without the understanding of what others see, feel, and experience, design is a pointless task.

출처: 팀 브라운. 2009. Change by Design.

그리고 더 나아가 디자인씽킹은 문제를 해결하고 세상을 바꾸는 발명(Tim Brown, 2010)이라며 IDEO를 통해 고객 친화적인 디자인씽킹 방법론과 툴킷을 개발하면서 디자인 전문가가 아니더라도 디자인씽킹을 문제해결 과정에 접목할 수 있도록 실용적으로 발전시켰다.

카네기 멜런(Carnegie Mellon) 디자인 학교 전 학과장이었던 리처드 뷰캐넌 (Richard Buchanan) 교수도 1992년 〈디자인 사고에서 해결하기 어려운 문제들〉을 통해 디자인은 어렵고 난해한 문제를 해결하는 도구라고 주장하며 디자인씽킹의 확산에 이바지했다.

이렇게 1970년대와 1990년대를 거치며 개념과 방법론이 발전해 오던 디자인씽킹은 2005년 SAP의 창업자인 하소 플래트너(Hasso Plattner)가 IDEO 설립자인 데이비드 켈리(David Kelly), 그리고 기계공학자인 버나드 로스(Bernard Roth) 등과 함께 하소 플래트너 디자인연구소(The Hasso Plattner Institute of Design)라 불리는 스탠퍼드(Stanford) 대학교 디자인 스쿨(Design School)을 설립하게 되면서 더욱 개념적이고 체계적으로 발전, 확산하게 되었다. 하소 플래트너 디자인연구소는 디자인씽킹 프로세스 가이드를 만들어 수업과 다양한 프로젝트에 적용하며 디자인씽킹을 확산시켰다.

이러한 디자인씽킹 개념과 방법론은 국내외 굴지의 기업들도 경영혁신이나 제품개발 과정에서 사용하고 있으며 정부 기관, 공공기관, 사회 커뮤니티와 교육 현장 등 많은 기관과 단체에서 활용하면서 협업으로 문제를 발굴하고 해결하는 유용한 방법론이자 창의적으로 생각하고 일하는 방식으로 계속 진화하고 있다.

종합해 보면 디자인은 공감을 통한 사람 경험의 이해를 바탕으로 문제의 본질을 파악하고 긍정적이고 선도적인 해결책에 접근하여 더 나은 상태로 만들어가는 과정이다. 디자인씽킹은 이러한 디자인 철학을 담은 혁신적 사고 방식이며, 디자인 역할과 문제 해결 프로세스를 더욱 체계적으로 발전시킨 개념이자 방법론이다. 따라서 디자인씽킹은 공감을 통해 문제를 발견하고 집단지성과 협업으로 문제 해결책을 찾은 후 사용자 피드백으로 끊임없이 개선해 가는 사람 중심 문제 해결 방식이며 복합적 문제를 해결하기 위한 접근법이라 정의할 수 있다.

1.2 디자인씽킹 5단계 프로세스

디자인씽킹 첫 단계는 디자인씽킹 핵심이라 볼 수 있는 사용자에 대한 깊이 있는 이해를 위한 공감 단계, 두 번째 단계는 사용자 이해를 기반으로 사용자의 숨어 있는 요구(Demand) 혹은 욕구(Needs)를 찾아 진짜 문제를 발굴하는 문제정의 단계, 세 번째 단계는 사용자 경험에 기반하여 문제를 해결할 수 있는 대안을 탐색하는 아이디어 단계, 네 번째 단계는 아이디어 단계에서 수렴한 아이디어를 빠르고 쉽게 시각화하는 프로토 타입 제작 단계, 그리고 다섯 번째 단계로 프로토타입에 대한 사용자의 피드백을 통해 아이디어를 개선하는 테스트 단계로 나눌 수 있다. 디자인씽킹은 사용자의 피드백을 통해 끊임없이 개선할 수 있는 선순환 단계를 통해 아이디어를 진화하는 프로세스를 갖기 때문에 테스트 단계를 거친 후 프로젝트의 성격에 따라서 필요한 단계로 되돌려 유연하게 진행할 수 있다는 강점을 갖는다.

[디자인씽킹의 5단계]

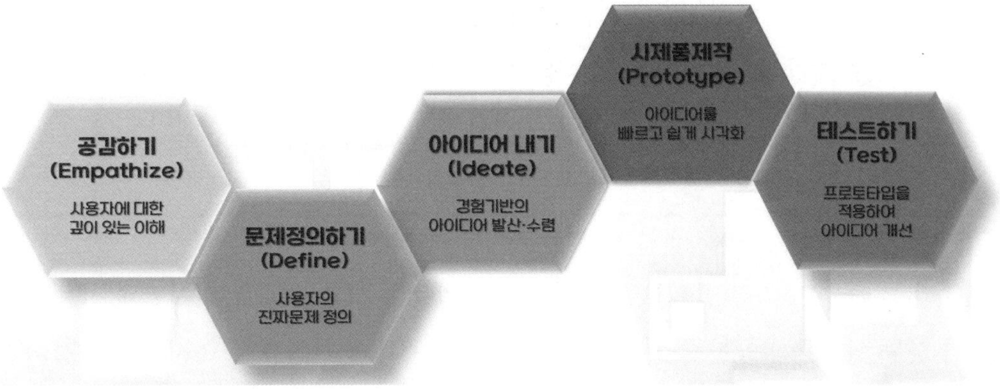

1) 공감하기(Empathize)

디자인씽킹은 사용자의 요구(Demand) 혹은 욕구(Needs)를 탐색하는 것에서부터 시작된다. 사용자를 중심으로 실제로 (1) 관찰하고, (2) 인터뷰하고, (3) 경험을 체험하는 방식을 통해 사용자의 잠재된 요구와 욕구를 알 수 있다. 공감한다는 것은 어렴풋한 추측이나 판단이 아닌 사용자와의 직접적 또는 간접적 유대로 사용자 경험 의미를 파악하고 그 과정의 인사이트를 얻어내는 것을 뜻한다. 그렇다면 “내가 사용자라면 아마도 이럴 거야”와 같은 수준의 추측이 아닌 사용자 경험에서 의미를 찾아내고 인사이트를 얻는 방법은 무엇일까? 일상생활 속에서 각자의 경험을 떠올려보자. 우리는 다른 사람을 공감하기 위해 어떻게 하는가? 그 사람을 관찰하기도 하고 공감되지 않는 경우, 경험에 대해 질문을 하기도 한다. 때때로 그 사람과 같은 상황에 놓이게 되어 유사 경험을 하게 될 때, 비로소 진정한 이해와 공감이 되기도 한다. 임산부 체험이나 시각장애인 체험 등은 이런 맥락으로 직접 체험을 통해 임산부나 시각장애인 공감을 위한 체험이라 할 수 있겠다.

디자인씽킹에서 공감을 위한 첫 번째 방법으로 ‘사용자 경험 관찰을 위한 현장 조사에 대해 알아보자’이다. 현장 조사를 준비할 때는 관찰 주제와 활동 내용을 명확히 정리하는 등 철저한 조사가 사전에 수행되어야 한다. 사전 조사 후 현장에서는 상황에 대한 판단 없이 사용자의 경험에 궁금증을 갖고 낯설게 보는 시각을 유지해야만 사용자 입장의 통찰을 얻을 수 있다. 또한, 전 과정의 사용자 경험을 세밀하게 관찰하여 조사 기록장에 즉시 기록하는 것도 중요하다. 관찰자 존재는 사람들 행동에 영향을 줄 수 있으므로 관찰 대상자가 관찰되고 있음을 의식하지 못하도록 세심한 부분까지 고려해야 하며 현장 상황에 영향을 주지 않도록 행동해야 한다. 관찰 시 궁금한 점이 생기면 현장조사를 마친 후 별도로 질문하도록 하고 현장에서 발견하지 못하는 것이 있을 수 있으므로 영상이나 녹음 및 사진 기록을 확보할 필요가 있다.

디자인씽킹에서 공감을 위한 두 번째 방법은 '사용자 인터뷰'이다. 사용자와 직접적인 유대를 가지며 직접 물어보기가 가능한 인터뷰는 사용자 경험에 기반해 사용자 경험이 갖는 의미를 파악할 수 있는 단계이다. 궁금증과 호기심을 갖고 사용자와 같이 느낄 수 있도록 유대감을 갖는 것은 인터뷰 핵심 요소이다. 때때로 사용자와 인터뷰 중에 사용자는 이전에 본인도 알지 못했던 잠재적인 동기와 내재 되었던 감정을 파악하기도 한다. 문제상황에 대한 해결 방안을 묻기보다는 사용자 경험을 묻고 경험의 이유를 알 수 있는 열린 질문으로 맥락을 연결해야 한다. 어떠한 느낌이나 경험도 꺼내 이야기 할 수 있도록 심리적인 안전감을 주며 인터뷰를 진행하는 것이 중요하다.

인터뷰 기획 첫 단계는 인터뷰 대상자 선정이다. 진행 주제와 관련한 다양한 이해관계자를 찾아 동심원 형태의 이해관계자 지도(Map)를 작성한 후 적합한 인터뷰 대상자를 선정해야 한다. 이해관계자 지도는 주제와 연관하여 영향을 주고받는 이해관계자의 연결 관계를 파악하고 그들 간의 이해관계를 시각화하는 방법이다. 작성한 이해관계자 지도 속 인물 중 주제 접근방식에 따라 인터뷰 대상자를 선정하고, 다음 단계로 인터뷰를 위한 질문지를 준비한다. 인터뷰 질문지의 질문에 따라서 인터뷰 결과가 달라질 수 있으니, 사용자 경험을 충분히 파악할 수 있는 질문을 고려하여 리스트를 작성한다. 인터뷰 초반에 인터뷰 대상자와 어색하고 불편할 수 있는 분위기를 해소할 수 있도록 가벼운 질문으로 시작하고, 시간이 지날수록 주제와 관련하여 구체적인 질문으로 진행하되 단답형의 닫힌 질문보다는 사용자의 경험과 의도를 파악할 수 있는 열린 질문으로 질문 리스트를 만들어야 한다. 다음은 인터뷰 진행 단계로 인터뷰를 맡은 팀원 간에 질문과 기록 역할을 명확히 나누고 주제를 가까이에서 볼 수 있거나 경험할 수 있는 장소를 선택하는 것이 중요하다. 또한 인터뷰 대상자에게 사전에 동의를 얻어 녹음 또는 사진 촬영 등에 동의를 구해야 이후 기록에 대한 제약 없이 유용하게 사용할 수 있다. 인터뷰를 마친 후 내용 정리를 할 때는 인터뷰 내용을 왜곡 없이 기록하여야하며 인터뷰 대상자가 강조하는 것이 있다면 별도로 표시를 해두는 것도 필요하다. 기록자가 임의로 요약하거나 기록자만 알 수 있는 형태로 기록하게 되면 추후 인터뷰 내용 해석에 오류가 발생할 수 있으므로 가능하면 인터뷰 내용을 그대로 받아 적는 형태로 기록해야 한다.

디자인씽킹에서 공감을 위한 세 번째 방법은 '직접 체험하기'다. 사용자에 공감할 수 있는 최적의 방법으로 사용자 삶 속에서 경험하거나 생활해 보는 것을 말한다. 공감 대상자인 사용자와 동일 또는 유사한 상황에서 사용자에게 최대한 감정을 이입하여 온전히 경험해야 한다. 충분한 시간을 확보한 후, 사용자 환경으로 들어가 문제를 보게 된다면 이전에 보지 못했던 새로운 관점을 발견할 수 있게 되기도 한다.

20세기 최고 혁신적 공감을 했던 미국의 산업디자이너이며 노인학자인 패트리샤 무어(Patricia Moore)는 26세 나이에 80대 노인으로 변장하여 생활하며 노인들이 겪는 불편함을 직접 체험하였다.

[패트리샤 무어(Patricia Moore, 1952~)]

출처: 패트리샤 무어가 말하다-월간 디자인 https://mdesign.designhouse.co.kr/article/article_view/103/61202

1979년부터 1982년까지 노인 모습 분장은 물론 눈에는 도수가 맞지 않는 안경을 쓰고, 귀에는 솜을 틀어막고, 다리에는 철제 보조기를 차는 등 시력과 청력, 근력까지 노인의 신체적 특성에 맞추어 노인의 삶을 온전히 체험하면서 노인 삶에 공감하게 되었다. 이 경험을 통해 패트리샤 무어는 누구나 평등하게 사용할 수 있는 디자인 필요성을 더욱 강조하였고 손가락 관절염을 앓고 있는 사람들도 사용하기 편리한 옥소(Oxo)의 굿 그립(Good Grip)을 디자인했다. 패트리샤 무어는 옥소의 굿 그립뿐만 아니라 제너럴 일렉트릭(GE), 존슨앤존슨, 킴벌리클라크 등 기업의 많은 제품에도 노인의 신체적 특성을 녹여낸 디자인이 탄생하는 데 중요한 역할을 했다. 패트리샤 무어는 미국 건축가인 로널드 메이스(Ronald L. Mace)에 의해 정립된 개념인 유니버설 디자인(Universal Design)을 더욱 발전시키고 확산하는 데 큰 영향을 주었다. 나이나 신체적 능력, 성별이나 질병 유무 등과 관계없이 누구나 사용할 수 있는 서비스와 제품은 물론 정보와 환경을 구현한, 모두를 위한 유니버설 디자인은 사람 행동에 대한 이해를 기반으로 사용자에 대한 깊이 있는 공감이 선행되었기에 가능한 디자인이라 할 수 있다. 유니버설 디자인은 누구에게나 공평한 사용성, 다양한 생활환경 속에서도 자유롭게 사용할 수 있는 사용의 유연성, 간단하고 직관적인 사용성, 여러 전달 수단을 통해 쉽게 인지할 수 있는 쉬운 사용 정보 접근성, 사용의 오류에 대한 포용성, 적은 신체적 노력으로 가능한 사용성, 사용을 위한 여유 있는 공간 확보 등의 7가지 기본 법칙을 디자인 과정에 담고 있다.

[유니버설 디자인(Universal Design) 제품]

Oxo Good Grips 시리즈 주방 기구

끓임 알림 주전자

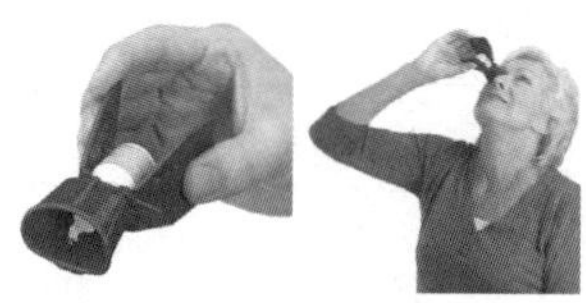

점안액 도포기

Big Button Phone

출처: 유니버설 디자인-YSID Webzine
http://webzine.ysid.org/archives/368

[유니버설 디자인(Universal Design) 가이드 라인이 도입된 공공주택과 미술관]

출처: 공공디자인 종합정보시스템 - [기획] 다정한 디자인이 살아남는다, 국내외 유니버설 디자인 사례 https://www.publicdesign.kr/brd/board/925/L/menu/926?brdType=R&thisPage=1&bbIdx=631&searchField=&searchText=

2) 문제정의하기(Define)

사용자에 대한 공감을 통해 사용자의 숨어있는 요구와 욕구 그리고 잠재적 수요를 발굴하여 문제를 정의하는 단계이다. 현장 조사와 인터뷰, 직접 체험하기 등을 통해 수집한 자료를 분석하고 이를 통해 사용자의 진짜 문제가 무엇이며 숨어있는 요구와 욕구는 무엇인지 찾아내는 단계라 할 수 있다. 이 단계는 사람에 대한 깊이 있는 이해를 바탕으로 사용자의 경험에 대한 근본 원인을 찾는 것이 핵심이다. 이때, 사용자 인터뷰와 현장 조사 등의 조사 내용에서 사용자 행동에 영향을 주는 요소를 찾고 파악한 의미를 모아 분석해야 한다. 현장 조사와 인터뷰에 참여했던 팀원들이 한자리에 모여 사용자가 어떤 말을 하고 어떠한 행동을 했으며 무엇을 불편하게 여기고 있는지 그리고 무엇을 원하는지 등 조사 내용을 공유한 후 의미가 유사하거나 연관성이 있는 특징 등을 정리하고 분석하여 그 안에서 인사이트를 도출해야 한다. 공감 단계에서 얻은 데이터에 기반하여 대상자와 유사한 행동 패턴을 지닌 사용자 그룹을 가상의 모델인 퍼소나(Persona)로 설정하고 퍼소나의 경험과 감정 변화를 시간 흐름에 따라 시각화하여 사용자의 경험 내용을 분석하는 사용자 여정 지도(User Journey Map)를 작성하게 된다. 사용자 여정 지도를 작성할 때는 상황에 따른 경험과 감정을 이해하기 쉽게 직관적으로 시각화하면 상황 발생의 원인을 찾는 데 도움이 된다. 이 과정을 통해 사용자의 감춰진 문제가 무엇인지 발견되면 명확하고 간결한 문장으로 문제를 정의하여 해결 방안 탐색을 위한 디딤돌을 만들어 주게 된다.

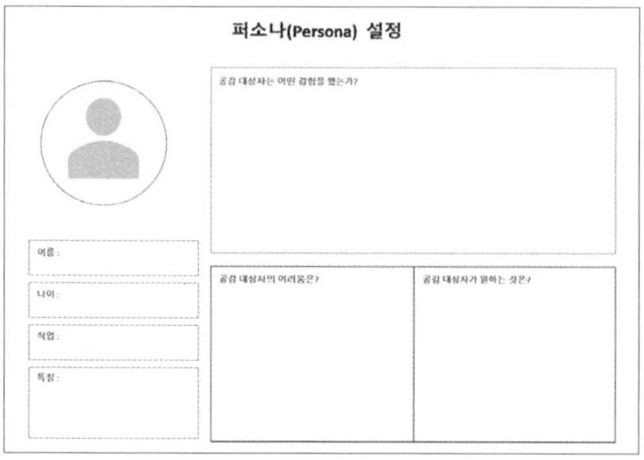

퍼소나(Persona) 설정 툴킷

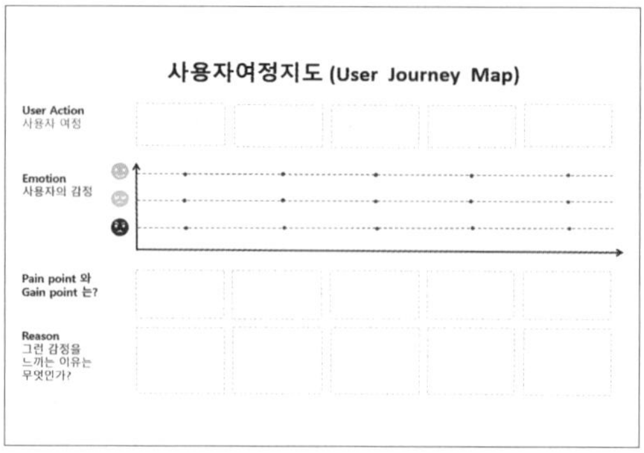

사용자 여정지도(User Journey Map) 툴킷

문제정의 단계에서 고려해야 할 세 가지 핵심 요소는 다음과 같다. 첫 번째, 이 문제가 사용자의 경험을 통해 탐색한 사용자가 실제로 겪고 있는 문제인가를 확인해야 한다. 두 번째, 이 문제가 해결되었을 때 사용자에게 가치가 있고 의미가 있는가를 고려해야 한다. 세 번째, 우리를 가슴 뛰게 하는 진정으로 해결하고 싶은 문제인지를 스스로 물어보아야 한다.

[사용자의 진짜 문제(★) 발굴의 핵심]

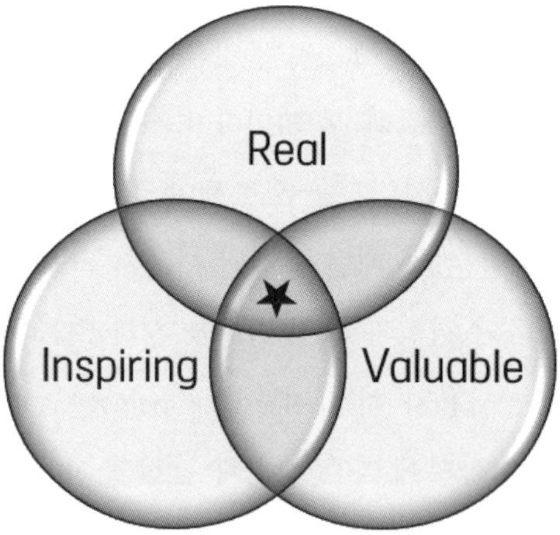

출처: https://dschool.stanford.edu

이러한 세 가지 요소를 충족하는 문제를 발굴했다면 이제 명확하고 간략한 형태의 문장으로 표현하면 된다.

의문문의 HMW(How Might We?) 형식이나 서술문의 POV(Point Of View) 형식으로 사용자의 숨겨진 요구를 간결하고 명확하게 작성하면 된다. 다음 표는 2살 아이를 둔 직장인 김순이 씨를 퍼소나로 설정하여 사용자 경험을 바탕으로 그녀가 겪는 어려움과 요구를 탐색하여 의문문 형태인 HMW와 서술문 형태의 POV로 문제정의를 작성한 예시이다.

<table>
<tr><th colspan="2">퍼소나(Persona) 설정</th></tr>
<tr><td>○ 이름 : 김순이
○ 나이 : 37세
○ 직업 : 사무직
○ 특징 :
1) 2세 아이를 둔 직업여성
2) 만성피로감 증세 있음</td><td>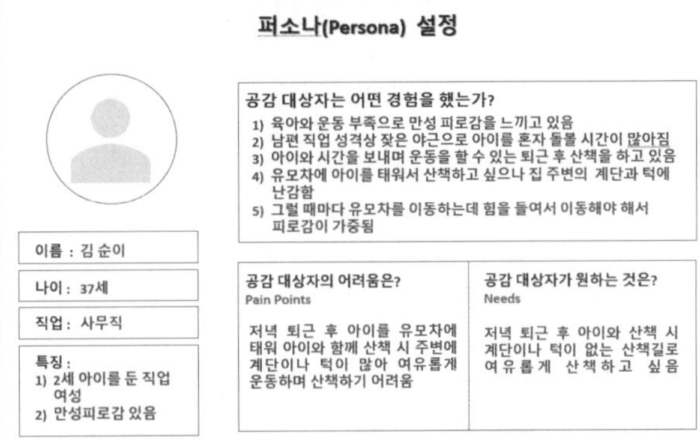
</td></tr>
</table>

구분	표현 방법	문제 정의
HMW (How Might We?)	어떻게 하면 구체적 대상(WHO)이 어떠한 상황(WHEN)일 때, 이러한 방식으로 해결할 수 (HOW) 있을까?	어떻게 하면, 2살 아이를 둔 직장인 김순이 씨는 퇴근 후 아이와 산책을 할 때, 유모차 이동에 어려움이 없는 경로를 알고 산책을 할 수 있을까?
POV (Point Of View)	구체적 대상(WHO)은 어떠한 방법이 (WHAT) 필요하다. 왜냐하면, 이러한 이유(WHY)가 있기 때문이다.	2살 아이를 둔 직장인 김순이씨는 유모차 이용에 어려움이 없는 산책 경로를 알 수 있는 방법이 필요하다. 왜냐하면 퇴근 후 유모차를 이용하여 아이와 함께 산책하기를 원하기 때문이다.

앞의 예처럼 퍼소나 설정 시 대상자 경험을 중심으로 사용자 어려움과 원하는 것이 무엇인지 탐색하여 이것을 바탕으로 간략한 형태의 문제 정의문을 작성하면 된다.

한편, 미국 제퍼슨 기념관 사례를 통해 문제정의 단계에서 질문이 갖는 힘에 대해 살펴보자. 미국 3대 대통령인 토머스 제퍼슨(Thomas Jefferson, 1743~1826)을 기념하기 위해

워싱턴에 세워진 백색의 아름다운 건축물에 고질적인 문제가 생겼다. 강력 세척으로 백색의 반짝이는 대리석이 훼손되어 갔고 강력 세척의 원인을 알아보니 비둘기가 모여들어 배설물을 남기기 때문임을 알게 되었다. 비둘기 접근을 막는 그물망을 쳐보았으나 그물망 설치는 별다른 효과가 없었고, 기념관 관계자는 현장 관찰과 조사를 통해 비둘기가 모여드는 근본적인 원인을 찾기에 이르렀다. 비둘기가 모여드는 이유는 바로 비둘기 먹이가 되는 거미가 모여들기 때문이었다. 거미가 모이는 원인을 조사해 보니 거미 먹이가 되는 곤충과 날벌레가 기념관에 모여있기 때문이었다. 또다시, 곤충과 날벌레가 기념관에 모이는 원인을 살펴보니, 기념관 외부 전등 때문이었다. 기념관 야경을 위해 주변 다른 건물보다 일찍 점등한 것이 날벌레가 모여들게 하는 원인이 되었고, 결국 곤충과 날벌레가 강력 세척의 근본 원인이었음을 알게 되었다.

[토머스 제퍼슨(Thomas Jefferson)기념관 문제정의 사례]

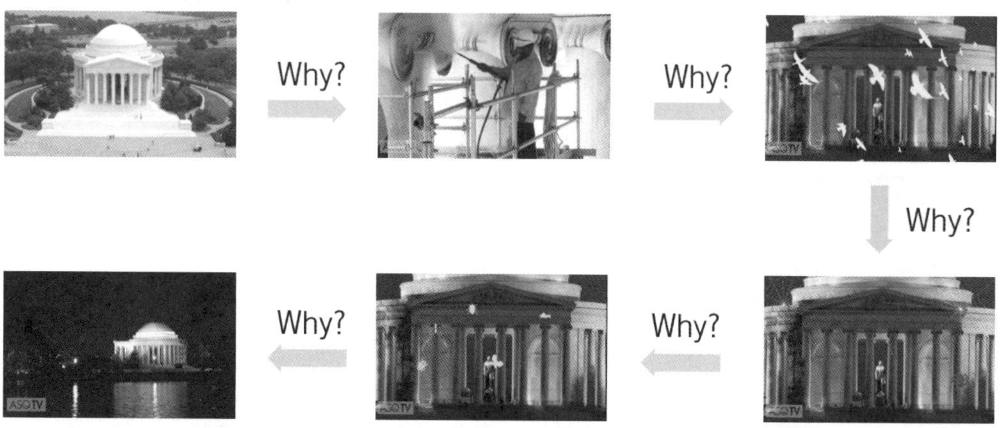

출처: 5Whys Jefferson Memorial Example https://youtu.be/BEQvq99PZwo?si=_4vZwq1RcP2P_sX7

끊임없는 '왜' 질문으로 문제의 원인을 찾게 되어 점등 시간을 2시간 늦추는 방식으로 문제를 해결하였다. '어떻게 비둘기 배설물을 깨끗하게 세척할 수 있을까'의 초기 문제정의에서 끊임없는 '왜(Why)'와 '그리고 또(And what)'와 같은 질문으로 사고 흐름과 생각 방향을 바꾸어 숨겨진 원인을 찾아 문제정의를 한 좋은 사례이다.

3) 아이디어내기(Ideate)

정의한 문제를 기반으로 하여 다양한 생각을 하는 사람들이 집단지성(Collective Intelligence)을 통해 창의적 아이디어를 발산하는 단계이다. 이 단계에서는 좋은 답 하나를 찾으려 하는 것이 아니라, 다양한 아이디어를 발산할 수 있도록 협력적 분위기를 만들어 많은 아이디어가 나올 수 있도록 하는 것이 중요하다. 발산된 많은 아이디어 중 문제 해결을 위한 적합한 아이디어를 수렴하게 되면 문제 해결에 한걸음 접근할 수 있다. 이 단계에서 우리는 브레인스토밍(Brainstorming)이나 브레인라이팅(Brain writing), 무작위 단어법, 만다라트(Mandal-Art) 등의 방법을 활용한다.

브레인스토밍은 창의적인 아이디어를 개발하는 방식으로 마치 두뇌 속에 폭풍이 몰아치는 듯 생각할 수 있도록 함으로써 우수하고 적합한 아이디어를 얻도록 하는 방법으로 알렉스 오스본(Alex Faickney Osborn)에 의해 널리 알려진, 집단의 창의적 아이디어 발상 기법이다. 아이디어 발굴 과정의 효과적 진행을 돕는 브레인스토밍의 네 가지 원칙은 다음과 같다. 첫 번째 원칙, 비판금지(Support)이다. 집단 내에서 팀원들의 아이디어를 지지하는 마음을 갖고 판단을 유보하고 비판하지 않는 것이다. 자유롭고 지지하는 분위기 속에서 창의적인 아이디어가 발상할 수 있기 때문이다. 두 번째는 양산(Speed) 법칙이다. 아이디어에 대한 자기 검열 과정 없이 많은 아이디어를 내보는 것을 의미한다. 많은 아이디어 속에서 효과적이고 실효성 있는 아이디어가 나올 가능성이 커질 수 있기 때문이다. 세 번째 원칙은 엉뚱한(Silly) 아이디어도 환영한다는 것이다. 아이디어가 다소 우스꽝스럽고 현실적이지 않더라고 자유로운 발상으로 연결해 아이디어 한계를 극복할 수 있는 징검다리가 되어줄 수 있다. 네 번째 원칙은 아이디어 간의 결합과 개선으로 시너지(Synergy) 효과를 만든다는 것이다. 발산한 아이디어는 두 개 이상의 아이디어와 결합하여 제3의 아이디어를 만들어 낼 수 있다. 비판 없는 자유로운 분위기 속에서, 많은 아이디어를 내고 아이디어끼리 결합하여 좀 더 구체적이고 세분된 아이디어를 만들어가는 브레인스토밍 네 가지 원칙은 여러 사람이 모여 의견을 나눌 때 유용한 소통 기법이며 마음가짐이기도 하다. 이러한 네 가지 원칙은 서로 보완적으로 연계되어 마치 톱니바퀴처럼 역동적으로 작용하게 된다.

아이디어 발산에 유용한 브레인라이팅, 무작위 단어법, 만다라트 등 진행 방식은 아래 표와 같다.

[아이디어 발산 기법]

구분	진행 방식	
브레인라이팅 (Brain Writing)	1) 6명을 한 그룹으로 편성한다. 2) 6-3-5 진행을 할 수 있도록 인원수대로 작성지를 준비한다. 3) 각자 5분 동안 3개의 아이디어를 적는다. 4) 시간이 되면 시계방향으로 작성지를 전한다. 5) 다음 줄에 3개의 아이디어를 추가한다. 6) 공란을 채울 때까지 반복한다.	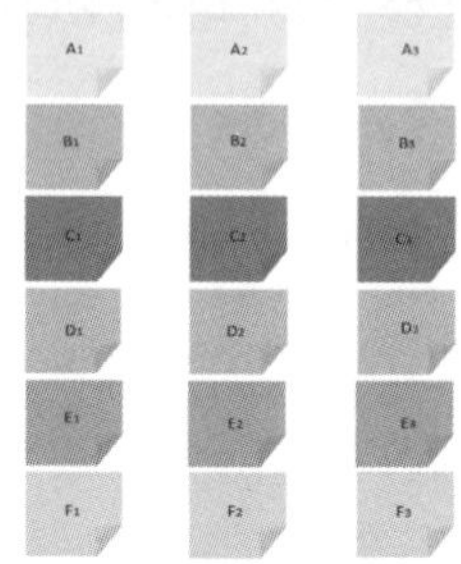
무작위 단어법 (Random Words)	1) 최근 유행하거나 관심 있는 단어를 선택하여 차트 중앙에 적는다. 2) 그 단어를 중심으로 떠오르는 단어를 연결해서 적는다. 3) 2)의 단어에 연상되는 단어를 적는다. 4) 다루고자 하는 주제를 제시한다. 5) 주제와 2)와 3)의 단어들을 연결하여 새로운 아이디어를 발산한다.	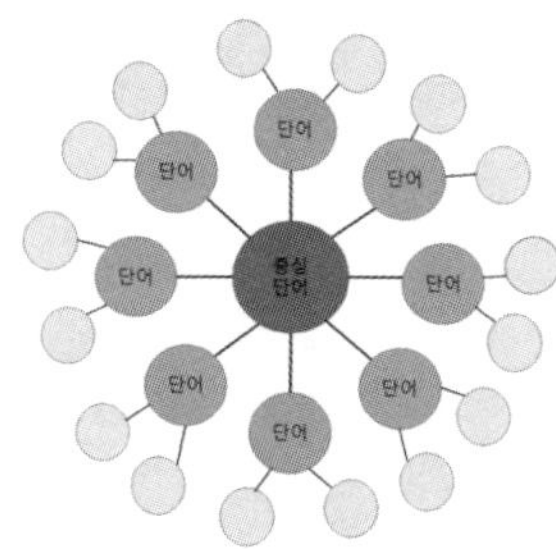
만다라트 (Mandal-Art)	1) 3x3 정사각형 9개를 연결하여 81칸의 사각형을 그린다. 2) 가운데 위치한 사각형에 주제를 적는다. 3) 중심 주제와 연관된 확장 아이디어를 주변에 적는다. 4) 중앙의 9칸이 채워지면 확장 단어 8개를 주변 사각형의 중앙에 옮겨 적는다. 5) 확장 단어와 연결한 아이디어를 적는다. 6) 발산 아이디어를 조합해 아이디어를 확장한다.	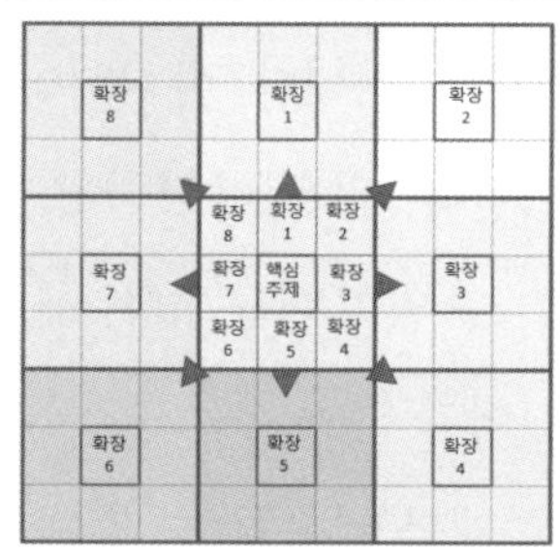

이렇게 발산한 아이디어는 평가하고 선정하는 수렴 단계를 거치게 된다. 아이디어를 평가할 때는 막연한 아이디어의 좋고 나쁨이 아닌 실행 가능 여부와 지속 가능 여부 등의 기준 가치를 고려해야 한다. 아이디어란 좋고 나쁨이란 없음을 전제로 실행 가능 여부와 지속 가능 여부 그리고 사용자 요구의 해결 가능 여부와 같은 기준을 정해 평가해야 한다. 예를 들어 '실행 가능성이 큰 아이디어인가?', '사용자의 숨어있던 요구의 해결

에 필요한 아이디어인가?', '사용자에게 호응을 받을 수 있는 아이디어인가?'와 같이 사용자 중심의 기준을 설정하여 선택하면 된다.

4) 프로토타입(Prototype) 제작

프로토타입(Prototype)은 초기 형태라는 의미로 사용자에게 초기에 어떤 느낌을 주는가를 알아보기 위한 실물 제작 방법이다. 프로토타입 제작은 테스트를 거쳐 사용자 또는 대상자에게 피드백을 받기 위해 아이디어를 구체화하여 경험할 수 있는 상태로 만드는 단계이다. 결과적으로 프로토타입 수정과 보완을 거쳐서 최종 결과물이 만들어지는 셈이다. 간단히 주변에서 쉽게 구할 수 있는 종이상자나 셀로판지, 색종이, 철사나 수수깡, 노끈 등을 활용하여 최소한의 기능을 빠르고 간단하게 표현하는 방식으로 아이디어를 구체화하면 된다. 주변에 이러한 물건이 없다면 간단히 그림으로 나타내도 무관하다. 때에 따라 서비스를 구현하게 되는 경우, 역할극으로 프로토타입을 표현하기도 한다.

이처럼 프로토타입은 특별한 제작 방식이나 규칙이 없이 아이디어를 시각화(Visualization)할 수 있다면 어떤 방식도 무관하다. 프로토타입 제작 단계에 핵심은 실패를 두려워하지 않고 일단 만들기를 시작하는 것이다. 이때 만드는데 너무 긴 시간을 투자할 필요는 없다. 정성을 들여 꼼꼼하게 만들어진 프로토타입은 제작자에게 애정을 갖게 하여 개선을 위한 다음 단계로 나가지 못하게 만든다. 냉철한 피드백에 자기방어가 아닌 개선을 위한 디딤돌 아이디어로 수용하려면 제작에 긴 시간을 투자하는 것은 위험 요소가 될 수 있다. 그리고 프로토타입 제작 시 가장 기억하여야 할 것은 프로토타입을 통해 테스트하려는 것이 무엇이며 사용자가 프로토타입을 통해 그것을 테스트할 수 있도록 만들면 된다. 이렇게 프로토타입은 이른 단계의 실패(Early Fail) 그리고 빠른 실패(Fast Fail)를 위해 최소한의 기능을 빠르고 싼 방식으로 구현하면 된다. 그리고 프로토타입은 완벽할 필요가 없다. 불확실하고 모호하지만, 사용자의 직접 경험으로 사용자의 요구를 표현할 수 있다면 되는 것이다. 이 과정에서의 실패 경험을 다음 단계의 잠재적 도약점으로 만들어 프로토타입을 진화시키면 된다.

치과용 치료기기 초기 프로토타입

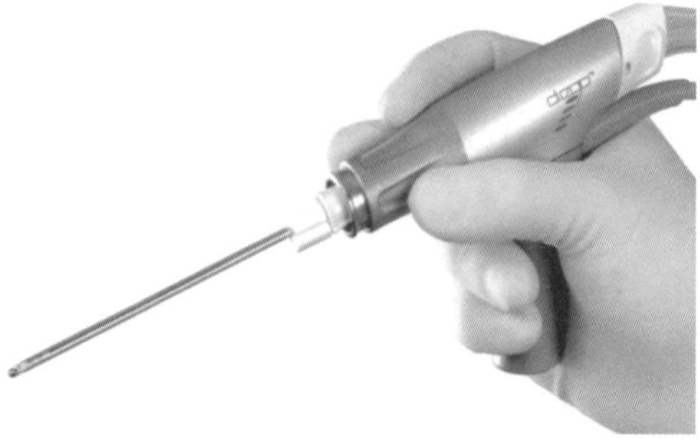

치과용 치료기기

출처: BMC Health Services Rearch https://www.researchgate.net/figure/Early-prototype-Left-and-final-product-Right-in-a-product-development-process-by-IDEO_fig2_326611866

애플리케이션 개발
UI/UX 프로토타입

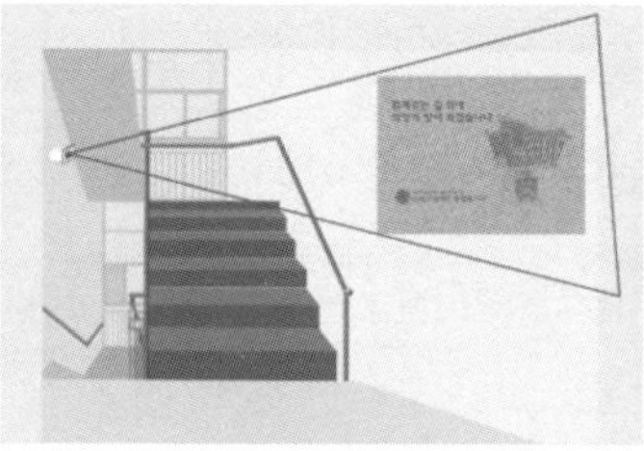

공간 디자인
초기 프로토타입

키오스크 초기 프로토타입
(장애인 복지관 설치)

출처: 세상을디자인하는사람들(협). 시민참여형 사회문제해결 리빙랩 결과보고서(2020, 2021)

5) 테스트(Test) 하기

사용자 피드백은 디자인씽킹에서 중요한 역할을 한다. 테스트 단계에서 사용자 프로토타입에 대한 자유로운 피드백은 프로토타입의 점증적인 진화를 위한 디딤돌 역할을 할 수 있으며, 사용자의 요구 혹은 잠재적 욕구를 더 명확하게 이해하고 문제를 해결할 수 있는 열쇠가 될 수 있다. 따라서, 지속적인 피드백과 이를 통한 프로토타입 수정과 보완은 사람 중심으로 문제에 접근하여 문제를 해결하는 디자인씽킹의 핵심이 될 수 있다.

테스트의 가장 중요한 부분은 사용자가 프로토타입을 사용하는 상황을 설정하고 이때의 비판을 수용할 수 있는 분위기를 만드는 것이다. 사용자의 부정적인 비판을 두려워하지 말고 아이디어 개선의 기회로 만들면 된다. 자기 아이디어에 애착을 갖지 않고 열린 마음으로 사용자의 피드백을 수용할 때 아이디어는 개선되고 수정될 수 있다. 사용자에게 프로토타입을 충분히 경험할 수 있는 시간을 제공하고 피드백에 대한 계속된 연결되는 질문으로 사용자의 경험을 충분히 끌어내야 한다. 또한, 피드백 단계에서는 사용자의 비언어적 표현까지 관찰하여, 표현하지 못하는 내재한 사용자의 요구를 파악하도록 해야 한다. 사용자 테스트를 통한 개선으로 사용자의 요구에 가까운 서비스 또는 제품이 만들어진다. 테스트의 목적은 사용자를 이해하기 위함임을 기억해야 한다.

II 디자인씽킹 사례

학습 목표

· 디자인씽킹 방식으로 문제를 해결한 사례를 통해 디자인씽킹 문제정의 방법과 접근방식을 이해한다.

1) 임브레이스 신생아 워머(Embrace Infant Warmer)

2007년 스탠퍼드 대학교 D.School 라훌 패니커(Rahul Panicker)와 제인 첸(Jane Chen)은 빈곤층을 위한 제품과 서비스 개발을 위한 디자인씽킹 수업에 참여하게 되었다. 이과정에 전 세계에서 태어나는 많은 조산아가 태어난 지 28일이 되기 전에 목숨을 잃는다는 사실을 알게 되었고 특히, 조산아의 60% 이상은 개발도상국에서 태어나며 인큐베이터 도움을 받지 못하고 목숨을 잃는다는 것을 알게 되었다. 조산아 문제 해결을 목표로 '어떻게 하면 개발도상국에서 태어나는 조산아에게 저렴한 인큐베이터를 보급할 수 있을까'라는 문제 인식으로 조사하는 과정에 전기공급이 되지 않는 인도의 외곽 지역에는 인큐베이터를 사용할 수 없어 지원받은 인큐베이터가 방치되어 있거나, 전기공급이 가능하여 인큐베이터 사용이 가능한 지역에서조차 산모들이 치료를 위해 갓 태어난 아기를 병원에 분리하는 것에 불안함과 두려움을 갖고 있음을 알게 되었다. 조산아의 주된 사망 원인인 저체온증을 해결하기 위해 산모들은 가정에서 여러 방법을 시도하지만, 아기를 더 위험하게 만든다는 사실도 알게 되었다.

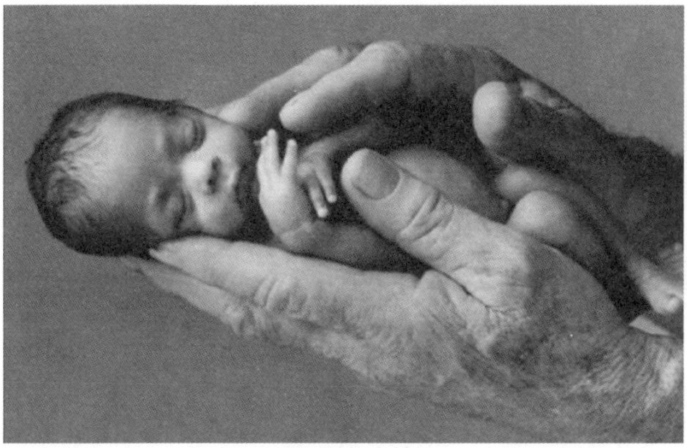

미숙아의 모습

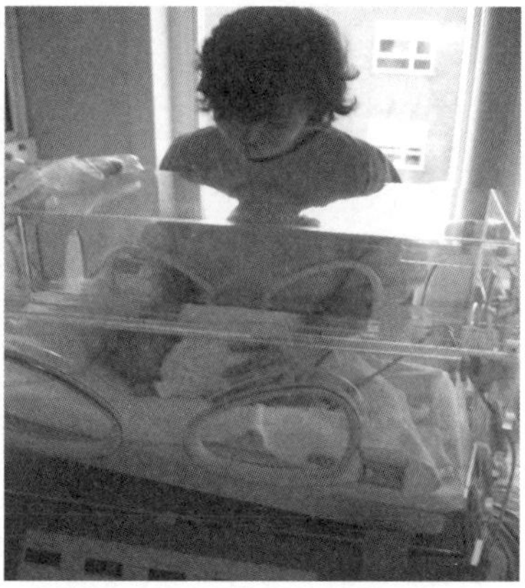

인큐베이터에서 관리받고 있는 미숙아

출처: http://www.jamesdysonfoundation.com

[라울(Rahul)과 제인(Jane)]

출처: https://thechangeground.com

라훌과 제인은 '어떻게 하면 아기와 떨어져 있는 것을 불안해하는 산모들이 아기를 곁에 머물게 하면서 아기의 체온 유지를 가능하게 할 수 있을까?'로 새롭게 문제 인식을 전환하게 된다. 그들은 인큐베이터에서 벗어난 전혀 새로운 방식의 해법을 찾기 위한 다양한 시도를 하게 되고 결국 아기와 떨어져 있는 것을 불안해하는 산모들에게 공감한 제품을 만들게 된다. 인큐베이터 가격의 0.1% 수준으로 월등하게 저렴하면서 전기공급이 되지 않는 지역에서도 사용할 수 있으며 이용이 간편한 휴대용 아기 체온 유지 히터인 임브레이스 신생아 워머를 개발하게 되었다. 상변화 물질이 히터를 이용해 녹게 되면 일정한 온도를 유지하는 Warm Pack과 Warm Pack을 넣어 아기를 감쌀 수 있는 침낭, 그리고 Warm Pack을 가열하는 히터로 간단하게 구성되어 있다. 임브레이스 신생아 워머는 한 번 데우면 아기 체온을 최대 8시간까지 유지해 줄 수 있고, 전기 공급이 되지 않는 곳에서는 뜨거운 물을 이용해 Warm Pack을 데울 수 있도록 디자인 되었다. 임브레이스 신생아 워머는 개발도상국의 현실과 산모들에게 공감하여 그들이 원하는 방식으로 최적의 해결책을 찾은 사례이다. 라울과 제인의 임브레이스 신생아 워머는 현재도 꾸준히 생산, 판매되어 개발도상국 조산아의 생명을 구하고 있다.

초기 문제 정의	어떻게 하면 개발도상국에서 태어나는 미숙아에게 저렴한 인큐베이터를 보급할 수 있을까?

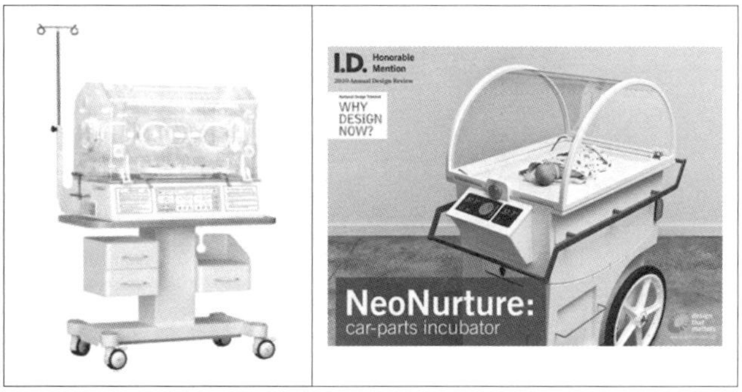

↓ ↓

문제 재정의	어떻게 하면 아기와 떨어져 있는 것을 불안해하는 산모들이 아기를 곁에 머물게 하며 아기의 체온 유지를 가능하게 할 수 있을까?

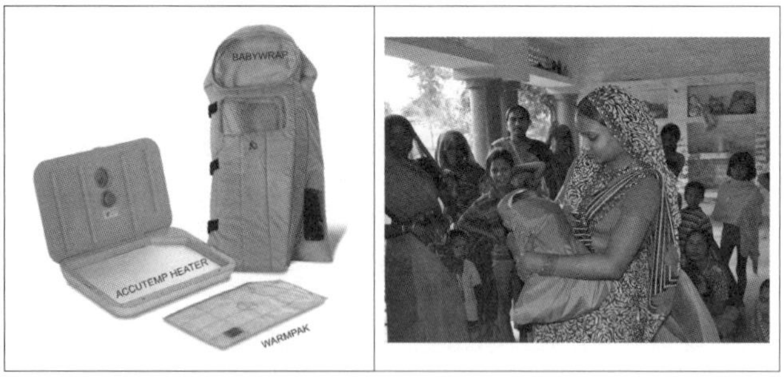

출처: [적정기술] 임브레스 인펀트 워머
https://m.blog.naver.com/tech-plus/221958381628

2) MRI

자기공명영상 시스템인 MRI 스캐너(Scanner) 개발로 산업 디자인상까지 받은 제너럴 일렉트릭(General Electric)사의 더그 디츠(Doug Dietz)는 본인이 개발한 MRI 스캐너가 설치된 병원에서 검사받으러 온 소녀가 검사에 대한 두려움으로 겁에 질려 우는 장면을 목격하게 되었다. 스캐너를 촬영해야 하는 어린아이 경우 두려움으로 검사하는 동안 일정한 자세로 누워있을 수 없어 이들 중 80% 정도는 수면제나 진정제를 투약해야 한다는 사실을 알게 되었다. 자신이 개발한 기계가 어린아이들에게 무서움과 두려움의 대상임을 알게 된 더그 디츠는 충격을 받게 된다. 그는 자신의 기계에 취약한 환자들이 갖는 불안과 두려움을 목격한 후, 어린아이들도 겁내지 않을 스캐너를 만들겠다는 결심으로 새로운 방법론인 디자인씽킹을 접하게 된다. 더그 디츠는 사람 중심의 디자인 방법을 적용하면서 어린아이들을 위한 솔루션을 찾기 위해 어린아이들을 관찰하고 공감하는 일에서부터 시작하였다.

[더그 디츠(Doug Dietz)]

출처: 디자인트렌드, 2018, https://m.post.naver.com/viewer/postView.naver?volumeNo=10048043&memberNo=1192430

'어떻게 하면 어린아이들이 MRI 검사를 받을 때 검사에 대한 두려움을 줄이고 검사를 받을 수 있을까?'라는 새로운 문제를 포착하면서 다양한 프로토타입과 시도로 MRI 검사실에 대한 두려움을 갖는 어린아이들을 위한 새로운 디자인을 개발하게 되었다. 스캐너 내부의 기술을 변경하지 않고 검사실의 천장과 바닥, 벽면과 기계의 외부를 변화시켜 어린이의 모험 공간으로 디자인하였다. 그리고 모험 공간 느낌의 영상과 음향을 제공하고 기계 조작 관리자를 위한 스크립트도 제공하여 MRI 검사실 공간에서 아이들이 호기심을 갖고 검사 과정을 즐길 수 있도록 했다. 해적선 시리즈, 우주선 시리즈, 사파리 시리즈 등 다양한 모험 시리즈를 통한 더그 디츠의 MRI 스캐너 재설계로 수면제나 진정제를 투여하는 어린이의 수가 극적으로 감소하였고 환자의 만족도 또한 90% 상승했다고 한다. 심지어 MRI 스캐너를 놀이기구로 여기고 검사실에 다시 오고 싶다고 부모를 조르는 어린아이가 있을 정도라고 한다.

초기 문제 정의	어떻게 하면 환자에게 자기 공명방식을 이용하여 정확한 질병 검사를 제공할 수 있을까?	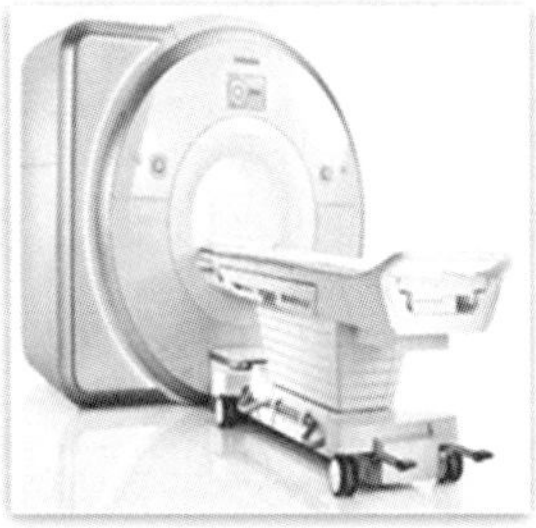
	↓	↓
문제 재정의	어떻게 하면 어린아이들이 MRI 검사를 받을 때, 검사에 대한 두려움을 줄이고 검사를 받을 수 있을까?	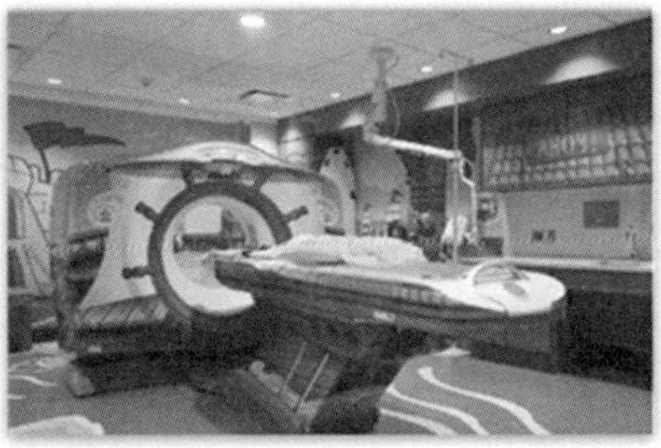

[다양한 GE MRI Adventure Series]

출처 : GE MRI Adventure Series, http://www3.gehealthcare.com/en/Products/Categories/Accessories_and_Supplies/Adventure_Series_for_CT/Pirate_Island

3) Lucky iron fish(행운의 철 물고기)

전 세계 수십억 명 사람들은 철분 부족으로 고통을 받고 있으며 철분 결핍이 극심한 경우 질병과 감염으로 이어져 치명적일 수 있다. 철분 결핍은 누구에게나 영향을 미칠 수 있으나 개발도상국에서의 철분 부족은 더 심각한 상태이며 캄보디아에서도 인구 절반이 철분 부족으로 고통을 겪고 있었다. 2008년부터 개발도상국의 철분 부족을 해결하기 위해 힘쓴 가빈 암스트롱(Gavin Armstrong)은 철분 부족 구제 방안을 연구하던 중 무쇠솥에서 요리한 음식을 먹으면 철분을 보충할 수 있다는 사실을 알게 되었다. '어떻게 하면 철분 결핍인 사람들이 음식을 먹으면서 철분을 섭취하게 할 수 있을까?'의 문제에 집중했던 그는 무쇠솥보다 가격이 싸며 가벼운 재질의 솥을 사용하고 있었던 캄보디아 사람들을 위해 요리할 때 솥에 넣는 가볍고 작은 철 덩어리를 만들었다. 가빈 암스트롱은 작은 철 덩어리를 외진 시골에까지 보급하지만, 캄보디아 사람들은 투박한 철 덩어리를 요리에 사용하는 것에 불편함을 보이며 사용하기를 꺼렸다.

[가빈 암스트롱(Gavin Armstrong)]

출처: Lucky Iron Fish
https://luckyironfish.com>news

초기 문제 정의	어떻게 하면 철분 결핍인 사람들이 음식을 먹으면서 철분을 섭취하게 할 수 있을까?

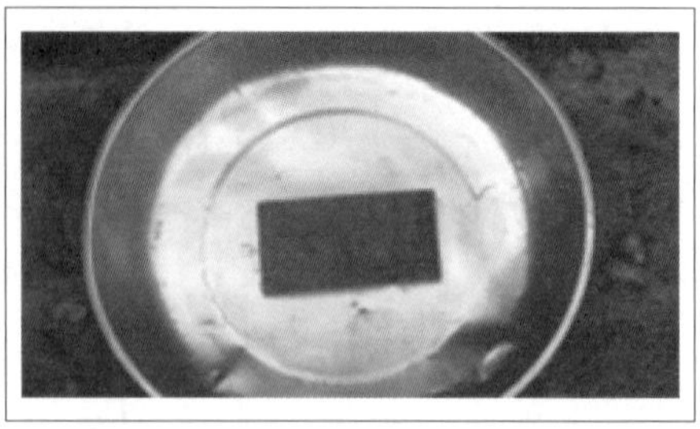

↓

문제 재정의	어떻게 하면 철분 결핍인 캄보디아 사람들이 요리할 때 철 덩어리에 대한 불편함 없이 음식에 넣을 수 있을까?

출처: Lucky Iron Fish
https://www.luckyironfish.com

가빈은 그들이 불편해하는 이유가 무엇인지 관찰하고 조사한 후, 요리하는데 투박한 철 덩어리를 같이 넣는 것에 불편함이 있음을 공감하고 이를 해결할 방안을 찾게 되었다. 캄보디아 사람들에게 물고기가 행운의 상징인 것을 알게 되었고 물고기 형태를 본뜬 행운의 철 물고기를 만들기에 이르렀다. 사람들을 불편하게 느끼게 했던 네모난 철 덩어리를 물고기 형태로 외형만 바꾸었을 뿐인데 사람들은 철 물고기를 요리할 때 같이 넣고 끓이는 것에 대한 불편함을 줄일 수 있었다. 수프나 물을 끓일 때 철 물고기를 넣고 10분간 끓인 후 약간의 산성도가 있는 과일즙을 짜주면 음식 맛에 영향을 주지 않고 부작용이 없으면서도 하루 권장 철분 섭취량의 75%를 얻을 수 있다고 한다. 현재 행운의 철 물고기는 전 세계 88개의 나라에 판매되고 철분 결핍의 문제에 해결하고 있다.

4) 무지개 식판

한 해에 버려지는 음식물 쓰레기 양은 심각하다. 특히 초・중・고교에서 버려지는 다량의 급식 잔반을 처리하기 위해 엄청난 비용이 낭비되고 있으며 잔반 배출은 환경 문제로까지 이어져 실질적인 대책 마련이 필요한 상황이다. 학교 급식에서 발생하는 잔반을 해결하기 위한 중학교 학생들의 잔반 프로젝트는 삼성 투모로우 솔루션 공모전에서 최우수상을 받기도 하였다. '어떻게 하면 음식 쓰레기를 줄일 수 있을까?'에 집중한 학생들은 점심시간마다 친구들을 관찰하고 인터뷰하던 중 놀라운 사실을 발견하게 되었다. 학생들이 잔반을 남기는 이유는 좋아하는 반찬이 없어서라기보다 배식받는 음식량을 스스로 조절하지 못하기 때문이라는 것을 알게 되었다.

초기 문제 정의	어떻게 하면 학생들이 급식을 먹을 때, 음식을 남기지 않을 수 있을까?

↓

문제 재정의	어떻게 하면 학생들이 급식을 먹을 때 동일한 기준을 가질 수 있을까?

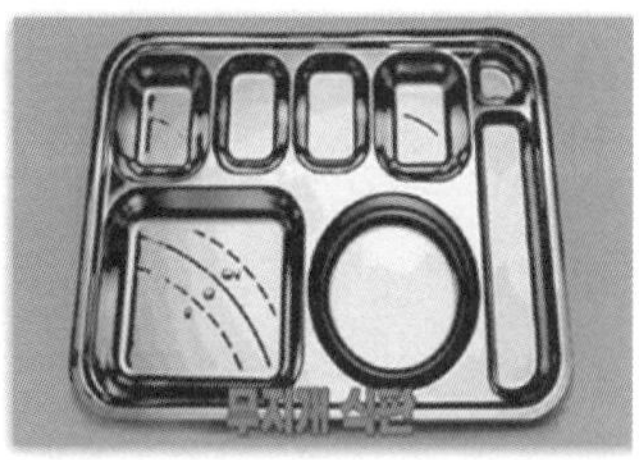

출처: 무지개 식판 프로젝트
https://youtu.be/Tkxg-1amopA?si=eyxj1sDADR1bwf7H

'어떻게 하면 학생들이 급식을 먹을 때, 음식량에 대한 동일한 기준을 가질 수 있을까?'로 문제를 재정의하고 잔반 문제를 해결할 수 있는 기준선을 찾아냈다. 놀랍게도 학생들이 그은 선들은 음식량을 알려주는 기준이 되어 발생하는 잔반을 70% 가량 감소시키는 효과를 가져왔다. 자신의 음식량을 쉽게 조절할 수 있도록 식판에 기준선을 그은 무지개 식판은 이후 제품으로 생산하게 되어 군부대나 대기업의 구내식당을 비롯해 미국, 일본 등에 수출되어 음식물 쓰레기 절감은 물론 환경 보호 차원의 효과를 만들고 있다.

5) 더 나은 응급실 프로젝트(A better A&E)

병원에서 발생하는 각종 폭력 사건이 사회적 문제가 되면서 2015년 영국 디자인 진흥기관인 디자인 카운슬(Design Council)은 피어슨 로이드(Pearson Lloyd) 디자인사무소와 응급실 내 폭력을 줄이는 프로젝트를 진행하게 되었다. 응급실 폭력 관련 실태조사를 하던 중 의외의 결과를 알게 되었고 의료진에 대한 폭력은 폭력 성향이 강한 사람보다 평범한 사람에게서 빈번히 발생하며 이는 병에 대한 불안과 통증에서 비롯됨을 알게 되었다. 대기시간이 길어지게 되면서 환자마다 자신이 더욱 심각하다고 느끼게 되고 방치된다는 느낌이 들면서 결국 분노로 연결되어 폭력을 만들었다.

피어슨 로이드는 환자와 보호자에게는 대기시간 동안 갖게 되는 막연한 불안을 줄여주고 의료진에게는 안심하고 진료에 집중할 수 있는 안전한 응급실 진료 환경을 디자인하게 되었다. 환자가 응급실에 들어오면 리플렛을 배부하여 앞으로 진행될 진료 과정과 평균 대기시간을 알 수 있게 하였고 진료과와 복도에 직관적으로 인지할 수 있도록 색을 변화시킨 안내판을 통해 환자의 상태를 한눈에 파악할 수 있도록 했다. 응급실 대기 시에는 응급실 상황을 모니터에 띄워 응급실 내의 혼잡도와 치료가 지연되는 상황을 실시간으로 알 수 있게 하였다. 피어슨 로이드 디자인 사무소의 프로젝트 시행으로 75%의 환자는 대기에 대한 불만이 줄었고 의료진에 대한 폭력도 이전과 비교해 50% 이상 수준으로 낮아졌다.

초기 문제 정의	어떻게 하면 응급실의 대기 환자들이 응급실에 머물 때 폭력성을 줄일 수 있을까?	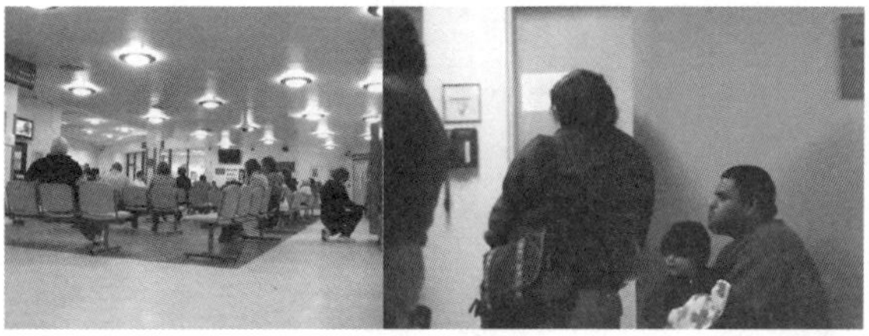
	↓	↓
문제 재정의	어떻게 하면 응급실의 대기 환자들이 응급실의 상황을 인지하며 방치되었다는 느낌을 받지 않고 대기할 수 있을까?	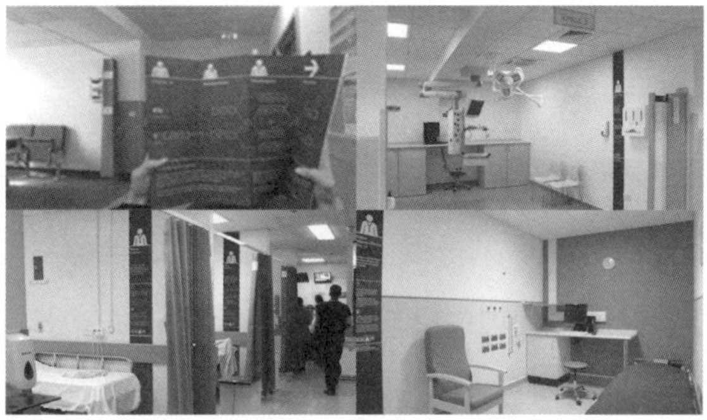

출처: 응급실 폭력을 줄이는 디자인 [생활을 바꾸는 디자인]
https://youtu.be/92kXF6s0gGA?si=pCR2zq4oB6A0AxDh

6) 디자인씽킹 적용 리빙랩 사례(시민 참여형 사회 문제해결 사업 리빙랩)

대전시는 ICT 과학기술 기반 시민 참여형 사회 문제해결 사업 목적으로 대전 장애인 종합복지관을 대상으로 리빙랩 사업을 시행하였다. 장애인종합복지관을 이용하는 지체장애인 2명, 발달장애인 3명, 장애인 보호자 2명을 비롯하여 장애인복지관 직원(활동지원사 2명, 사회복지사 4명) 6명을 포함 총 13명으로 구성한 대전대덕희망실험단은 8차례 디자인씽킹 방식 워크숍을 운영하였다. 이 과정에서 도출된 문제와 해결 아이디어를 과학기술을 적용한 해결 방안으로 발전시키고 이후 기술 실증기업을 선정하여 장애인 사용자의 피드백을 통해 보완 개선하여 최종 결과물을 설치하였다.

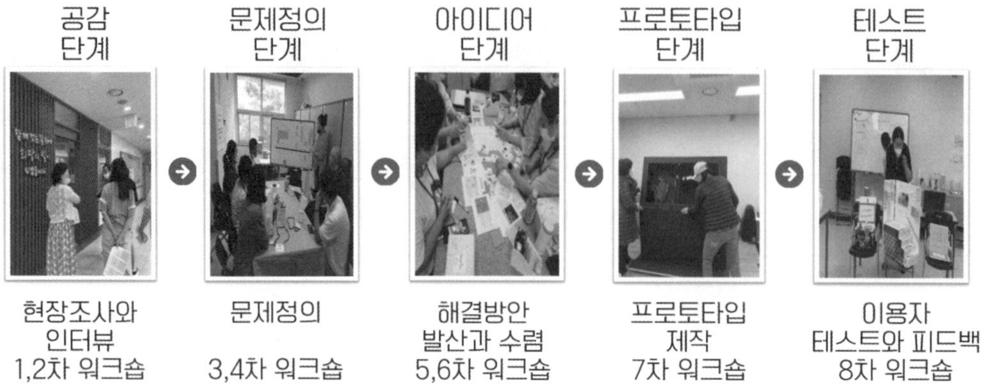

초기에 막연했던 문제는 디자인씽킹 방식 워크숍을 통해 복지관에서 개선해야 할 좀 더 구체적이고 세분된 문제에 접근하게 되었다. 이 과정에 엘리베이터의 갑작스러운 문 닫힘과 엘리베이터 내 위급한 상황에 대한 불안함과 두려움을 알 수 있게 되었다. 대전대덕희망실험단의 구성원들은 디자인씽킹 철학과 프로세스를 녹여낸 리빙랩 사업 전체 과정에 적극적으로 참여하면서 스스로 문제를 찾고 자신들의 아이디어로 문제를 해결하는 경험을 갖게 되었다. 참여자들은 후기에서 자신들의 문제를 누군가가 일방적으로 해결해 주는 것이 아닌 스스로 문제를 찾고 해결하는 경험을 함으로써 자긍심을 느꼈고, 혁신은 자기 안에 있다는 것을 알게 되었다고 밝혔다. 디자인씽킹이 사람 중심의 문제 해결법으로 협업을 통해 창의성을 발현하며 문제를 해결해 가는 과정이라는 점을 리빙랩 사업 적용을 통해 구체적으로 확인할 수 있었던 사례이다. 리빙랩은 생활현장을 연구실 삼아 사용자의 주도적 참여와 이해관계자의 협업으로 문제를 발견하고, 과학기술과 혁신적 사고로 문제를 해결하는 사용자 참여의 혁신 방법이다.

구분	질문	사진
초기 문제 정의	어떻게 하면 장애인복지관을 이용하는 장애인이 복지관에 머물 때, 안전하고 편리할 수 있을까?	
	↓	↓
문제 재정의	어떻게 하면 휠체어 장애인이 엘리베이터 이용 시, 문 닫힘에 대한 두려움 없이 이용할 수 있을까?	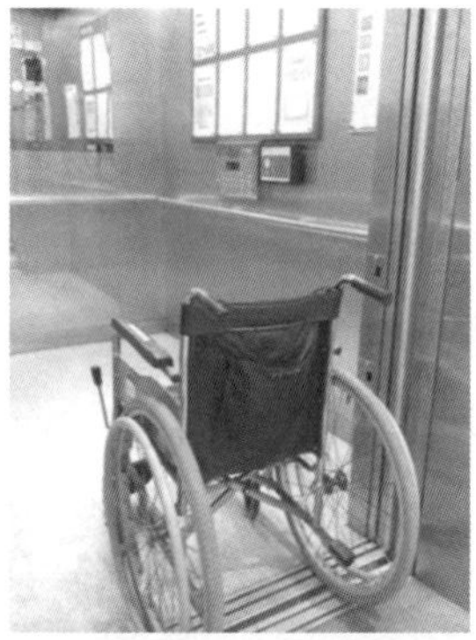
	어떻게 하면 엘리베이터 내에서 위급상황에 처한 장애인이 자신의 상황을 외부에 빠르게 전할 수 있을까?	
	어떻게 하면 복지관에 출입하는 아이들을 안전하게 관리하면서, 부모에게 안심 문자를 보낼 수 있을까?	
	어떻게 하면 치료를 받기 위해 복지관을 찾는 어린아이들이 복지관에 즐겁게 머물 수 있을까?	

출처: 세상을디자인하는사람들(협). 시민참여형 사회문제해결 사업 리빙랩 결과보고서. 2020

III 디자인씽킹 마인드 셋

학습 목표

· 창의적 문제 해결을 위한 생각하는 방식이며 일하는 방식인 디자인씽킹 핵심 마인드셋이 무엇인지 알고 내재화할 수 있도록 한다.

디자인씽킹은 사람 중심으로 문제를 세분화하여 명확하게 발굴, 정의하고 해결 방안을 찾아가는 프로세스로 발전하고 있다. 이 과정에서 중요한 것은 어느 특정한 전문가 집단이 해결 방안을 찾아 제시하는 것이 아닌, 문제의 실제 당사자와 문제를 둘러싼 이해관계자들이 체계적인 협업과 소통의 과정을 거쳐야 하므로 1) 창조적 자신감, 2) 일단 시도해보는 자세, 3) 실패를 두려워하지 않고 실패를 통한 배움, 4) 불확실하고 모호한 상황을 피하지 않고 즐기기, 5) 긍정적이고 낙관적인 태도 유지, 6) 포기하지 않고 끊임없이 반복하여 해결 방안을 찾아내는 등의 디자인씽킹 마인드 셋이 매우 중요하다. 디자인씽킹이 작동할 수 있게 하는 원동력이 되는 디자인씽킹 마인드 셋에 대해 알아보자.

1) 창조적 자신감 (Creative Confidence)

IDEO의 설립자 데이비드 켈리(David Kelly)는 무모할 정도로 큰 아이디어도 어떻게든 실행할 수 있다고 생각하는 자신감을 창조적 자신감이라고 정의한다. 창조적 자신감은 자신은 물론이고 다른 사람들 또한 창의적이라는 생각을 바탕으로 바라보는 시각이다. 동시에 아무리 큰 문제라도 해결책을 찾을 수 있다는 확신으로 문제에 몰입하면서 생겨나는 자신감이다. 창조적 자신감을 느낀다는 것은 때때로 쉽지 않을 때가 많지만 부정적인 고정관념이나 선입견을 버리고 포기하지 않고 도전적인 자세로 시도하면서 축적되는 작은 성공의 경험으로 자연스럽게 생겨나는 마인드 셋이다.

2) 일단 만들기(Make It)

디자인씽킹 방법론은 아이디어를 시각적으로 표현하는 것이 매우 중요하다. 아이디어가 시각화될 때 아이디어를 경험하게 되면서 테스트할 수 있고, 테스트 단계의 피드백을 통해 아이디어의 가치를 재발견할 수 있기 때문이다. 종이상자나 수수깡처럼 주변의 간단한 도구이든 디지털 도구이든 관계없이 일단 만들어보면 된다. 머릿속의 아이디어를 전할 수 있는 최적의 방법은 아이디어를 시각화하고 실체화하는 방법뿐이다.

3) 실패를 통한 배움(Learn from Failure)

실패는 다음 단계로 진화시켜 줄 영감이며, 다음 단계를 위한 잠재된 도구이다. 프로토 타입을 설계해 사용자가 경험하게 되는 테스트 단계는 생각한 대로 진행되지 않고 실패할 확률도 매우 높다. IDEO에서는 '빠른 성공을 위해 초기에 실패하라'라고 이야기한다. 빠른 성공을 위해서는 초기에 맞는 실패를 다음 단계를 위한 영감으로 여기고 디딤돌로 만들어야 한다. 초기의 실패를 과정이라 여기며 회복 탄력성을 높일 수 있다면 그 과정에서 성찰과 배움을 얻어 혁신적인 해결책으로 연결해 줄 것이다.

4) 모호함 즐기기(Embrace Ambiguity)

제대로 된 솔루션을 찾기 원한다면 다양한 가능성의 모호함을 즐길 수 있어야 한다. 디자인씽킹을 시작할 때, 대부분 우리는 문제가 무엇이고 어떻게 해결해야 할지 명확하게 알지 못한다. 어떤 일을 시작할 때, 이미 해결책을 알고 있다면 우리는 그것에 도전할 이유가 없지 않은가? 다양한 가능성을 품고 있는 모호함을 즐기며 문제에 다가가려는 용기가 있다면 문제 발굴과 그 문제의 해결을 위한 아이디어 도출은 자연스럽게 따라오게 된다.

5) 낙관적인 태도(Optimism)

우리가 어떠한 문제에 부딪혔을 때 전진하기 위해 가장 필요로 하는 태도는 바로 낙관적 태도이다. 디자인씽킹은 본질적으로 낙관적 태도에 기반하고 있으며 낙관적 태도란 지금은 명확하지 않으나 해결책을 발견할 수 있다는 가능성에 대한 확신을 갖는 마음가짐이다. 디자인씽킹의 과정 중 모호함 속에 대면하게 되는 어려움을 용기 내어 다음 단계로 나아가게 하는 것은 바로 낙관적인 태도이다.

6) 끊임없는 반복(Iterate)

디자인씽킹 핵심은 끊임없는 반복이다. 디자인씽킹에서 반복적 개선이 중요한 이유는 우리는 처음부터 완벽하게 문제의 해결을 위한 결과물이 될 제품이나 서비스를 만들 수 없기 때문이다. 끊임없이 반복하는 과정을 통해 사용자 공감의 의미 있는 결과물을 만들 수 있다. 최종 사용자의 피드백을 통한 끊임없는 개선 과정이 없다면 제품이나 서비스의 실효성은 높게 평가할 수 없게 될 것이다. 사용자 피드백은 우리를 더 나은 결과물로 연결해 주고 그것을 위한 다양하고 창의적인 문제의 해결책으로 안내해 준다.

참고자료

[도서]
- 김형숙 외. 디자인씽킹으로 일 잘하는 방법, 초록비책공방, 2018.
- 곤노 노보루/ 노경아 역. 생각 정리를 위한 디자인씽킹, 생각정리연구소, 2012
- 리팅이 외 3인/ 송은진 역. 디자인씽킹 강의노트, 인서트, 2014
- Cross Negel. Design Thinking: understanding how designers think and work, Berg/Bloomsbury, Oxford and New York, 2011.
- 팀 브라운(Tim Brown)/ 고성연 역. 기획에서 마케팅까지 디자인에 집중하라, 김영사, 2010.
- Haaso Plattner. An Introduction of Design Thinking Process Guide, Institute of Design Stanford
- Hebert A. Simon. The Sciences of Artificial, 3rd ed. MIT, 1996

[인터넷]
- 무지개식판 프로젝트(2017.8.28.) / https://youtu.be/Tkxg-1amopA?si=eyxj1sDADR1bwf7H
- ASQ TV(2016.3.24.). 5Whys Jefferson Memorial Example / https://youtu.be/BEQvq99PZwo?si=_4vZwq1RcP2P_sX7
- 디자인씽킹 가이드북. IDEO. / https://www.designkit.org/resources/1.html

[발표 자료]
- 박선민 이사장(세상을 디자인하는 사람들(협)). 리빙랩에서의 디자인씽킹 활용 사례, 창의융합학회 춘계학술대회, 2023
- 박선민 이사장(세상을 디자인하는 사람들(협)). 리빙랩 기반 시민 역량 강화 교육의 현황과 과제, 제29차 한국 리빙랩 네트워크 포럼, 2023

Chapter 06

특허 정보 검색 및 분석

Ⅰ. 특허 정보 검색 및 분석 1
Ⅱ. 특허 정보 검색 및 분석 2
Ⅲ. 특허 정보 검색 및 분석 3
Ⅳ. 특허 정보 검색 및 분석 4
Ⅴ. 지식재산 권리 창출 및 보호

특허 정보 검색 및 분석

I 특허 정보 검색 및 분석 1

학습 목표

- 특허정보에 대해 이해하고, 그 목적과 활용 및 종류에 관해 설명할 수 있다.
- 선행기술조사의 기본적인 방법론에 관해서 설명할 수 있다.

1.1 특허 정보의 정의

특허 정보란, 가장 협의의 의미로 특허 문서(특허 공보와 같은 특허 내용이 기재된 문서)에 포함된 기술정보를 의미하며, 특허침해 등의 여부를 판단할 수 있는 법률 정보뿐만 아니라, 특허 출원 통계, 특허 동향 조사 보고서 및 특허 서지사항을 이용한 비즈니스 정보와 같은 특허 가공정보까지 포함하는 광의의 의미로 정의될 수 있다.

1.2 특허 정보의 활용

특허 정보는 아래와 같이 4가지 측면에서 활용될 수 있다.

1) 특허 조사 및 특허 창출

특허 정보는 특허 조사 및 특허 창출을 위한 목적으로 활용될 수 있다. 즉, 유용한 특허 기술을 활용하고 핵심 및 원천 특허를 창출하기 위한 측면에서의 활용인데, 선행기술조사에서의 활용, R&D 중복투자 방지를 위한 특허 조사에서의 활용, 발명의 특허성 판단 등에서의 활용이 그 예시라 할 수 있다.

2) 경영전략 수립

특허 정보는 기업의 경쟁력 있는 경영전략을 수립하기 위한 목적으로 활용될 수 있다. 특허 가치평가에서의 활용, 기술 라이센싱, 인수합병 등에서 기업의 전략적 경영을 위한 활용이 그 예시라 할 수 있다.

3) 특허 침해 방지

특허 정보는 특허 침해를 방지하기 위한 목적으로 활용될 수 있다. 특허 권리 범위 판단 및 특허 소유권 확인 시의 활용, 특허의 유효/무효 판단 시의 활용이 그 예시이다.

4) 신기술 동향 예측

특허 정보는 신기술 동향을 예측하기 위한 목적으로 활용될 수 있다. 분야별 신기술 예측에서의 활용, 각종 기술 분야의 정책 수립 시의 활용이 그 예시라 할 수 있다.

1.3 특허 정보 조사의 종류

특허 정보는 조사되는 정보의 크기에 따라 선행기술조사와 특허 동향 조사로 구분될 수 있다.

1) 선행기술조사

선행기술조사는 단일 기술에 대해 특정한 목적으로 조사를 실시되는 것으로써, 목적에 따라 특허성(특허 등록 가능성) 조사, 특허 유효성(특허 무효) 조사, 기술사용 가능성(특허 침해) 조사 등으로 구분될 수 있다.

[선행기술 조사 보고서의 예시]

선행기술조사 보고서 (Search Report)

1. 기초정보

접수번호		접수일자	2012.00.00	발명자	홍길동
수행기관명	○○○특허법인	조사자	○○○ 변리사	조사자 연락처	02-3458-0800 xxx@xxx.com

2. 제안기술

제안기술명		회전운동을 정밀직선 운동으로 바꿔주는 이송장치
제안기술의 기술요소	A	이송장치의 연삭시 얼라인용 장홈이 형성된 이송장치
	B	이송장치의 연삭시 공기와 혼합되어 분사되는 연삭유
	C	이송장치의 외부 윤곽선의 설계 공차를 해소하기 위한 CAD 프로그램을 이용한 CNC 가공방법
제안기술 대표도면		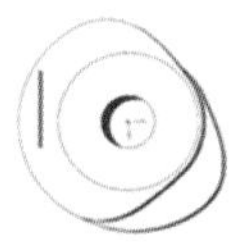

3. 종합검토의견

등록가능 청구항 구성 권리범위	(심의위원께서 등록가능성 있는 구성을 한눈에 보실 수 있도록 간략하게 정리해주세요)					
등록 가능성 P1(낮음) … P5(높음)	실질적 동일성	-				□ P1
	내재적 동일성					
	부분적 동일성	구성의 곤란성	□ 무	효과의 현저성	□ 무	□ P2
					상이한 경우 (동일하지않음)	
			□ 유	효과의 현저성	□ 무	
					□ 유	□ P3
	상이한 경우 (동일하지않음)	구성의 곤란성	■ 무	효과의 현저성	□ 무	
					■ 유	■ P4
			□ 유	효과의 현저성	□ 무	
					□ 유	□ P5

4. 조사결과

* 관련도: X – 관련높음, Y – 관련있음, A – 관련은 없으나참고할 자료

조사문헌 리스트	관련도	관련자료		
	X	-		
	Y	JP3******, US6******, KP0******, US50*****		
	A	US4265388, JP2008-169969, KP2009-0122059 JP1979-083195		
주요문헌 기술구성 비교 (X, Y)	관련도	요소별 관련도 설명		종합 등록가능성
	○	동일한 구성요소임 (동일성, 해당문헌 하나만을 고려할 때) 실질적 동일성, 내재적 동일성, 부분적동일성을 판단		낮음
	△	유사한 구성요소임 (용이성, 해당문헌이 다른 문헌과 결합시, 구성이 선행기술에 비하여 곤란한지, 효과가 현저한지 여부판단		보통
	*	기술요소와 유사하지 않음		높음
	순번	문헌번호 기 술 요 지	기술 요소	요소별 관련도
	1	일본공개특허 2007-030634 (2007.02.08)	A B C	○ △ ○
	2	일본등록특허 3777353 (2006.03.03)	A B C	○ △ ○
	3	미국등록특허 7779715 (2010.08.24)	A B C	* △ △
	4	미국등록특허 7568404 (2009.08.04)	A B C	△ △ △
	기술요소별(종합 등록가능성)		A B C	○ △ △

5. 종합 검토 의견

특허성에 대한 검토 의견	□ 기술요소 A에 대하여 JP3******의 문단 [0009]에는 가공기준홀(11c)는 부재를 관통하지 않고 오목형 홈로 설치해도 좋다는 내용이 기재되어 있으므로, 이는 신청기술의 얼라인용 장홈에 대응함 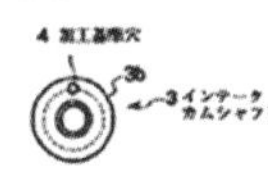 □ 따라서 신청기술의 얼라인용 장홈은 신규성이 결여되었고, 이러한 홈의 형상은 단순한 설계변경요소로 판단될 가능성이 높으므로, 진보성도 결여되었다고 볼 수 있음

출처: 저자 제공, 선행기술조사 보고서

2) 특허 동향 조사

특허 동향 조사는 방대한 특허 정보로부터 다양한 시사점을 도출하기 위한 것으로서, 도출하려는 시사점의 종류에 따라, 기술 개발 정책 수립을 위한 동향 조사, 기술 분야 유망성 진단을 위한 동향 조사, R&D 개발 방향 수립을 위한 동향 조사, 신규 IP 도출을 위한 동향 조사 등으로 구분될 수 있다.

특허 동향 조사(정량분석, 정성 분석) 보고서의 예시

정량분석 예시 I 연도별·특허청별 출원 현황 및 증감률, 기술성장단계 분석

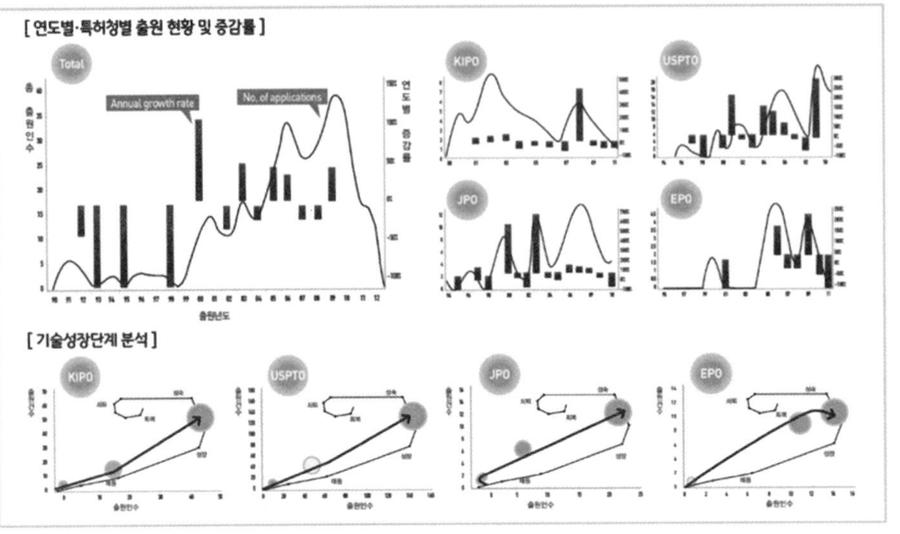

정성분석 예시 I IP History 및 OS Matrix 분석

[IP Histoty 분석]

2002: 장갑과 같이 양손에 착용하고 장갑의 손가락 마디에 구리테이프(5)와 전도성 실리콘 잉크(4)를 사용…

2003: 시각장애모드에 정보통신 단말기를 사용할 때 휴대가 간편하고 유연성을 극대화한 장갑형태의 점자 입력장치에 관한 디자인 및 사용방법…

2004: 본 발명은 시각장애인들이 손쉽게 점자를 입력할 수 있는 장치에 관한 것으로 한 손에…

2005: 상기 장갑형 키입력 기기로부터 무선으로 전송되는 키신호에 따라 프로그램 실행이나 데이터 입력을 수행할 때 상기 장갑형 키입력…

[OS Matrix 분석]

특허	목적						
	강우량 영역/강도	고속 정밀도	국지 단시간	가상 관측/예측	레이더 감쇠 방지	펌프 가동	기타
공간적 변화	2	1		4			
데이터 비교/연산	6	1	2	3			
레이더 정보, AMeDAS	2		1	1			1
시계열 변화, 강우 이동	9	5	6			2	1
이중 편광, 펄스 레이더	3			1	2		
한계치 비교	1			2			
화상 특징	1	1		특허 집중 분야		관심 연구 후보 분야	

* IP History : 일정 기준으로 선별된 특허를 시계열적으로 나열하여 흐름을 파악하는 분석방법
* OS Matrix : 특허의 해결과제 및 수단을 도출하여 2차원 Matrix상에 매핑하는 분석방법

출처: 한국지식재산전략원, 정부 R&D 특허기술동향조사사업 기본 분석 실무 자료집(2016)

한편, R&D의 단계에 따라, 특허 동향 조사와 선행기술조사는 적절하게 병행될 수 있는데, 예를 들면, 예비타당성 조사 단계에서는 특허 동향 조사가 이용되고, 기획 대상 과제 선정 단계에서는 선행기술조사가 사용될 수 있다.

1.4 선행기술조사 방법

선행 기술은 크게 특허 문헌과 비특허 문헌으로 구분되며, 각각 조사할 방법은 상이하므로, 이에 대해 알아본다.

1) 특허 문헌

특허 문헌은 특허 공보를 의미한다. 특허공보란 특허청에서 발생하는 특허 공개공보 및 특허등록 공보를 의미한다. 특허공보는 네이버, 구글 등의 주요 포털사이트에서도 검색이 가능하지만, 특허 전용 검색 엔진을 이용하는 것이 정확도나 기능 면에서 우수하므로, 특허 전용 검색 엔진이 일반적으로 이용된다. 무료로 사용할 수 있는 검색 엔진은 한국특허정보원에서 제공하는 키프리스(www.kipris.or.kr) 사이트이며, 유료 검색 엔진으로 윕스온, 키워트 등의 서비스가 있다.

2) 비특허 문헌

비특허 문헌은 특허 공보를 제외한 기술 자료를 의미한다. 비특허 문헌은 대표적으로 논문 자료가 있고, 이외에도 교과서, 뉴스, 블로그 자료 등이 이에 해당한다. 비특허 문헌은 논문 검색 전용 사이트나, 일반적인 포털 사이트를 이용하여 검색한다.

3) 기본적인 검색 방법

특허 문헌뿐만 아니라, 비특허 문헌의 경우에도 기본적으로는 기술 "키워드"를 검색창에 입력함으로써 검색을 실시한다. 기술 키워드가 복수인 경우 복수의 키워드와 그사이에 검색 연산자를 연결한 "검색식"을 이용해야 한다. 검색 연산자는 검색 엔진별로 상이 하나, 대부분 유사한 시스템을 따르고 있으므로, 하나의 검색 엔진으로 충분히 학습하는 경우, 나머지 시스템에서도 쉽게 적응할 수 있다. 한편, 특허 문헌의 경우, 특허 문헌의 목차 및 기술 분류 코드를 활용하여 검색의 효율을 높일 수 있으므로 특허 문헌, 즉, 특허공보에 대한 기본구조 및 기술분류코드의 구조에 대한 학습이 요구된다.

1.5 특허공보의 이해

특허공보는 특허가 공개되거나, 설정 등록되는 경우, 특허청에서 특허에 대한 내용을 기재하여 배포하는 특허문서를 의미한다. 특허공보는 서지사항, 요약/대표도, 명세서, 도면의 구조로 되어 있다.

1) 서지사항

서지사항은 특허출원 번호, 특허 공개 번호 등 특허 문서에 부여되는 정보와, 특허 출원인, 발명자와 같은 인적 정보, IPC 코드, CPC 코드와 같은 특허에 부여된 기술분류코드 정보, 발명의 명칭에 대한 정보를 포함한다. 그러므로 서지사항을 통해 특허가 언제 출원되어 등록되었는지, 특허의 권리자가 누구인지, 대략 어떠한 기술 내용을 가지고 있는 기술인지 등을 파악하는 것이 가능하다.

[특허 공보의 서지사항 예시]

출처: 특허정보검색서비스 키프리스 사이트(www.kipris.or.kr)

2) 요약 및 대표도

요약은 특허 발명의 핵심적인 구성 및 효과를 10여 줄 이내로 요약 서술한 것을 의미하고, 대표도는 특허 공보에 포함된 도면 중 발명을 대표할 수 있는 도면을 의미한다. 발명의 명칭과 더불어 요약 정보 및 대표 도면을 이용하면, 해당 특허의 발명을 가장 빠르게 이해할 수 있다.

[특허 공보의 요약 및 대표도 예시]

57 요약
발명의 내용을 간략히 요약한 기술정보

대표도
발명의 특징을 가장 잘 나타내는 도면

(57) 요 약

본 발명은 무선 통신 시스템에 관한 것으로서, 구체적으로 공통 PUCCH 자원 세트들 중 하나를 지시하기 위한 정보를 포함하는 시스템 정보를 수신하되, 상기 지시된 공통 PUCCH 자원 세트는 RB 오프셋과 관련된 단계; 스케줄링 정보 및 자원 지시 정보(RI)를 포함하는 DCI를 수신하는 단계; 상기 스케줄링 정보에 기반하여 하향링크 데이터를 수신하는 단계; 및 전용 PUCCH 자원이 구성되지 않은 것에 기반하여, 상기 하향링크 데이터에 대한 ACK/NACK 정보를, 상기 지시된 공통 PUCCH 자원 세트로부터 결정된 PUCCH 자원을 이용하여 전송하는 단계를 포함하고, 상기 PUCCH 자원의 RB 인덱스는 상기 RB 오프셋, 및 상기 RI와 관련된 값에 기반하여 결정되는 방법 및 이를 위한 장치에 관한 것이다.

대 표 도 - 도10

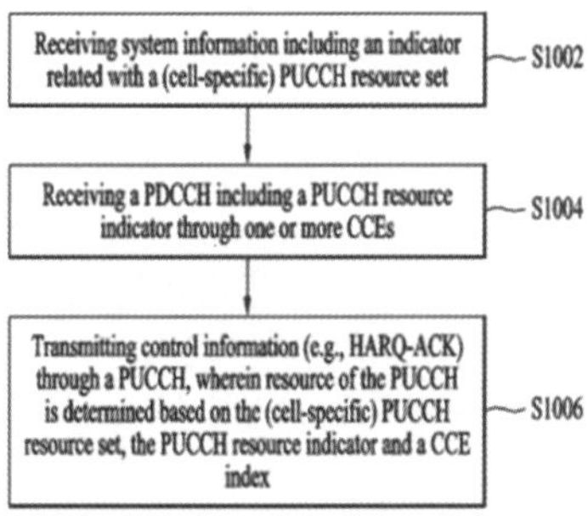

출처: 특허정보검색서비스 키프리스 사이트(www.kipris.or.kr)

3) 명세서

명세서는 특허 발명의 권리의 범위를 규정하는 "특허청구범위" 항목과 특허청구범위를 뒷받침하여 발명을 상세하게 설명하는 "발명의 설명" 항목으로 구분된다. 특허청구범위는 특허 발명을 보고받고자 하는 기술 내용이 기재된 항목으로, 일반적으로는 발명을 구성하는 구성 요소 및 그 구성 요소들의 유기적인 연결, 결합 관계에 대해서 기술되어 있다. 따라서, 특허의 침해, 특허의 무효 등을 검토할 때에는 "특허청구범위"의 내용을 기준으로 판단하게 된다. 한편, 발명의 설명 부분은 특허청구범위에 기재되어 있는 구성 요소들을 자세하게 풀어 설명해 놓은 항목으로, 발명을 실시하기 위한 구체적인 실시예에 대해서 기술되어 있다.

[특허 공보의 명세서 예시]

명세서

발명의 보호범위를 명확히 하고 발명의 기술적 내용을 공개하는 문서

청구범위

특허 발명으로 보호를 받고자 하는 범위가 기재된 부분으로 제 3자의 침해로부터 보호받기 위하여 특허권의 효력이 미치는 영역을 말함

특허 청구범위에는 보호를 받고자 하는 사항을 기재한 항(청구항)이 하나 또는 둘 이상 있어야 함

발명의 설명

특허 출원된 발명의 내용을 상세하게 기재하고 있는 부분으로 실질적으로 특허 청구항의 기초가 되는 부분

명 세 서

청구범위

청구항 1

무선 통신 시스템에서 장치에 의해 수행되는 방법에 있어서,

공통 PUCCH(Physical Uplink Control Channel) 자원 세트들 중 하나를 지시하기 위한 정보를 포함하는 시스템 정보를 수신하되, 상기 지시된 공통 PUCCH 자원 세트는 RB(Resource Block) 오프셋과 관련된 단계;

스케줄링 정보 및 자원 지시 정보(RI)를 포함하는 DCI(Downlink Control Information)를 수신하는 단계;

상기 스케줄링 정보에 기반하여 하향링크 데이터를 수신하는 단계; 및

전용(dedicated) PUCCH 자원이 구성되지 않은 것에 기반하여, 상기 하향링크 데이터에 대한 ACK/NACK(acknowledgement/negative acknowledgement) 정보를, 상기 지시된 공통 PUCCH 자원 세트로부터 결정된 PUCCH 자원을 이용하여 전송하는 단계를 포함하고,

상기 PUCCH 자원의 RB 인덱스는 상기 RB 오프셋, 및 상기 RI와 관련된 값에 기반하여 결정되는 방법.

발명의 설명

기 술 분 야

[0001] 본 발명은 무선 통신 시스템에 관한 것으로, 보다 상세하게는 무선 신호 송수신 방법 및 장치에 관한 것이다.

배 경 기 술

[0002] 무선 통신 시스템이 음성이나 데이터 등과 같은 다양한 종류의 통신 서비스를 제공하기 위해 광범위하게 전개되고 있다. 일반적으로 무선통신 시스템은 가용한 시스템 자원(대역폭, 전송 파워 등)을 공유하여 다중 사용자와의 통신을 지원할 수 있는 다중 접속(multiple access) 시스템이다. 다중 접속 시스템의 예들로는 CDMA(code division multiple access) 시스템, FDMA(frequency division multiple access) 시스템, TDMA(time division multiple access) 시스템, OFDMA(orthogonal frequency division multiple access) 시스템, SC-FDMA(single carrier frequency division multiple access) 시스템 등이 있다.

출처: 특허정보검색서비스 키프리스 사이트(www.kipris.or.kr)

4) 도면

도면은 특허 발명을 쉽게 설명하기 위한 그림을 나타내는 것으로써, 그림뿐만 아니라 사진, 도표 등 발명을 설명하기 위한 자료들이 개시되는 항목이다.

[특허 공보의 도면 예시]

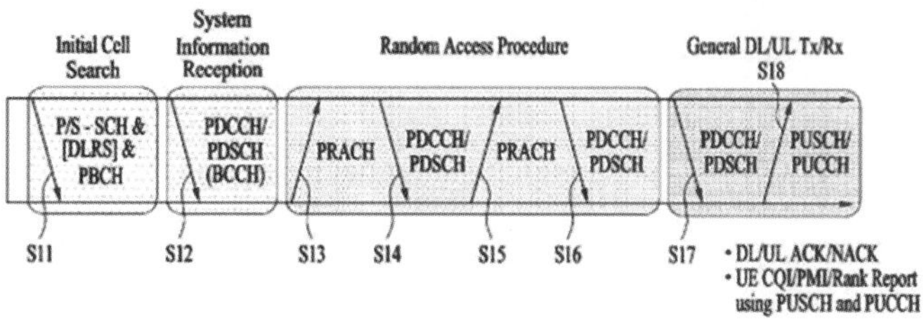

출처: 특허정보검색서비스 키프리스 사이트(www.kipris.or.kr)

1.6 기술 분류 코드

기술 분류 코드란 특허를 기술별로 분류하기 위한 체계로서, IPC 코드와 CPC 코드 등이 있다. IPC(International Patent Classification) 코드는 국제적으로 가장 널리 활용되고 있는 기술 분류 코드로서, 전 세계 특허 문헌 대부분이 IPC 코드를 이용하여 특허 문헌을 분류하고 있다. 특허가 출원되면, 특허청에서는 기술 내용을 파악하여, IPC 코드를 특허에 부여하는데, 특허 공보가 발행되는 경우, 부여된 IPC 코드는 특허공보의 서지사항에 기재된다.

1) IPC의 구성

IPC는 기술 전체를 8개(A~H)의 섹션으로 구분하고, 각 섹션을 클래스, 서브클래스, 그룹, 서브그룹이라는 세부 분류로 구분하고 있다. 특허청 홈페이지나 키프리스 사이트를 이용하면, IPC 코드를 검색할 수 있고, IPC 코드가 의미하는 기술의 내용도 확인할 수 있다.

[“F16K 1/02”의 구조 예시]

F16K 1/02

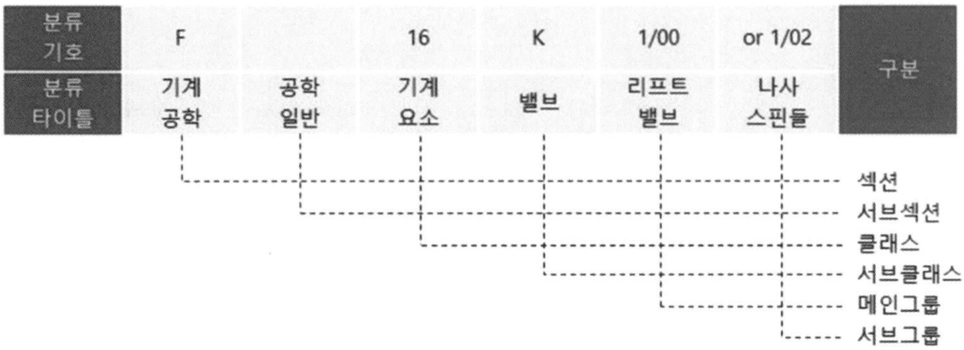

출처: 네이버 블로그, https://blog.naver.com/wertcorp/221009329747

[“F16K 1/02”의 기술 내용]

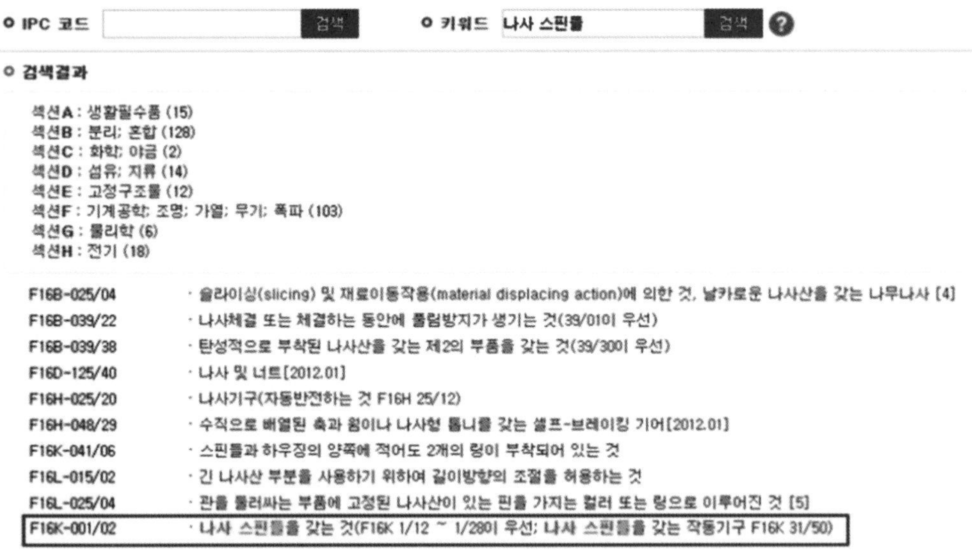

○ IPC 코드 [검색] ○ 키워드 나사 스핀들 [검색]

○ 검색결과

섹션A : 생활필수품 (15)
섹션B : 분리; 혼합 (128)
섹션C : 화학; 야금 (2)
섹션D : 섬유; 지류 (14)
섹션E : 고정구조물 (12)
섹션F : 기계공학; 조명; 가열; 무기; 폭파 (103)
섹션G : 물리학 (6)
섹션H : 전기 (18)

F16B-025/04	· 슬라이싱(slicing) 및 재료이동작용(material displacing action)에 의한 것, 날카로운 나사산을 갖는 나무나사 [4]
F16B-039/22	· 나사체결 또는 체결하는 동안에 풀림방지가 생기는 것(39/01이 우선)
F16B-039/38	· 탄성적으로 부착된 나사산을 갖는 제2의 부품을 갖는 것(39/30이 우선)
F16D-125/40	· 나사 및 너트[2012.01]
F16H-025/20	· 나사기구(자동반전하는 것 F16H 25/12)
F16H-048/29	· 수직으로 배열된 축과 웜이나 나사형 톱니를 갖는 셀프-브레이킹 기어[2012.01]
F16K-041/06	· 스핀들과 하우징의 양쪽에 적어도 2개의 링이 부착되어 있는 것
F16L-015/02	· 긴 나사산 부분을 사용하기 위하여 길이방향의 조절을 허용하는 것
F16L-025/04	· 관을 둘러싸는 부품에 고정된 나사산이 있는 핀을 가지는 컬러 또는 링으로 이루어진 것 [5]
F16K-001/02	· 나사 스핀들을 갖는 것(F16K 1/12 ~ 1/28이 우선; 나사 스핀들을 갖는 작동기구 F16K 31/50)

출처: 특허정보검색서비스 키프리스 사이트(www.kipris.or.kr)

II 특허 정보 검색 및 분석 2

학습 목표

· 키프리스를 이용하여 특허 정보를 직접 조사할 수 있다.

1.1 키프리스 개요

키프리스는 특허청이 보유한 국내외 지식재산권 관련 모든 정보의 데이터베이스를 구축하여 검색 및 열람이 가능하게 하는 특허정보 검색 서비스로써, 한국특허정보원이 제공하고 있다. 무료로 특허 정보를 검색할 수 있는 사이트로, 가장 보편적으로 이용되고 있다.

1) 키프리스를 이용한 기본 검색

일반적인 검색 엔진과 마찬가지로 키프리스 엔진도 기본적으로 키워드 검색으로 작동한다. 키워드가 복수인 경우에는 각 키워드 사이에 적절한 연산자를 입력하여 검색식을 완성할 수 있다. 검색식은 키프리스 사이트에 접속 후, 상단 탭 중 "특허 · 실용신안"탭을 선택한 다음, 중간 상단 부분의 검색창에 입력하여 사용한다. 검색식을 이용해 검색하면, 검색 결과 화면(중앙 부분)에서 검색된 특허의 제목, 서지사항, 도면 등의 요약 정보를 확인할 수 있고, 검색 결과를 선택하면, 새로운 창이 열리면서, 특허공보 내용을 상세히 확인할 수 있다.

[키프리스 사이트 검색창]

출처: 특허정보검색서비스 키프리스 사이트(www.kipris.or.kr)

[키프리스 사이트 검색 결과 화면]

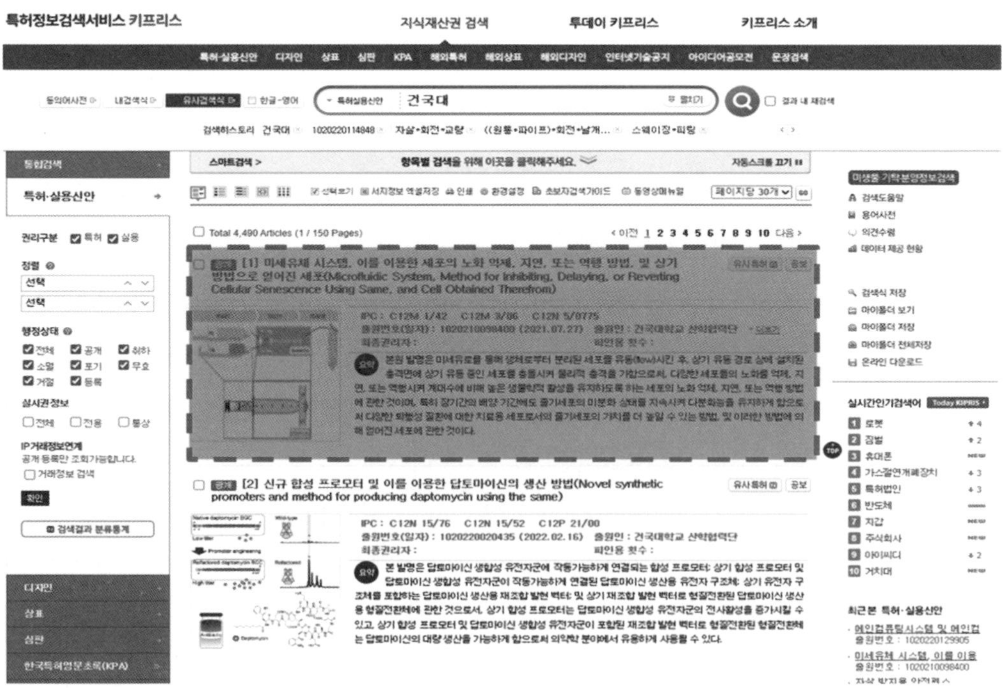

출처: 특허정보검색서비스 키프리스 사이트(www.kipris.or.kr)

[키프리스 사이트 검색 결과 화면(상세)]

출처: 특허정보검색서비스 키프리스 사이트(www.kipris.or.kr)

2) 키프리스를 이용한 스마트 검색

스마트 검색 창을 이용하면, 특허공보의 각 항목에 해당하는 내용에 대해 개별적으로 검색할 수 있어서, 검색의 정확성이 향상되고, 보다 구체적인 특허 검색을 가능하다는 이점이 있다. 스마트 검색은 키프리스 사이트의 검색창 바로 아랫부분의 분홍색 바를 선택하면 스크롤 되어 활성화되는데, 활성화된 창에 표시된 발명의 명칭, 요약, 청구범위 등 특허 공보의 각 목차에 해당 검색식을 입력하면 검색을 수행할 수 있다.

[키프리스 사이트 스마트 검색 창 화면]

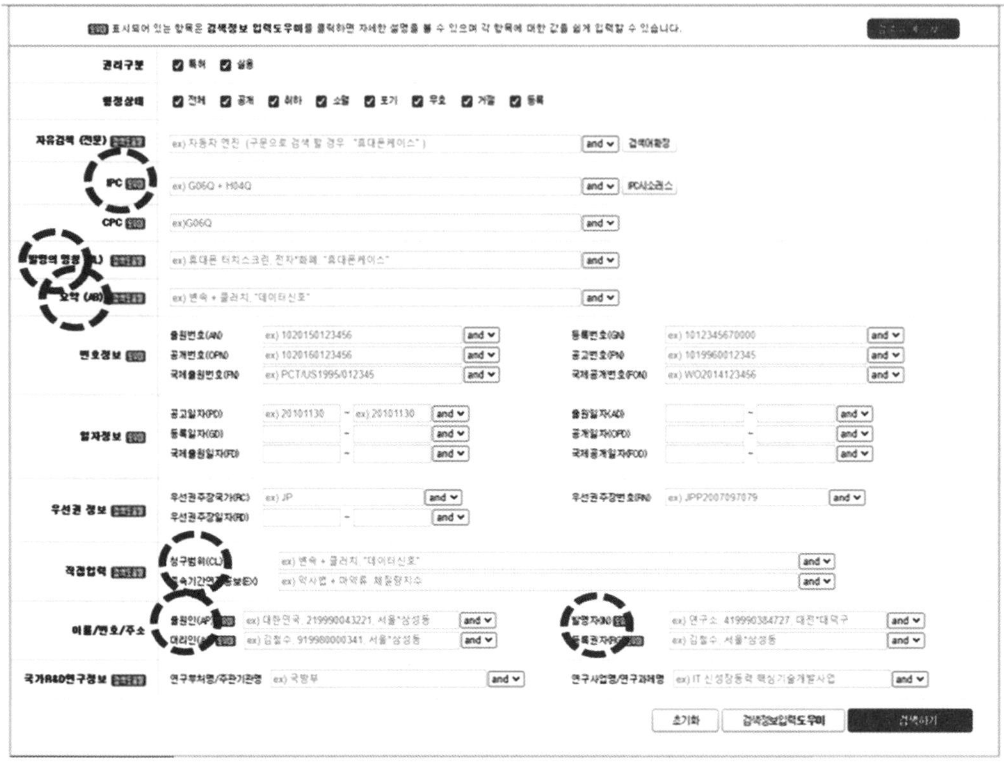

출처: 특허정보검색서비스 키프리스 사이트(www.kipris.or.kr)

3) 논리 연산자 및 필드 지정 연산자 활용

검색식을 완성하기 위해서는 키워드들 사이에 연산자가 연결되어야 한다. 연산자는 논리 연산자와 필드 연산자로 구분될 수 있다. 논리 연산자는 AND(앞뒤 두 개의 키워드가 모두 포함되는 것), OR(앞뒤 두 개의 키워드 중 어느 하나만 포함되는 것), NOT(앞의 키워드는 포함하고, 뒤의 키워드는 포함하지 않는 것) 연산을 수행하는 것이며, 필드 연산자는 IPC 코드, 발명의 명칭, 청구범위 등 특허공보의 각 항목에서 검색을 수행하는 경우 사용되는 연산자이다.

[키프리스 사이트 연산자(논리)]

구분		상세내용	검색 예
단어검색		특정 단어가 포함된 특허 검색	디스크
구문검색		검색어가 순서대로 인접하여 나열되어 있는 특허 검색(공백, 조사, 특수문자 포함하여 검색)	"데이터 신호"
논리 연산	AND연산(*)	입력된 키워드 2개가 모두 포함된 특허 검색	휴대폰*케이스
	OR연산(+)	입력된 키워드 중 한개라도 포함된 특허 검색	핸드폰+휴대폰
	NOT연산(!)	입력된 키워드 2개 중 한개는 반드시 포함하고 한 개는 포함되지 않는 특허 검색	자동차*!클러치
필드 특화 기능	절단검색	특정 키워드의 * 뒤에 어떤 음절표기가 와도 모두 검색(휴대* -> 휴대폰, 휴대용품...)	휴대*
	NEAR 연산(^)	입력된 2개의 키워드 사이의 거리가 특정 단어 거리 만큼 떨어진 특허 검색 (3단어 까지만 지원)	자동차^2각도

출처: 저자 제공, 키프리스 사이트 연산자(논리)

[키프리스 사이트 연산자(필드)]

구분	용도	사용법
IPC 코드	검색건수를 줄이고, 정확도를 높임	IPC=[ ]
발명의 명칭 요약	빠르고 간이하게 검색하고 싶음	TL=[ ] AB=[ ]
청구범위	권리화가 된 내용을 알고 싶음 검색의 정확도를 높임	CL=[ ]
출원인 특허권자 발명자	특정사람의 특허를 검색하고 싶음	AP=[ ] RG=[ ] IN=[ ]

출처: 저자 제공, 키프리스 사이트 연산자(필드)

1.2 특허 검색 실습

키프리스 엔진을 이용하여 특허 검색을 직접 실습해 본다.

1) 키워드 선정 및 검색식 완성

조사할 기술 내용에 기반하여 키워드를 선정한다. 예를 들어, 자동차 클러치 구조를 개선하여 엔진의 효율을 향상하고자 하는 기술을 조사하고 싶은 경우, 키워드는 "자동차”, “클러치”, “엔진”, “효율”이 될 수 있다. 다음으로, 복수의 키워드들을 연산자로 연결하여 검색식을 완성한다. 언급한 4개의 키워드가 모두 포함되는 특허공보를 찾아야 하므로, 모두 and 연산자(*)로 연결하면, “자동차*클러치*엔진*효율”이라는 검색식 1을 완성할 수 있다.

[검색식 1로 검색한 결과 화면]

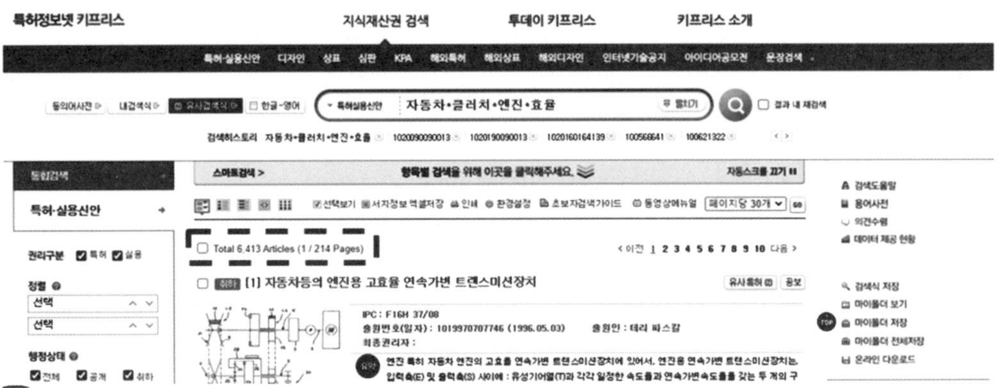

출처: 특허정보검색서비스 키프리스 사이트(www.kipris.or.kr)

2) 검색 결과 확인 및 검색식 확장

검색식 1로 검색한 결과 위 그림과 같이 6,413건이 조사되었다. 한편, 각 키워드의 경우에는 동의어나 유사어가 있을 수 있고, 기술 용어가 특허 공보에 영문으로 적혀 있을 가능성도 있으므로, 검색식 1의 결과에는 실제 찾고자 하는 특허 공보가 누락되어 있을 가능성이 있다. 그러므로, 각 키워드에 유사어를 반영하여 검색식을 확장하는 것이 필요하다. 검색식 1에 유사어를 반영하면, “(자동차+차량+탈것+CAR)*(클러치+clutch)*(엔진+앤진+engine)*(효율+효과+효능)”과 같은 검색식 2를 완성할 수 있다.

[검색식 2로 검색한 결과 화면]

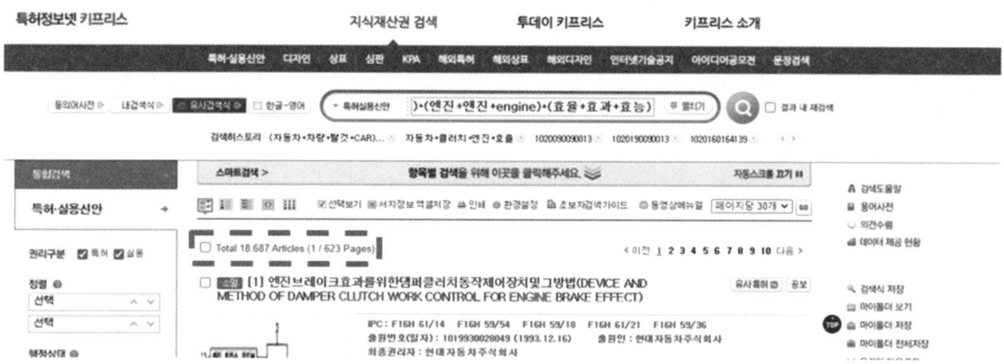

출처: 특허정보검색서비스 키프리스 사이트(www.kipris.or.kr)

3) 검색 결과 확인 및 검색 정교화 1

검색식 2로 검색한 결과 위 그림과 같이 18,687건이 조사되었다. 유사어를 반영한 결과, 너무 많은 검색 건이 조사되었기 때문에, 해당 결과에는 노이즈가 많이 있을 것으로 예상된다. 따라서, 노이즈를 제거할 수 있는 정교화된 검색식 수정이 필요하다. 요약 항목 및 특허 청구범위 항목을 이용하여 핵심적인 키워드가 해당 항목에 반드시 포함되는 형태로 검색식을 정교화한다. 검색식 2에 정교화 작업을 반영하면, "AB=[(자동차+차량+탈것+CAR)*(엔진+앤진+engine)*(효율+효과+효능)]*CL=[(클러치+clutch)]"와 같은 검색식 3을 완성할 수 있다.

[검색식 3으로 검색한 결과 화면]

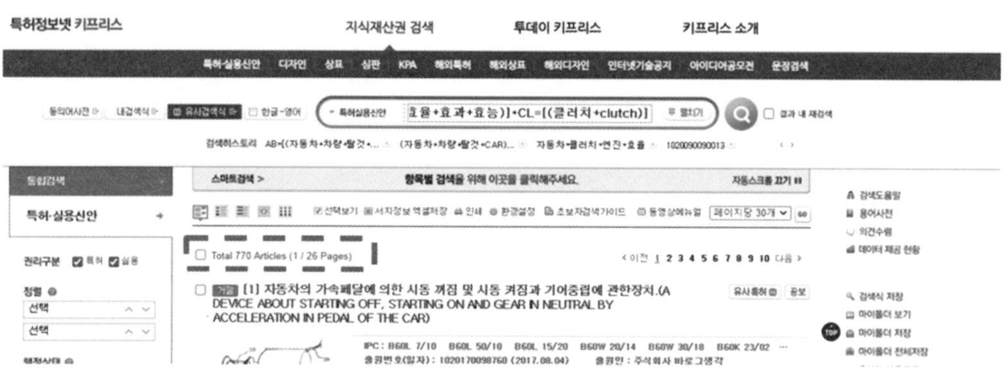

출처: 특허정보검색서비스 키프리스 사이트(www.kipris.or.kr)

4) 검색 결과 확인 및 검색 정교화 2

검색식 3으로 검색한 결과, 위 그림과 같이 770건이 조사되었다. 요약 항목 및 특허 청구범위 항목을 이용하는 것이 매우 효과적이라는 것을 알 수 있다. 770건을 조사하는 것은 아주 어려운 일은 아니지만, 그래도 여전히 모두 상세히 확인하기에는 조사 건수가 많기 때문에, IPC 코드를 이용하여, 보다 정밀하게 검색식을 정교화할 필요성이 있다. 검색식 3에 정교화 작업을 반영하면, "AB=[(자동차+차량+탈것+CAR)*(엔진+앤진+engine)*(효율+효과+효능)]*CL=[(클러치+clutch)]*IPC=[B60K6/38]"와 같은 검색식 4를 완성할 수 있다. 검색식 4로 검색한 결과 40건의 가장 정확한 검색 건을 얻게 된다.

[검색식 4로 검색한 결과 화면]

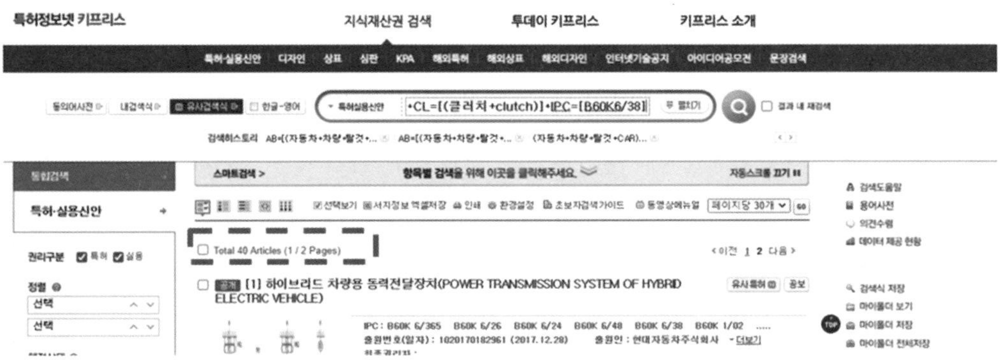

출처: 특허정보검색서비스 키프리스 사이트(www.kipris.or.kr)

1.3 기타 유용한 기능

키프리스 엔진의 다양한 기능을 활용하여 특허 공보를 보다 빠르고 정확하게 검색할 수 있도록 학습해 본다.

1) 검색 히스토리 기능 및 결과 내 재검색 기능

검색 히스토리 기능은 검색창 바로 아래에 기존에 입력하였던 검색식이 표시되는 기능이다. 표시된 기 검색식을 선택하면 그 검색식으로 바로 다시 검색 결과를 확인할 수 있어 편리하다. 또한, 검색창 우측 버튼을 이용하면 결과 내 재검색 기능을 사용할 수 있다.

2) 검색 결과 정렬 및 행정 상태별 검색 기능

검색창 우측 매뉴에 "정렬" 기능을 사용할 수 있으며, 이를 이용하면, 출원번호, 행정 상태, 발명의 명칭, IPC 코드 등의 항목으로 오름차순, 내림차순으로 정렬할 수 있다. 또한, "정렬" 기능 바로 아래에 "행정 상태" 기능을 사용하면, 공개, 취하, 소멸, 등록 등 특허의 현재 상황별로 검색 결과를 확인할 수 있다.

3) 화면 보기 기능

스마트 검색 창 바로 아래에 있는 화면 보기 기능을 사용하면, 검색 결과를 기본 보기(제목+서지정보+요약), 서지정보 보기(제목+대표도+서지정보), 대표 도면 보기(대표도+특허 번호+IPC), 도면 일괄 보기(제목+도면+특허 번호+IPC)로 각각 선택할 수 있다. 요약 내용을 집중적으로 보아야 하거나, 대표 도면만으로 빠르게 발명을 파악해야 하는 등 검색 상황에 맞게 화면 보기 기능을 활용하면, 검색을 효율적으로 실시할 수 있다.

III 특허 정보 검색 및 분석 3

학습 목표

· 윕스온을 이용하여 특허 정보를 직접 조사할 수 있다.

1.1 윕스온 개요

윕스온은 대표적인 유료 특허 검색 엔진으로, IP 업계에서 가장 널리 사용되고 있다. 충남대학교의 경우에는 대학 도서관의 DB에 등재되어 있으므로, 재학생이라면 학교 내에서 무료로 사용이 가능하다.

1.2 윕스온 이용 방법

1) 연산자

윕스온의 경우에도 키프리스 엔진과 마찬가지로 키워드가 조합된 검색식을 이용하여 특허 검색을 실시한다. 키프리스와는 연산자에서 차이가 있으므로 주의해야 한다.

[윕스온 논리 연산자 예시]

연산자	내용
A AND B	검색하고자 하는 범위 내에서 순서와 위치에 관계없이 A와 B를 동시에 포함하고 있는 문헌을 검색
A OR B	검색하고자 하는 범위 내에서 순서와 위치에 관계없이 A 또는 B를 포함하고 있는 문헌을 검색
A NOT B	검색하고자 하는 범위 내에서 A단어는 포함하고, B 단어를 포함하지 않는 문헌을 검색
A ADJ B	검색하고자 하는 범위 내에서 A, B 단어가 순서대로 특정거리(단어 수) 내에 존재하는 문헌을 검색
A NEAR B	검색하고자 하는 범위 내에서 A, B 단어가 순서와 관계없이 특정거리(단어 수) 내에 존재하는 문헌을 검색
휴대*	특정 키워드 뒤에 *라는 절단기호를 사용하면 어떤 음절표기가 와도 모두 검색('휴대*'로 검색하면 '휴대폰', '휴대용품', 등이 검색됨. 단, '*대폰' 사용불가)
휴대??? OR CA?	특정 키워드 뒤에 ?라는 기호를 사용하면 ?의 사이즈에 해당하는 단어가 포함된 문헌이 검색(한글은 한 자 당 ???(3개), 영어와 숫자는 한 자 당 ?(1개))

출처: 저자 제공, 윕스온 논리 연산자

[윕스온 필드 연산자 예시]

필드 구분		연산자	한국	미국	일본	PAJ	중국	EP	PCT	DOCDB
키워드	발명의 명칭	TI	○	○	○	○	○	○	○	○
	요약	AB	○	○	○	○	○	○	○	○
	대표청구항	CL	○	○	○		○	○		
	전체청구항	CLA	○	○	○		○	○		
	상세설명	DSC	○	○			○	○		
	상세설명 (추출키워드)	JKWD			○					
	색인어	KWD	○							

출처: 윕스온 기능별 매뉴얼, https://library.unist.ac.kr/wp-content/uploads/2018/12/WIPS-ON-Manual_2018-by-WIPS.pdf

2) 검색 방법의 종류

윕스온은 기본 검색, 번호 검색, 스텝검색 등 다양한 검색 방법을 제공하는데, 일반적인 선행기술조사의 경우 기본 검색으로도 충분히 가능하다. 번호 검색은 특허출원 번호, 특허 등록번호 등 서지사항에 기재된 특허 번호 정보 검색을 수행하는 기능이며, 스텝검색은 단계별로 특허를 검색하는 기능으로, 검색식을 수정해 가며 범위를 확장/축소하면서 검색하는 경우에 유용하다. 통합검색은 한글/영문으로 한국, 일본, 미국, 중국 등 다양한 국가에 대해서 통합적인 검색을 실시하는 기능이다. 특허등록 가능성 조사 또는 특허 분석 보고서 작성 등에 이용된다.

3) 기본 검색 방법

먼저 검색 대상(전체, 공개, 공고/등록 등)과 상태 정보, 검색 구간을 선택한 다음, 검색창에 검색식을 작성한다. 편집기 모드를 사용하면 복잡한 검색식에서 쉽게 발생할 수 있는 오류를 용이하게 수정할 수 있다. 키프리스 엔진의 스마트 검색과 같이 특허공보 항목을 이용한 검색도 지원하며, 검색 결과 창의 좌측에 나타나 있는 검색 결과 필터를 사용하면, 문헌 상태, 권리변동 유무, 출원인 등에 따라서 결괏값 내에서 특정 문헌을 다시 추출할 수 있다.

[윕스온 기본 검색 화면 예시]

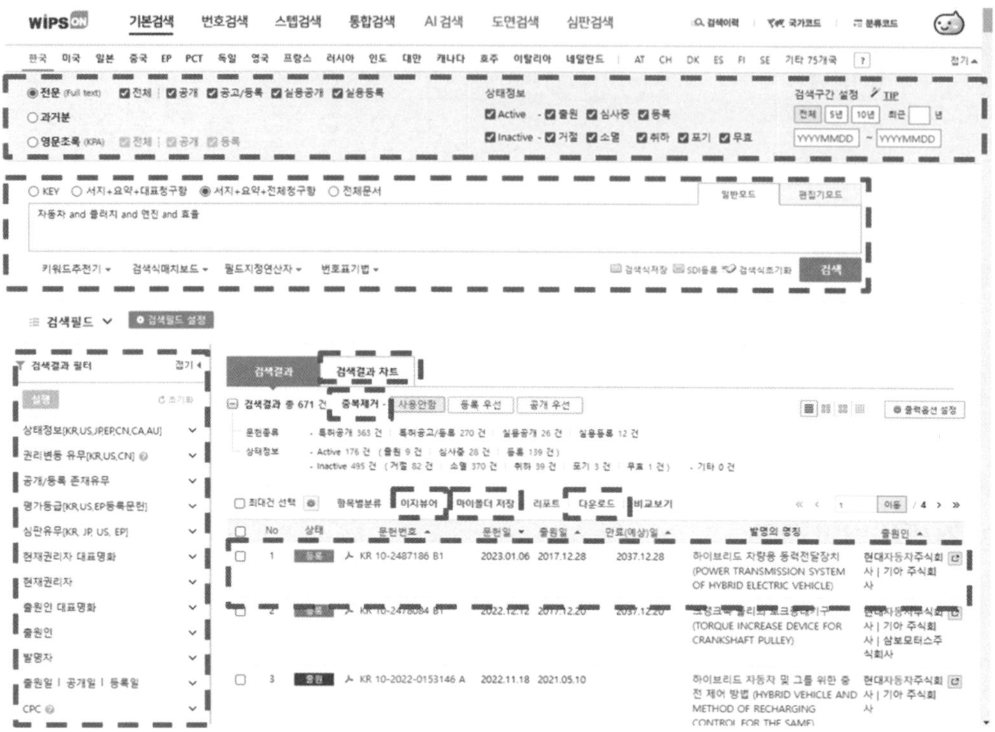

출처: 윕스온 사이트(www.wipson.com)

검색 결과 차트 기능을 이용하면, 검색 결과에 대해 동향 그래프를 손쉽게 생성할 수 있고, 중복제거 기능을 이용하면, 특허 공개공보와 특허등록 공보 중 어느 하나만을 선택하여 확인할 수 있다. 이지뷰어 기능을 이용하면, 특허 공보를 항목별로 쉽게 파악할 수 있도록 화면이 제공되고, 마이폴더 기능을 이용하면, 선택한 특허 문헌들을 별도의 폴더에 저장하여 관리할 수 있다. 다운로드 기능을 이용하면, 검색한 공보를 엑셀 파일과 같은 데이터베이스 형태로 받을 수 있다.

4) 상세 화면 보기

검색된 특허를 선택하면, 상세 문헌 보기로 화면이 전환된다. 상세 문헌 보기 화면에서는 특허 문헌의 서지사항 및 권리관계, 출원 히스토리 등을 한눈에 파악할 수 있고, 청구항, 발명의 설명, 행정 사항 등을 따로 확인할 수 있는 매뉴로 제공한다.

[윕스온 특허 상세 보기 화면 예시]

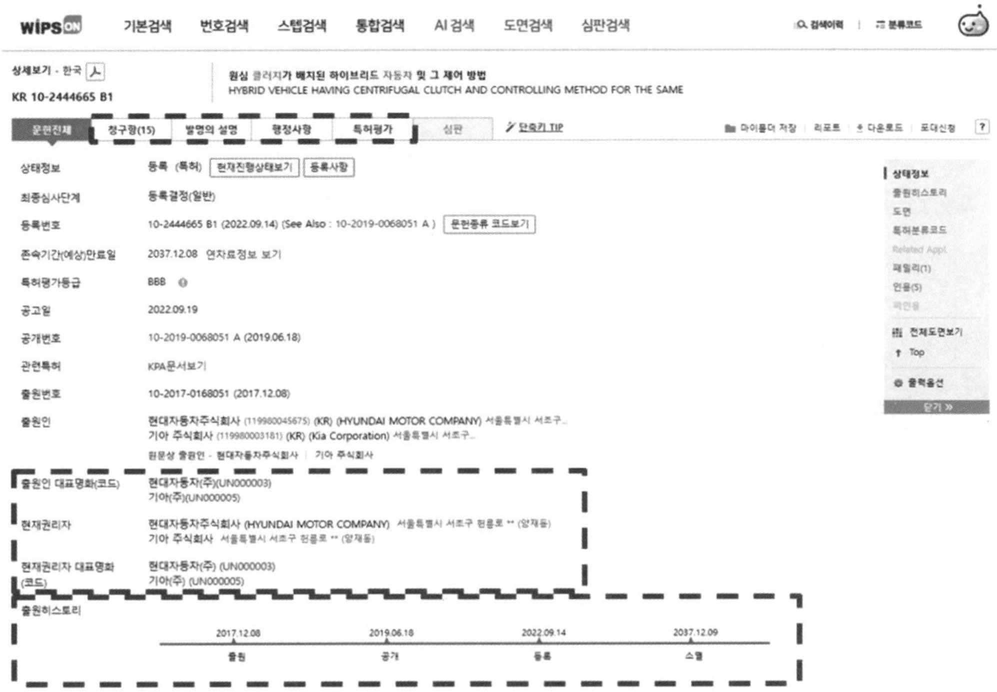

출처: 윕스온 사이트(www.wipson.com)

청구항 탭을 선택하면, 독립항, 종속항, 삭제 청구항별로 확인이 가능하며, 도면도 함께 확인할 수 있도록 화면이 제공된다. 또한, 청구항-도면 맵핑 기능을 사용하면 청구항의 구성요소에 도면번호를 부여할 수 있다. 이러한 기능은 청구범위를 쉽게 파악할 수 있는데 도움이 된다.

[윕스온 특허 상세 보기 화면 예시]

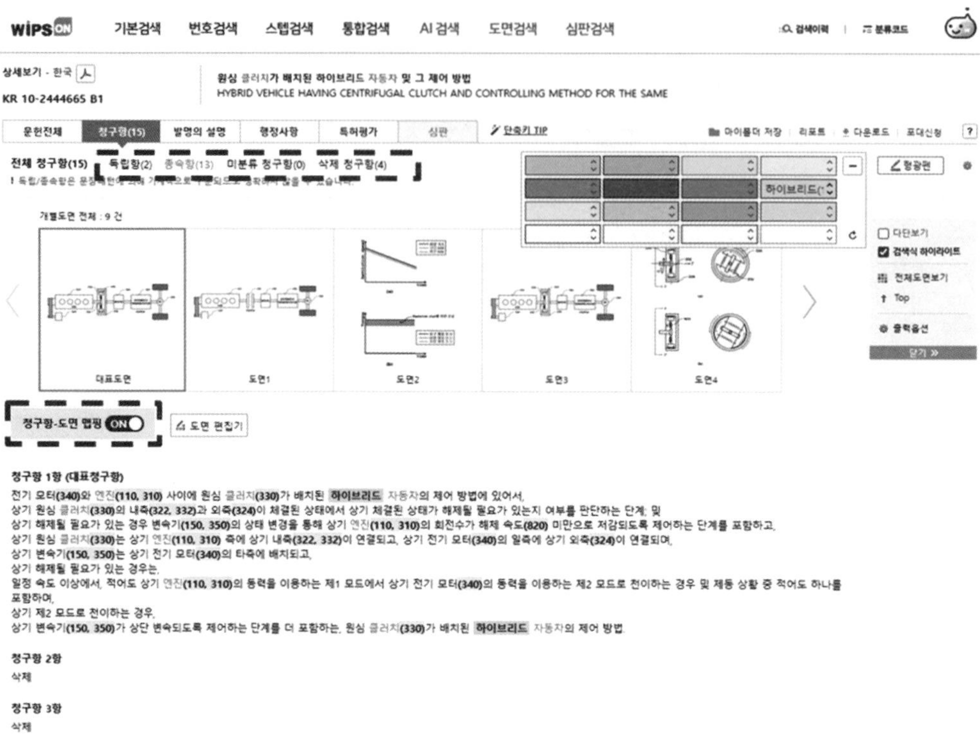

출처: 윕스온 사이트(www.wipson.com)

특허 평가 탭을 선택하면, 해당 특허 문헌의 특허 평가 정보를 확인할 수 있다. 권리성, 기술성, 활동성의 지표로 종합 등급이 결정되며, 한국발명진흥회가 개발한 SMART 5를 통해 특허 평가가 자동으로 이루어진다.

[윕스온 특허 상세 보기 화면 예시]

출처: 윕스온 사이트(www.wipson.com)

IV 특허 정보 검색 및 분석 4

학습 목표

· 윕스온을 이용하여 특허 정보를 직접 조사할 수 있다.

1.1 윕스온 이용 방법

특허 정보 검색 및 분석 3에 이어 윕스온을 이용한 특허 정보 조사 방법에 대해서 학습하고, 직접 실습을 해보기로 한다.

1) 이지뷰어

이지뷰어란 특허 검색 결과 화면에서 선택한 특허 문헌들을 전체적으로 확인하거나 비교해 가며 분석/조사를 수행하는 경우에 이용되는 기능이다. 특허 검색 결과 화면에서 좌측 박스를 이용하여 특허를 선택한 후, “이지뷰어”를 선택하여 이지 뷰어 창을 활성화하면 된다.

[윕스온 이지뷰어 활성화를 위한 선택 화면]

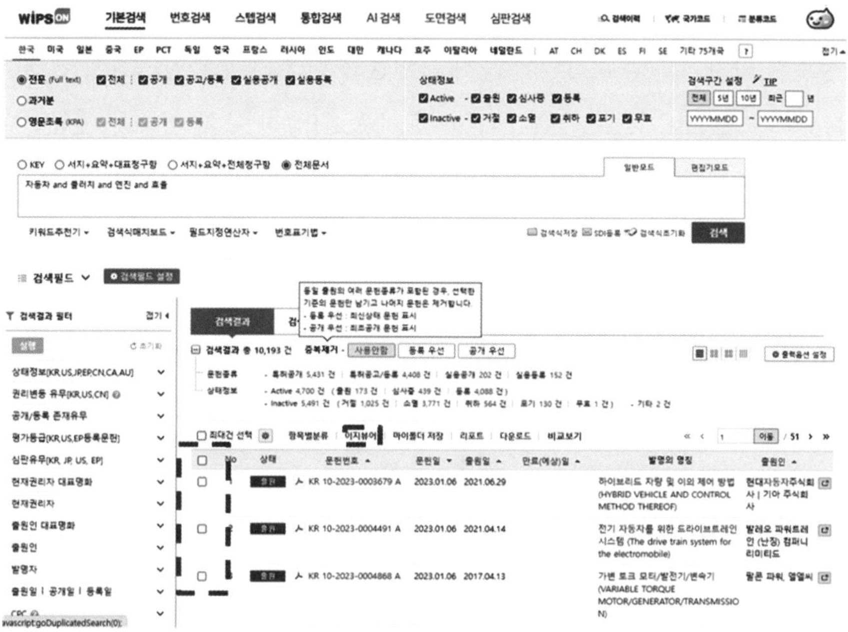

출처: 윕스온 사이트(www.wipson.com)

[윕스온 이지뷰어 화면]

출처: 윕스온 사이트(www.wipson.com)

이지뷰어 화면에서 좌측의 특허 문헌들을 선택하면, 우측의 화면에서 선택된 특허 문헌에 대한 정보들이 보기 쉽게 정렬되며, 우측 화면에서 스크롤을 하면, 선택된 특허 문헌들의 정보가 순차적으로 표시되어 특허 문헌들을 한꺼번에 확인하기에 편리하다. 또한, 이지뷰어는 문헌 보기, 도면 보기, 원문 보기 등 다양한 보기 기능을 제공하며, 형광펜 기능을 사용하여, 반복되는 특정 단어를 눈에 띄게 표기할 수도 있다.

[윕스온 이지뷰어 화면]

출처: 윕스온 사이트(www.wipson.com)

2) 다운로드

다운로드 기능을 통해 검색한 특허 문헌들의 각 항목에 대한 정보들을 엑셀 파일과 같은 편집/활용 할 수 있는 형태로 저장하는 것이 가능하다. 이러한 다운로드 기능은 특허 동향 조사 보고서에서 각종 정량적인 분석 그래프를 그리기 위해서 필수적으로 이용된다.

[윕스온 다운로드 화면]

출처: 윕스온 사이트(www.wipson.com)

[다운로드 받은 파일의 내용 예시]

No.	특허평가등	발명의 명칭	출원인	발명자	발명자(원문)	출원번호	출원일	등록번호	등록일	국가코드	메인 IPC
1	N	Manufacturing method for dispersion body and manufacturing met	THE SCHOOL CORPO	Mikio ISHIHARA | Ko	-	17-896127	2022.08.26	-	-	US	C04B-038/00
2	N	위상차 필름, 편광판 및 화상 표시 장치(retardation film, polarizing pl	닛토덴코 가부시키가	아후가, 쇼헤이	-	2022-0066763	2022.05.31	-	-	KR	G02B-005/30
3	N	Method for producing adhesive sheet, method for producing optical	NITTO DENKO CORP	NAGATA Mizue | YAN	-	PCT/JP2022/021034	2022.05.20	-	-	WO	C09J-011/06
4	N	Adhesive composition, adhesive sheet, optical laminate, and image	NITTO DENKO CORP	NAGATA Mizue | YAN	-	PCT/JP2022/017652	2022.04.12	-	-	WO	C09J-133/00
5	N	Polycarbonate-containing slurry composition	SUMITOMO SEIKA C	KOGURE, Nozomi | F	-	PCT/JP2022/011008	2022.03.11	-	-	WO	C04B-035/634
6	N	다층 필름 및 그 다층 필름을 사용한 편광판의 제조 방법(multilayer fi	닛토덴코 가부시키가	아즈마 신타로 | 키타	-	2022-0018016	2022.02.11	-	-	KR	B29D-011/00
7	N	Method of analyzing structure of resin material	MAZDA MOTOR COR	Mitsuyoshi KAWABE	-	17-585822	2022.01.27	-	-	US	G01N-023/046
8	N	Method of analyzing structure of resin material	MAZDA MOTOR COR	KAWABE, Mitsuyoshi	-	2022-153380	2022.01.26	-	-	EP	G01N-023/046
9	N	Negative-tone radiation-sensitive sheet, and patterned sheet	OJI HOLDINGS CORP	KAJITA, Keiichi | SUG	-	PCT/JP2021/048643	2021.12.27	-	-	WO	D21H-011/20
10	N	Radio wave transmission cover and method for manufacturing the s	TOYOTA JIDOSHA KA	Daiki Kuboyama | Jyu	-	17-645340	2021.12.21	-	-	US	B32B-027/08
11	N	Radio wave transmission cover and method for manufacturing the s	TOYOTA JIDOSHA KA	KUBOYAMA, Daiki | N	-	2021-216239	2021.12.21	-	-	EP	B32B-027/08
12	N	Member for flavor inhalation article, flavor inhalation article, phenol	Japan Tobacco Inc.	Ryota MATSUBA | Hi	-	17-543969	2021.12.07	-	-	US	A24D-003/02
13	N	Film cleaning solution and method for cleaning film	TOKYO OHKA KOGYO	HIRANO Isao	-	PCT/JP2021/042185	2021.11.17	-	-	WO	B01D-065/06
14	N	유리합지, 유리합지의 제조 방법, 및 유리판 적층체	ASAHI GLASS COMP	시마무라 강직	[illegible]	2021-181429	2021.11.05	-	-	JP	D21H-027/00
15	N	금속 페이스트	TANAKA KIKINZOKU	사토 히로시규 | 후지	[illegible]	2021-169895	2021.10.15	7193605	2022.12.20	JP	C09D-017/00
16	N	Electrolyte solution for electrolytic capacitors, and electrolytic capaci	NIPPON CHEMI-CON	SATO Kenta | NAKAM	-	PCT/JP2021/035473	2021.09.27	-	-	WO	H01G-009/035
17	N	Electrode catalyst ink for water electrolysis cells, electrode catalyst, w	PANASONIC INTELLE	SHIRATAKI Hiroshi |	-	PCT/JP2021/035121	2021.09.24	-	-	WO	B01J-037/02
18	N	Electrode catalyst ink, electrode catalyst, water electrolysis cell, and v	PANASONIC INTELLE	SHIRATAKI Hiroshi |	-	PCT/JP2021/035120	2021.09.24	-	-	WO	B01J-037/02
19	N	Composition for forming underlayer film in imprinting method, kit,	FUJIFILM Corporation	Akihiro HAKAMATA	-	17-484492	2021.09.24	-	-	US	B29C-059/02
20	N	Elastomer composition, method for producing elastomer compositio	ZEON CORPORATION	UENO Masahiro | TAK	-	PCT/JP2021/032552	2021.09.03	-	-	WO	C08L-021/00
21	N	점착 시트, 플렉서블 화상 표시장치 부재, 광학 부재 및 화상 표시장치	MITSUBISHI RAYON (	타바타 다이키 | 봉원	[illegible]	2021-135987	2021.08.24	-	-	JP	B32B-027/00
22	N	Actinic ray-sensitive or radiation-sensitive resin composition, actinic	FUJIFILM Corporation	Kotaro TAKAHASHI |	-	17-393889	2021.08.04	-	-	US	G03F-007/004
23	N	Reactive composition	MORISHITA JINTAN C	NISHIKAWA, Takehiro	-	PCT/JP2021/027903	2021.07.28	-	-	WO	C08L-101/00
24	N	광학 필터	ASAHI GLASS COMP	이쿠타잉휘	[illegible]	2021-105838	2021.06.25	-	-	JP	G02B-005/22
25	N	환식 화합물의 정제 방법	SUMITOMO BAKELIT	후지와라 다이스케 |	[illegible]	2021-102732	2021.06.21	-	-	JP	C07C-029/80
26	N	점착 시트, 플렉서블 화상 표시장치 부재, 광학 부재 및 화상 표시장치	MITSUBISHI RAYON (	타바타 다이키 | 봉원	[illegible]	2021-102102	2021.06.21	7131661	2022.09.06	JP	C09J-007/38
27	N	점착 시트, 플렉서블 화상 표시장치 부재, 광학 부재 및 화상 표시장치	MITSUBISHI RAYON (	타바타 다이키 | 봉원	[illegible]	2021-102102	2021.06.21	7131661	2022.09.06	JP	C09J-007/38
28	N	Cosmetic composition	KAO CORPORATION	FUKUDA, Teruyuki	-	PCT/JP2021/021213	2021.06.03	-	-	WO	A61K-008/34
29	N	화장 조성물(화장 조성물)	카오카부시키가이샤	후쿠다 데루유키	-	2022-7042834	2021.06.03	-	-	KR	A61K-008/34
30	N	화장 조성물	KAO CO	[illegible]	[illegible]	2021-093798	2021.06.03	-	-	JP	A61K-008/34
31	N	점착 시트의 제조 방법, 광학 적층체의 제조 방법, 및 화상 표시장치의	NITTO ELECTRIC CO	오사다 쥰 가지 | 야마	[illegible]	2021-086481	2021.05.21	-	-	JP	C09J-175/04
32	N	점착제 조성물, 점착 시트, 광학 적층체 및 화상 표시장치	NITTO ELECTRIC CO	오사다 쥰 가지 | 야마	[illegible]	2021-086475	2021.05.21	-	-	JP	C09J-133/00
33	N	액상 조성물, 금속 광택막 및 물품	FUJI XEROX CO LTD	스기우라 사토시재 |	[illegible]	2021-080265	2021.05.11	-	-	JP	C08G-061/12
34	N	비수계 2차 전지의 불활성화제 및 비수계 2차 전지의 불활성화 방법	TOYOTA CENTRAL R	스즈무라 아키라인 |	[illegible]	2021-053245	2021.03.26	-	-	JP	H01M-010/54
35	N	다층 필름 및 상기 다층 필름을 이용한 편광판의 제조 방법	NITTO ELECTRIC CO	히가시 신타로 | 북해	[illegible]	2021-045018	2021.03.18	-	-	JP	G02B-005/30
36	N	Conductive material dispersion liquid, slurry for secondary battery p	ZEON CORPORATION	TAKAHASHI Naoki	-	PCT/JP2021/010667	2021.03.16	-	-	WO	H01M-004/13
37	N	도전재 분산액, 이차 전지 정극용 슬러리, 이차 전지용 정극 및 이차 전	니폰 제온 가부시키가	타카하시 나오키	-	2022-7032605	2021.03.16	-	-	KR	H01M-004/62
38	N	Cover film	FUJIFILM CORPORATI	UMEHARA Takeshi |	-	PCT/JP2021/009450	2021.03.10	-	-	WO	G02B-021/34
39	N	Ink, ink stored container, printing device, and printing method	RICOH COMPANY, LT	Atsufumi HANAZAW	-	17-197284	2021.03.10	-	-	US	C09D-011/322
40	N	수지 재료의 구조 분석 방법	MAZDA MOTOR CO	하변광상 | 카즈라대시	[illegible]	2021-033582	2021.03.03	-	-	JP	G01N-023/046

출처: 저자 구성, 다운로드 받은 파일(엑셀) 내용

3) 마이폴더

마이폴더 저장 기능을 이용하면, 선택한 특허문헌들을 윕스온에서 제공하는 웹 폴더에 저장하여 관리할 수 있다. 윈도우의 폴더 시스템과 같이, 폴더 내에 내부 폴더도 생성할 수 있고, 폴더 내의 특허 문헌을 다른 폴더로 복사, 이동할 수 있다. 마이폴더 저장 기능은 다운로드 기능과 더불어 특허 동향 조사 보고서 작성 시에 필수적으로 사용된다.

[윕스온 마이폴더 기능 화면]

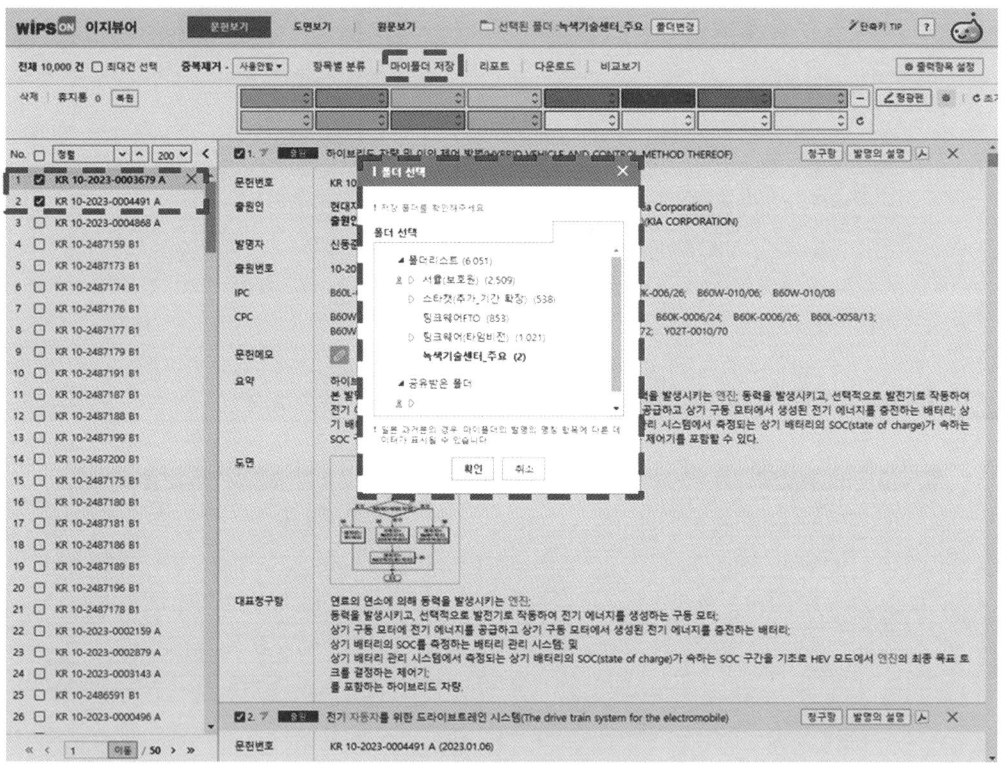

출처: 윕스온 사이트(www.wipson.com)

4) 번호 검색

윕스온은 기본 검색 이외에도 번호 검색을 지원한다. 특허출원 번호, 특허 공개 번호, 특허 등록번호 등 특허 문헌에 관련된 번호를 알고 있다면, 번호 검색 기능을 통해,

특허 문헌을 쉽게 검색할 수 있다. 윕스온의 상단 탭에서 "번호 검색"을 선택한다. 바로 아래 탭에서, 검색하고자 하는 국가를 선택하고, 출원번호, 공개 번호, 공고 번호, 등록번호 중 어느 하나 이상을 체크한 후, 입력창에 번호를 입력하고, "검색"을 선택하면 된다.

[윕스온 번호 검색 화면]

출처: 윕스온 사이트(www.wipson.com)

5) 통합검색

윕스온은 기본 검색 이외에도 통합검색을 지원한다. 통합검색은 기본적으로 기본 검색 화면과 유사하나, 국가별, 문헌별, 특허 문헌을 통합하여 한 번에 검색할 수 있는 특징이 있다. 통합검색을 위해서는 검색식을 국문 및 영문 혼합으로 작성해야 하므로, 이에 유의한다.

[윕스온 통합 검색 화면]

출처: 윕스온 사이트(www.wipson.com)

6) 기타 기능

윕스온은 일본어 및 중국어 원어 검색 기능을 제공한다. 이를 이용하면, 일본 특허 문헌 및 중국 특허 문헌의 정밀한 검색이 가능하다. 또한 윕스온은 키워드 추천기 기능을 제공한다. 키워드 추천기 기능은 검색식 작성 시에 필요한 동의어, 유사어를 자동으로 추천해 주는 기능이다. 유사도가 높은 단어를 순서대로 추천하며, 추천된 단어를 선택하면, 상단 입력창에 추천된 단어가 자동으로 기입된다. 이렇게 선택된 키워드는 강조되므로, 선택 현황을 편리하게 파악할 수 있다.

[윕스온 키워드 추천 기능 사용 화면]

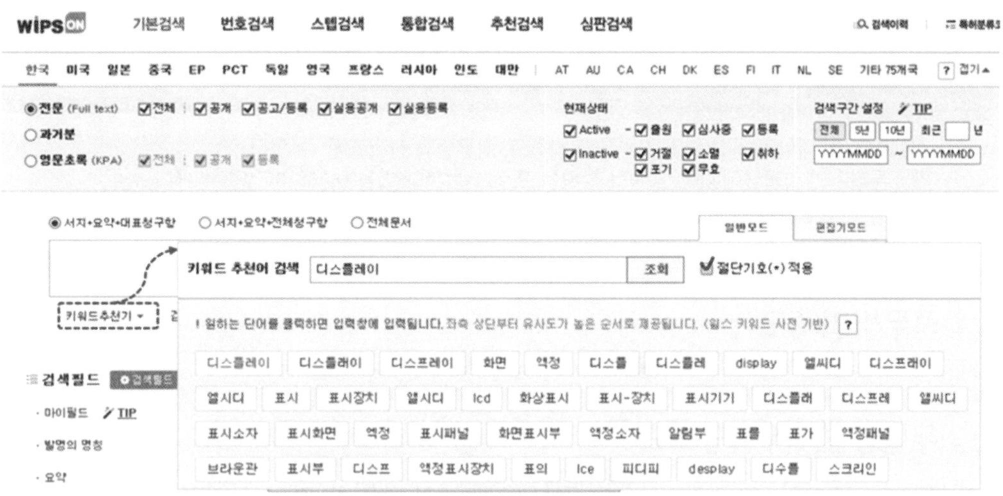

출처: 윕스온 사이트(www.wipson.com)

1.2 특허 검색 실습

특허 정보 검색 및 분석 3에서는 키프리스를 사용하여 특허 검색을 실시하였다. 이번 시간에는 윕스온을 이용하여 동일한 내용의 특허 검색을 각자 실습해 보기로 한다. 키프리스를 이용한 방법과 결과가 같은지 비교해 보고, 사용 방법의 유사점, 차이점 등에 대해 학습한다.

V 지식재산 권리 창출 및 보호

학습 목표

- 직무발명 및 대학의 특허 출원 절차를 이해하고, 직무발명 신고를 할 수 있다.
- 캡스톤디자인 결과물에 대한 출원을 특허청 프로그램(온라인)을 이용하여 실습해 본다.

1.1 직무발명제도

1) 직무발명 및 직무발명제도

대학교수, 교직원, 연구원 등이 그 직무에 관하여 발명한 것이 성질상 이 대학교의 업무 범위에 속하고 그 발명을 하게 된 행위가 대학교수 등의 현재 또는 과거의 직무에 속하는 발명을 직무발명이라 하며, 직무발명에 대해서 대학의 산학협력단이 승계하고, 발명자에게는 정당한 보상을 주는 제도를 직무발명 제도라 한다.

2) 직무발명 제도의 목적 및 취지

직무발명 제도는 대학교수 등에게 발명의 동기를 부여하고, 연구에 매진하게 함으로써 대학의 연구력 및 지식재산 경쟁력을 강화하게 하고, 대학에 지식재산으로 얻어지는 이윤창출로 성장의 원동력을 가질 수 있게 한다.

1.2 대학의 특허출원/등록 절차

대학의 연구원 등이 발명하게 되면, 먼저 발명신고서를 작성하여 대학의 산학협력단에 통보해야 한다(직무발명 신고 의무가 있음, 발명신고서 작성). 산학협력단은 해당 발명을 접수한 후, 승계할 것인지를 검토하며, 승계하는 경우, 해당 발명에 대한 특허성 검토를 하게 된다(대학의 직무발명으로 창출된 지식은 발명진흥법 제10조 제2항 등에 의해 대학의 산학협력단에서 그 권리를 승계함, 권리 양도증 작성). 특허성 검토 결과, 특허 등록이 가능하다고 판단되면,

특허 명세서를 작성하여 특허를 출원하게 된다. 이후, 특허청에서 보정단계 등 중간단계를 거쳐 특허가 등록 가능하다고 판단되면, 특허등록 결정을 하게 되는데, 특허료를 특허청에 납부하게 되면 특허가 등록된다. 이후, 특허는 매년 연차 등록료를 납부하면서 20년간 유지할 수 있다.

[특허 출원 및 등록의 과정]

출처: 저자 구성, 특허 출원 및 등록의 과정

[발명신고서 예시]

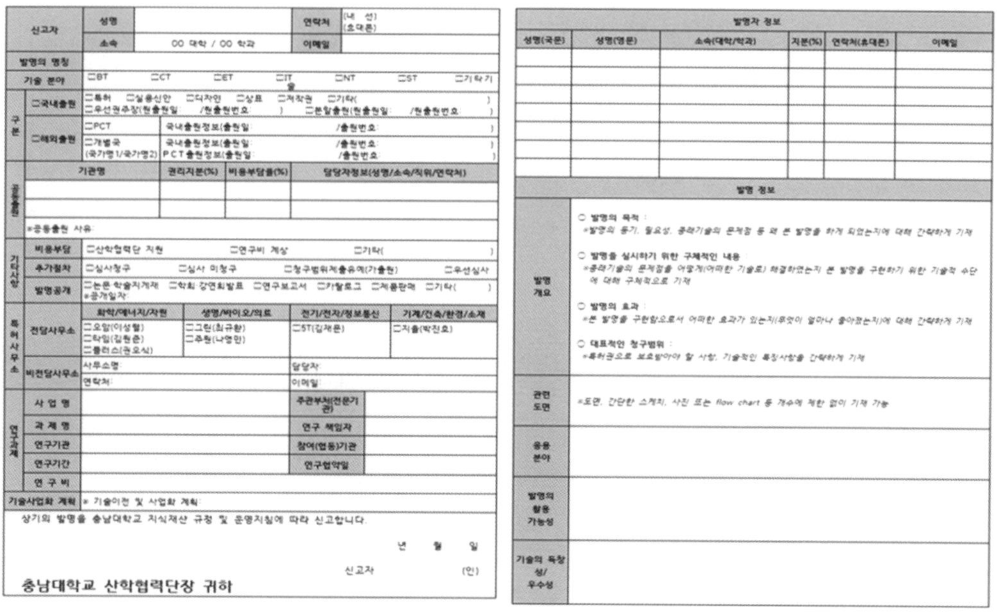

신고자	성명		연락처	(내 선) (휴대폰)
	소속	OO 대학 / OO 학과	이메일	
발명의 명칭				
기술 분야	□BT □CT □ET □IT융 □NT □ST □기타기			
구분	□국내출원	□특허 □실용신안 □디자인 □상표 □저작권 □기타( ) □우선권주장(원출원일: /원출원번호:) □분할출원(원출원일: /원출원번호:)		
	□해외출원	□PCT	국내출원정보(출원일: /출원번호:)	
		□개별국 (국가명1/국가명2)	국내출원정보(출원일: /출원번호:) PCT출원정보(출원일: /출원번호:)	

공동출원	기관명	권리지분(%)	비용부담율(%)	담당자정보(성명/소속/직위/연락처)
	※공동출원 사유:			

기타사항		
	비용부담	□산학협력단 지원 □연구비 계상 □기타( )
	추가절차	□심사청구 □심사 미청구 □청구범위제출유예(가출원) □우선심사
	발명공개	□논문·학술지게재 □학회·강연회발표 □연구보고서 □카탈로그 □제품판매 □기타( ) ※공개일자:

특허사무소		화학/에너지/자원	생명/바이오/의료	전기/전자/정보통신	기계/건축/환경/소재
	전담사무소	□오암(이성철) □타임(김현준) □플러스(권오식)	□그린(최규환) □주원(나영민)	□ST(김재훈)	□지율(박진호)
	비전담사무소	사무소명:		담당자:	
		연락처:		이메일:	

연구과제				
	사 업 명		주관부처(전문기관)	
	과 제 명		연구 책임자	
	연구기관		참여(협동)기관	
	연구기간		연구협약일	
	연 구 비			
기술사업화 계획	※ 기술이전 및 사업화 계획:			

상기의 발명을 충남대학교 지식재산 규정 및 운영지침에 따라 신고합니다.

년 월 일

신고자 (인)

충남대학교 산학협력단장 귀하

발명자 정보					
성명(국문)	성명(영문)	소속(대학/학과)	지분(%)	연락처(휴대폰)	이메일

발명 정보	
발명 개요	○ 발명의 목적 : ※발명의 동기, 필요성, 종래기술의 문제점 등 왜 본 발명을 하게 되었는지에 대해 간략하게 기재 ○ 발명을 실시하기 위한 구체적인 내용 : ※종래기술의 문제점을 어떻게(어떠한 기술로) 해결하였는지 본 발명을 구현하기 위한 기술적 수단에 대해 구체적으로 기재 ○ 발명의 효과 : ※본 발명을 구현함으로서 어떠한 효과가 있는지(무엇이 얼마나 좋아졌는지)에 대해 간략하게 기재 ○ 대표적인 청구범위 : ※특허권으로 보호받아야 할 사항, 기술적인 특징사항을 간략하게 기재
관련 도면	※도면, 간단한 스케치, 사진 또는 flow chart 등 개수에 제한 없이 기재 가능
응용 분야	
발명의 활용 가능성	
기술의 독창성/우수성	

출처: 저자 구성, 발명신고서

[권리승계합의서(양도증) 예시]

발명의 명 칭				
발명자 (양도인)	성 명	(인)	주민등록번호	
	주 소		개인정보 수집 및 이용 동의	□ 동의함 □ 동의하지 않음
	성 명	(인)	주민등록번호	
	주 소		개인정보 수집 및 이용 동의	□ 동의함 □ 동의하지 않음
	성 명	(인)	주민등록번호	
	주 소		개인정보 수집 및 이용 동의	□ 동의함 □ 동의하지 않음
	성 명	(인)	주민등록번호	
	주 소		개인정보 수집 및 이용 동의	□ 동의함 □ 동의하지 않음
	성 명	(인)	주민등록번호	
	주 소		개인정보 수집 및 이용 동의	□ 동의함 □ 동의하지 않음
	성 명	(인)	주민등록번호	
	주 소		개인정보 수집 및 이용 동의	□ 동의함 □ 동의하지 않음
	성 명	(인)	주민등록번호	
	주 소		개인정보 수집 및 이용 동의	□ 동의함 □ 동의하지 않음
	* 해외출원의 경우 성명, 주소를 영문으로 기재(국내출원과 별도 제출)			
출원인 (양수인)	명 칭	충남대학교 산학협력단		
	주 소	대전광역시 유성구 대학로 99		

< 개인정보 수집 이용 동의 >

- 산학협력단에서는 관련 법률에 의거 지식재산권 출원 등의 절차를 진행하기 위해 아래와 같은 개인정보(고유식별정보 포함)를 수집하고 있습니다.
  - 필수 수집 항목 : 주소, 주민등록번호(고유식별정보), 성명
- 수집한 개인정보는 지식재산권 존속기간까지 보관합니다.
- 정보제공 주체는 개인정보(고유식별정보 포함) 제공 및 활용에 거부할 권리가 있으나, 이 경우 지식재산권 출원(발명자 정보 입력)에 제약이 있습니다.

위 발명자(양도인)는 상기 발명에 대한 지식재산권을 받을 수 있는 권리 및 관련 지식재산권을 충남대학교 지식재산권규정에 의거 충남대학교 산학협력단에 양도하며, 동 규정에 따른 직무발명 보상금 지급에 동의합니다.

년 월 일

충남대학교 산학협력단장 귀하

출처: 저자 제공, 권리승계합의서

1.3 지식재산 출원 실습

특허, 상표 등 지식재산은 특허청에 출원 후 심사를 거쳐 설정 등록되어야만 권리로서 효과가 발생한다. 일반적으로 특허는 1년 ~ 2년 사이의 기간 동안 심사를 받으며, 상표/디자인의 경우, 약 1년의 심사 과정을 거치며, 출원에서 등록에 이르는 절차는 권리별로 다른 점이 있지만 큰 틀에서는 아래 특허 절차와 유사한 절차로 진행된다. 본 학습에서는 상표 출원에 대해 실습하기로 한다.

[지식재산 출원 절차(특허)]

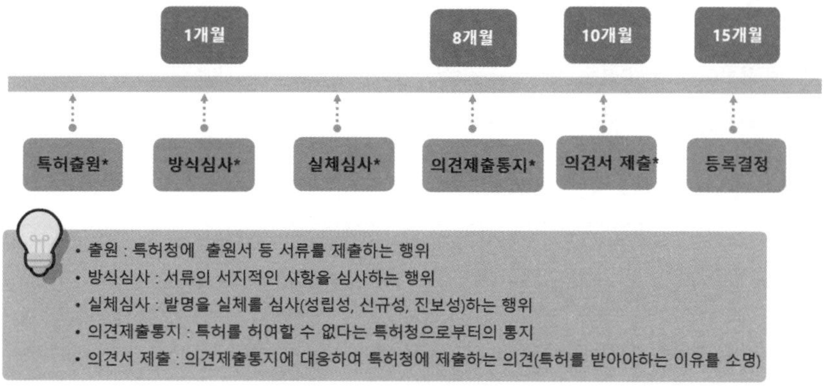

출처: 저자 제공, 지식재산 출원 절차

1) 출원 사전 신청 절차

상표 출원을 위해서는 먼저, 특허로 사이트(www.patent.go.kr)에 접속하여 사전 신청 절차를 마쳐야 한다. 사전 신청 절차는 특허 고객 번호 신청 및 인증서 등록 절차로 이루어진다. 특허 고객 번호는 ID 생성 절차로 이해하면 되고, 인증서 등록은 특허 절차를 밟을 때, 본인의 인증을 위해 은행에서 사용하는 공인인증서를 특허청에 등록하는 절차이다.

[특허로 사이트 화면]

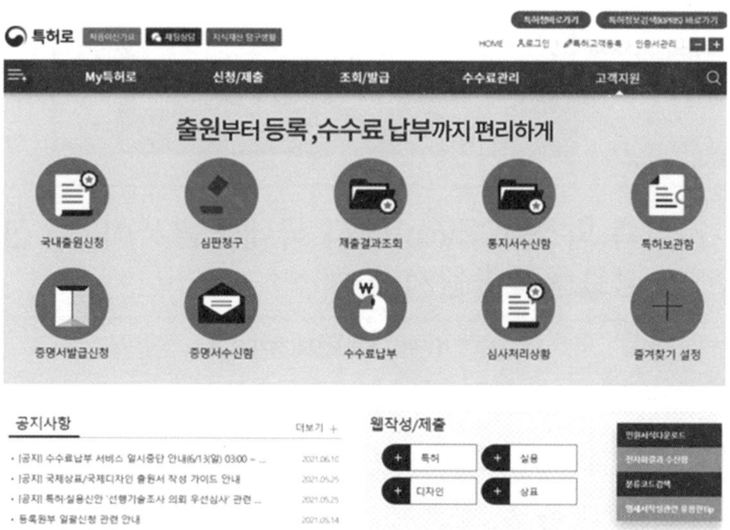

출처: 특허로 사이트(www.patent.go.kr)

2) 전자출원 소프트웨어 설치

출원 사전 신청 절차를 완료하고 나면, 출원을 위한 전자출원 소프트웨어를 설치해야 한다. 전자출원 소프트웨어는 특허로 사이트(www.patent.go.kr)에 접속하면 다운로드 받을 수 있다. 상표출원의 경우, 명세서작성기가 필요 없으므로, 통합서식작성기(PKEAPS) 프로그램만 다운로드 받으면 된다(국내출원신청 -> 전자출원SW설치 -> 개별설치 -> 통합서식작성기(PKEAPS)).

3) 통합서식작성기를 이용한 출원 서식 작성

다운로드 받은 통합서식작성기를 설치한 다음, 실행하면, 아래와 같은 화면이 나타나며, 상표출원을 위해 상표등록 출원서를 선택한다.

[통합서식작성기 초기 화면]

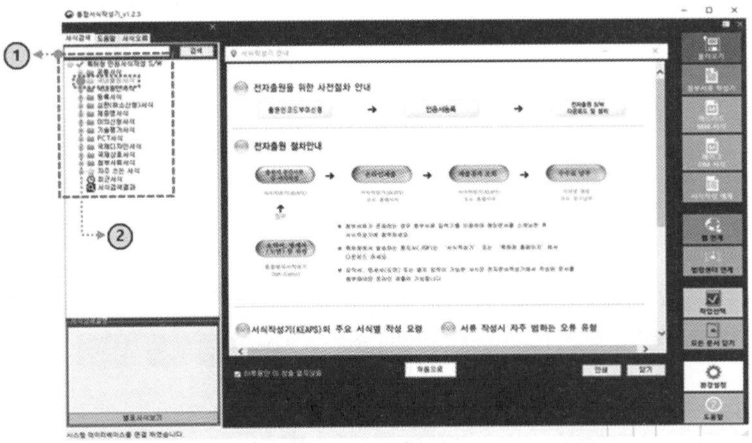

+ 좌측 박스 트리(①)에서 국내출원서식(②) 선택
➡ 상표등록출원서 선택

출처: 저자 구성, 통합서식작성기 화면

상표등록 출원서를 선택한 다음, 출원인 정보, 지정 상품, 상표 유형을 입력한 다음, 상표 견본(JPG 파일)을 첨부한 후, "문서 제출"을 선택하면 제출 마법사가 시작된다.

[통합서식작성기 초기 화면]

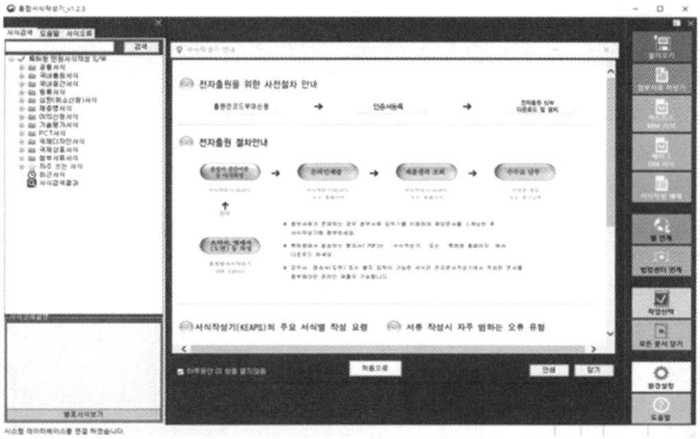

+ 출원인 정보 입력 ➡ 지정상품 설정 ➡ 상표유형 지정 ➡ 상표견본 첨부 ➡ 문서제출 ➡ 공인인증 및 수수료 납부

출처: 저자구성, 통합서식작성기 화면

[통합서식작성기 출원인 정보 입력 화면]

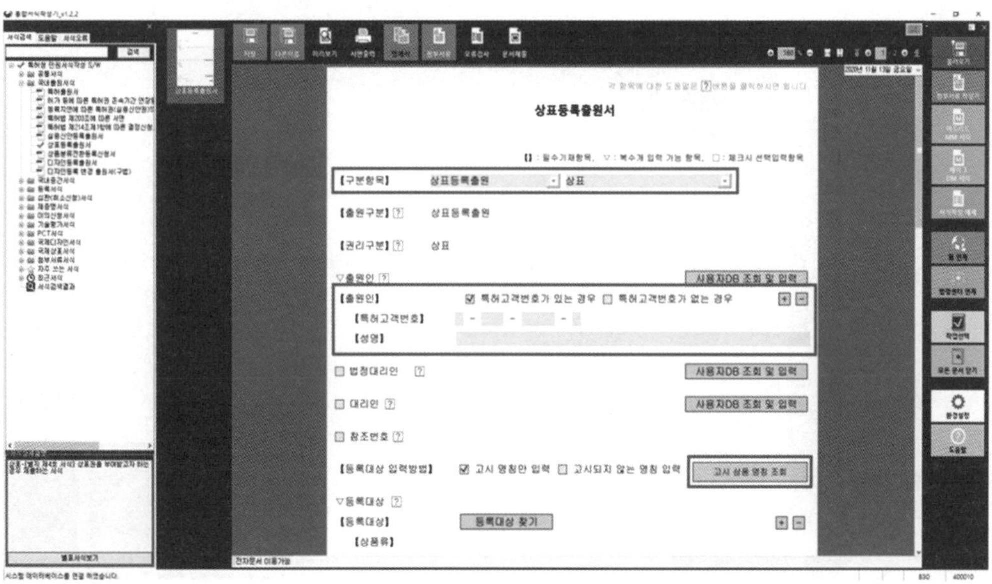

출처: 저자 구성, 통합서식작성기 화면

[통합서식작성기 지정상품 지정 화면]

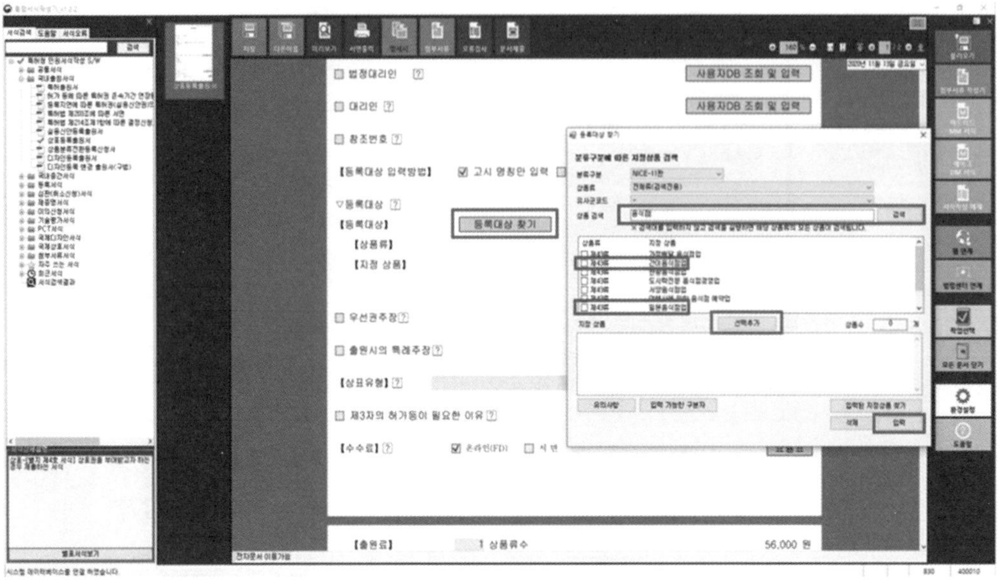

출처: 저자 구성, 통합서식작성기 화면

[통합서식작성기 상표 유형 지정 화면]

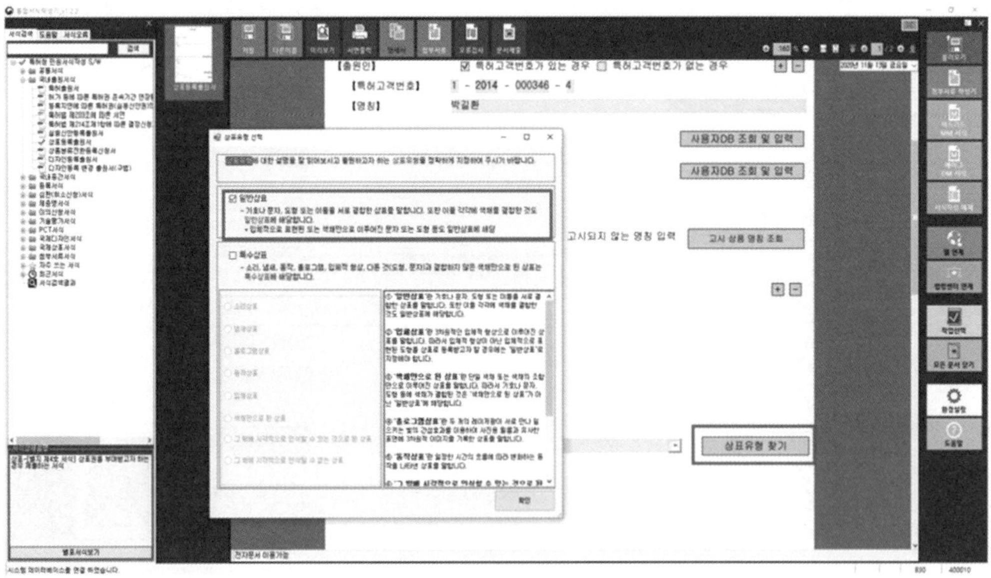

출처: 저자 구성, 통합서식작성기 화면

[통합서식작성기 상표 견본 첨부 화면]

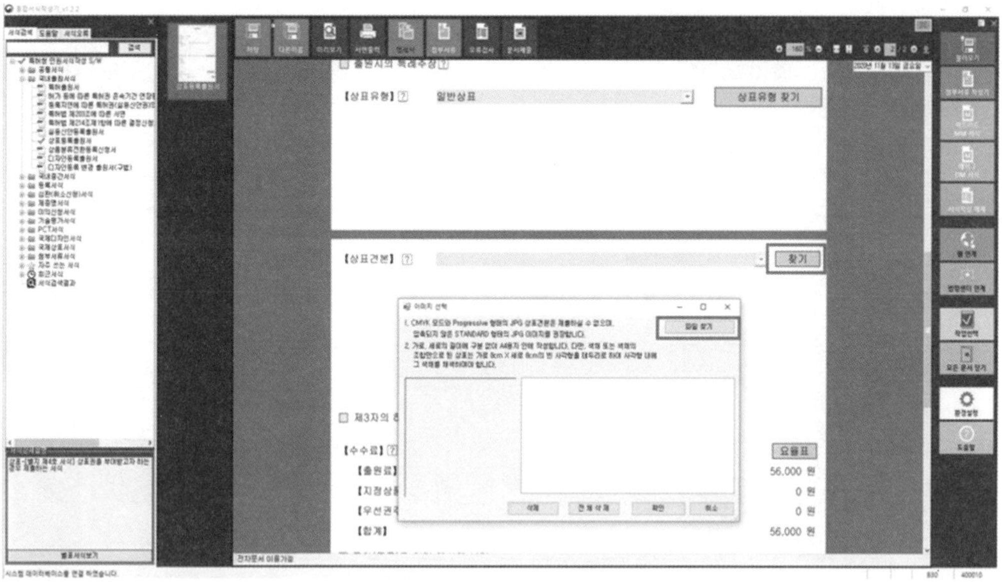

출처: 저자 구성, 통합서식작성기 화면

4) 통합서식작성기를 이용한 출원 서식 제출

제출 마법사 실행 화면에서 등록한 공인인증서로 서명하면 출원이 완료된다. 완료된 출원에 대해 수수료(출원료)를 납부(특허로 사이트 또는 지로(GIRO) 사이트)하면 출원 절차는 종료된다.

[통합서식작성기 제출 마법사 실행 화면]

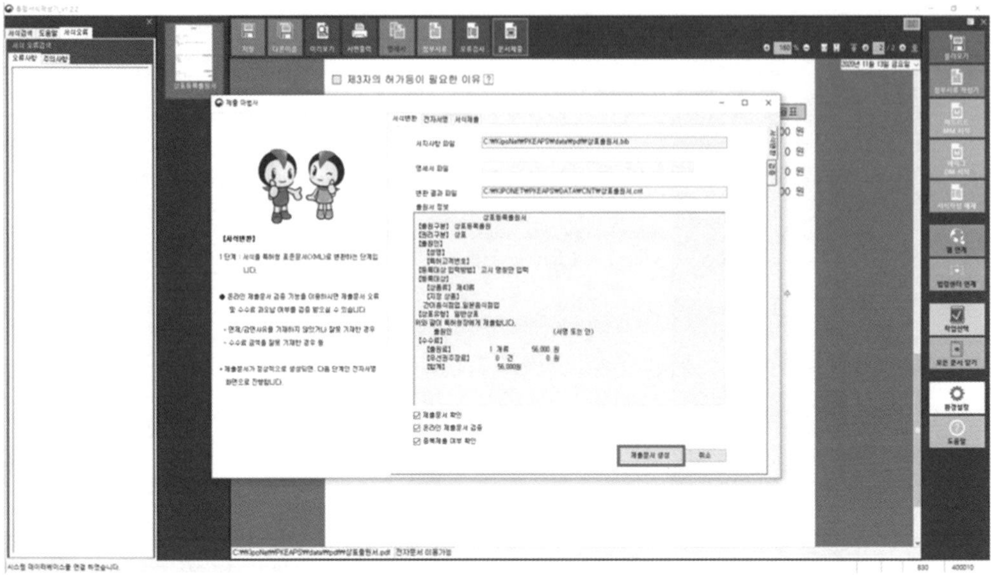

출처: 저자 구성, 통합서식작성기 화면

[통합서식작성기 공인 인증서 인증 화면]

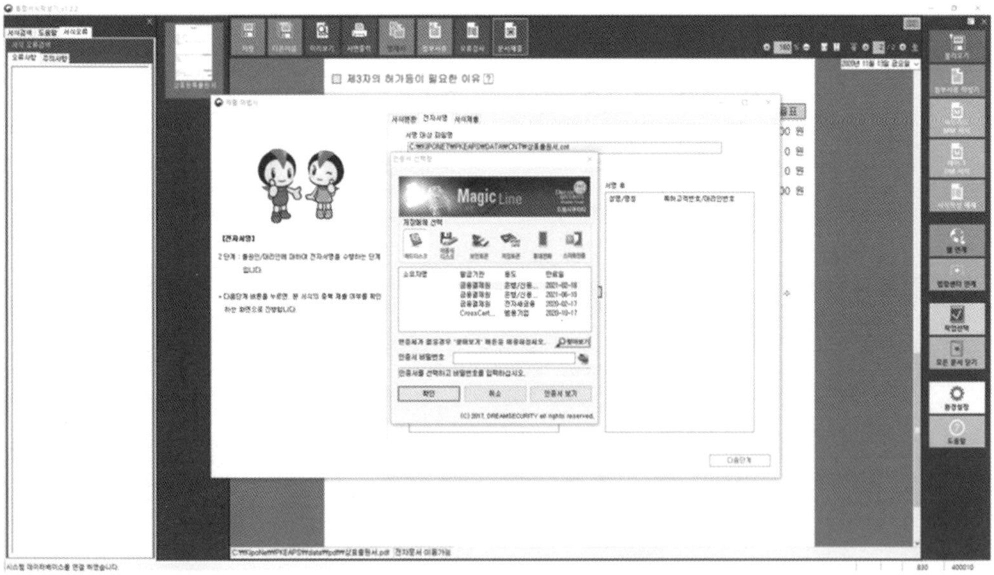

출처: 저자 구성, 통합서식작성기 화면

[특허로 출원료(수수료) 납부 화면]

출처: 저자 구성, 통합서식작성기 화면 캡쳐
특허로 사이트(www.patent.go.kr)

참고자료

[도서]

· 박길환. 스타트업을 위한 지식재산 가이드, 렛츠북, 2020.
· 한국지식재산전략원. 정부 R&D 특허기술동향조사사업 기본 분석 실무 자료집, 2016
· 주식회사 윕스. WIPS ON 기능별 매뉴얼 Version 1.0

[인터넷]

· 네이버 블로그(2023.8.28.). 워트인텔리전트. 국제특허분류 코드 IPC 코드를 알아보자!. https://blog.naver.com/wertcorp/221009329747
· 특허정보검색 서비스 키프리스 (2023.8.28.). 한국특허정보원. 튜토리얼. http://www.kipris.or.kr/khome/tutorial/tutorial.jsp

창의적인 지식재산 **캡스톤디자인**

Chapter 07

설문 방법, 홍보 기획

Ⅰ. 이해당사자 설문 및 인터뷰 1

Ⅱ. 이해당사자 설문 및 인터뷰 2

Ⅲ. 홍보 방안 및 제작 방법

07

창의적인 지식재산 **캡스톤디자인**

설문 방법, 홍보 기획

I 이해당사자 설문 및 인터뷰 1

학습 목표

- 설문 조사의 정의와 목적을 이해하고 과정을 파악할 수 있다.
- 설문 조사의 목적과 설문 조사 과정에 맞게 사전 준비가 가능하다.
- 유의 사항에 따라 설문 문항을 작성할 수 있다.
- 설문지 작성 과정에 따라 설문지를 구성할 수 있다.

1.1 조사와 연구

과학은 특정의 현상을 체계적으로 관찰하여 일정한 규칙성이나 유형을 찾아내고 이해하기 위한 노력의 과정을 거친다. 어떤 현상을 관찰하고 이를 해석하고자 하는 인간의 자연스러운 활동으로 일상생활에서 일반인들에 의해 이루어지는 관찰과 해석은 과학자가 추구하는 과학적 탐구와는 구별된다. 일반인들은 자기 주변의 일을 관찰하고 이해하지만, 객관성 없는 관찰과 관찰자 자신의 주관적 의견, 비논리적 해석으로 인해 탐구에서 오류를 일으키기도 한다. 이론의 지속적인 발전과 새로운 이론의 발전을 위해 모든 학문은 과학적 연구 방법을 사용한다. 특정 연구자의 주관적 판단 결과나 상식적 설득은 과학이나 과학적 연구 방법으로 인정받지 못한다.

과학적 연구는 현상 간의 관계에 대하여 기존에 입증된 이론을 바탕으로 중요하고 새롭게 판단되는 관계를 논하기 위하여 가설을 세우고 이를 체계적으로 입증하려는 통제된 상태에서 진행되는 경험적이며 비판적인 연구를 말한다. 과학적 연구는 사회현상이나 인간 행동을 설명, 요약, 예측하는 데 목적을 두고 있다. 과학적 연구 방법에서 현상을 분석하는 원칙은 객관성을 기본으로 하여야 한다. 객관성은 연구 과정과 제시된 결과가 현재 받아들여지고 있는 지식체계 내에서 논리적이고 경험적인 증거에 근거하여 현상들의 인과관계를 파악하는 매우 중요한 항목이다. 연구자는 과학적 연구 절차의 조사를 통해 얻은 자료를 통계적 분석 방법으로 인과관계를 도출한다. 과학적 연구는 다음과 같은 특성이 있다.

첫째, 과학적 연구는 논리적이다. 다른 방법들이 상식이나 관습, 권위, 신앙 등에 근거를 두고 있는 것이라면 과학적 연구는 논리적 이론을 근거로 한다. 일반적으로 논리적이라는 말은 두 개의 배타적인 상태가 동시에 일어날 수 없거나 현상 등이 서로 앞뒤 이치에 맞아야 한다는 것을 의미한다.

둘째, 과학적 연구는 결정론적이다. 모든 과학적 현상은 혼자서 스스로 발생하는 것이 아니라 어떠한 원인이 있기 때문에 발생하는 것이며 그 원인이 논리적으로 확인되어야 함을 전제로 한다. 특정한 현상에 대해서 하나 이상의 원인이 존재하는 경우가 대부분이며 어느 원인이 가장 직접적으로 영향을 미쳤는지를 쉽게 판단하기는 어렵다. 일반적으로 하나의 현상에는 다양한 원인이 있을 수 있고 또한 하나의 원인이 여러 현상에 영향을 미칠 수 있으므로 원인과 그 결과로 나타나는 현상 간에 존재하는 명확한 관계를 파악하는 것은 어렵다.

셋째, 과학적 연구는 일반화를 목적으로 한다. 과학적 연구는 하나의 특정한 사건이나 현상만을 설명하는 것을 목적으로 하지 않고 유사한 대부분 사건이나 현상에 포괄적으로 적용하여 설명할 수 있는 일반적인 논리나 이에 대한 이해의 추구를 목적으로 한다.

넷째, 과학적 연구는 특정적이다. 과학적 연구가 분명하게 일반화를 추구하고 있으나 일반적으로 대부분의 개념은 하나 이상의 다양한 해석이 가능하므로 어느 한 개념만을 적용해서 단정적으로 해석하기 어려운 다수의 사례가 있다. 과학적 연구에서 사용되는 대부분의 개념은 하나 이상의 다양한 해석이 가능하기 때문에 연구 수행을 위해서는 특정한 측정 방법으로 사용하여야 한다.

다섯째, 과학적 연구는 간결해야 한다. 과학적 연구는 최소한의 정보로 최대한의 설명력을 확보할 수 있어야 한다. 아무리 복잡한 현상도 정확한 정보를 얻을 수만 있다면 그 현상을 비교적 정확하게 설명할 수 있어야 한다. 그러나 대부분의 문제는 정확한 정보를 무한정 얻는다는 것이 불가능하다. 필요한 모든 유용한 정보는 파악하기도 어렵지만 정보를 알 수 있다고 하여도 이러한 정보를 획득하는 과정에서 많은 오차가 발생할 수 있기 때문에 과학적 연구는 간결하게 구사하여야 한다.

여섯째, 과학적 연구는 검증할 수 있어야 한다. 과학적 연구에 의하여 형성된 지식은 산출 과정이 명확해서 다른 연구자가 같은 방법을 사용해서 이를 다시 입증하는 과정이 필요하다. 또한, 연구자 자신이 이를 반복하여 동일한 방법으로 연구를 수행하는 경우에도 동일한 결론에 도출하여야 한다.

일곱째, 과학적 연구는 연구자들이 공통으로 가지고 있는 주관에 근거한다는 상호주관성이 있어야 한다. 과학적 연구는 객관적으로 진행되어야 하지만 연구자에 의하여 계획되고 수행되기 때문에 주관적인 성격을 완벽하게 배제하기 어렵다. 즉, 연구자 자신의 지적 수준과 동기를 기반으로 연구가 시작되는 경우가 많으므로 대부분의 연구가 반드시 객관적이라고 생각하기는 어렵다.

여덟째, 과학적 연구는 수정할 수 있어야 한다. 과학적 연구 결과로 입증된 이론이나 사실을 검증하다 보면 현상을 둘러싼 변수들이나 이들을 측정한 값들이 크게 변해서 기존의 이론이 맞지 않는 경우가 있다. 과학적 연구는 항상 수정을 전제로 하고 필요시 수정이 가능할 수 있도록 작성되어야 한다.

모든 연구는 문제에 대한 인식에서 출발하여 연구자 스스로 연구를 실행하도록 관심을 유발하는 것이 문제에 대한 인식이다. 모든 연구는 문제를 해결하기 위한 방안이나 필요한 지식을 얻음으로써 연구는 마무리된다. 연구자는 수행하여야 하는 가장 중요한 것은 연구 문제를 분명하고 완전하게 진술하는 것이다. 올바른 연구 문제를 설정하는 기준으로 연구 문제는 사람이 가지고 있는 가치관에 대한 내용은 배제하여야 한다. 연구 문제는 둘 이상의 변수 간의 관계로 표현 하고, 질문 형식으로 분명하고 명확하게 표현한다. 연구 문제가 포함하고 있는 개념 간의 관계는 형태와 관계없이 측정이 가능하여야 한다.

조사분석은 자료 분석의 목적 명시, 자료수집의 설계, 자료수집, 자료정리 및 분석, 보고서 작성의 5단계로 구분된다. 자료 분석의 목적 명시는 연구자가 관심을 두는 문제를 둘러싼 이론과 실제를 살피며 연구 주제를 선정함으로써 자료 분석의 목적을 분명히 한다. 자료수집의 설계는 연구자가 조사를 통해 파악하고자 하는 조사 문제와 관련한 주요 개념의 내용들을 구체화하고 어떻게 측정할 수 있는지를 확인하는 과정이다. 자료수집은 설문조사, 면접조사 등을 통해 조사 대상으로부터 자료를 얻는다. 수집한 자료는 컴퓨터에 입력하고 응답 내용을 분석할 수 있는 자료의 형태로 전화하는 과정이다. 마지막으로 연구자는 도출한 결과를 표, 그래프, 그림 등을 이용하여 쉽게 이해할 수 있는 수준으로 작성한다.

1.2 설문 조사의 이해

[대학생 자원 조사]

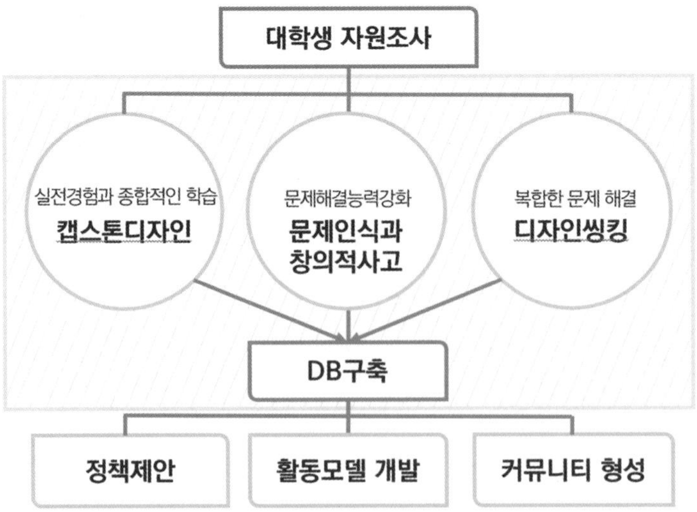

출처: 지역 자원 조사 매뉴얼 ABC(2014)

대학생 자원 조사 자료는 정책 제안과 활동 모델 개발 그리고 대학생 커뮤니티 형성에 활용한다. 캡스톤디자인 수업에 참여하는 학생들을 대상으로 자원조사를 하고 조사 방법으로는 설문조사와 인터뷰가 있으며 조사의 목적은 캡스톤디자인 수업의 문제를 이해하고 해결하는 방법을 도출하기, 참여 학생들의 욕구를 정확히 파악하여 자료를 데이터로 구축하기, 조사 과정을 통해 학생들과 직접적인 관계 형성이다.

학습자들은 실제 문제를 다양한 관점에서 바라보며 해결책을 찾아가는 학습 과정에 캡스톤디자인, PBL(Project-Based Learning), 디자인씽킹이 있다. 이들은 모두 문제 중심 접근방법으로 학습 과정을 통해 문제를 해결하는 방법이고 모두 학생들의 협업과 팀워크 능력을 강조한다. 참여 학생들은 다양한 배경과 관점을 가진 팀원들과 함께 작업하며 효과적인 솔루션을 찾아낸다. 이를 통해 참여 학생들은 추상적인 개념을 현실적인 결과물로 변화시키는 경험을 하고 주어진 문제 또는 프로젝트에 대한 창의적인 문제 해결을 위한 방법론으로 사용자 중심의 관점을 강조한다.

[대학생 조사 과정]

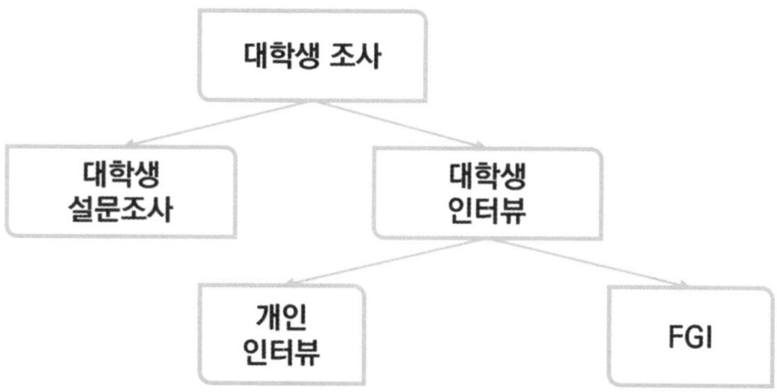

출처: 지역 자원 조사 매뉴얼 ABC(2014)

조사 과정은 설문조사와 인터뷰로 구분되고 인터뷰는 개인을 대상으로 하는 개인 인터뷰와 그룹으로 진행하는 FGI 방식이 있다. 대학생 설문조사(Survey)는 관찰하려는 사항에 대해서 지식을 소유하고 있는 전문가가 설문 내용을 분석하게 된다.

설문조사는 사람들의 의견을 조사하고 통계를 구하기 위하여 동일한 질문을 여러 사람에게 물어 답을 구하는 조사 방법이다. 설문조사 결과를 통합하여 조사 실시자가 조사의 목적을 달성하려는 것을 목표로 한다. 설문조사의 방식으로 일반적인 것은 자기식 조사표라 하여 설문조사에 기록된 질문에 응답자가 스스로 응답하는 방식이다. 설문조사는 질문 항목과 응답란으로 구성하고 설문조사를 구성하는 질문은 주관적인 것을 피하고 객관적이며 조사에 합당한 내용으로 구성한다. 따라서 설문조사지는 어떠한 대상을 조사하는 과정에서 이미 일정한 정보 · 지식 · 경험을 갖고 있는 것으로 생각되는 일반인 · 전문가 등 답변자에 대하여 질문하고 결과를 통합하고 분석한다. 설문조사지의 질문들은 설문의 목적, 즉 가설을 검증하기 위한 질문에 초점을 맞추어 구성한다. 설문조사지는 연구 및 조사 과정에서 조사 목적에 맞는 유용한 자료를 수집하는 수단으로 이를 통해 얻은 자료를 분석하여 조사의 결론을 도출한다. 설문조사는 수업 등 교육과정에 대한 만족도조사, 사회조사, 여론조사, 교육 연구 조사 등 다방면에 이용한다.

연구자는 대부분 탐색적 연구, 기술적 연구, 인과관계 연구 방법을 이용하여 자료를 조사하고 분석한다.

탐색적 연구는 연구문제의 더욱 명확한 규명과 연구 문제에 관한 예비 지식 확충 하여 연구에 사용되는 유용한 변수들을 찾아내고 이들 간의 관계에 대한 예비 지식을 획득한다. 탐색적 연구에는 문헌 연구, 사례연구, 전문가 의견연구, 표면 집단면접법(FGI)이 있으며 연구의 초기 단계에서 연구에 대한 개괄적인 아이디어와 통찰력을 얻기 위한 연구이다.

기술적 연구는 의사결정과 관련된 상황 파악과 특정 사건의 발생빈도를 연구하고 의사결정에 영향을 미치는 변수 간의 상호 관계를 파악하고 특정 값을 예측한다. 기술적 연구는 횡단연구, 시계열연구, 패널연구가 있으며 의사결정에 영향을 미치는 변수 간의 상호 관계를 파악하기 위한 연구이다.

인과관계 연구는 특정 현상 간의 인과관계는 어떠한가를 규명하고 특정 현상을 구체적으로 정확하게 이해 · 설명 · 예측할 수 있는가를 확인한다. 인과관계 연구에는 원시실험설계, 순수실험설계, 유사실험설계가 있으며 특정 현상 간의 인과관계를 밝히기 위한 연구이다.

[연구의 종류]

구분	탐색적 연구	기술적 연구	인과관계 연구
주요 연구 내용	· 가설설정을 위한 탐색 중심의 질적연구	· 특정 시점의 자료를 이용한 가설검증	· 실험을 통한 인과관계 가설검증
연구 방법	· 문헌연구 · 전문가의견연구 · 사례연구 · 표적집단면접법	· 횡단연구 · 시계열연구 · 패널연구 · 서베이연구	· 구체적 인과관계 검정을 위한 실험설계
질문의 구조	· 질적인 정보중심 · 비구조화된 질문 · 비공식화된 양식 · 가설이 없기 때문에 시행착오식 연구진행	· 계량적 정보중심 · 구조화된 질문 · 공식화된 양식 · 통계적 분석 전제	· 계량적 정보중심 · 정밀한 관찰 · 시간적 흐름에 따른 원인-결과 분석
연구 결과	· 가설탐색에 활용됨 · 일반화에 한계가 있음	· 통계적 분석방법에 의한 객관성 확보 · 가설검정 및 명확한 가설에 기초한 문제해결 방안 제시	· 구체적 대안들에 대한 인과구조적 테스트 결과 제시 · 의사결정대안들에 대한 효과분석 결과제시

출처: 연구조사 방법론(2021년)

설문조사 진행 방법은 조사 목적 및 대상 설정, 조사 준비 단계, 조사 실행단계, 자료 검토 및 정리 분석으로 진행한다.

첫째, 조사 목적 및 대상 설정은 설문을 통해 알아내고 싶은 정보와 활용 방안을 결정하고 조사 목적에 적합하게 표본을 설정하고 연구 범위와 예상 목표 인원을 설정한다.

둘째, 조사 준비 단계는 설문조사에 대해 기획 및 설계하는 단계로 조사 일정, 설문지의 타당성 검토, 설문 과정에 대한 타당성 검토, 조사원 사전 훈련이 있다. 설문조사를 진행하는 현장에 대한 기초 자료조사와 현장을 돌아다니면 간단한 인터뷰를 통해 설문조사 근거자료를 수집한다. 설문지는 초안을 완성하여 소수 학생을 대상으로 사전조사를 한다. 사전 조사를 통해 작성된 설문지의 분량과 내용에 대한 이해도, 용어의 적합도 등에 대하여 문제없는지 확인하는 과정을 거친다. 설문조사는 연구자가 직접 하거나 조사원을 통하여 해당 사항에 대하여 설문조사를 실시한다.

셋째, 조사 실행단계는 설문 대상자를 대상으로 1:1 면접, 온라인 설문, 전화, 우편, e-mail 등을 통하여 설문 항목에 대한 회답을 얻는다. 인터넷 등을 활용하는 온라인 설문이 자료취합에 있어서 효율적이나 설문자와의 관계 형성을 원하는 경우 직접 대면 방식으로 설문에 응답하는 것을 추천한다. 설문지는 사전 조사 결과를 바탕으로 설문 내용을 수정하여 최종 설문 항목을 확정한다. 설문 준비 단계에서 설계하고 기획한 내용과의 오차를 줄이기 위해 설문기간 지속적인 관리 감독이 필요하다. 조사원들을 통하여 설문을 받는 경우에는 조사일지, 조사 장소, 특이 사항, 조사 후기 등을 기록하여 자료 분석에 참고한다.

넷째, 자료 검토 및 정리 분석 단계는 설문조사 진행 시 빠진 내용과 오기 등에 대하여 검토하고 필요 여부에 따라 재조사 및 추가 조사를 진행한다. 최종 점검이 끝난 자료는 정리하여 연구자가 분석할 수 있도록 한다.

1.3 설문지 작성 과정의 이해 I

설문지의 작성 과정은 수집 정보 결정, 자료수집방법 결정, 응답 능력과 의도를 고려한 문항 설계, 질문 형태의 결정, 개별 문항의 표현 완성, 문항의 순서 결정, 설문지의 구성, 예비 설문조사 순으로 진행된다. 설문지 문항의 내용은 누구나 전문 지식이 없어도 응답할 수 있도록 구성하여야 하고 연구자 및 조사자 관점의 질문이 아니라 대답하는 응답자 관점으로 구성한다.

수집 정보는 연구 목적 또는 설문 목적에 따라 결정하고 '어떤 정보가 필요한지', '왜 필요한지', '정말 필요한지', '수집 가능한지'를 고려하여 결정한다.

자료 수집 방법은 어떤 방법으로 수집할 것인지 구체적으로 결정하는 과정으로 설문지를 이용하여 자료를 수집할 것인지, 조사원과 응답자의 1:1 면접으로 설문을 진행할 것인지를 결정한다. 자료 수집 방법에 있어서 온라인의 전자 설문과 우편 설문 등 여러 가지 방법에 대한 장단점을 고려한다. 각각의 자료수집 방법에 의해 정보의 양, 설문 형태, 질문 방식 등이 차이가 있다.

응답 능력과 의도를 반영하는 설문 문항 설계가 이루어져야 한다. 응답자가 설문에 응답할 수 있는 정보가 없으면 응답자는 모르는 사실에 대하여 설문에 답하게 된다. 예를 들면 '귀댁의 가구 월평균 생활비는 얼마입니까?'라는 질문에 응답자가 가구 월평균 생활비를 모르고 있으면 질문의 의도와는 다른 응답을 할 수 있다. 다른 질문으로 '귀하는 소비자 불평관리청이 업무를 잘하고 있다고 생각하십니까?'라는 질문에 우리나라에는 소비자 불평관리청이 없지만 응답자는 해당 기관이 없음에도 불구하고 설문 문항에 답하는 사례가 있다. '귀하의 지난달 신용카드 총사용액은 정확히 얼마입니까?'라는 질문에 응답자가 해당 정보를 기억하지 못하면 연구자의 의도와는 다른 답변에 응답할 수 있다. 응답자가 해당 정보를 정확히 이해하고 응답해야 하는 경우도 있다. 다음과 같은 질문 '귀하가 생각하시는 고급백화점의 이상적(ideal)인 분위기란 무엇입니까?'라는 문항에서 응답자는 이상적인 분위기라는 용어를 이해하기가 어렵고 주관적이어서 제대로 된 설문조사가 이루어지기 어렵다. 설문 문항에 과도한 노력을 요구하는 설문인지 확인이 필요하다. '최근 할인점에서 구입한 품목을 모두 적어 주세요.'라는 문항은 응답자는 구매한 품목을 모두 기억하기 어려우므로 설문문항을 객관식 또는 해당 품목을 체크할 수 있는 박스 표시형 문항으로 구성하여야 한다. 마지막으로 설문 문항에서 응답자가 부적절성을 느낄 수 있는 항목이 있는지 확인한다. 랜드마크 조성과 관련된 설문에 응답자의 나이, 소득, 직업 등 개인정보를 물어보는 문항에서 개인정보 필요성에 대한 사전 설명이 필요하다.

질문 형태는 응답자가 보기 문항 중 하나를 선택하는 방식으로 리커트(Likert) 척도, 다중 선택 문항 등이 있다. 객관식 문항의 장점으로는 답변이 표준화되어 있으며 코딩이 용이하고 질문의 의미가 명확히 전달되고 민감한 주제에 더 적합하며 응답자가 쉽게 응답할 수 있어 응답률이 높다. 반면에 단점으로 응답할 수 있는 보기가 빠지는 경우가 있으며 보기가 많으면 응답자들이 끝까지 읽지 않고 응답하는 경우가 있다.

Q. 귀하가 가장 방문하고 싶은 국가를 선택하시오.
① 일본 ② 중국 ③ 호주 ④ 미국 ⑤ 영국

질문 형태에서 양자택일형 질문의 장점은 다지선다형 질문보다 응답이 쉽고 추후 통계분석이 용이하다. 단점으로는 두 극단치만 제시함으로써 중간 수준 응답자가 어쩔 수 없이 양극단을 선택하고 현실을 적절히 반영하지 않은 측정치를 얻게 될 가능성이 존재한다.

Q. 귀하는 향후 6개월 이내에 핸드폰을 구매할 의사가 있으십니까?
① 예　　② 아니오

Q. 귀하는 향후 6개월 이내에 핸드폰을 구매할 의사가 있으십니까?
① 예　　② 아니오　　③ 모르겠음

다지선다형 질문은 양자택일형 질문을 변형하여 등간척도 수준에서 요구하는 수준으로 변경이 가능하다.

Q. 귀하는 대학에서 개최하는 다양한 축제에 대해 얼마나 관심이 있습니까?
① 매우 관심있다　② 약간 관심있다　③ 보통이다　④ 약간 관심없다　⑤ 전혀 관심없다

Q. 귀하는 축제에 참여하신 후 어느 정도 만족하셨는지요?
① 매우 만족　② 약간 만족　③ 보통이다　④ 약간 불만족　⑤매우 불만족

다음은 응답자가 직접 자기 생각이나 특성을 적거나 응답자의 주관적 의견 기술이 필요한 경우에는 주관식(개방형) 문항을 사용한다. 주관식 문항은 응답자의 의견을 정확하게 알아볼 수 있으며 다양한 응답을 얻을 수 있고 기대하지 않았던 정보를 얻는 경우도 있다. 반면에 응답 결과를 분류하기가 어렵고 응답이 표준화되어 있지 않으며 '무응답', '응답 거절' 가능성이 매우 크다.

Q. 귀하가 가장 방문하고 싶은 국가를 적어주세요.
답변 :

개별 문항의 표현은 연구자는 질문 결과를 어떻게 활용할지 자문하고 여러 정보를 하나의 문항으로 구성할지 또는 여러 질문으로 구성하여 자료를 수집할지 자문이 필요하다.

Q. (복합 질문)
귀하는 ○○백화점이 □□백화점보다 상품종류와 가격면에서 더 우수하다고 생각하십니까?

Q. (복합 질문의 복수 문항화)
귀하는 ○○백화점이 □□백화점보다 상품종류 면에서 낫다고 생각하십니까?
귀하는 ○○백화점이 □□백화점보다 가격 면에서 낫다고 생각하십니까?

문항을 작성하는 원칙은 포괄성과 응답자의 성향을 고려하여야 한다. 문항 선택 범주에 응답자가 대답할 수 있는 모든 의견이 있어야 하고, 응답자가 설문에 호의적이면 간결한 문장을 사용하거나 응답자의 생각을 정확하게 반영하기 위해 부연 설명을 추가하는 항목으로 구성한다. 설문지는 반드시 조사 목적을 열거하고 목적에 따라 설문 문항을 제작한다. 조사 항목은 최대 30개 정도로 하고 설문 시간은 최대 15분을 넘지 않도록 문항 수를 조절한다.

설문지 질문 항목은 보편적으로 사용하는 문장과 어휘를 사용하고 일반적으로 리커트 5점 척도(매우 불만족 / 불만족 / 보통 / 만족 / 매우 만족)를 사용하거나 극단적인 점수를 주지 못하는 응답자는 4점 척도(매우 불만족 / 불만족 / 만족 / 매우 만족)를 사용한다. 응답자가 일관되고 성실하게 답변하는지 확인하기 위해 유사 질문을 반복하여 질문하거나 역 문항으로 질문하여 응답자의 성실성을 확인할 수 있다. 질문 문항은 부정형 문장은 자제하고 긍정형 문장으로 한다. 응답자는 설문 내용이 이해하기 어렵게 되어 있으면 설문지 작성을 힘들어하고 주의력이 점점 약해지므로 응답자의 관점에서 언어와 어휘, 문장을 사용하여야 한다. 여과 문항을 만들어 응답자에 따라 다른 질문으로 구조화하는 방법이 있다.

Q. 캡스톤디자인 수업에 참여한 경험이 있나요?
참여한 경험이 있으면 [Q-1] 문항에 답하고, 경험이 없으면 [Q-2] 문항에 답하시오.

설문조사는 참여 학생의 생각이나 의도, 욕구 등 복잡하고 다양한 사회현상을 수집하는 과정으로 수집한 내용을 데이터로 전환하여 객관적이고 구체적인 특징을 파악한다. 설문조사는 조사 결과를 활용하는 데 목적이 있으므로 사전에 충분한 시간을 갖고 기획과 설계를 한다. 설문조사는 조사 목적 및 대상 설정, 조사 준비 단계, 조사 실행단계, 자료 검토 및 정리 분석의 단계를 거친다.

설문조사 양식의 문항은 누구나 전문 지식이 없어도 응답할 수 있는 수준으로 구성하고 설문 문항에 대답하는 응답자 관점으로 구성한다. 설문 문항은 목적성, 간결성, 명확성, 적절한 언어 사용, 단순성, 가치 중립성, 상호 배타성, 규범적 응답 억제를 기본으로 한다. 설문조사는 사회현상을 수집하기 위해 현장에서 설문조사를 실시할 수 있으며 작성 순서에 따라 구체적이고 일관성 있는 설문지를 만든다.

II 이해당사자 설문 및 인터뷰 2

학습 목표

- 설문지 작성 과정에 따라 설문지를 구성할 수 있다.
- 인터뷰의 목적과 진행 단계를 학습하여 인터뷰를 위한 전 준비를 할 수 있다.
- 온라인 설문지를 작성하여 배포하고 결과를 취합할 수 있다.

1.1 설문지 작성 과정의 이해 II

설문지 작성의 문항 순서는 기초 정보, 분류 정보, 식별정보 순으로 문항을 구성하고 쉽고, 일반적이며 흥미를 유발할 수 있는 질문은 앞에 배치하고 어렵거나 전문적이고 특수한 질문은 뒤쪽에 배치한다. 설문지 구성에 필요한 인구통계학적 변수는 설문지 마지막에 배치하여 답변을 받는다. 아래의 예시와 같은 질문에서는 2번 답변으로 대부분 학점을 선택할 가능성이 커지므로 관계 구성 시 주의가 필요하다.

Q1. 대학에서 수강 신청 시 학점은 얼마나 중요한가요?
Q2. 대학에서 수강 신청 시 고려하는 중요 요소는 무엇인가요?

응답자들이 설문조사를 신뢰할 수 있도록 설문지에는 반드시 조사 목적, 조사자 등 서문이 필요하다. 설문지의 서문은 1/4~1페이지로 작성하고 서문에는 인사말, 조사 목적을 소개하고 설문조사 목적 이외에는 사용하지 않겠다는 비밀보장 문구를 반드시 추가한다. 설문에 대한 의견을 수렴한다는 내용을 강조하고 응답에 대한 감사 인사와 함께 조사 기간, 조사기관, 담당자, 연락처를 명시한다. 설문지 서문으로 조사와 조사기관에 대해 신뢰하게 되면 응답 회수율이 높아진다.

설문지는 1:1 면접조사와 자기기입식인 경우에 전체 3페이지를 넘기지 않으며 시간은 약 15분 이내가 될 수 있도록 조정한다. 우편조사의 경우에는 최대 30분으로 다소 길어지거나 페이지가 많아지면 회수율이 떨어지므로 주의하여야 한다. 전화조사는 문항 지문이 짧아야 하고 문항은 7~10개이고 응답시간은 5분 이내로 한다. 설문지 글씨체는 일반적인 명조체와 고딕체 계열이 무난하고 화려한 디자인의 글씨체나 이탤릭체는 피해야 한다. 강조 문구에 진하게 하거나 밑줄을 그어서 표시할 수 있으나 너무 많으면 응답자의 집중력 약화의 원인이 된다. 설문 문항의 구성은 다단 구성은 피하고 문항 보기도 하나씩 아래로 나열하는 것이 응답하기가 편하다. 문항의 보기가 나누어지면 응답자가 불편하므로 질문이 페이지에 의해 나눠지지 않도록 하고 유사 질문 문항은 함께 묶어 놓는다. 자료 입력이 쉽도록 보기 번호를 가), 나), 다) 보다는 1), 2), 3)으로 구성한다. 설문 문항은 가능한 주관식보다는 객관식으로 하고 인쇄 상태, 종이 질 등을 양호하게 하여 응답자가 응답하는 데 있어서 불쾌감을 주지 않도록 한다. 마지막으로 한자어보다는 구어체를 사용하고 명확한 단어를 사용하여 설문지를 구성함으로써 설문에 대한 응답율을 향상해야 한다.

[설문지 서문]

2020년 대졸자 직업이동 경로조사(2019GOMS)

안녕하십니까?
고용노동부와 한국고용정보원은 대졸자의 노동시장 진입 및 이동에 대한 정보를 수집하고, 이를 분석하기 위하여 「대졸자 직업이동 경로조사」를 실시하고 있습니다.

본 조사는 2~3년제 대학 및 4년제 대학 졸업자들을 대상으로 실시하고 있으며, 조사를 통해 얻어진 정보는 청년층의 고용안정을 위한 정부정책 수립과 관련 연구의 기초자료로 사용될 것입니다.

본 조사는 고용정책기본법 제17조 및 직업안정법 제16조 등에 근거하여 실시되며 응답해주신 내용은 연구의 목적으로만 사용될 것입니다. 응답내용 및 신상 정보는 통계법 제33조에 의해 비밀이 보장됨을 알려드립니다.

2020년 고용노동부 · 한국고용정보원

※ 한국고용정보원은 국가고용정보의 수집 · 제공, 직업에 관한 조사 · 연구 등의 업무를 담당함으로써 국가고용서비스의 선진화에 힘쓰고 있는 정부출연기관입니다.

<통계법 제33조(비밀의 보호)>
① 통계작성과정에서 알려진 사항으로서 개인이나 법인 또는 단체 등의 비밀에 속하는 사항은 보호되어야 한다.
② 통계작성을 위하여 수집된 개인이나 법인 또는 단체 등의 비밀에 속하는 자료는 통계작성 외의 목적으로 사용되어서는 아니된다.

연구기관 : 한국고용정보원 고용통계조사팀 **조사수행기관 : (주)케이스탯리서치**

출처: 한국고용정보원 홈페이지

예비조사는 본조사에 앞서 설문 문항, 오탈자, 구성 등을 확인할 수 있는 과정으로 설문지 작성에 많은 시간과 노력을 하였지만 설문지에 오류가 발생할 수 있으며, 응답자가 설문 문항을 오해하거나 이해하기 어려운 문항이 존재할 수 있으므로 사전조사를 한다. 예비조사는 응답 대상과 유사하면서 조사자에게 호의적인 응답자 20~50명 정도를 예비 설문조사 대상으로 하고 사전 설문 응답자들이 설문 문항에 질문하거나 자신의 의견을 개진할 수 있는 분위기로 실시한다. 본 조사는 사전 조사에서 나온 의견을 반영하여 내용을 수정하고 예상 표본 크기의 5%보다 여유 있게 설문지를 인쇄하여 본 조사를 실시한다.

예비조사에서 확인해야 하는 부분은 ① 응답시간이 얼마나 걸리는지?, ② 설문의 질문과 문항 보기를 다 읽고 답하는가?, ③ 문항이 너무 전문적이고 어렵지 않은가?, ④ 응답을 꺼리거나 거짓 답변할 가능성이 있는 문항은 없는가?, ⑤ 질문 응답자에 따라 자의적으로 해석될 가능성은 없는가?, ⑥ 예상하지 못한 보기가 존재하는가?, ⑦ 오탈자나 문법상 오류가 없는가? 이다.

1.2 인터뷰의 이해

인터뷰(Interview)는 특정 목적을 가지고 개인이나 집단을 만나 정보를 수집하고 이야기를 나누는 것을 말하며 연구자와 참여자 간 언어적 상호작용을 통해 자료를 수집하는 것이다. 설문조사만을 통하여 알 수 없는 더 심층적이고 상세한 자료를 얻을 수 있으며 이해관계자와 인터뷰를 할 때는 관련된 이해관계자가 포괄적으로 참여할 수 있도록 한다.

인터뷰 진행 단계는 인터뷰 목적과 참여 대상을 선정하고 인터뷰에 필요한 질문지를 작성하여 대상자 일정 및 의사에 따라 서면 또는 대면 인터뷰를 실시한다. 서면 인터뷰는 대상자가 궁금한 사항에 대한 질문이 불가하므로 사전에 인터뷰 목적과 이해가 필요한 부분에 대한 자세한 안내가 필요하다. 대면 인터뷰는 인터뷰의 목적 설명과 인터뷰 녹음에는 동의가 필요하고 인터뷰 진행 전에 인터뷰의 전반적 과정과 결과에 대한 설명이 필요하다. 그리고 그 결과를 정리하고 필요한 경우 인터뷰 결과를 공유한다.

인터뷰의 대상자 선정은 인터뷰 방법론 중에서 가장 중요한 단계이다. 인터뷰는 설문조사와 다르게 해당 분야에 대해 가장 많이 알고 있는 소수의 사람에게 질문을 통해 정보와 자료를 취득하는 것이 목적이다. 인터뷰 대상자 선정 시의 유의할 점은 대상자가 해당 내용을 잘 알고 있는가? 대상자가 해당 정보를 줄 수 있는가? 인터뷰 대상자에 반드시 포함되어야 하는 사람을 누락시키지 않았는가? 이다.

인터뷰 유형은 구조화된 인터뷰, 반구조화된 인터뷰, 비구조화된 인터뷰가 있다. 구조화된 인터뷰는 인터뷰 질문을 미리 구성하고 이를 바탕으로 인터뷰 내용을 구체적으로 조직하고 진행한다. 다만, 참여자가 갖는 생각, 인터뷰 내용에 따른 다른 질문과 독창적인 생각 등을 반영할 수 있는 가능성이 없는 구조이다. 반구조화된 인터뷰는 미리 인터뷰 질문은 완벽하게 구성하지 않고 진행하는 인터뷰로 대상자의 특성을 반영하여 추가적인 질문 등을 할 수 있도록 가변성을 허용한다. 반구조화된 인터뷰는 인터뷰 대상자의 지식과 정보를 심층적으로 파악이 가능하다는 장점과 반면에 인터뷰 진행자의 의도, 편향된 가치가 개입될 가능성이 있다는 단점을 가지고 있다. 비구조화된 인터뷰는 인터뷰 질문을 미리 구성하지 않고 인터뷰 대상자의 답변 내용에 따라 질문의 내용과 질문 방식 등을 결정하고 인터뷰 내용에 제약이 없이 자연스럽게 진행됨에 따라 다양하게 의미와 경험 등을 얻을 수 있다. 3가지의 유형에서 연구의 의도를 파악하고 그에 따라 유형을 결정하는 것이 가장 합리적인 방법이다.

인터뷰의 원활한 진행을 위해 가장 필요한 것은 응답자로부터 신뢰를 얻고 공감대를 형성하는 것이다. 인터뷰는 편안한 분위기에서 대상자가 존중받는 느낌이 들도록 하는 것이 중요하다. 개인적 성격이 강한 주제의 이야기보다는 연구와 무관한 가벼운 이야기를 통해 분위기를 형성하면서 인터뷰를 이끌어간다. 인터뷰 시에는 녹취, 동영상 촬영 등에 대해서는 사전에 동의를 구하고 인터뷰 내용은 보안이나 비밀 유지를 할 것을 안내한다. 인터뷰 질문으로 2가지 이상의 내용을 동시에 묻는 말, 예 또는 아니오로 밖에 대답할 수 없는 질문, 유도적 성격이 강한 질문은 배제한다. 인터뷰 대상자 스스로 질문 내용에 대해 주관적 해석과 의견이 피력할 수 있는 방향으로 하고 인터뷰 답변이 부정적이거나 긍정적이어도 모두 수용한다. 인터뷰 질문은 객관식 형태가 아닌 주관식의 질문으로 응답자의 생각을 끌어내야 한다. 조사자는 경청하는 자세로 인터뷰 대상자 스스로 이야기를 계속하도록 동기를 유발하고, 인터뷰를 통하여 사전에 인터뷰 준비 단계에서 예상하거나 발견하지 못한 내용을 새롭게 발견할 가능성이 있다.

인터뷰의 종류에는 개인 인터뷰, FGI(Focus Group Interview, 표적집단면접법) 등이 있다. 개인 인터뷰는 개별 인터뷰라고도 하며 조사자가 인터뷰 대상자를 1:1로 인터뷰를 진행하는 것이다. FGI는 동질적 특성을 보인 소수의 조사 대상자를 한 장소에 모아놓고 사회자에 의한 좌담형식으로 의견을 수렴하는 조사 방법이다. FGI를 어떤 주제로 진행할 것인가를 정하고 그에 맞는 대상자를 선정하고 대상자 선정 시 직업, 나이, 성별 등 동질적인 특성의 사람들로 구성한다. 한 그룹에 10명 이상이 될 경우 심도 있는 논의가 어려워지므로 그룹은 10명 이내로 구성하는 것을 권장한다. FGI 진행을 위하여 사전에 조사 목적에 맞는 질문의 요지, 순서를 적은 인터뷰 가이드라인을 작성하고 FGI를 진행할 적당한 장소 섭외 및 노트북 등 필요한 시청각 자료를 미리 준비한다. FGI에서 사회자는 참석자가 긴장감을 풀고 열린 마음에서 자유롭게 의견을 제시할 수 있는 분위기가 되도록 가벼운 대화 등을 섞어가면서 분위기를 조성한다. 본격적인 FGI에 들어가면 사회자는 사전에 준비한 질문 가이드라인을 참고하여 질문하고 상황에 따라 수시로 질문을 보완하거나 수정하고 인터뷰 시간은 2시간 이내로 한다. FGI 현장에서 잠정적인 결론을 도출하고 과정들에 대하여 기록한다.

표적집단면접법은 전문 지식을 보유한 연구자가 동질의 소수 응답자 집단을 대상으로 특정한 주제에 대하여 자유롭게 토론하는 가운데 필요한 정보를 찾는 방법으로 일반적인 연구에서 가장 많이 사용되는 탐색적 연구 방법이다. 조사 대상자는 10명 내외의 비슷한 사회적 · 경제적 수준의 사람들로 구성하고 사회자는 구성원들이 자유롭게 토론에 참여하도록 유도하고 토론이 연구의 목표에 부합하게 진행하는 데 결정적인 역할을 해야 하므로 성공적인 연구 결과를 위해서는 무엇보다도 사회자의 역할이 매우 중요하다. 사회자는 설문 주제에 대한 기술 능력이나 지식과 경험이 풍부하여야 한다.

표적집단면접법은 개별 인터뷰를 통해 유용한 정보를 획득할 수 있으며 솔직하고 정확한 의견 표명이 가능하다. 하지만 사회자의 능력과 자질에 의해 설문 결과가 크게 영향을 받을 수 있으며 비계량적 연구이므로 설문 결과에 대한 분석과 해석이 난해한 경우도 있다. 소수의 집단을 대상으로 하는 FGI는 대상자 수가 적고 연구팀에서 조사 대상자를 선정하기 때문에 조사 결과를 전체 모집단으로 일반화하기 어려운 단점을 가지고 있다. 인터뷰 결과에서 여러 가지 상반된 다양한 의견들이 나오고 상호작용이 잘못된 방향으로 나타날 수 있어서 조사 결과를 해석하고 결론을 정확하게 내리기 어려운 경우도 있다. 동시에 여러 사람에게 발언 기회를 주고 의견을 받기 때문에 개개인의 밀도 있는 내용을 전달받기가 어렵다. 이를 해결하기 위해서는 소수의 의견에 대해서도 귀를 기울이는 자세가 필요하다. FGI 방법으로 진행한 결과는 조사자가 주관적 판단이나 입장 또는 형편에 맞추어 임의로 해석하지 않도록 유의하여야 한다.

1.3 설문지 배포 및 취합

설문조사는 개인 또는 집단을 대상으로 하는 대면 인터뷰와 우편 및 전화로 조사하는 방법이 있고 인터넷을 활용하는 온라인 설문조사 방법이 있다. 인터넷을 활용하는 온라인 설문조사 방법은 구글 폼 또는 네이버 폼을 활용한다. 우리는 구글 폼을 활용하여 온라인 설문지를 생성하고자 한다. 온라인 설문지 작성 과정은 ① 개인 또는 기업 선택, ② 질문 방식 선택, ③ 질문, 설명, 이미지 등 추가, ④ 질문지 완성, ⑤ 질문지 보내기, ⑥ 이메일 전송 또는 URL 링크 보내기, ⑦ 응답 결과 보기, ⑧ 응답 결과 그래프 편집 순으로 한다.

[온라인 설문지 만들기]

[온라인 설문지 시작하기]

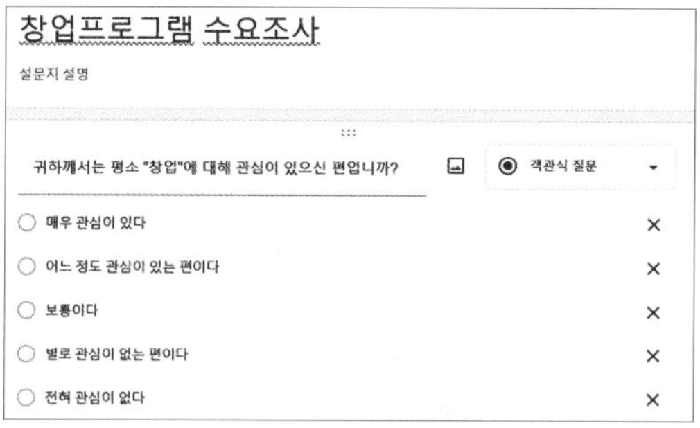

[온라인 설문지 만들기]

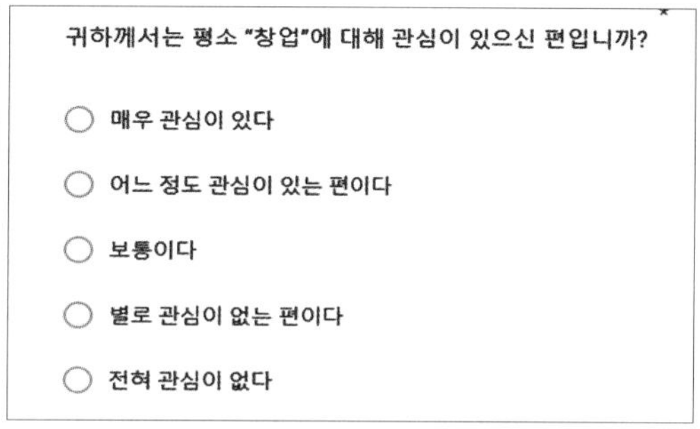

[온라인 설문지 만들기 적용 사례]

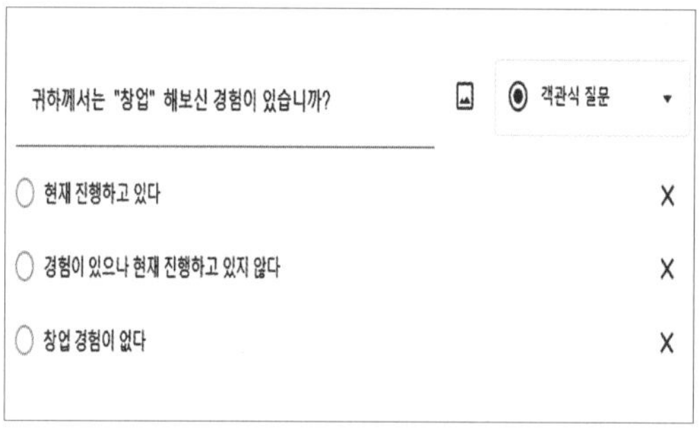

[온라인 설문지 만들기]

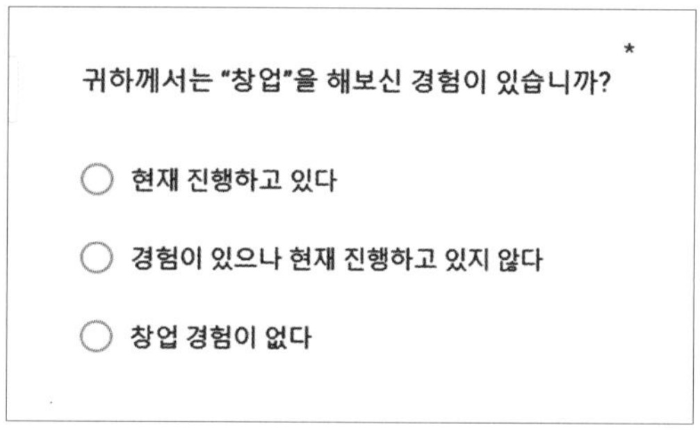

[온라인 설문지 만들기 적용 사례]

출처: 구글 폼

[온라인 설문 응답 결과]

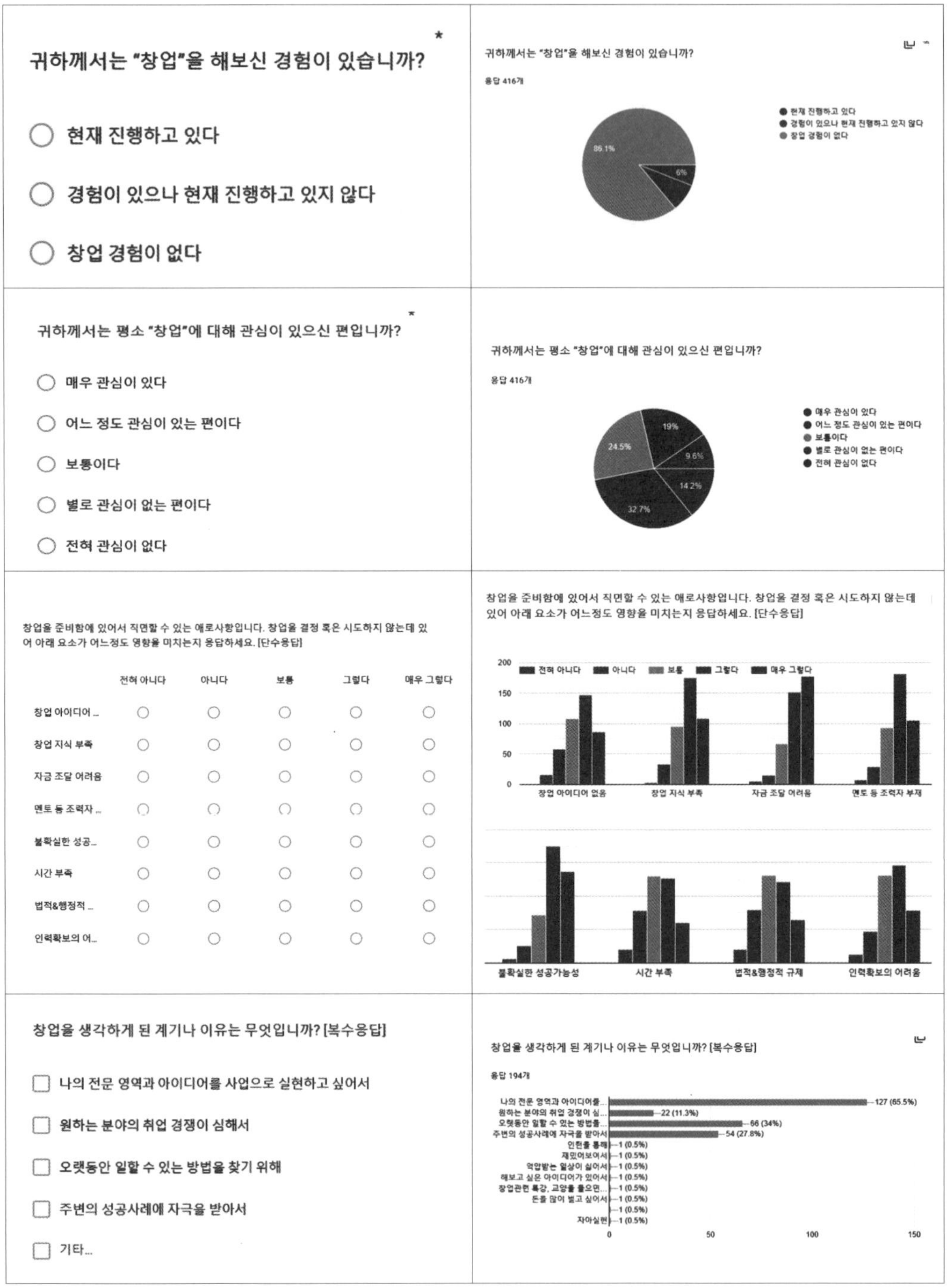

출처: 구글 폼

[온라인 설문 조사 결과]

C. 창업 교육 프로그램에 대한 인식

03. 조사결과_재학생

귀하께서는 교내 창업 교육 프로그램이 있다면 참여할 의향이 있으십니까?

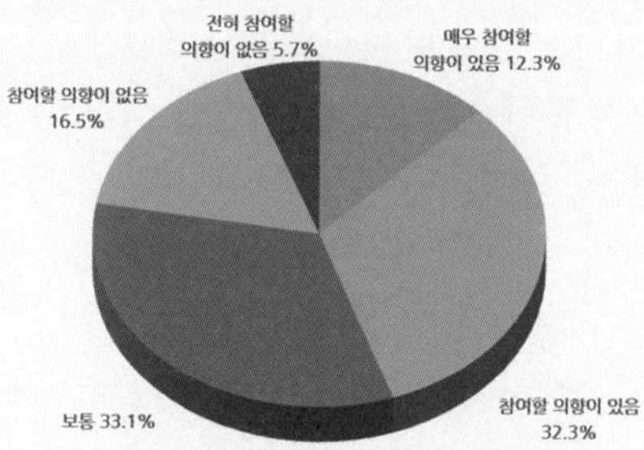

[인원 : 405명, 단수응답]

구분	응답
매우 참여할 의향이 있음	50(12.3%)
참여할 의향이 있음	131(32.3%)
보통	134(33.1%)
참여할 의향이 없음	67(16.5%)
전혀 참여할 의향이 없음	23(5.7%)
합계	405(100%)

- 재학생 405명을 대상으로 교내 창업 교육 프로그램이 있을 시 참여 의향에 대하여 설문
- 결과, 참여에 대해 긍정적인 답변을 준 응답자는 181명(44.6%)이었으며, 참여의사가 확실하지 않은 인원이 134명(33.1%) 많은 비중을 차지하였음

III 홍보 방안 및 제작 방법 : 하고 싶은 말과 해야 하는 말을 구분하는 스킬

학습 목표

· 단순한 기획에서 멈추는 것이 아닌 실질적인(성과, 매출) 마케팅을 구상하고 실천한다.

1.1 기획자의 습관

1) 홍보 타깃의 조직 특성을 이해하라

새로운 기획, 홍보를 선보이려면 꾸준한 공부가 수반된다. 새로운 감각과 새로운 현상, 그리고 변화된 환경을 적용하기 위해서는 홍보 타깃의 조직 특성을 이해하는 것이 무엇보다 중요하다. 조직의 특성을 이해했다면 그에 맞는 브로슈어, 굿즈, 홍보영상, SNS 등 홍보 채널을 취사선택하면 된다. 아무리 기획과 디자인이 좋아도 킹(소비자+주인)의 의도를 파악하지 못한다면 킹메이커는 의미가 없다. 한편, 조직의 특성 혹은 상품의 특성을 알고 싶을 때 직접적으로 다가가서 정보를 캐는 방법도 있지만 내가 원하는 것은 숨기고 자연스럽게 녹아드는 것도 방법이다.

본 필자는 디자인, 홍보, 인쇄와 관련된 직업을 갖고 있고 연간 많은 수량의 다이어리를 제작하고 상품을 판매한다. 다이어리의 경우 핵심 이미지는 커버에서 시작한다. 커버는 색상 및 소재가 중요하다. 하지만 항상 같은 소재와 색상으로 제품을 만들 수 없기에 새로운 영감을 얻기 위해 매년 의류 시장의 변화를 터득하고 원단 소재를 공부하고 심지어 립스틱 톤 트랜드 변화를 통해 독창적인 다이어리 커버를 제작하기도 했다.

또한 실무에 접근하기 위해서는 '일단 부딪혀 본다'라는 기획자의 습관을 들이는 것이 중요하다. 이것은 일단 자신의 방식대로 사진이나 영상을 찍거나, 메모하는 습관, 혹은 sample을 연구해 어떤 의도로 제작하였는지 보고 배우는 것이 홍보의 시작이라고 생각한다. 기록을 위한 사진은 굳이 구도나 화질이 좋지 않아도 괜찮으니, 기억에서 사라지기 전에 재빨리 촬영하는 것이 좋다. 이렇게 조금은 번거로울지라도 기획자의 습관을 들이는 것을 추천한다.

2) 거리의 간판에는 정보가 있다.

길거리에는 다양한 사람들의 라이프스타일이 존재한다. 또한 다양한 공간의 첫인상(매장의 입구, 간판 등)을 접하기도 한다. 상황에 따라 생기발랄한 거리를 택할 때도 있고, 우중충하고 어두운 길거리를 가볼 때도 있다. 트렌드를 파악하고자 한다면 다양한 부류의 공간을 균형감 있게 다녀봐야 한다. 평소에 필자는 특별히 무언가를 의도적으로 관찰하려 들진 않는다. 다만 거리의 간판들을 쭉 들러보는 습관이 있다. 가게들의 간판에는 그곳의 흥망성쇠와 역사를 간접적으로 파악할 수 있다. 게다가 간판을 살피면 브랜드 네이밍 트렌드까지도 엿볼 수 있게 된다.

1.2 기초 업무 수행

1) One paper의 중요성

기획자의 습관인 '일단 부딪혀 본다'의 시작점은 One paper 작성에서 출발한다. One paper는 크게 3가지 Intro-Body-Conclusion으로 구성되며 상대방에게 의사를 효과적으로 전달하는 것에 의미를 둔다.

시작이 반이라는 말처럼 Intro는 가장 주요한 부분이다. 내가 아무리 좋은 제품을 가지고 있음에도 소비자에게 그 필요성 및 당위성이 어필되지 않는다면 그 제품은 시장의 관심에서 멀어지게 된다. Intro에는 그 필요성과 당위성을 담아내야 한다.

기획사에 있어서 경쟁입찰에 제출하는 제안서가 대표적인 One paper이다. 경쟁입찰은 최고점 업체만을 선정하기 때문에 떨어질 경우 리스크를 감수해야 하며, 그렇기 때문에 제안서 작성과 PT에 공을 들일 수밖에 없다. 한 번은 인삼과 관련된 기관의 사보 경쟁입찰을 진행한 적이 있다. PT를 진행할 때는 제안서 내용이 얼마나 경쟁력 있는지가 중요하지만, PT 현장의 분위기를 이끌 수 있는지도 당락을 좌우한다. 필자는 인삼에 대해 얼마나 고민하였는지를 발표 시작에 어필하였다. '인삼은 세 가지 소리를 듣고 자란다고 합니다. 물소리, 바람 소리 그리고 사람의 발자국소리' '길게는 8년의 시간동안의 정성이 담긴 우리 인삼과 농가의 노력을 이번 사보에서 잘 보여줄 수 있게 하겠습니다'

이후 장내 분위기는 필자의 발표에 집중하는 쪽으로 바뀌었고, 좋은 결과를 얻어낼 수 있었다. 분위기를 만들어내는 데 One paper의 기반 없이는 이루어낼 수 없었다고 생각한다.

홍보방안은 너무나 많다. 필자는 이렇게 이야기하고 싶다. 대다수의 초년생에게 기획안을 써오라고 하면 대부분 참신한 아이템, 톡톡 튀는 아이디어 제시에 몰두한다. 대학생 시절 공모전을 꽤 해본 초년생들은 자신감을 보이기도 하지만 막상 들여다보면 기획력이 부족하거나 실현 가능성이 떨어지는 것이 대부분이다. 그저 반짝하는 아이디어 자체에만 초점을 맞추고 있을 뿐 비즈니스 관점이 부족하다.

기업 활동의 목표는 이윤 창출이다. 이윤은 '매출-비용'이므로 투입한 비용보다 큰 매출을 거뒀을 때 이윤이 창출될 수 있다. 인풋은 줄이고, 아웃풋을 키움으로써 기업 가치를 극대화할 수 있다는 것은 기업 활동 및 홍보활동의 기본 개념이다. 이를 이해하고 홍보방안을 마련할 필요가 있다.

회사의 자원은 한정되어 있다는 것도 중요하다, 학생의 경우 프로젝트의 홍보비 역시 한정적인 예산에서 지출된다는 조건도 중요하다.

무작정 멋지고 화려한 프로모션과 홍보, 남들이 다 하니까 우리도 해야지 최첨단 장비를 사서 이렇게 투자하면 될 것이라는 것은 상상 속에서나 실현할 수 있는 이야기다. 좋은 기획은 거창한 계획이 아니라 작지만 확실하고 효율적인 것으로부터 시작된다.

2) 확실한 장점만 이야기하라!

과거에는 많은 광고주가 자사의 제품이 타사의 제품보다 우수하다고 소비자를 설득하는 비교 마케팅을 통해 많은 매출을 올릴 수 있었다. 그러나 이제 더 이상 그럴 필요가 없다. 오히려 소비자들에게 반감을 살 수 있다. 소비자들은 충분히 스마트폰과 다양한 매체를 통해 어느 제품이 좋은지 비교할 수 있고 선택할 수 있다.

본인이 판매하고자 하는 제품과 경쟁사 제품이 동급 사양이라면 우리 제품이 더 낫다는 단순 비교의 형태는 피하는 것이 좋다. 확실하게 자신의 제품이 좋다고 말하는 것만으로도 충분하다. 그것만 하기에도 시간은 부족하다. 대신 확실하게 자사 상품의 장점을 이야기하여 소비자에게 자사의 제품에 대한 확신과 신뢰를 심어줘야 한다.

3) 화려한 것, 신박한 것에 목숨 걸지 마라!

거창한 기획은 많은 돈과 시간을 요구한다. 또 그것이 성공하리라는 보장도 없다. 소품종 대량생산을 하였던 과거와 다르게 현 사회는 다품종소량생산이 위주인 사회로 변화하면서 메가트렌드는 사라졌다.

한편의 광고를 통해 소비자들의 관심을 끌고 단 하나의 광고가 그 제품을 소비하게 하려면 빅아이디어가 필요하다. 여러분이 만든 광고에 빅아이디어가 없다면 그 광고는 어쩌다 우리 곁을 스치는 이름조차 기억나지 않는 사람과 같은 존재가 되고 만다.

그 아이디어를 처음 보았을 때 놀라서 숨이 막힐 정도였는가?

그러한 빅아이디어는 정말 살면서 쉽게 보기 힘든 경우다. 우리가 홍보 시나리오에 대해 각색하고 고민하는 사이에 트렌드는 바뀌어 있고, 그로 인해 시장 선점이 늦을 수 있다.

시나리오가 완벽하진 않더라고 광고가 자주 노출되고 다양한 곳에 노출되어 소비자들 머릿속에 '아! 이 제품 알지!' 라는 브랜드 인식을 시켜주는 것이 좋다.

4) MOQ(Minimum Order Quantity)를 줄여라!

MOQ(Minimum Order Quantity)는 최소주문수량을 의미한다. 쉽게 말해 제조사가 "이 정도는 주문해야 생산할 수 있습니다."라고 정해 놓은 수량이다. 예를 들어 화장품회사가 제품을 개발하고 판매용 제품을 만들기 위해서는 화장품의 좋은 영양성분과 에멀전 등의 황금 배합비도 필요하겠지만, 제조사가 공정을 시작하려 하면 원자재, 인력, 생산라인, 포장재, 포장 용기 등이 필요하다.

이때 화장품회사는 패키징 업체에 용기와 포장재에 대한 발주를 하게 된다. 이때 보통 최소주문수량은 4,000개 정도이다. 적절한 MOQ를 정하면, 제조사도 원가를 절감하고 합리적인 가격에 고객에게 판매할 수 있다.

제품을 개발해서 판매하려 할 때마다 발목을 잡는 것은 의외로 제품 패키지에 대한 부담이다. 패키지 주문에 대한 최소 수량이 있기 때문이다. 통상적인 화장품 가격이 50,000원이라고 가정했을 때, 이번에 출시하는 제품이 특수한 형태에 제품을 담아 판매한다고 100,000원이 판매가로 책정된다면 비싼 가격에 고객은 눈을 다른 곳으로 돌릴 수밖에 없다.

신제품을 만들어 고객의 반응을 보고 싶고 다양한 제품군을 구성하고 싶을 때는 라벨은 교체해야겠지만, 기존 회사에서 준비해 둔 동일한 용기에 담아 기존의 자원(포장 용기 및 포장 상자)을 활용한다면 MOQ를 줄여 추가적인 비용 투입에 대한 부담도 적어진다. 최소의 자원으로 최대의 효과를 내는 것이다. 마치 '소주 회사의 브랜드는 각기 다르지만, 식당에서 회수되는 초록색 병의 모양과 볼륨은 같은 것이 패키지에서 원가절감을 하기 위한 주류시장에서의 암묵적인 룰과 같은 것이다.'

회사는 대학시절 상상의 나래를 맘껏 펼치던 공모전의 장이 아닌 현실이다. 회사의 자원을 활용해 최고의 효율을 내고 이윤을 창출하는 곳이다.

1.3 실무의 발견

1) 디자인은 얼굴이다!

디자인은 홍보에서 가장 중요한 요소이다. 책의 표지를 디자인하든, 전단지를 디자인하든 옥외 현수막을 디자인할지라도 결국 소비자들에게 관심과 주목을 끌어 내는 것이 목표이다. 아무리 좋은 내용이라도 표지 디자인과 마케팅, 편집 상태에 따라서 소비자가 받아들이는 것이 다르다.

필자는 디자이너들에게 디자인을 시작하기 전에 충분한 시간을 가지고 고객사와 미팅한 후 시간, 장소, 상황에 맞는 옷(디자인)을 입혀라! 라는 말을 하는 편이다. 똑같은 디자인이라도 의뢰자의 브랜드컬러 폰트, 일러스트 작업 등 상대하는 직종 직군에 따라서 사용해야 하는 색감과 서체가 다르기 때문이다.

이에 따라 디자인에 대한 수정이나 변경이 있을 수 있지만 제품 생산까지 이어지는 기획사의 업무는 대부분은 반복적이다. 필자의 경우 고객사로부터 제품 견적 문의가 오면 세부 스펙, 일정, 가격 계약조건 등을 파악해서 내부 보고를 완료하고, 좀 더 면밀한 검토를 하기 위해서 설계, 구매, 생산 부서에 검토요청을 보낸다. 이렇게 지속적으로 프로젝트를 수행하기 위해서는 고객사 니즈 회의에 참여한 참여자, 일시 및 장소와 논의주제 및 추가 발전 및 기획 사항 향후 일정 등을 간략하더라도 누구나 쉽게 파악할 수 있게 기록을 해놓아야 한다.

각 부서로부터 회신이 오면 유사성 및 높은 과거 프로젝트 중심으로 검토 내용이 적정한지를 파악하고 부서별 추가적인 논의를 진행해 제안서의 설득력을 높인다. 고객사에 회신을 보내는 패턴도 비슷하다.

따라서 필요한 시점에 빠르고 정확하게 필요한 자료를 찾을 수 있도록 업무내역들을 체계적으로 저장하고 관리해 두는 게 중요하다. 그중에서 가장 기본적인 내용들만 추려본다.

가) 연도별 · 고객사별 · 프로젝트별로 이메일 그룹을 저장해 두자

나) 업무 관련 파일들도 시기별 · 프로젝트별 · 업무 성격별로 폴더를 따로 관리하자

다) 파일명으로 다른 버전을 표시하여 나중에 검색이 용이하게 하자

2) 홍보 채널의 활용

유튜브를 보다 보면, 자연스럽게 광고가 그 유튜브 영상 중간중간 반복적으로 나오기도 한다, 과거에는 유선방송에서만 볼 수 있던 광고가 여러 영상 속 클릭 몇 번에 나온다, 또 유튜버들이 유료 광고라는 영상 배너를 띄고 자연스럽게 광고를 올리기도 한다.

자신의 상황에 맞는 홍보 방식을 택하면 되고 스마트폰만 있다면, 누구나 언론이 될 수 있고 방송국이 될 수 있다.

과거는 네이버 블로그를 보고 맛집을 찾아갔다면, 현재는 인스타그램, 유튜브의 쇼츠를 보고 맛집을 찾아가기도 한다. 심지어 인스타그램 내에서 간단한 동영상 편집까지 가능하다. 이러한 가십성 가득한 정보의 과포화 상태는 홍보 방식 변화를 불러왔다.

과거의 홍보 방식은 현수막, 입간판, 포스터 인쇄가 주류를 이루었다. 심지어 이것들은 인쇄할 수 있는 판을 만들고 조판하는 오프셋 인쇄 과정을 통해서만 얻어질 수 있는 고품질 고가의 전유물이었다. 하지만 지금은 MOQ없이 필요한 만큼 프린트해서 쓸 수 있는 고가의 POD 장비들이 주를 이루고 있다. 한편, 다양한 궐연초 및 다양한 전자담배 포장재에 사용되고 있기도 하다. 이는 패키지 디자인을 가격 부담 없이 자주 바꿀 수 있게 하여 제품이 주는 이미지의 신선함을 주는 역할까지 담당하고 있다.

홍보 수단과 방식은 변화해 왔으나 과거와 지금의 목적과 결론은 같다.

타깃에게 '잘' 홍보하는 것이다. 대신 과거 메가트렌드가 주류였다면, 가십처럼 금방 붕 떴다 사라지는 뜬구름 같은 마이크로 트렌드가 주를 이루고 있는 현실이다.

홍보 및 디자인 인쇄 홍보영상을 만들고 있는 필자조차도 현재 이뤄지고 있는 트렌트 및 홍보는 따라가기 쉽지 않을 정도로 변화하고 있다.

예를 들어 내가 핫플레이스에서 식당을 신규 오픈했다고 가정해 보자. 굳이 남들처럼 인스타그램 홍보를 한다고, 블로그 홍보를 한다고, 홍보영상을 찍어 홍보할 필요가 있을까? 라는 생각을 한다. 맞다 정말 맛집이고 컨셉 및 브랜드가 확실한 곳은 최소한의 홍보를 통해서도 고객들이 알아서 찾는 장소가 된다. 심지어 "고객은 왕"이라는 말이 있는데, 그 왕들이 SNS에 알아서 쇼츠를 찍어 올리고 알아서 해시태그를 걸고 사장님 대신 홍보를 대신 해줄 것이다. 물론, 맛과 품질 서비스가 충분하다는 전제하에 말이다.

해시태그의 마법이라고 표현하는 것이 맞을지는 모르지만, 과거 블로그 시절부터 해시태그라는 것은 참 중요했다. 그를 통해 인터넷 로직을 분석하는 로봇이 이를 분석해서 해당 글은 이분법화 하여 관련된 검색엔진에 띄워주곤 했다. 지금은 인스타그램, 페이스북, 틱톡 등 다양한 매체에서 해시태그를 걸어 내가 보고 싶은 관심사들만 볼 수 있지 않나.

심지어 지금 자신의 스마트폰에 뜨는 쇼츠는 어제 올라온 영상도 아니고 여러분이 선택한 것도 아니며, 당신의 취향을 자신보다 잘 아는 알고리즘에 추천받았을 것이다.

이렇듯 스마트폰을 이용하여 특정 관심사를 가지고 반복적 검색을 한 사람에게는 알고리즘이 형성된다. 알고리즘을 통해 다양한 채널에서 여러분의 제품이 노출되는 효과를 얻기 위해 광고의 품질도 중요하지만, 다수의 짧지만, 다양한 영상, 쇼츠, 카드뉴스 등을 활용해서 SNS 홍보 채널에 노출되는 횟수를 증가시키는 것이 중요하다.

자, 이제 여러분은 제품에 어떤 '이미지'를 부여할지 결정해야 한다. 이미지 곧 개성이다. 사람과 마찬가지로 제품도 개성이 있으면, 이러한 제품의 개성은 시장 성패를 좌우할 만큼 중요한 역할을 한다. 한 제품의 개성은 그 제품의 이름, 포장, 가격, 광고 그리고 무엇보다도 제품 자체의 고유한 성질 등이 하나로 통합될 때 발현된다.

모든 광고는 브랜드 이미지를 쌓는 데 중요한 역할을 한다. 따라서 한 제품 광고는 해가 바뀌어도 지속적으로 동일한 이미지를 보여주어야 한다.

1.4 관점의 차이-브랜드를 팔아라

지속적이고 안정적인 매출을 원한다면, 제품을 파는 사람이 아닌 브랜드를 파는 기획과 홍보를 해야 한다. 적어도 브랜드를 자신이 이용할 수 있는 사람이 되어야 한다. 대전을 대표하는 브랜드란 과거 90년대에는 꿈돌이 마스코트로 기억하는 사람들이 있을 수 있지만, 대전은 더 이상 엑스포의 도시가 아닌 전 국민이 방문하는 빵의 도시로 거듭났다.

그 중심에는 성심당이 있다. 기본 몇 시간씩 줄을 서서 케이크를 사야하고, 기다린다고 해서 케이크를 살 수 있는 것도 아니니다.

대전역을 지나간 KTX에서는 빵 냄새가 가득하다 할 정도이다. 기차 안에서는 성심당 쇼핑백을 들고 사진을 찍으며 SNS에 올리는 사람, 대전 출장길에 부랴부랴 성심당빵을 샀다고 자식에게 전화하는 아빠, 영업용으로 정장을 입고 한낮부터 빵을 사기 위해 긴 줄을 서있는 영업사원.

이런 시대에 소비자들은 더 이상 남의 제품을 사지 않는다. 소비자들은 나의 취향을 산다. 그들은 브랜드에서 메시지 그리고 브랜드의 메시지와 일치하는 의도를 가진 제품을 구매한다.

홍보를 위해서는 수많은 유관부서와 업무를 진행한다. 영업부는 마케팅부와의 긴밀한 협의를 통해 시장에서 잘 팔리는 상품 특성과 동향, 프로모션 전략 수립과 예산편성 관련된 논의를 진행한다. 생산 부서와는 고객사의 요청에 따라 제품을 생산하는 데 필요한 비용과 기간, 가능 여부 등을 확인하면서 고객사와 협의를 이끌어 나가게 된다. 유관부서와의 협업은 전사적 차원에서 더 높은 성과를 창출하는 데 있어 반드시 필요하다는 것을 누구나 공감하고 있지만 현실은 생각만큼 녹록지 않다.

상품 기획과 영업의 Collaboration이 있어야 고객들이 원하는 제품의 구매부터 판매까지 유기적으로 연결되고, 생산과 영업의 Collaboration이 있어야 시장 상황에 맞는 유기적인 생산계획 조절과 고객 납기를 제때 충족시킬 수 있다. 그렇기 때문에 내가 하고 싶은 말이 있다 하지만 내가 해야 하는 대화는 다르다는 것이다.

참고자료

[도서]

· 이훈영. 연구조사방법론, 도서출판청람, 2021.

· 구글 폼, https://www.google.com/intl/ko_kr/forms/about/

Chapter 08

사회 문제해결 방법 및 특허 관련 대회

Ⅰ. 사회문제해결 방법과 동향
Ⅱ. 캠퍼스특허 유니버시아드 대회
Ⅲ. 지식재산능력시험(IPAT)

08 창의적인 지식재산 **캡스톤디자인**

사회 문제해결 방법 및 특허 관련 대회

I 사회 문제해결 방법과 동향

학습 목표

· 우리 주변의 문제에 대해 인식하고 해결하며 이에 대한 동향을 알 수 있다.

1.1 역발상, 문제 정의

1) 역발상, 문제 정의

키보드와 라이터, 구부러지는 빨대에는 한 가지 공통점이 있다. 모두 약자를 위해 만들어졌다는 것이다. 19세기 발명가 펠레그리노투리는 시력을 잃어가는 연인과 편지를 주고받기 위해 키보드의 원형인 '타이프라이터'를 고안하였다.

라이터는 두 손을 못 쓰는 사람을 위해, 구부러지는 빨대는 앉기 어려운 사람을 위해 개발되었다. 누군가의 약점이야말로 이 사회를 살리는 기회가 될 수 있다.

[역발상, 문제정의]

출처: Pixabay

[역발상]

기존의 방식이 불편하거나 부족한 것이 있어도 사람들의
습관적인 행동으로 인해 변화의 필요성을 느끼지 못한다.
이렇게 지속되어 오던 것을 역발상을 통해 새롭게 바꿀 수 있다.

'빼기의 사고와 더불어 중요한 것은'
역발상(reverse thinking)

출처: 김영아. 캡스톤디자인 수업자료

2) '건강, 생각을 뒤집어라, 역발상이 뜬다'

21세기 산업을 이끌어갈 키워드로 역발상이 떠오르고 있다. 등받이가 없는 의자 '우리들체어'와 손으로 페달을 밟는 자전거 'SKYWHEEL'까지 그동안 가지고 있었던 고정관념을 벗은 새로운 제품이 곳곳에서 시선을 끌고 있다.

'등받이가 없는 의자, 우리들체어.' 척추 전문병원 우리들병원에서 만든 우리들체어는 의자의 등받이를 없앤 역발상 아이디어 제품이다. '우리들체어'는 외과의사들이 오랜 시간 치료를 위해 수술용으로 사용하는 의자가 등받이를 앞에 설치한 것에 착안해 만들어졌다. 실제로 많은 사람들이 의자의 등받이에 기대는 시간보다는 상체를 앞으로 기울인 상태에서 보내는 시간이 더 많기 때문에 앞으로 기대는 것이 오히려 좋은 자세를 만들어 준다는 것이 발상의 시작이었다. '우리들체어'는 영국의 유명한 디자인회사 탠저린과의 합작으로 세련된 디자인도 갖췄다. '우리들체어'는 세계 3대 디자인 전시회 중 하나인 100% 디자인 런던(100% Design London)에 한국 대표로 출품되어 한국 디자인의 위상을 세계에 널리 알린바 있다. 역발상의 톡톡 튀는 디자인과 척추질환 예방이라는 두 마리 토끼를 잡은 우리들체어는 미국 프린스턴대학에서도 사용 중이며, 출시 두 달 만에 일본과 1만 대 규모의 공급계약을 체결했다.

[역발상]

출처: https://www.yakup.com/news/?mode=view&nid=135965

3) '건강, 볼 넓은 맨발 신발의 역발상 마케팅 - 경영인가, 도박인가? 뒤집어라, 역발상이 뜬다'

[역발상]

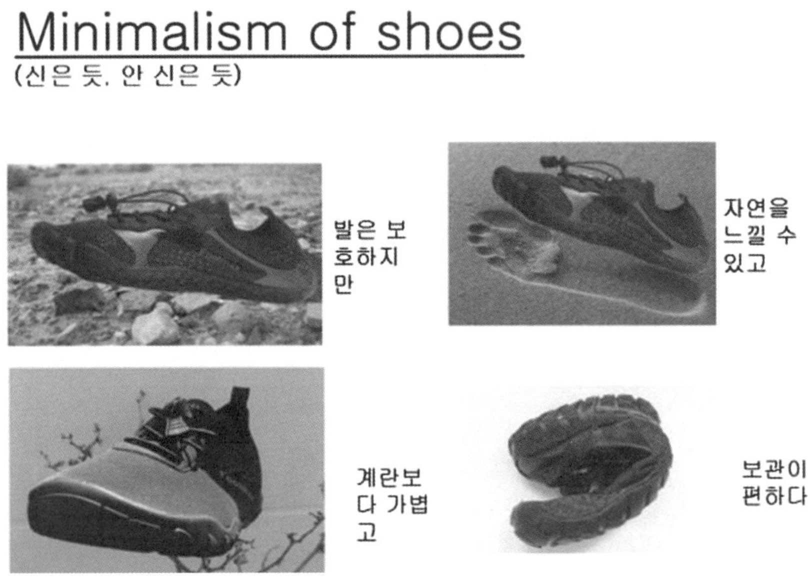

출처: 김영아. 캡스톤디자인 수업자료

[역발상]

출처: 김영아. 캡스톤디자인 수업자료

출처: https://www.hankyung.com/thepen/lifeist/article/202103230830Q

https://www.feelmaxmall.co.kr/

1.2 대학에서의 사회 문제해결

1) 대학의 이념과 기능 변화

[대학의 이념과 기능 변화]

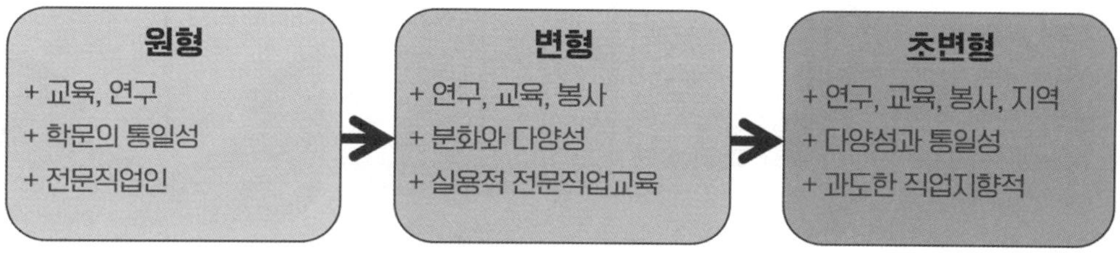

출처: 김영아. 캡스톤디자인 수업자료

2) 대학에서의 사회 문제해결

(1) 대학생은 어떻게 기획하고 참여할 수 있을까

[대학의 이념과 기능 변화]

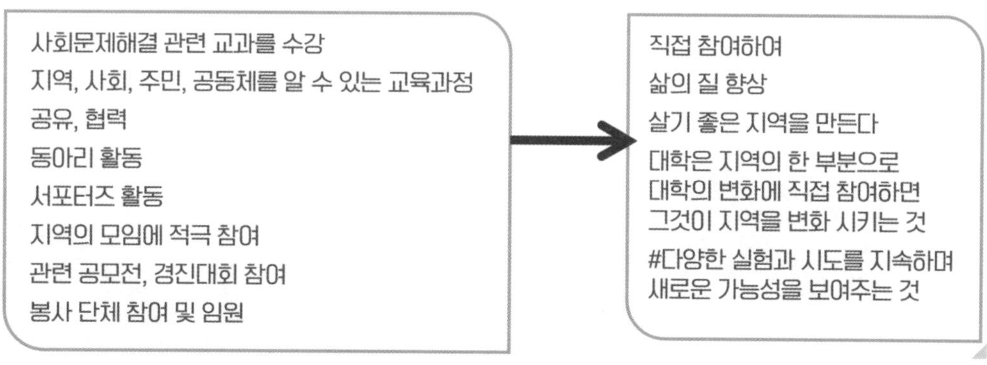

출처: 김영아. 캡스톤디자인 수업자료

3) 사회문제를 어떻게 해결할 수 있는가?

[사회문제 해결 지역 협력 체계도]

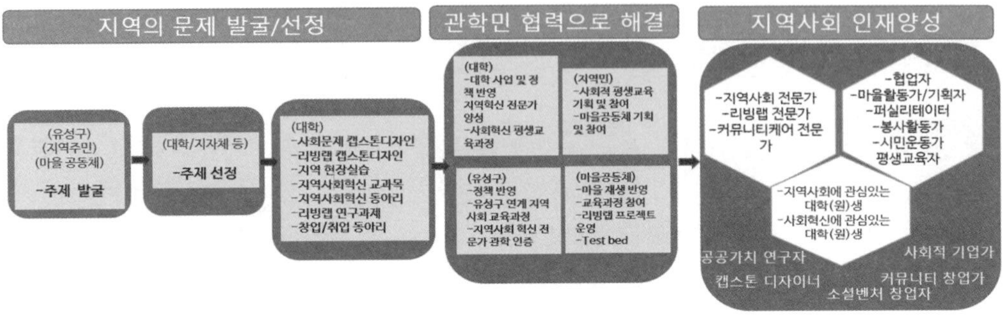

출처: 김영아. 캡스톤디자인 수업자료

4) 지역과 사회의 문제를 해결하기 위한 노력 사례

충남대학교에서는 대전 한밭수목원에서 발생한 주민 갈등 상황을 해결하기 위해 캠페인 엽서를 제작하고 캠페인 활동을 진행하였다. 이 활동은 주민들의 이해와 협력을 촉진하여 갈등을 해결하고자 하는 목적을 담고 있다.

[대전 한밭수목원의 주민 갈등 상황 해결]

출처: 김영아. 캡스톤디자인 수업자료

장지호 대표는 의료 사각지대를 해결하기 위해 한양대학교 의대를 휴학하고 2019년에 비대면 진료 플랫폼 '닥터나우'를 창업했다. 정부 지원과 기업 투자를 받아 수익 없이 운영하며, '동네 병원과 약국과의 상생을 도모하는 소셜벤처'로 자리매김하고 있다. 그의 꿈은 '일상 속 건강관리까지 책임지는 서비스를 제공'하는 것이다.

[사회문제 해결 지역 협력 체계도]

출처: 김영아. 캡스톤디자인 수업자료

지역문제 해결·지속가능 사회적 가치…DNoLL 2주년 네트워킹 데이 개최

지역 문제 해결과 지속 가능한 사회적 가치 실현을 위한 'DNoLL(Daejeon Network of Living Labs) 2주년 기념 네트워킹 데이 행사'가 8일 충남대 융합교육혁신센터에서 진행됐다.

지역 리빙랩 단체와 협력 기관 등 73개 기관·단체가 참여한 이 날 행사에서 참가자들은 대전 지역의 사회혁신 및 리빙랩 활동 현황에 대해 공유하고 발전 방향에 대해 논의했다.

박선민 세상을디자인하는사람들 대표의 사회로 진행된 1부에서는 ◇대학의 지역사회 문제해결 리빙랩((베리어프리 리빙랩) 이용환 우송대 산학협력단장) ◇대학생 미래동행 프로젝트 사례(임경범 대전과기대 산학협력단장) ◇미래리빙랩센터 모빌리티 리빙랩 현황과 지원(한영수 DSC지역혁신플랫폼 미래리빙랩센터장) ◇지속가능한 3-Way 리빙랩(계신웅 대전대 LIMC3.0사업단 공유협업센터장) 등의 주제 발표가 이어졌다.

2부에서는 김영아 충남대 교수가 좌장으로 나서 이금선·황경아 대전시의원(복환위)와 김민수 DNoLL 상임운영위원장, 이태호 ㈜윙윙 대표 등과 함께 DNoLL의 발전 방향을 논의했다.
황경아 의원은 이 자리에서 "장애인의 경제 활동을 취업을 넘어 '고용 후 유지'의 관점을 중심으로 리빙랩 활동을 추진한다면 지역 뿐 아니라 전국적 사회혁신을 달성할 수 있을 것"이라고 강조했다.
이금선 의원은 "시의원들에게 성공적인 리빙랩 사례를 공유해주신다면 현재 정책과 접목해 새로운 대안을 제시하는 역할을 할 수 있을 것"이라며 "대전시의회와 리빙랩 협업사례를 만들어 나갈 수 있도록 노력하겠다"고 밝혔다.
국회 과방위 조승래 의원(유성 갑)은 축사를 통해 "리빙랩의 대중화는 지역 사회 여러 문제를 시민들의 참여와 협력을 바탕으로 해결하는 접근법을 제시함으로써 지역사회 갈등 해결에 중요한 역할을 담당하게 될 것"이라며 "토론회 논의 내용을 바탕으로 지역사회 다양한 문제를 해결하고 지속 가능한 발전을 위한 실효성 있는 대책 마련을 기대한다"고 밝혔다.

출처: 대전CBS 신석우 기자 2023-09-08 19:08
https://www.nocutnews.co.kr/news/6009345

쉬어가는 코너

[춘하추동] 대학생이 지역의 어려움에 눈을 뜨다

새벽녘의 선선한 바람과 함께 맑은 하늘이 기대되는 9월이다. 대전의 도로나 공원에 조경용으로 많이 피어있는 강아지풀처럼 생긴 수크렁이 더욱 눈에 들어오는 것도 이미 가을이라는 것을 느끼고 있기 때문일 수 있다. 수크렁은 대전시에서 가로화단에 참억새와 함께 많이 심은 것으로 요즘 유난히 시원하게 뻗어있는 것이 바라만보아도 답답한 속을 시원하게 뚫어준다.

하상도로에 만개해 있던 흰색의 개망초, 노란 금계국은 지난 홍수로 모두 사라졌지만 그나마 다행인 것은 요즘 조금씩 힘을 내어 줄기가 다시 나와 꽃이 피고 있다. 코로나19로 지친 시민이 천변의 꽃들을 보고 잠시라도 머무르며 힐링을 받았으면 한다.

지난 1학기만 해도 2학기가 되면 코로나19 사태가 진정되어 대학 캠퍼스에서 대학생들의 모습을 쉽게 볼 것이라 생각했다. 9월이 시작되었는데도 불구하고 코로나19 확산은 더욱 심각해져 수도권에서는 거리두기 2단계를 넘어 2.5단계가 시행되면서 캠퍼스에 학생이 많아지기는 커녕 대학가 주변에 학생이 모이지 않으면서 자영업자들은 큰 위기에 처해 있다.

코로나19 확산세가 수그러들지 않아 대학가 주변의 상점이나 학원이 문을 못 열게 되어 아르바이트를 하던 대학생들의 용돈, 생활비, 어쩌면 생계에도 직격탄을 맞게 되었다.

카페에서 아르바이트를 하고 있는 학생들도 사장님의 권고로 갑자기 그만두게 되거나 시간이 단축되는 일이 지난주부터 시작되었다. 학교를 휴학하면서라도 학비와 생활비를 마련해 보고자 매일 구인구직 사이트를 뒤져보는 학생들이 있지만 구하기가 어렵다고 한다. 이번에 충남대학교 LINC+사업단에서는 코로나19로 힘든 학생들의 일자리 지원을 위해 8월~12월까지 실시하고 있는 '코로나19 극복 희망일자리사업'에 지역문제를 해결하는 프로젝트형 일자리를 선도적으로 제안하여 4개월간 학생들과 함께 지역의 문제를 해결하는 일을 하고 있다.

특히, 충남대학교의 소재지인 유성구의 교육과학과와 밀접하게 협력하여 유성구 거주 학생 100여명을 선발하고 유성지역 관련 문제해결 프로젝트인 리빙랩 과제로 코로나19 대응 유성지역 학교 방역, 유성시장이나 대학 주변 상권에 대한 코로나19 대응 방법 찾기, 지역 회훼농가와 연계한 시민의 힐링 골목 정원 만들기, 지역민을 위한 충남대 주변 등산로 개선 등을 하고 있다. '코로나19 극복 희망일자리사업'의 리빙랩 과제를 수행하기 위해 학생들은 문제정의, 지역 탐색, 지역민이나 지역의 단체 대표 만나기를 시작으로 대학생들이 지역의 어려움을 파악하여 해결해 가고자 노력하고 있다.

충남대학교는 2년 전부터 지방자치단체와 지역의 문제를 해결하는 관학협력 사업을 시작하였으며, 금번 '코로나19 대응 희망일자리사업'에서도 일반적인 대민지원이 아닌 학생들이 지역의 문제를 찾아가서 해결하는 PBL 방식의 일자리 사업을 운영한다는 것에 큰 의의가 있다. 이에는 대학을 믿고 지지해주는 지방자치단체가 있으며, 지방자치단체의 일에 한걸음에 달려가는 대학이 있기에 가능하였다.

충남대학교에서는 지역과 함께하는 지속가능한 대학혁신을 위해 이해당사자인 지역민, 민간단체, 지자체와 협력을 하여 문제를 발굴하고 해결해 가는 지속가능한 리빙랩 프로젝트를 운영하고자 노력하고 있다.

이러한 지방자치단체와 대학의 쌍방향 협력은 대전시, 자치구의 발전에 큰 밑거름이 되며 학생들은 지역과의 상생에 대한 교육적 가치, 사회적 가치를 알게 되는 기회가 될 것이다.

출처: 중도일보 , 2020-09-01 15:40
https://www.joongdo.co.kr/web/view.php?key=20200901010009412

쉬어가는 코너

[춘하추동] 청년들이 바꿔보자! 대전을 '유잼 도시'로

2020-02-04 09:50

대학생들에게 '대전하면 무엇이 생각나나요?' 라고 질문을 하면 '노잼도시' 라는 말이 들려온다. 그 외의 대답으로는 '성심당', '대덕연구단지', '과학도시' 등이 있다.
어떻게 하면 대전을 '노잼도시'에서 '유잼도시'로 탈바꿈을 할 수 있을까.
2019~2021 대전방문의 해를 맞이하여 대전시와 각 구에서는 여러 가지 노력을 하고 있지만 얼마나 많은 외지인이 대전을 방문해서 즐길지는 알기 어렵다.
'유잼도시'를 만들기 위해 우리는 청소년과 청년들에게 어떻게 하면 대전에서 재미있고 의미있게 즐기다 갈 수 있는지에 대해 물어보고 파악해야 한다고 본다.
노잼 도시라는 말도 청소년과 청년들에 의해 만들어졌으므로 이의 해결도 청소년이나 청년들이 주체가 되어야 현실적인 적용이 될 것이다.
정부 부처에서는 지역의 문제를 찾아내고 아이디어를 내어 해결하고 적용하는 리빙랩(Living lab) 프로젝트를 시행하고 있다. 특히 행정안전부, 국토교통부, 농림축산식품부 등에서 주도적으로 이를 행하고 있고, 그러다보니 대전시에서도 마을 단위에서 지역민의 의견을 수렴하여 지역의 문제를 발굴하고 해결하는 리빙랩 프로젝트를 시행하고 있으며 우수 사례도 나오고 있다. 그러나 아쉬운 점은 참여대상에서 지역민으로 청소년과 청년이 참여하기 어려워 처음부터 제외된 느낌이 든다. 실제로 수요자가 될 청소년과 청년이 참여주체가 되어야 적용이 가능하다는 것을 간과한 것으로 보인다.
과거의 대학은 연구와 교육이 중심이었다면, 현재의 대학은 지역과의 상생을 중요시하고 있다. 교과목으로는 지역이나 지역산업체의 문제를 찾아내어 해결하고 이를 적용하는 캡스톤디자인(Capsone design) 수업이 대표적이라 할 수 있다. 지역사회에는 이를 '리빙랩'이라는 용어로 접근하고, 대학의 교과목에서는 '캡스톤디자인'이라는 것으로 수행하여 학생들의 지역사회문제 해결에 직접 참여하고 적용하고 있는 것을 볼 수 있다.
특히, 충남대의 경우에 '사회문제해결 캡스톤디자인' 수업에서는 대전에 놀러온 친구에게 소개하고 싶은 곳을 대학생들의 관점에서 수요 조사를 하고 장소에 찾아가 문제점을 찾고 소개하는 영상을 만들기고 하고, 유성구의 축제활성화를 위해 청년들이 즐길 수 있는 포토존 의상을 디자인하고 제작하여 적용하기도 하는 등 실제로 적용 가능한 것들이 나오고 있다.
대전을 '유잼도시'로 만들기 위해 지자체의 예산에 대학과 중고등학교의 동아리를 통해 청소년과 청년이 주도하는 대전 활성화 프로젝트 지원, 청소년과 청년 대상 대전 활성화 공모전의 확대, 지자체와 대학이 상호 협력하여 리빙랩 프로젝트 수행, 자연스럽게 참여하여 팀을 만들고 기업도 후원하는 리빙랩 사이트 구축 등이 시급하다 하겠다.
네덜란드의 '빈데스하임실무대학'에서는 규격화된 이론 강의실이 따로 없고, 현대화된 협업공간에서 자유롭게 대화하고 탐색하며 자신의 의견을 끊임없이 얘기하면서 이해관계자들과 협력하며 문제를 해결하고, 여기에 기업이 후원을 하여 학생들이 창업을 하고 있었다, 네덜란드에서 리빙랩이 성공하는 이유 중의 하나는 'proactive'라고 한다. 이는 적극적인 것을 폄하하는 '나대는 것'도 아니고 '나서는 것'도 아닌 '전투적인 행동'이라 해석할 수 있다. 이런 자세를 가진 청소년과 청년들이 모여 '노잼도시'에서 벗어나기 위한 도전적이고 적극적이며 전투적인 행동을 할 때 '유잼 도시'가 탄생하리라 본다.

출처: 중도일보 https://www.joongdo.co.kr/web/view.php?key=20200204010000618

II 캠퍼스 특허 유니버시아드 대회

학습 목표

· 캠퍼스특허유니버시아드 대회 목적과 내용을 파악하여 특허전략과 발명을 사업화 할 수 있다.

1) 캠퍼스 특허 유니버시아드 대회의 목적

대학의 특허 데이터 활용 · 분석 교육 확대를 통해 기업이 필요로 하는 지식재산 인재를 양성하고, 대학의 창의적 아이디어를 산업계에 공급한다.

2) 캠퍼스 특허 유니버시아드 대회 내용

발명 사업화 부문: 기업 · 연구소 등이 보유한 기술에 관한 특허 빅데이터를 분석하여 신제품 아이디어와 디자인 · 경영전략 등 발명 사업화 기반의 비즈니스 전략을 수립한다.

특허전략 수립 부문: 기업 · 연구소 등이 제시한 기술 주제에 대해 국내외 특허 빅데이터를 분석하여 향후 R&D 전략 제시 및 특허 획득 방향 수립한다.

3) 캠퍼스 특허 유니버시아드 대회 참가 자격

국내 대학(원)생으로, 개인 또는 3인 이내 팀*으로 참가 및 지도교수** 1인(복수팀 지도 가능) 필요하다.

* 다양한 전공 학생들 간의 팀 구성을 권장

**지도교수는 팀원이 속한 학교에 재직 중인 현직 교원(교수, 부교수, 조교수, 강사)에 한한다.

※ 경쟁 부문 복수 신청 가능

4) 발명 사업화 부문

(1) 목적

대학(원)생이 기업 · 연구소 등이 보유한 특허 기술을 활용하여 비즈니스 전략을 수립하여 지식재산 활용 역량을 강화하고 대학의 참신한 아이디어를 산업계에 공급한다.

(2) 세부 내용

○ 주관 : 한국발명진흥회, 한국공학한림원

○ 후원기관 : 과학기술정보통신부, 산업통상자원부, 중소기업중앙회, 한국과학창의재단, 생화학분자생물학회, 한국화학공학회, 대한금속 · 재료학회, 대한기계학회, 대한전자공학회, 대한전기학회

○ 참여기관 : 삼성전자㈜, LG디스플레이㈜, 현대자동차㈜, 한국전자통신연구원, 삼성디스플레이(주), 고려아연㈜, ㈜바이오니아, 한국원자력연구원

※ 후원기관과 참여기관은 약간 변경이 있으므로, 당해년도의 공고를 참고해야 한다.

(3) 심사절차

구분	심사단계	일정	심사내용
1	기초심사	7. 24(수) ~ 8. 2(금)	신청 자격, 제출 서류 및 답안의 유효성 확인
2	서면심사	8. 5(월) ~ 8. 14(수)	관련 특허기술 이해도, 비즈니스 전략의 적절성 등
3	발표심사	8. 21(수) ~ 8. 30(금)	활용 아이디어·비즈니스 전략의 창의성, 실현가능성, 사업성 등
4	부문별 최종심사	9. 6(금)	서면·발표심사 내용의 종합적 판단
5	부문통합 최종심사	9. 13(금)	서면·발표심사 내용의 종합적 판단 (국민참여심사 실시 후 결과에 따라 가점 부여)

※ 일정은 변경됩니다(당해년도 공고 참조)

5) 특허전략 수립 부문

(1) 목적

대학(원)생이 기업 · 연구소의 기술 주제에 대해 특허 빅데이터를 분석하여 향후 R&D 전략 및 특허 획득 방향을 수립함으로써, 지식재산 활용 역량을 강화하고 대학의 참신

한 아이디어를 산업계에 공급한다.

(2) 세부 내용

○ 주최 : 특허청

○ 주관 : 한국발명진흥회, 한국공학한림원

○ 후원기관 : 과학기술정보통신부, 산업통상자원부, 중소기업중앙회, 한국과학창의재단, 생화학분자생물학회, 한국화학공학회, 대한금속 · 재료학회, 대한기계학회, 대한전자공학회, 대한전기학회

○ 참여기관 : 삼성전자㈜, LG디스플레이㈜, 현대자동차㈜, 에스케이하이닉스㈜, ㈜포스코, 삼성SDI(주), 현대중공업㈜, 한화오션㈜, 삼성중공업㈜, 현대삼호중공업㈜, ㈜현대미포조선, ㈜에이치제이중공업, 대선조선㈜, ㈜케이조선, 현대제철㈜, 삼성전기㈜, 서울반도체㈜, 한국기계연구원, 한국전자통신연구원, 삼성디스플레이㈜, 고려아연㈜, ㈜유니크, 한국특허전략개발원, 한국수자원공사, 주성엔지니어링㈜

(3) 심사절차

구분	심사단계	일정	심사내용
1	기초심사	7. 24(수) ~ 8. 2(금)	신청 자격, 제출 서류 및 답안의 유효성 확인
2	서면심사	8. 5(월) ~ 8. 14(수)	선행특허 조사·분석, 핵심특허분석, 특허전략 수립의 타당성 등
3	발표심사	8. 21(수) ~ 8. 30(금)	이해력, 분석력, 표현력, 발표력 등
4	부문별 최종심사	9. 6(금)	서면·발표심사 내용의 종합적 판단
5	부문통합 최종심사	9. 13(금)	서면·발표심사 내용의 종합적 판단 (국민참여심사 실시 후 결과에 따라 가점 부여)

※ 일정은 변경됩니다(당해년도 공고 참조)

(4) 시상내역

구 분	발명사업화 부문	특허전략수립 부문
대통령상	1팀 (1,500만원)	
국무총리상	1팀 (1,200만원)	
과학기술정보통신부장관상	1팀 (1,000만원)	1팀 (1,000만원)
산업통상자원부장관상	1팀 (1,000만원)	1팀 (1,000만원)
특허청장상	1팀 (1,000만원)	1팀 (1,000만원)
한국공학한림원회장상	1팀 (1,000만원)	1팀 (1,000만원)
한국발명진흥회장상	1팀 (1,000만원)	1팀 (1,000만원)
후원기관장/CEO상 후원기관장/CEO상	(우수) 문제당 1팀 (각 300만원)	(우수) 문제당 1팀 (각 300만원)
	(장려) 문제당 2팀 (각 100만원)	(장려) 문제당 2팀 (각 100만원)
지도교수상	산업통상자원부장관상 2명, 특허청장상 2명 한국공학한림원회장상 4명, 한국발명진흥회장상 4명 (각 100만원)	
최다수상대학상	한국공과대학장협의회장상 1개 대학 (200만원)	
최다응모대학상	한국발명진흥회장상 1개 대학 (200만원)	

* 후원기관장/CEO상 : 시상팀 수 등은 후원기관 출제 문제별 심사 결과에 따라 변동 가능

* 지도교수상 : 대통령상, 장관상 등 상위상 수상팀의 지도교수에 대하여 시상

* 최다수상대학상 선정 기준

부문별 수상팀 수의 가중치 합계
* (상위상 수상팀 수 × 6.0) + (우수상 수상팀 수 × 3.0) + (장려상 수상팀 수 × 1.0)
* 상위상: 대통령상, 국무총리상, 과학기술정보통신부장관상, 산업통상자원부장관상, 특허청장상, 한국공학한림원회장상, 한국발명진흥회장상

* 최다응모대학상 선정 기준

부문별 결과물 제출팀 수의 합계
* 기초심사에서 실격 처리된 건은 제출 실적에 미반영

6) 접수 방법 및 유의 사항

(1) 접수 방법

○ 접수 기간 : 2024. 3. 28.(목)~5. 17.(금) 18시까지

○ 대회 홈페이지(www.kipa.org/cpu)를 통한 온라인 접수

- 부문별 신청서 작성 및 제출 서류(PDF, JPG 파일) 업로드

※ 제출 서류 : 재학증명서(재적증명서), 지도교수 확인서

※ 팀 참여 시, 팀원 각자의 본인인증을 통한 접수 필수

※ 팀 참여 시 팀명 입력 필수, 향후 팀명으로 상장 발급 예정

○ 답안 제출 형식

- (발명 사업화 부문) '한글', 'MS-WORD', 'PPT', 'PDF' 형식(온라인 제출)
- (특허전략 수립 부문) '한글', 'MS-WORD', 'PDF' 형식(온라인 제출)

※ 발표심사 시, 서면심사 통과자에 한하여 PPT 형식의 발표 자료 추가 제출

※ 제출 답안에 관한 시제품 제작 결과는 답안 및 발표 자료에 기재할 수 없으며, 대면 심사 시 지참 불가

(2) 참가자 및 수상자 특전

○ 대회 참가자 대상 특허 검색 · 분석 방법 등 지식재산 교육 기회 제공

- (온라인 교육) 대회 홈페이지 내 "온라인 교육" 메뉴 확인
- (오프라인 교육) 사전교육, 권역별 답안 작성 교육 및 멘토링교육 예정

※ 대회 홈페이지 "공지 사항" 메뉴를 통해 일정 확인

○ 수상자 취업 인센티브 제공

- 대회 수상자가 후원기관에 취업을 희망할 경우, 후원 기관별 취업 우대 약정에 따라 인센티브 제공

※ 상세 내용 및 신청 방법은 대회 홈페이지 "취업 지원 서비스" 메뉴 참조

○ 수상자 네트워크 구축 및 후속 지원

- 수상자 대상 '차세대 지식재산 리더(YIPL : Young Intellectual Property Leaders)' 네트워크를 구축하여 체계적이고 지속적인 지식재산 프로그램 지원

※ 주요 활동 : CEO 초청 강연 및 세미나, 산업체 및 연구소 현장 방문, 취 · 창업 멘토링, 지역 네트워크 활동 및 소모임 운영 지원 등

(3) 유의 사항

○ 참가자는 '캠퍼스 특허 유니버시아드' 응모 아이디어의 권리 귀속 관계 원칙([첨부2] 참조) 등에 동의하여야 함

○ 본인의 발명(또는 고안)이 아니거나 공지 또는 실시된 발명(또는 고안)과 유사하다고 인정되는 경우 수상 불가 및 취소

※ 참가자는 제삼자의 아이디어를 표절하거나 도용하는 등 부정한 방법으로 응모해서는 아니 되며, 부정한 방법으로 응모한 것이 판명된 경우에는 민 · 형사상 등 모든 책임을 진다.

○ 국내외 유사대회에서 수상한 동일 · 유사 작품은 출품 불가 및 수상될 경우 추후 취소 가능

※ 기초 심사 등 심사 단계에서 구글 · 네이버 등의 포털사이트 등을 통해 동일 아이디어 등의 유무 확인 예정

○ 대회 출품 전 이미 출원 또는 등록된 특허 · 실용신안은 본인의 발명 또는 고안이라 하더라도 수상 불가

○ 변리사가 답안을 대리로 작성하거나 작성한 것으로 의심되는 경우 제출한 답안은 무효 처리될 수 있음

○ 대회 참여 결과물에 대해서는 참여자 저작물로 인정

※ 단, 대회 참여 결과물을 사후 사업화, 창업 등에 활용 시 관련 후원기업과 진행 여부 및 범위 등에 대해 확인 절차와 합의를 거쳐야 함

○ 참여자의 결과물(미 수상작 포함)에 대해서는 해당 기업이 아이디어 거래의 우선협상자가 됨(결과발표일로부터 4개월간)

○ 권리관계 분쟁 발생 시, 대회 주최기관을 통해 조정을 신청할 수 있음

※ 단, 대회 권리관계에 대한 분쟁 조정 신청 후에는 그에 따른 결과에 따라야 함

○ 본 대회는 「공모전 아이디어 보호 가이드라인」(2022, 특허청) 약관 등을 준수함

○ 본 공고는 여건에 따라 일부 변경될 수 있음

III 지식재산능력시험(IPAT)

학습 목표

· 지식재산능력시험에 대해 알아보고 국가자격을 취득할 수 있도록 준비한다.

1) 지식재산능력시험(IPAT)이란

지식재산능력시험은 4차 산업 시대 도래와 미래 무한 경쟁 시대에 반드시 갖추어야 할 특허 등 지식재산 활용 능력을 검증하는 국내 최초의 지식재산 분야 국가 공인 자격 시험이다. 지식재산의 가치 증대로 지식재산 경영이 기업 경영 전략의 핵심 전략으로 부상하고 있으며 지식재산 능력을 지닌 융합형 지식재산 인력의 수급이 절실하다. 현재, 국내 이공계 대학을 중심으로 1,433여 개의 지식재산 강좌가 수행되고 있으며, 약 43,735명이 지식재산 관련 과목을 수강하고 있다.

IPAT은 한국을 대표하는 지식재산(Intellectual Property) 능력 검정시험이다. 한국발명진흥회(Korea Invention Promotion Association)에서 주관하며, 특허 · 실용신안 · 상표 · 디자인 · 저작권 등 지식재산 전 분야에 관한 기본적이고 실무적인 능력을 검정하는 국가공인 민간자격시험이다.

한국발명진흥회는 발명진흥법 제52조에 따라 설립된 특수법인으로서 발명진흥 사업을 체계적 · 효율적으로 추진하고 발명가의 이익 증진을 도모하며 국내 지식재산사업을 보호 · 육성하여 국가 경쟁력 강화에 이바지하고자 설립된 한국발명진흥회가 주관 · 시행하고 있다.

합격과 불합격이 없는 시험으로 입시 시험이나 각종 채용 시험의 성격은 능력을 검증하기보다는 합격의 당락을 결정하는 선발 시험의 성격을 지니고 있다. 지식재산을 공부하는 학생, 기업의 지식재산 업무 종사자, 기술 분야 종사자 또는 연구자라면 기본적 · 실무적으로 알아야 하는 지식재산능력을 검정할 수 있다.

2) 주요 응시 대상

지식재산 관련 업종 취업 희망자, 기업체 및 공기업, 공공기관, 정부 기관 등 취업 희망자, 기업 소속 지식재산 전담 인력 또는 관련 업무 종사자, 기업 부설 연구소, 연구기관의 연구원, 지식재산에 관심 있는 대학생 및 대학원생, 지식재산에 관심 있는 중 · 고등학생 등 누구나 응시할 수 있다.

3) 출제 분야

지식재산 제도 / 지식재산 창출 / 지식재산 보호 / 지식재산 활용의 4가지 시험 분야가 있다.

분 야	내 용
지식재산 제도	· 지식재산 제도에 대한 기초적인 지식 및 동향 · 특허, 실용신안, 디자인, 상표, 저작권, 지식재산권 분쟁
지식재산 창출	· 지식재산을 창출하는 과정에서 필요한 지식 및 창출된 지식재산을 특허권으로 보호하기 위한 내용을 제시 · 지식재산 경영, 지식재산 발굴, 특허정보 조사, 특허정보 분석
지식재산 보호	· 출원된 지식재산을 권리화하고, 권리분쟁 발생 시 대응 방법 등을 제시 · 특허출원의 결정 및 절차, 지식재산의 유지 및 관리, 지식재산 분쟁 방어
지식재산 활용	· 지식재산을 경영에 활용하기 위한 특허 전략 수립 방법, 기술 가치의 산정 방법 등을 제시 · 지식재산 사업화, 지식재산 가치평가, 지식재산 금융

4) 지식재산능력시험의 목적

- 학생 및 일반인을 대상으로 '지식재산능력시험'을 시행함으로써 지식재산권에 대한 관심을 확산·심화시키는 계기를 마련합니다.
- 지식재산에 대한 폭넓고 올바른 지식을 공유함으로써, 발명가의 권익을 보호하고 연구 효율을 높여 국가 성장동력을 강화하고 기업의 경쟁력을 높입니다.
- 지식재산의 기초, 창출, 보호, 활용 전 분야에 걸친 사고력을 평가하는 다양한 유형의 평가 문항을 개발함으로써 지식재산 교육의 올바른 방향을 제시합니다.

[IPAT 자격증 예시]

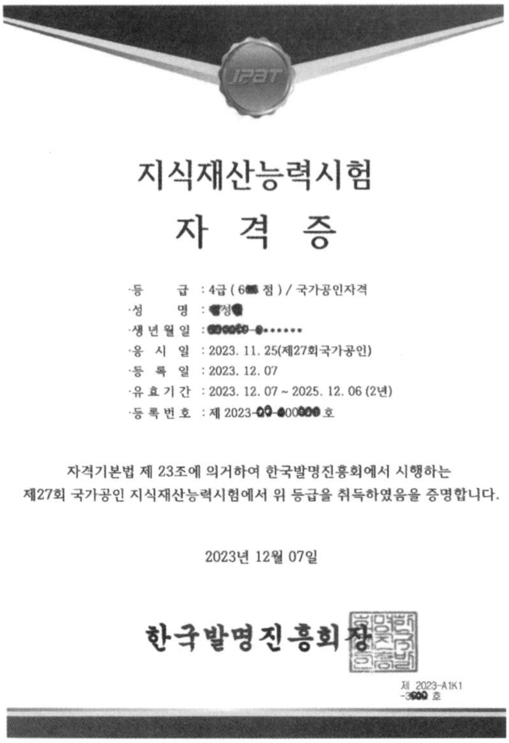
IPAT

지식재산능력시험

자 격 증

·등 급 : 4급 (6[illegible] 점) / 국가공인자격
·성 명 : [illegible]
·생년월일 : [illegible]
·응 시 일 : 2023. 11. 25(제27회국가공인)
·등 록 일 : 2023. 12. 07
·유효기간 : 2023. 12. 07 ~ 2025. 12. 06 (2년)
·등록번호 : 제 2023-[illegible] 호

자격기본법 제 23조에 의거하여 한국발명진흥회에서 시행하는
제27회 국가공인 지식재산능력시험에서 위 등급을 취득하였음을 증명합니다.

2023년 12월 07일

한국발명진흥회장

제 2023-A1K1
-3[illegible] 호

출처: 학생 제공.

참고자료

[도서]

· 충남대 캡스톤디자인 성과공유회 자료 2022

[인터넷]

· https://www.hankyung.com/thepen/lifeist/article/202103230830Q
· https://www.feelmaxmall.co.kr/
· https://www.yakup.com/news/?mode=view&nid=135965
· https://www.kipa.org/cpu/main.jsp
· https://www.ipat.or.kr/main/index
· https://www.nocutnews.co.kr/news/6009345
· https://www.joongdo.co.kr/web/view.php?key=20200901010009412
· https://www.joongdo.co.kr/web/view.php?key=20200204010000618

창의적인 지식재산 **캡스톤디자인**

Chapter 09

동영상 기획 및 제작

Ⅰ. 영상제작 개요
Ⅱ. 영상기획 및 시나리오 작성
Ⅲ. 스마트폰 영상촬영법
Ⅳ. 스마트폰 영상편집

09 창의적인 지식재산 **캡스톤디자인**

동영상 기획 및 제작

I 영상 제작 개요

학습 목표

- 영상 제작의 기본적인 지식을 습득한다.
- 영상 제작시 필요한 개념을 이해하고 제작에 적용할 수 있다.

1.1 영상의 정의

영상은 시각적인 매체로서, 타인에게 메시지나 상황을 효과적으로 전달하는 데에 중요한 역할을 한다. 영상은 단순한 정보 전달의 도구를 넘어, 색채, 움직임, 음향, 편집 기법 등 다양한 요소의 조합을 통해 감정, 분위기, 의도와 같은 추상적인 메시지까지 전달할 수 있는 강력한 수단이다. 특히 현대 사회에서는 디지털 기술의 발전과 함께 영상의 중요성이 더욱 부각되고 있으며, 광고, 교육, 뉴스, 예술 등 다양한 분야에서 그 효용성이 인정받고 있다. 이처럼 영상은 우리가 바라보는 세상을 해석하고, 그 내용을 다른 이들에게 효과적으로 전달하는 데에 필수적인 도구로 자리 잡았다.

1.2 스마트폰을 활용한 영상 제작의 개요

스마트폰은 현대 생활의 필수품으로 고화질의 영상을 촬영할 수 있으며, 일반인도 전문적인 촬영 장비 없이도 질 좋은 영상을 제작할 수 있게 되었다. 스마트폰을 활용한 영상제작은 저비용, 접근성, 그리고 휴대성이라는 장점을 가지며, 이러한 장점들로 인해 개인 블로그, 소셜 미디어, 광고 등 다양한 분야에서 활용되고 있다. 또한 스마트폰용 앱 스토어에는 영상 편집, 색보정, 사운드 편집 등 다양한 영상 제작 관련 앱이 있어, 촬영부터 편집까지 모든 과정을 스마트폰 하나로 해결할 수 있다. 하지만 스마트폰 영상 제작도 적절한 기술과 지식이 필요하다. 촬영 기법, 조명, 사운드, 스토리텔링 등의 기본적인 영상 제작 원칙을 숙지하고, 스마트폰의 특성과 한계를 이해하는 것이 중요하다.

1.3 영상 제작 프로세스

영상 제작은 단순한 촬영 과정을 넘어 전반적인 기획부터 최종 출력물까지의 일련의 과정을 포함한다. 이러한 전체 프로세스는 크게 영상 기획, 영상 촬영, 그리고 영상 편집의 세 단계로 나누어 볼 수 있다.

1) 영상 기획

제작할 영상의 목적, 타겟 오디언스, 내용 구성 등을 결정하는 단계이다. 여기에서는 영상의 주제 선정, 스토리보드 작성, 시나리오 및 대본 작성 등의 작업이 이루어진다. 영상 기획은 영상의 방향성을 결정짓는 중요한 과정으로, 성공적인 영상 제작의 핵심을 담고 있다.

2) 영상 촬영

기획된 내용을 바탕으로 실제로 카메라 앞에서 촬영이 이루어지는 단계다. 장소 선정, 조명 설정, 배우나 모델의 연기, 촬영 각도와 기법 등 다양한 요소들이 복합적으로 작용하며, 이 모든 것이 결합되어 영상의 퀄리티와 분위기를 결정한다.

3) 영상 편집

촬영된 영상을 컴퓨터 프로그램 또는 어플리케이션을 통해 편집하고, 필요한 부분을 잘라내거나, 효과를 추가하거나, 사운드나 음악을 넣는 등의 후처리 작업이 이루어지는 단계다. 편집 과정에서는 촬영한 원본 영상의 순서를 변경하거나, 특정 장면을 강조하거나, 시청자의 관심을 끌기 위한 다양한 편집 기법이 활용된다.

이렇게 세 가지 주요 단계를 거치며, 아이디어 하나가 최종적으로 완성된 영상으로 탄생하게 된다. 각 단계마다 충분한 연습과 경험이 필요하며, 규모와 상황에 따라 팀의 협업 능력도 중요한 역할을 한다.

[영상 제작의 3단계]

기획 → 촬영 → 편집

1.4 영상 제작의 핵심 요소: 텍스트와 콘텍스트

앞에서 언급했듯이 영상은 단순히 화면을 통해 시각적 정보를 전달하는 것을 넘어, 본질적으로 감정, 이야기, 의미 등을 담은 메시지의 전달 수단이다. 좋은 영상 제작자는 이러한 메시지를 어떻게 효과적으로 전달할지에 대한 고민을 필수적으로 해야 한다. 그 고민의 핵심에는 "텍스트(Text)"와 "콘텍스트(Context)"라는 두 가지 핵심 요소가 있다.

[영상 제작의 핵심 요소: 텍스트와 콘텍스트]

[영상 제작의 핵심 요소 : 텍스트와 콘텍스트]

" **텍스트**TEXT "

[명사]
1. (책 · 잡지의) 본문
2. (모든 형태의) 글, 문서

메시지를 담고 있으며
해석이 필요한 모든 것
(말, 글, 사진, 그림, 사건, 영상 등)

" **콘텍스트**CONTEXT "

[명사]
1. (어떤 일의) 맥락, 전후 사정
2. (글의) 맥락, 문맥

텍스트 해석에 유용한 모든 것
(사실, 환경, 관계, 맥락, 이론 등)

1) 텍스트: 메시지의 핵심

텍스트는 사전적으로 '글'이나 '본문'이라는 의미를 가지지만, 영상 제작에서의 텍스트는 메시지를 담고 있는 해석이 필요한 모든 요소를 말한다. 이는 단순히 글이나 대사만을 의미하는 것이 아니라, 영상, 사진, 사건 등 다양한 요소를 포함한다. 이러한 텍스트는 영상 내에서 전달하고자 하는 메시지나 의도의 핵심을 이루며, 시청자에게 해석과 이해를 요구한다.

2) 콘텍스트: 텍스트를 이해하기 위한 배경

콘텍스트는 텍스트의 해석에 필요한 배경 정보나 맥락을 의미한다. 사전적으로는 '문맥'이나 '전후 사정'을 가리키는 말이지만, 영상 제작에서는 텍스트의 의미를 올바르게 해석하고 받아들이기 위해 필요한 모든 요소를 포함한다. 이는 사건의 전후 사정, 관련된 사실, 이론, 환경, 그리고 관계 등 다양한 것들을 포함할 수 있다.

3) 좋은 영상의 기준: 텍스트와 콘텍스트의 조화

영상이라는 텍스트 안에 얼마나 풍부하고 명확한 콘텍스트가 담겨 있는가는 그 영상의 품질을 결정짓는 중요한 요소이다. 좋은 영상은 텍스트의 의미를 최대한 명확하게 전달하면서, 그것을 이해하고 해석하는 데 필요한 콘텍스트를 충분히 제공해야 한다. 이렇게 텍스트와 콘텍스트가 잘 조화를 이루는 영상은 시청자에게 깊은 인상과 메시지를 남긴다.

1.5 이미지의 텍스트와 콘텍스트 : 메시지 전달의 심층적 이해

[한정된 콘텍스트 예시 - 등산복과 스틱을 들고 웃는 남성의 클로즈업 사진]

1) 텍스트만으로는 부족하다

텍스트만을 보았을 때, 우리는 한정된 정보만을 얻을 수 있다. 예를 들어, 등산복과 스틱을 들고 웃는 남성의 클로즈업 사진만 봤을 때, 날씨가 겨울이며 산에 올라간 남성이라는 사실만 알 수 있다. 그러나 그가 어디에서 왜 웃고 있는지, 그 배경과 상황, 그리고 그로 인한 감정까지는 알 수 없다.

2) 콘텍스트가 더해진 전체적인 이해

이제 다음 페이지를 넘겨 웅장한 설산과 '안나푸르나 히말라야 베이스캠프' 표지판이 포함된 원본 사진을 보면 어떤 변화가 생기는지 알 수 있다. 이 풍경 앞에서 웃는 남성의 표정이 갖는 의미가 훨씬 더 깊어진다. 4,130m의 고도 표시는 그가 얼마나 큰 도전을 이겨냈는지를 암시하며, 그의 표정은 이를 통한 큰 만족감과 성취감을 전달한다.

[확장된 콘텍스트 예시 - 안나푸르나 베이스캠프 도착 인증사진]

3) 영상 제작 시의 디테일한 고려사항

영상이나 이미지를 제작 및 선택할 때, 텍스트만을 기반으로 하면 안 된다. 시청자는 제작자가 알고 있는 모든 정보를 알지 못하기 때문에, 그 메시지가 올바르게 전달되기 위해서는 콘텍스트의 고려가 필수적이다. 이는 영상 촬영부터 편집, 그리고 시청자에게 전달되는 순간까지 모든 과정에서 반영되어야 한다.

1.6 영상에서의 콘텍스트 : 깊이 있는 메시지 전달법

영상은 사진이나 이미지처럼 단순한 시각적 요소만을 포함하는 것이 아니다. 사진과 같은 구도, 샷 뿐만 아니라 시간 흐름에 따른 샷의 배치, 음향, 자막 등을 활용하여 배경, 상황, 감정 등의 다양한 콘텍스트를 담을 수 있다.

1) 구체적인 배경 정보 제공하기

영상에서 안나푸르나 산맥을 소개한다고 가정해보자. 그저 아름다운 산과 나무만 보여주는 대신, 그 산의 이름, 위치, 역사나 특별한 사건 등의 배경 정보를 제공하면 시청자는 더욱 깊은 이해를 할 수 있다.

[등장 인물의 감정과 생각 표현 예시]

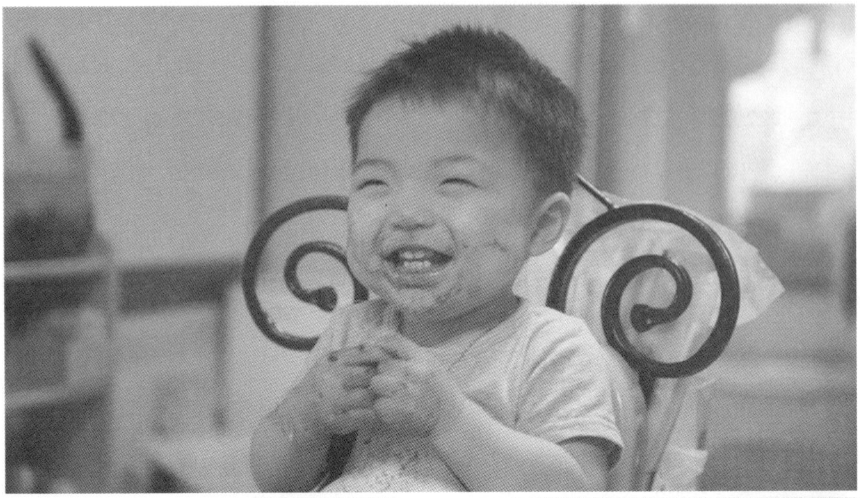

2) 등장 인물의 감정과 생각 표현하기

예시 화면과 같이 아이가 웃고 있는 모습을 촬영해서 영상을 제작한다고 가정해보자. 이 아이가 왜 웃고 있는지, 이 아이를 바라보는 엄마의 감정은 어떤지를 음악, 대사, 또는 그 전후의 장면을 통해 시청자에게 전달한다면, 단순히 웃는 장면이 아닌, 아이 또는 이 아이를 바라보는 엄마의 내면적 감정을 이해하는 깊은 경험을 제공할 수 있다.

[자막을 통한 콘텍스트 표현 예시]

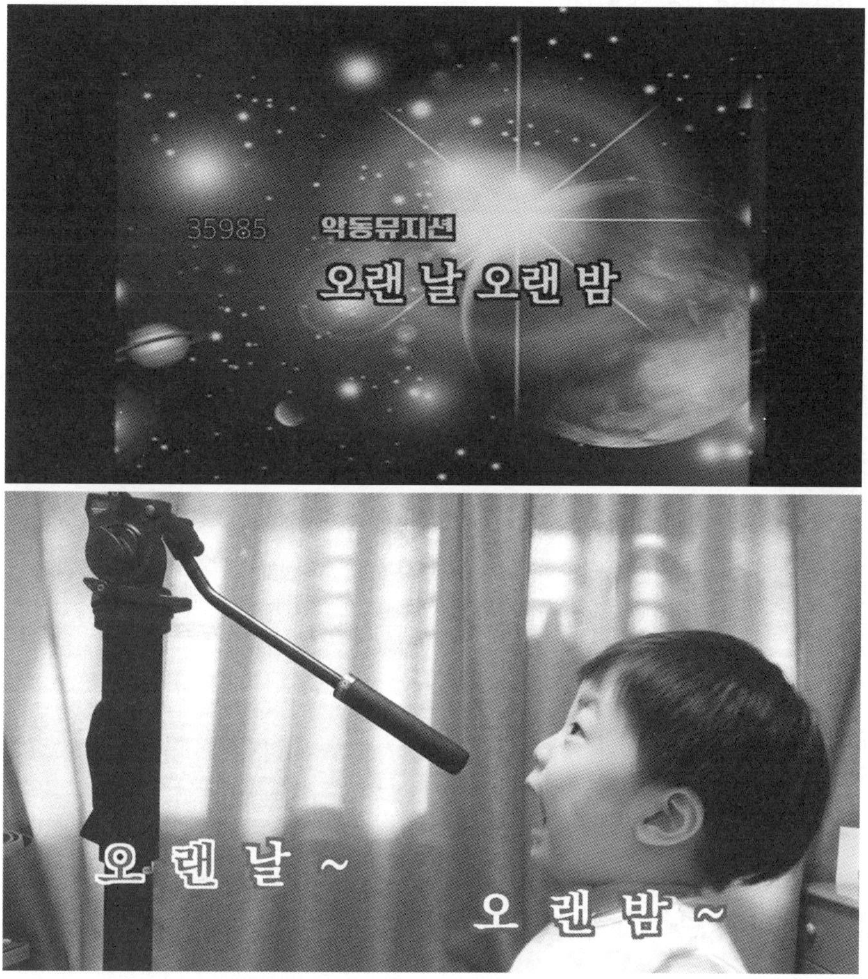

3) 자막을 통한 콘텍스트 확장하기

자막은 영상의 메시지를 강조하거나, 추가적인 정보를 제공하는 데 있어 강력한 도구다.

예를 들어, 2살 아이가 옹알이로 노래를 부르는 장면에서 노래의 제목과 가사 자막을 넣으면, 아이의 행동에 대한 콘텍스트가 더욱 확장되어 시청자의 이해도를 높일 수 있다.

자막은 단순한 정보 전달의 수단이 아닌, 시청자의 감정과 이해도를 깊게 해주는 중요한 요소다. 영상 제작 시, 자막을 통해 어떻게 콘텍스트를 더욱 풍부하게 표현할 수 있을지 항상 고민해 보아야 한다.

4) 음향과 음악으로 감정 전달하기

정글을 배경으로 한 모험 영상에서는 바람 소리, 나뭇잎 사이를 지나가는 동물의 발소리, 원시림의 다양한 소리들을 통해 시청자에게 그 장소의 생생함을 전달할 수 있다. 반면, 로맨틱 코미디 장면에서는 경쾌한 배경 음악을 통해 재미와 사랑스러운 분위기를 연출할 수 있다.

5) 항상 시청자의 관점을 생각하기

안나푸르나에서 사진을 찍는 여행자의 장면을 제작한다고 생각해보자. 단순히 산과 여행자만 보여주는 것이 아니라, 그 전에 여행자가 얼마나 멀리서 왔는지, 어떤 어려움을 겪으며 여기까지 온 것인지 등의 배경 정보를 제공하면, 시청자는 그 장면에 더욱 몰입할 수 있다.

이렇듯 제작자는 제작에 참여하지 않은 시청자들도 영상을 보고 이해할 수 있는지 항상 고려하며 제작해야 메시지의 깊이가 깊어지고 제대로 전달된다.

1.7 영상 제작의 구조와 글쓰기의 유사성

영상 제작은 본질적으로 단순한 의사소통 도구이다. 이를 학창 시절 배운 글쓰기와 유사하게 생각해 볼 수 있다. 학교에서 우리는 글쓰기의 기본 구조와 원리를 배운다: 주제 선정, 자료 조사, 구조 설계, 글 작성 및 수정 등 이러한 과정은 영상 제작에서도 그대로 적용될 수 있다.

1) 주제 선정과 자료 조사: 영상의 기획 단계. 제작하려는 영상의 주제를 선정하고 필요한 자료를 조사한다.
2) 구조 설계: 영상의 구성과 흐름을 설계한다. 즉 시나리오와 스토리보드를 작성한다. 글쓰기의 문장 구조나 문단 설계와 유사하다.

3) 글 작성: 영상의 촬영 과정. 계획한 내용을 바탕으로 실제로 영상을 촬영한다.

4) 수정: 영상 편집. 촬영한 영상의 내용을 조절하고, 필요한 부분을 추가하거나 삭제하여 완성된 영상을 만든다.

이러한 과정을 통해 영상은 단순히 시각적인 요소로 이루어진 것이 아닌, 명확한 메시지와 이야기를 전달하는 수단이 된다. 이 접근 방식을 이해하면, 영상 제작은 더욱 간단하고 명확해진다.

[영상 제작의 구조와 글쓰기의 유사성]

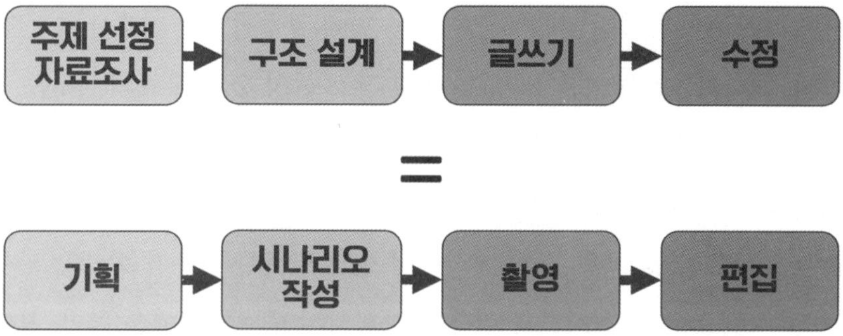

II 영상 기획 및 시나리오 작성

학습 목표

- 영상 기획에 필요한 요소를 작성하고 한 페이지 기획서를 작성한다.
- 영상 기획서를 바탕으로 시나리오를 작성한다.

1.1 영상 기획의 필요성

영상 기획은 촬영이나 편집 과정에 들어가기 전에 필수적으로 거쳐야 하는 단계이다. 영상의 목적, 메시지, 대상, 예산, 일정 조정 및 장소 선정 등의 계획을 세우는 것이 바로 기획 과정에 해당한다. 이는 촬영이나 편집이라는 실행 단계에 앞서 명확한 로드맵을 제공하며, 영상 제작의 방향성과 품질을 결정하는 기반이 된다.

기획 단계를 소홀히 할 경우, 촬영 현장에서 예상치 못한 문제가 발생할 확률이 높아지며, 이는 결과적으로 추가 시간과 비용을 발생시킬 수 있다. 예를 들어, 촬영 장소의 허가 문제, 장비의 부족, 출연진의 일정 조정 문제 등이 기획 단계에서 미리 검토되지 않으면, 촬영 당일에 큰 혼란을 야기할 수 있다.

또한, 편집 단계에서도 기획의 중요성은 명백하다. 촬영된 영상 자료가 충분하지 않거나, 특정 장면의 메시지가 명확하지 않을 경우, 편집자는 이를 보완하기 위해 많은 시간을 들여야 하며, 경우에 따라서는 재촬영이 필요할 수도 있다. 이는 추가 비용은 물론, 프로젝트의 완성 기한을 늦추는 원인이 될 수 있다.

1.2 기획을 위한 핵심 질문 5가지

기획을 위한 핵심 질문에 대해 자세히 알아보는 것은 영상 제작의 성공을 위한 초석을 다지는 과정이다.

1) 영상의 목적이 무엇인가?

영상의 목적을 정의하는 것은 기획의 출발점이다. 이는 광고, 교육, 정보 전달, 오락 등이 될 수 있다. 목적에 따라 영상의 스타일, 내용, 길이 등이 달라지며, 제작 방향을 결정짓는 기준이 된다. 영상을 통해 어떤 메시지를 전달하고자 하는지, 어떤 행동을 유도하고자 하는지 명확히 하여야 한다.

2) 영상의 타겟이 누구인가?

타겟(시청자)을 이해하는 것은 영상이 효과적으로 소통할 수 있게 하는 핵심 요소이다. 연령대, 성별, 직업, 관심사 등 타겟의 특성을 분석하고, 이에 맞는 콘텐츠를 기획해야 한다. 타겟이 명확할수록 영상의 테마와 메시지를 더욱 집중시킬 수 있다.

3) 어떻게 공유할 것인가?

영상의 배포 방법 및 플랫폼 선택은 영상의 가시성과 관련성을 높이는 데 중요하다. 소셜 미디어, 웹사이트, 방송 등 영상을 공유할 플랫폼에 따라 영상의 형식과 길이, 그리고 제작 방식이 달라질 수 있다. 예를 들면, 스마트폰으로 많이 접하는 인스타그램이나 틱톡과 같은 어플리케이션에 공유한다면, 가로 영상(16:9)보다는 세로(9:16)나 정방형(1:1) 영상이 시청자들이 보기에 훨씬 편하고 더 많은 정보를 전달 할 수 있다. 반대로 내가 만든 영상이 오프라인에서 TV나 빔프로젝터로 상영된다면, 가로 영상(16:9)으로 제작하는 것이 훨씬 유리하다.

[영상 배포 예시 (좌)세로 영상 인스타그램 (우)가로 영상 페이스북]

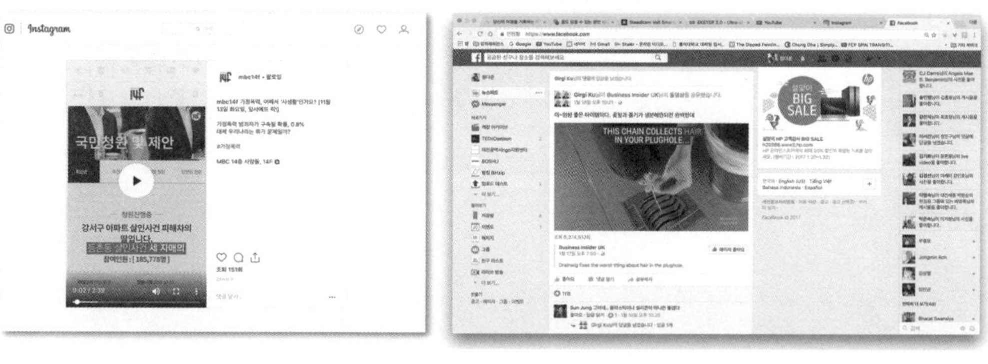

4) 핵심 포인트는 무엇인가?

영상이 전달하고자 하는 핵심 포인트를 명확히 하는 것은 시청자가 영상을 통해 무엇을 배우거나 느껴야 하는지를 결정한다. 핵심 메시지를 간결하고 명확하게 전달하면, 시청자가 기억하기 쉽고, 영상의 목적을 달성하는 데 효과적이다. 영상 한편에 보통 1~2가지의 핵심 포인트를 설정하고, 그것을 전달하는 데 집중한다.

5) 영상의 톤, 분위기는 어떻게 할 것인가?

영상의 톤과 분위기는 시청자의 감정과 반응을 직접적으로 조작한다. 진지함, 유머, 감동, 긴장감 등 영상의 내용과 목적에 부합하는 적절한 분위기 설정이 필요하다. 이는 색상 조합, 음악 선택, 편집 스타일, 그래픽과 애니메이션의 사용 등 다양한 요소를 통해 조성된다.

각 질문에 대한 답변으로 영상의 기획 방향을 설정하고, 이를 기반으로 세부적인 영상제작 계획을 세울 수 있다. 이 과정에서 제작 팀은 일관된 비전을 가지고 협력할 수 있으며, 이는 최종 영상의 품질과 성공적인 결과물로 이어지게 된다.

1.3 한 페이지 기획서 작성하기

한 페이지 영상 제작 기획서는 영상 제작 프로젝트의 비전과 실행 계획을 요약하여 제시하는 문서이다. 이 기획서는 제작의 모든 측면을 명확히 정의하고, 관련된 모든 이해당사자들에게 정보를 전달하는 역할을 한다. 한 페이지 기획서는 간결함과 명료성을 최우선으로 하며, 핵심 정보만을 포함해야 한다.

<table>
<tr><th colspan="5">영상 제작 기획서</th></tr>
<tr><td>작성 일시</td><td></td><td>작성자</td><td colspan="2"></td></tr>
<tr><td>작품 제목</td><td colspan="4"></td></tr>
<tr><td rowspan="5">기획 의도</td><td>제작 목적</td><td colspan="3"></td></tr>
<tr><td>영상 타겟</td><td colspan="3"></td></tr>
<tr><td>배포 계획</td><td colspan="3"></td></tr>
<tr><td>핵심포인트</td><td colspan="3"></td></tr>
<tr><td>톤, 분위기</td><td colspan="3"></td></tr>
<tr><td rowspan="5">구 성</td><td>작품 시간</td><td colspan="3"></td></tr>
<tr><td>주 제</td><td colspan="3"></td></tr>
<tr><td>서 론</td><td colspan="3"></td></tr>
<tr><td>본 론</td><td colspan="3"></td></tr>
<tr><td>결 론</td><td colspan="3"></td></tr>
</table>

<table>
<tr><td>제작 일정</td><td colspan="4"></td></tr>
<tr><td rowspan="2">촬영 장소</td><td>실 내</td><td colspan="3"></td></tr>
<tr><td>실 외</td><td colspan="3"></td></tr>
<tr><td rowspan="3">제작 스태프</td><td>연 출</td><td></td><td>카메라</td><td></td></tr>
<tr><td>편 집</td><td></td><td>시나리오</td><td></td></tr>
<tr><td>기 타</td><td colspan="3"></td></tr>
<tr><td rowspan="2">기 자 재</td><td>카메라 기종</td><td></td><td>조명/마이크</td><td></td></tr>
<tr><td>편집 장비</td><td></td><td>기타</td><td></td></tr>
<tr><td>준비 소품</td><td colspan="4"></td></tr>
<tr><td>총 소요경비</td><td colspan="4"></td></tr>
<tr><td>시놉시스</td><td></td><td colspan="3"></td></tr>
<tr><td>비 고</td><td></td><td colspan="3"></td></tr>
</table>

1.4 영상 시나리오의 3막 구조

3막 구조는 전통적인 서사 구조로서, 대부분의 영화, 텔레비전 드라마, 그리고 광고 영상 등에 널리 사용된다. 이 구조는 이야기를 서론(1막), 전개(2막), 결막(3막)의 세 부분으로 나누어 구성한다. 각 막은 영상의 리듬과 관객의 관심을 유지하는 데 중요한 역할을 한다.

1) 1막: 서론(Setup)

- 이 막은 설정을 소개하고, 주요 인물들을 도입하며, 이야기의 출발점을 제공한다.
- 여기서는 주인공의 일상과 중요한 문제 또는 동기가 소개된다.

2) 2막: 전개(Confrontation)

- 주인공이 장애물을 마주하고 갈등이 발생하는 부분이다.
- 이 막은 이야기의 대부분을 차지하며, 주인공의 시련과 성장이 이루어진다.

3) 3막: 결막(Resolution)

- 모든 갈등의 해결과 이야기의 클라이맥스가 위치하는 부분이다.
- 주인공이 주요 장애물을 극복하고, 그 과정에서 변화하는 모습을 보여준다.

이 구조는 간단해 보이지만, 강력한 서사를 만드는 데 필수적이며, 관객이 내용을 명확하게 이해하고 감정적으로 몰입할 수 있도록 돕는다. 아래는 3막 구조를 활용하여 작성한 시나리오 예시이다.

4) 3막 구조를 활용한 시나리오 예시

캡스톤 디자인 프로젝트를 주제로 한 영상 시나리오를 3막 구조로 작성해 보았다. 이 시나리오는 공과 대학생들이 최종 학년 프로젝트로 로봇 팔을 개발하는 과정을 다뤄봤다.

제목: "The Final Act: Innovation at Hand"

1막: 서론(Setup)

장면 1: 대학교 공과대학 실험실

- 주인공 '지훈'은 공과대학의 마지막 학년에 재학 중인 학생으로, 캡스톤 디자인 프로젝트의 시작을 알린다. 팀원들인 '소연', '태현', '하준'과 함께 로봇 팔 프로젝트를 시작하기로 결정한다.

장면 2: 팀 브레인스토밍 세션

- 지훈과 팀원들이 아이디어를 공유하고, 프로젝트의 목표를 설정한다. 그들은 장애인을 위한 저렴하고 실용적인 로봇 팔을 개발하기로 한다. 이는 팀원 각자의 개인적 동기와 연결된다.

장면 3: 첫 번째 문제의 등장

- 초기 디자인을 시도하는 중에 예산과 기술적 한계에 부딪힌다. 지훈은 프로젝트의 성공을 의심하기 시작한다.

2막: 전개(Confrontation)

장면 4: 장애물 극복하기

- 팀은 부품을 저렴하게 구하기 위해 다양한 접근 방식을 시도한다. 지훈은 자신의 교수에게 조언을 구하고, 현지 제조업체들과 파트너십을 맺는다.

_장면 5: 팀 내 갈등_

- 프로젝트의 스트레스로 인해 팀 내 긴장감이 생긴다. 하준은 프로젝트에서 이탈하려고 하지만, 지훈과 소연의 설득으로 다시 팀에 남기로 결정한다.

장면 6: 클라이맥스에 접근

- 개발한 로봇 팔이 첫 번째 시험에서 실패한다. 하지만, 실패를 통해 팀은 중요한 데이터를 얻고, 설계를 개선한다.

3막: 결말(Resolution)

_장면 7: 최종 시험_

- 개선된 로봇 팔이 실제 사용자에 의해 테스트된다. 한 장애인 사용자가 로봇 팔로 컵을 잡는 데 성공하며, 팀의 노력이 결실을 맺는다.

장면 8: 프로젝트 발표 및 성공

- 지훈과 팀은 프로젝트 결과를 학교에서 발표한다. 그들의 혁신적인 접근과 결과는 교수와 동료 학생들로부터 큰 박수를 받는다.

장면 9: 미래를 향한 전망

- 이야기는 팀이 그들의 로봇 팔을 개선하고, 더 큰 시장으로 나아가는 비전을 가지며 마무리된다. 지훈은 더 많은 사람들에게 도움을 줄 수 있는 미래를 꿈꾼다.

이 시나리오는 학생들의 성장, 팀워크, 혁신적 문제 해결, 기술적 성취를 중심으로 이야기를 전개한다. 시청자는 이 영상을 통해서 학생들이 처음의 어려움을 극복하고 성공적으로 목표를 달성하는 과정에 몰입할 수 있다.

III 스마트폰 영상 촬영법

학습 목표

- 스마트폰을 활용한 촬영 준비와 촬영 기법을 습득한다.
- 동영상 촬영시 고려해야 하는 구도와 특수 촬영 기법을 알고 실제 제작에 적용할 수 있다.

1.1 스마트폰 동영상 촬영의 이점

동영상을 스마트폰이 아닌 영상용 카메라를 사용하여 촬영하는 것도 가능하지만, 스마트폰을 이용한 촬영은 그 편리함과 접근성에서 독보적인 장점을 가진다.

스마트폰을 사용함으로써, 복잡한 장비 전환 과정이나 데이터 관리 문제를 최소화할 수 있으며, 이미 고성능 하드웨어가 탑재된 덕분에 타임랩스나 슬로우 모션과 같은 고사양의 촬영도 쉽게 가능하다. 게다가 요즘엔 촬영과 편집을 실시간으로 할 수 있게 도와주는 어플리케이션이 많이 나오고 있어 초보자들부터 크리에이터까지 필수적인 촬영 장비로 자리매김하고 있다.

1.2 스마트폰으로 촬영 시작하기

1) 스마트폰 용량 확보

동영상 촬영은 사진 촬영에 비해 많은 용량이 필요하다. 아이폰 기준으로 4K 60fps 1분 촬영시 440MB에 달하고, 여러 장면을 촬영하게 된다면 하루 동안 수십 GB의 용량을 사용할 수도 있다. 그래서 반드시 불필요한 앱과 파일은 삭제하고 클라우드 서비스를 활용하여 보관한 사진과 동영상은 백업하여 충분한 용량을 확보해야 한다.

2) 배터리 충전

동영상 촬영 시에 가장 많은 배터리 소모가 발생하므로 사전에 반드시 100% 충전하고, 보조배터리를 준비해서 촬영 시 배터리가 없어 중단되는 일을 사전에 예방해야 한다. 그리고, 촬영시에 에어플레인모드와 절전모드를 켜서 불필요한 배터리 소모를 막는다.

3) 삼각대 활용

(1) 안정성과 품질 향상: 삼각대는 촬영 중 발생할 수 있는 손 떨림을 최소화하여, 영상의 안정성을 보장한다. 이는 특히 장시간 촬영이나 정적인 장면에서 중요하며, 전문적이고 고품질의 결과물을 위해 필수적이다.

(2) 일관된 구도 유지: 삼각대를 사용하면 설정한 구도를 일정하게 유지할 수 있다. 이는 인터뷰, 풍경 촬영, 타임랩스 등 특정 구도가 중요한 촬영에 있어 매우 유용하다.

(3) 다양한 앵글과 높이 조절: 삼각대를 이용하면 다양한 높이와 앵글에서 촬영할 수 있어, 창의적이고 독특한 시각 효과를 연출할 수 있다.

4) 삼각대 활용법

(1) 적절한 삼각대 선택: 스마트폰 촬영용 삼각대는 가벼우면서도 안정적인 지지를 제공해야 한다. 또한, 높이 조절이 가능하고 스마트폰을 쉽게 부착할 수 있는 마운트가 필요하다.

[스마트폰 삼각대와 스마트폰용 마운트]

(2) 삼각대 설정: 삼각대를 사용하기 전에, 모든 다리가 균등하게 펼쳐져 있는지 확인하고, 평평하고 안정적인 바닥에 설치한다. 스마트폰을 마운트에 단단히 고정하고, 촬영하려는 앵글로 조정한다.

(3) 수평 조절: 대부분의 스마트폰 삼각대에는 수평계가 내장되어 있어, 삼각대가 완벽하게 수평을 이루고 있는지 확인할 수 있다. 이는 특히 풍경 촬영이나 건축물 촬영 시 중요하다.

5) 핸드헬드 촬영시 자세와 주의사항

스마트폰을 사용한 핸드헬드(삼각대 없이 손으로 들고 촬영) 촬영은 휴대성과 유연성을 제공하지만, 올바른 자세와 기술이 필요하다. 다음은 핸드헬드 촬영 시 고려해야 할 자세와 주의사항에 대한 가이드이다.

(1) 핸드헬드 촬영 시 적절한 자세

- ○ 두 손 사용: 스마트폰을 두 손으로 굳건히 잡는다. 이는 더 안정적인 촬영을 가능하게 하고 손 떨림을 최소화한다.
- ○ 팔 굽히기: 팔을 몸에 가까이 유지하면서 살짝 굽힌다. 이는 자연스러운 스테빌라이저 역할을 하여 흔들림을 줄인다.
- ○ 관절의 유연성 활용: 손목과 팔꿈치의 유연성을 활용하여 부드러운 움직임을 만들어낸다. 이는 특히 패닝 샷이나 추적 샷을 촬영할 때 유용하다.
- ○ 안정된 자세 유지: 균형 잡힌 자세를 취한다. 가능하면 발을 어깨 너비만큼 벌리고, 한 발을 약간 앞으로 내디딘다.

(2) 핸드헬드 촬영 시 주의사항

- ○ 과도한 움직임 피하기: 너무 많이 움직이면 영상이 흔들리고 시청자가 어지러움을 느낄 수 있다. 필요한 움직임에만 집중한다.
- ○ 촬영 환경 인식: 촬영 중 주변 환경을 주의 깊게 인식하고, 안전하게 촬영한다. 주변 장애물이나 불규칙한 지면에 주의한다.

○ 초점과 노출 유지: 핸드헬드 촬영 시, 스마트폰이 자동으로 초점이나 노출을 조절할 수 있다. 가능한 한 수동 조절을 사용하여 일관된 화질을 유지한다.

6) 렌즈 클리닝

스마트폰의 카메라 렌즈는 일반 촬영용 카메라의 렌즈와 달리 크기도 작고, 손가락에 잘 닿는 위치에 있어, 쉽게 오염되고 영상 촬영 결과물에 아주 큰 영향을 미친다. 그리고 기름기로 인해서 빛이 퍼지면서 번짐 현상을 일으킬 수 있다. 특히 밝은 광원이나 태양 광선이 있는 장면에서 두드러진다. 동영상 촬영 전에 부드러운 천으로 닦아서 깨끗한 상태를 유지한다.

[렌즈 오염으로 인한 빛 번짐 예시]

7) 가로 모드 및 세로 모드 촬영 방법 및 주의 사항

스마트폰을 이용한 동영상 촬영 시, 가로 모드와 세로 모드 사이의 전환은 촬영 목적과 플랫폼에 따라 중요한 결정이다. 각 모드의 사용 방법과 상황에 따른 선택 기준을 아래에 설명한다.

(1) 가로 모드(Landscape Mode)

○ 사용 방법: 스마트폰을 수평으로 들고 촬영한다. 화면이 자동으로 가로 방향으로 전환되어야 한다. 이 모드는 전통적인 TV나 컴퓨터 화면의 형식에 적합하다.

○ 적합한 상황: 가로모드는 풍경 촬영, 인터뷰, 영화 및 다큐멘터리 스타일의 촬영에 적합하다. 이 모드는 넓은 시야를 제공하며, 여러 대상이나 배경을 포착하는 데 유리하다.

(2) 세로 모드(Portrait Mode)

○ 사용 방법: 스마트폰을 수직으로 들고 촬영한다. 화면이 자동으로 세로 방향으로 전환된다. 이 모드는 모바일 기기와 소셜 미디어 플랫폼에 최적화되어 있다.

○ 적합한 상황: 세로 모드는 소셜 미디어 콘텐츠, 셀프 비디오, 라이브 스트리밍에 적합하다. 이 모드는 개별 인물이나 특정 대상에 초점을 맞추기에 유리하며, 모바일 사용자의 시청 경험에 최적화되어 있다.

(3) 모드 전환 시 주의사항

○ 자동 회전 설정: 대부분의 스마트폰은 자동으로 화면 방향을 전환한다. 이 기능이 활성화되어 있는지 확인한다.

○ 촬영 중 전환 피하기: 촬영 중에는 가로 모드와 세로 모드를 전환하지 않는다. 이는 영상의 일관성을 해치고 편집 과정을 복잡하게 만들 수 있다.

○ 목적에 맞는 모드 선택: 촬영하기 전에, 촬영 목적과 콘텐츠가 어떤 플랫폼에 게시될지 고려하여 적절한 모드를 선택한다.

1.3 영상 촬영 구도

영상 제작에서 구도는 이야기를 전달하는 방식과 시각적 표현에 큰 영향을 미친다. 스마트폰으로 촬영 시, 샷의 종류와 카메라 앵글을 이해하고 활용하는 것이 중요하다.

1) 샷의 종류

(1) 롱 쇼트(Long Shot)

○ 정의: 캐릭터의 전체 모습과 주변 환경을 포함하는 샷

○ 적절한 사용 예: 캐릭터와 그들의 환경 관계를 보여줄 때, 예를 들어 공원에서 산책하는 장면 등

(2) 풀 쇼트(Full Shot)

○ 정의: 캐릭터의 전신이 보이며 주변 환경도 일부 포함되는 샷

○ 적용 예시: 캐릭터의 전신 표현이 중요한 장면, 예를 들어 춤추는 장면이나 운동하는 모습 등

(3) 미디엄 쇼트(Medium Shot)

○ 정의: 허리 또는 가슴부터 위로 캐릭터를 보여주는 샷

○ 적용 예시: 대화 장면이나 캐릭터의 표정과 상반신 동작을 강조하고 싶을 때

(4) 클로즈업(Close-Up)

○ 정의: 캐릭터의 얼굴이나 객체의 특정 부분을 크게 보여주는 샷

○ 적용 예시: 감정이나 세부적인 표현을 강조하고자 할 때, 예를 들어 눈물을 흘리는 얼굴, 손의 세부 동작 등

[쇼트의 대표적 4가지]

롱 쇼트(Long Shot, LS)

풀 쇼트(Full Shot, FS)

미디엄 쇼트(Medium Shot, MS)

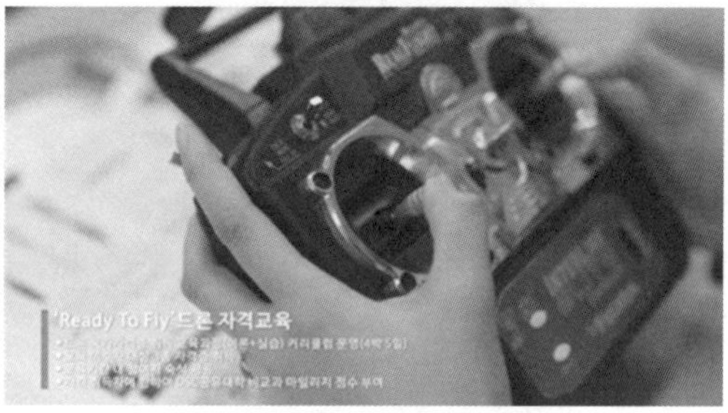

클로즈업(Close-Up, CU)

2) 앵글의 종류

(1) 표준 앵글(Standard Angle)

○ 효과: 자연스럽고 중립적인 시각적 인상 제공

○ 활용법: 캐릭터와 대상을 관찰자의 눈높이에서 촬영, 일상적인 장면이나 대화 장면에 적합

(2) 낮은 앵글(Low Angle)

○ 효과: 캐릭터를 강하고 위압적으로 보이게 함

○ 활용법: 카메라를 지면에 가깝게 하여 위를 향해 촬영, 예를 들어 권위 있는 인물을 강조하고자 할 때

(3) 높은 앵글(High Angle)

○ 효과: 캐릭터를 취약하거나 소극적으로 보이게 함

○ 활용법: 카메라를 높은 위치에 두고 아래를 향해 촬영, 예를 들어 캐릭터가 고민에 빠진 모습을 보여줄 때

[앵글의 대표적 3가지]

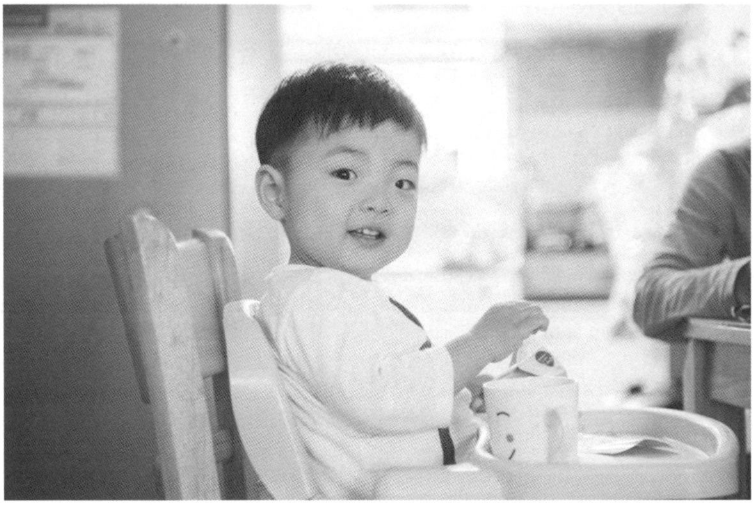

표준 앵글(Standard Angle)

낮은 앵글(Low Angle)

높은 앵글(High Angle)

1.4 그 외 특수 촬영

스마트폰을 사용한 동영상 촬영에서 특수 촬영 기법은 창의적인 표현과 감동적인 영상 제작을 가능하게 한다. 이 섹션에서는 타임랩스와 슬로우 모션, 두 가지 인기 있는 특수 촬영 기법을 자세히 다룬다.

1) 타임랩스(Time-lapse)

(1) 정의 및 효과

타임랩스는 장시간에 걸쳐 발생하는 변화를 짧은 시간에 압축하여 보여주는 촬영 기법이다. 이 기법은 구름의 이동, 일출 및 일몰, 붐비는 거리 등 시간의 흐름을 시각적으로 강조하고 싶을 때 유용하다.

(2) 촬영 방법

○ 스마트폰에 타임랩스 기능이 내장되어 있는 경우, 해당 모드를 선택한다.

○ 삼각대나 안정된 표면을 사용하여 스마트폰을 고정한다. 이는 촬영 중 움직임을 최소화하여 영상의 질을 높인다.

○ 촬영 전에 프레임과 초점을 설정한다. 또한, 노출과 백색 균형을 고려하여 일관된 화질을 유지한다.

2) 슬로우 모션 (Slow Motion)

(1) 정의 및 효과

슬로우 모션은 동작을 느리게 표현하는 촬영 기법으로, 동작의 세부 사항과 감정적인 순간을 강조하는 데 효과적이다. 예를 들어, 스포츠 장면, 물방울 튀는 순간, 감정적인 표정 변화 등을 느린 속도로 보여줄 수 있다.

(2) 촬영 방법

○ 스마트폰의 슬로우 모션 모드를 활성화한다.

○ 촬영 중에는 카메라를 가능한 안정적으로 유지한다. 손으로 촬영하는 경우, 떨림을 최소화하기 위해 두 손을 사용하거나 삼각대를 활용한다.

○ 적절한 조명을 확보하는 것이 중요하다. 슬로우 모션 촬영은 높은 프레임 속도를 사용하기 때문에 더 많은 빛이 필요하다.

IV 스마트폰 영상 편집

학습 목표

· 기본적인 영상편집 순서와 주의사항을 익힌다.
· 배운 영상 편집 순서를 지키며 어플리케이션으로 영상을 제작한다.

1.1 영상 편집의 중요성

스마트폰을 이용한 동영상 제작에서 편집 단계는 단순히 장면을 연결하는 것을 넘어서, 영상의 전체적인 질과 메시지 전달을 결정짓는 핵심 요소이다. 효과적인 영상 편집은 제작자가 자신의 창의적 비전을 관객에게 전달하는 데 필수적인 과정이며, 영상의 전문성과 감동을 극대화하는 데 기여한다.

1.2 스마트폰 영상 편집 어플리케이션 종류와 소개

영상 편집 어플리케이션들은 각 사용자의 필요와 실력에 맞춰 다양한 옵션을 제공한다. 스마트폰으로 촬영한 짧은 동영상의 경우, 스마트폰 어플리케이션으로 동영상 편집을 하는 것이 PC로 작업하는 것보다 훨씬 효율적이고 창의적인 아이디어를 실현하는 데 도움을 준다.

1) CapCut

○ 특징: 사용자 친화적 인터페이스와 강력한 편집 기능을 갖춘 무료 어플리케이션이다. 다양한 효과, 필터, 음악 등을 제공하여 영상의 매력을 높일 수 있다.

○ 호환성 : Android, iOS

2) VLLO

○ 특징: 초보자부터 중급 사용자까지 쉽게 사용할 수 있는 간단하면서도 다기능의 편집 도구를 제공한다. 멀티트랙 편집, 다양한 오버레이 효과가 특징이다.

○ 호환성 : Android, iOS

3) KineMaster

○ 특징: 고급 편집 기능을 제공하는 프로페셔널 어플리케이션으로 다층 비디오, 오디오 트랙, 색상 조절 등 다양한 기능을 갖추고 있다. 상업적 영상 제작에도 적합하다.

○ 호환성 : Android, iOS

4) iMovie

○ 특징: 애플 사용자에게 무료로 제공되는 iMovie는 사용이 간편하고 직관적인 인터페이스를 제공한다. 기본 편집 기능 외에도 테마와 효과를 이용하여 스타일리시한 영상을 만들 수 있다.

○ 호환성 : iOS

5) Splice

○ 특징: 빠르고 간단한 편집을 위한 툴로, 다양한 배경음악과 효과음을 제공한다. 사용자가 손쉽게 영상을 자르고, 붙이고, 편집할 수 있도록 설계되었다.

○ 호환성 : iOS

6) LumaFusion

○ 특징: 고급 영상 편집자를 위한 강력한 어플리케이션으로, 다중 트랙 편집, 고급 오디오 기능, 다양한 효과와 색 보정 옵션을 제공한다. 전문적인 영상 제작에 매우 적합하다.

○ 호환성 : iOS

[스마트폰 영상 편집 어플리케이션]

CapCut VLLO KineMaster

iMovie Splice LumaFusion

1.3 PC용 편집 프로그램 종류와 소개

PC 기반의 편집 프로그램은 고급 편집 기능과 더욱 광범위한 제어를 제공한다. 이러한 프로그램은 복잡한 편집 요구 사항을 충족시키고, 전문적인 품질의 결과물을 생산할 수 있게 해준다. 다음은 동영상 편집을 위한 주요 PC 프로그램에 대한 설명이다.

1) 어도비 프리미어 프로(Adobe Premiere Pro)

- 특징: 어도비 프리미어 프로는 영상 편집의 업계 표준으로 널리 인정받는 프로그램이다. 고급 편집 도구, 강력한 색 보정 기능, 다양한 효과 및 템플릿을 제공한다. 어도비 크리에이티브 클라우드와의 통합으로 다른 어도비 프로그램과의 원활한 연동이 가능하다.
- 적합한 사용자: 중급에서 전문가 수준의 사용자에게 적합하다.

○ 호환성: Windows, Mac

2) 파이널 컷 프로(Final Cut Pro)

○ 특징: 애플의 파이널 컷 프로는 직관적인 인터페이스와 강력한 편집 기능을 제공하는 고급 비디오 편집 소프트웨어이다. 특히 맥 사용자들에게 최적화되어 있으며, 빠른 렌더링 속도와 효율적인 리소스 관리가 특징이다.

○ 적합한 사용자: 전문 영상 제작자 및 고급 사용자에게 적합하다.

○ 호환성: Mac

3) 아이무비(iMovie)

○ 특징: 아이무비는 애플에서 제공하는 무료 비디오 편집 소프트웨어로, 사용자 친화적인 인터페이스와 기본적인 편집 기능을 제공한다. 트레일러 템플릿, 멋진 효과, 쉬운 공유 옵션 등이 특징이다.

○ 적합한 사용자: 초보자 및 취미로 영상을 제작하는 사용자에게 적합하다.

○ 호환성: Mac

4) 다빈치 리졸브(DaVinci Resolve)

○ 특징: 다빈치 리졸브는 고급 색 보정 도구와 함께 강력한 비디오 편집 기능을 제공한다. 무료 버전에서도 전문가 수준의 편집이 가능하며, 색상 보정, 오디오 포스트 프로덕션, 시각 효과 등 다양한 기능을 갖추고 있다.

○ 적합한 사용자: 중급에서 전문가 수준의 사용자, 특히 색 보정에 중점을 두는 사용자에게 적합하다.

○ 호환성: Windows, Mac

[PC용 영상편집 프로그램]

어도비 프리미어 프로(Adobe Premiere Pro)

파이널 컷 프로(Final Cut Pro)

아이무비(iMovie)

다빈치 리졸브(DaVinci Resolve)

1.4 영상 편집의 순서

영상 편집은 계획적이고 체계적인 접근을 필요로 한다. 스마트폰으로 촬영한 영상을 효율적으로 편집하기 위해 다음과 같은 단계를 따르는 것이 중요하다.

1) 편집 준비

○ 영상 정리: 스마트폰에서 촬영한 모든 영상을 검토하고, 편집에 사용할 영상을 선별하여 앨범이나 폴더에 정리한다. 이 단계에서 영상의 품질, 촬영 각도, 노출 등을 기본적으로 확인한다.

○ 백업: 중요한 영상은 별도로 백업하여 데이터 손실을 방지한다.

[촬영본 정리 예시]

2) 기획서 및 시나리오 체크

○ 기획서 확인: 미리 작성한 기획서를 검토하여 영상의 목적, 타깃 시청자, 메시지 등을 명확히 한다.

○ 시나리오 대조: 촬영한 영상이 시나리오와 일치하는지 확인한다. 필요한 장면이나 촬영하지 못한 부분이 없는지 체크한다.

3) 가편집(Rough Cut)

○ 초안 생성: 편집에 필요한 영상을 시퀀스에 따라 배열한다. 이 단계에서는 큰 틀의 스토리라인과 구조를 설정한다.

○ 초기 편집: 장면 전환, 기본 편집, 불필요한 부분 제거 등을 수행한다. 가편집은 전

체적인 흐름을 만드는 과정이므로 세부적인 편집은 필요하지 않는다.

4) 본편집(Final Cut)

- 세부 편집: 각 장면과 전환을 세부적으로 조정한다. 타이밍, 속도 조절, 효과 추가 등을 포함한다.
- 오디오 편집: 배경 음악, 대화, 효과음 등을 추가하고 조정한다. 오디오의 균형과 품질을 확인한다.
- 색 보정 및 효과 추가: 색상 교정을 통해 영상의 시각적 매력을 높이고, 필요한 경우 특수 효과나 그래픽 요소를 추가한다.
- 최종 검토 및 수정: 전체 영상을 관통하는 일관성과 흐름을 최종적으로 검토하고, 필요한 수정을 진행한다.

5) 출력 및 배포

- 렌더링: 편집이 완료된 영상을 적절한 포맷으로 렌더링한다.
- 배포: 완성된 영상을 대상 플랫폼에 맞게 업로드하거나 배포한다.

1.5 단시간에 영상 제작 실력을 높이는 방법

영상 제작 실력을 단기간에 향상시키고자 하는 경우, 전략적인 접근이 필요하다. 다음과 같은 단계를 통해 스마트폰으로 영상을 제작하는 능력을 빠르게 개선할 수 있다.

1) 전략적 영상 시청

- 목표 설정: 만들고자 하는 영상의 장르를 명확히 하고, 해당 장르에서 훌륭하게 제작된 영상을 찾아본다. 예를 들어, 다큐멘터리, 뮤직비디오, 블로그 등이 될 수 있다.
- 분석: 영상의 구조, 사용된 기법, 촬영 방식, 편집 스타일 등을 분석한다. 각 요소가 어떻게 결합되어 전체적인 영상의 효과를 만들어내는지 이해하는 것이 중요하다.

2) 되풀이 시청

- ○ 세부 기법 분석: 마음에 드는 영상이나 특정 장르의 영상을 여러 번 시청하며, 특히 주목할 만한 영상 기법이나 스토리텔링 방식을 주의 깊게 관찰한다.
- ○ 노트하기: 영감을 주는 부분이나 모방하고 싶은 기법을 메모한다. 이것은 나중에 자신의 영상을 만들 때 참고가 될 수 있다.

3) 따라하기

- ○ 모방 실습: 분석한 영상의 특정 요소나 스타일을 모방하여 직접 촬영해 본다. 이 과정에서 스마트폰의 다양한 기능과 촬영 기법을 실험하고 익힐 수 있다.
- ○ 피드백 수집: 만든 영상을 주변 사람들에게 보여주고 피드백을 받는다. 객관적인 평가는 실력 향상에 큰 도움이 된다.

4) 내 맘대로 만들어보기

- ○ 창의적 시도: 자신만의 아이디어로 영상을 기획하고 제작해 본다. 이는 기술적 능력뿐만 아니라 창의력을 개발하는 데에도 중요하다.
- ○ 지속적 실습: 꾸준히 다양한 아이디어를 실험하고, 새로운 기법을 시도하며 자신만의 스타일을 찾아간다.

이러한 단계적 접근 방식은 단기간에 영상 제작 실력을 높이는 데 도움이 된다. 전략적인 학습과 지속적인 실습을 통해 스마트폰 영상 제작의 기술과 예술성을 모두 향상시킬 수 있다.

Chapter 10

발표 자료 제작을 위한 파워 포인트 활용 및 발표 방법

Ⅰ. 발표 자료 제작 1
Ⅱ. 발표 자료 제작 2, 3
Ⅲ. 발표 자료 제작 4

10 창의적인 지식재산 **캡스톤디자인**

발표 자료 제작을 위한 파워포인트 활용 및 발표 방법

I 발표 자료 제작 1

학습 목표

- 발표 자료 제작을 위한 대표적인 Tool을 이해하고, 각 Tool 들의 특징을 설명할 수 있다.
- PowerPoint를 설치하고, PowerPoint 기능을 사용할 수 있다.

발표는 정보나 지식의 교환, 아이디어나 의견의 전달을 위한 중요한 도구로 사용된다. 상대방을 설득하고 스토리텔링이 가능한 발표 자료를 제작하는 방법과 발표 현장에서 적용할 수 있는 프레젠테이션 스킬이 필요하다. 좋은 발표 자료를 제작하는 것은 단순히 정보 전달을 넘어 중요한 의사결정 과정에서 필요한 데이터나 정보, 그리고 관점을 제시함으로써, 조직의 효과적인 의사결정을 촉진할 수 있을 뿐만 아니라 발표를 준비하는 과정에서 발표자는 주제에 대한 더 깊은 이해와 통찰을 얻을 수 있다. 또한 프레젠테이션 스킬은 개인이나 조직이 청중 앞에서 정보, 아이디어 또는 의견을 효과적으로 전달하는 능력을 의미하는데, 하나의 제품이 만들어지기까지 다양한 사람, 조직, 부서와의 협업이 필요한 현대사회에서 매우 중요한 역량이다.

1.1 발표 자료 제작 Tool 안내

먼저 발표 자료를 제작하기 위한 몇 가지 Tool과 각각의 특징에 대해 살펴보겠다. 이후 발표 자료 제작을 위해 가장 많이 사용되는 PowerPoint를 설치하는 방법과 유용하게 사용할 수 있는 몇 가지 기능에 대해 설명하겠다.

1) 발표 자료 제작을 위한 대표 Tool 3가지

발표 자료를 제작하기 위해 가장 많이 사용되는 Tool에는 미래캔버스, 포토샵, 파워포인트가 있다. 각 툴의 장점과 단점에 대해 알아보자.

(1) 미리캔버스, 망고보드

미리캔버스, 망고보드와 같은 Web 기반의 서비스는 템플릿을 제공하기 때문에 사용하기 쉽다는 장점이 있다. 하지만 템플릿을 제공하기 때문에 결과물이 비슷하고, 결과물을 png, jpg, pdf로 출력하면 더 이상 수정이 불가능하다는 단점이 있다. 현재 몇몇 서비스에서는 이를 PowerPoint로 변환하는 기능을 제공하지만, 완벽하지 않은 것이 현실이다.

(2) Photoshop

다음으로 포토샵이 있다. 많은 사람들이 사진을 편집, 보정하는 용도로만 사용한다고 알고 있지만, 포토샵 또는 일러스트를 활용하여 발표 자료를 제작하는 경우도 많다. 굳이 포토샵을 활용하여 발표 자료를 제작하는 이유는 작업의 자유도가 높기 때문인데, 작업의 자유도가 높은 만큼 이를 유용하게 활용하기 위해서는 별도의 교육이 필요하다. 또한 Adobe사에서 제공하는 유료 프로그램인 만큼 월마다 구독료를 지불해야 사용이 가능한데, 학생의 경우 약간의 할인을 받을 수 있다.

(3) PowerPoint

발표 자료를 제작하기 위한 가장 대표적인 Tool이다. 적당한 자유도로 빠른 시간 안에 사용법을 익힐 수 있을 뿐 아니라 인터넷에 수많은 유료, 무료 템플릿이 공개되어 있기 때문에 초보자도 조금만 노력하면 퀄리티 있는 결과물을 만들어낼 수 있다. 또한 동료들과 실시간으로 협업이 가능하다는 점과 대부분의 기관과 단체에서 파워포인트를 사용하기 때문에 범용성이 높다는 장점이 있다. 하지만 파워포인트 역시 유료 프로그램이고, 포토샵과 일러스트와 같은 전문적인 툴보다는 기능이 부족하다는 단점이 있다.

	miri canvas, mango board	Photoshop	PowerPoint
활용 난이도	쉬움	어려움	보통
자유도	낮음	높음	중간~높음
호환성	낮음	높음	높음
주 이용자	초보자	전문가	초보자~전문가

2) PowerPoint 설치 및 사용 방법 안내

충남대학교는 대학 구성원을 대상으로 Microsoft의 클라우드 기반 서비스인 Office 365(메일 서비스 및 온라인 문서 편집, 메신저, 사이트 등)를 제공하고 있다. 이를 다운받는 방법에 대해 간략하게 안내하겠다.

(1) 충남대학교 포털시스템에 로그인한다.

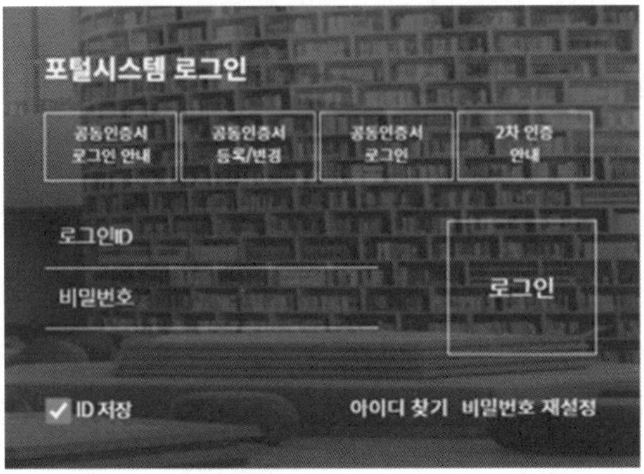

(2) 로그인 후 상단 배너의 '웹메일(Office 365)'을 클릭한다.

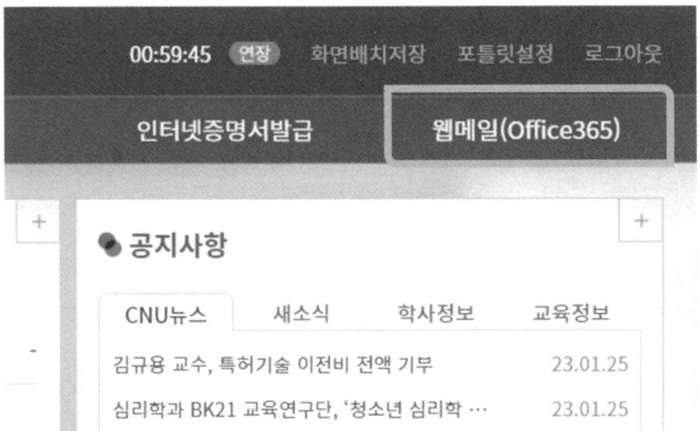

(3) 가입하기 탭으로 이동하여 Office 365에 가입한다.

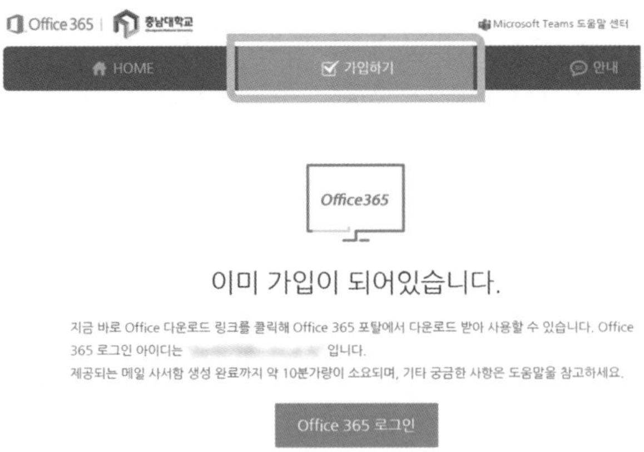

(4) 가입 후 HOME 탭으로 이동해서 로그인하기를 클릭한다.

(5) MS365 로그인 후 왼쪽 상단의 홈 아이콘을 클릭한다.

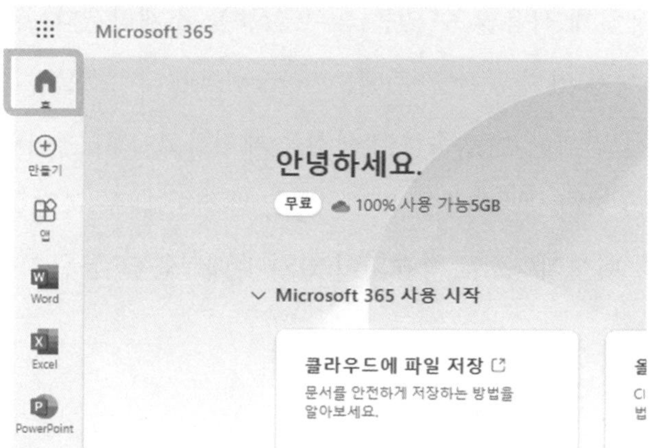

(6) 우측 상단 앱 설치 클릭 후 다운로드하여 프로그램을 설치한다.

2) PowerPoint 필수 기능 소개

PowerPoint에는 매우 많은 기능이 있다. 모든 기능을 알면 좋겠지만, 현실적으로는 불가능하다. 이번에는 PowerPoint에서 자주 사용되거나, 사용하면 좋은 몇 가지 기능을 소개하겠다.

(1) 배경 제거하기(누끼 따기)

어떤 이미지를 사용하고 싶은데, 피사체를 제외한 주변의 배경을 제거해야 하는 경우가 많다. 배경이 단색이거나 2개 이하의 색으로 이루어져 있는 경우 PPT 자체 기능인 '배경 제거' 또는 '투명한 색 설정' 기능을 활용하면 된다.

하지만 우리가 사용하고자 하는 대부분의 사진에는 복잡한 배경이 포함된 경우가 많다. 이런 경우 유용하게 사용할 수 있는 외부 기능을 소개하겠다. 왼쪽 사진처럼 배경이 단색으로 이루어져 있지 않은 경우에는 'remove bg'서비스를 이용하면 된다. 구글에서 'remove bg'를 검색한 후 접속하여 배경을 제거하고자 하는 이미지를 업로드하면, 배경이 제거된 png 이미지를 다운받을 수 있다. 배경이 너무 복잡한 경우에는 작동하지 않을 수 있지만, 머신러닝으로 학습되어 있기에 대부분의 경우 가능하다.

(2) 글자 굵게(Ctrl + B)

특정 글자를 강조하기 위해 글자를 굵게 만드는 경우가 있다. 이 경우 단축키를 모르면 작업 속도가 느려지기 때문에 Ctrl + B를 기억한다면, 작업 속도 향상에 많은 효과를 누릴 수 있을 것이다.

<수상 경력>
- 2022 캠퍼스 특허 유니버시아드 대통령상
- 대전 스타트업 스쿨 최우수상
- 대학연합창업경진대회 최우수상
- 대전세종 대학생 창업경진대회 우수상
- CNU INNO IR Demoday 최우수상
- CNU VILL 창업아이디어 경진대회 대상

<수상 경력>
- 2022 캠퍼스 특허 유니버시아드 **대통령상**
- 대전 스타트업 스쿨 **최우수상**
- 대학연합창업경진대회 **최우수상**
- 대전세종 대학생 창업경진대회 **우수상**
- CNU INNO IR Demoday **최우수상**
- CNU VILL 창업아이디어 경진대회 **대상**

(3) 마지막 작업 반복(F4)

앞서 설명한 단축키가 없는 경우 곤란해질 수 있다. 이 경우에는 마지막 작업을 반복하는 F4 단축키를 활용하면 된다. 아래의 경우 글자에 하이라이트를 F4 단축키로 작업한 결과물이다. 하이라이트 기능에는 단축키가 설정되어 있지 않기 때문에 마지막 작업을 반복하는 F4 단축키를 활용하면 작업 속도를 높일 수 있다.

<수상 경력>
- 2022 캠퍼스 특허 유니버시아드 대통령상
- 대전 스타트업 스쿨 최우수상
- 대학연합창업경진대회 최우수상
- 대전세종 대학생 창업경진대회 우수상
- CNU INNO IR Demoday 최우수상
- CNU VILL 창업아이디어 경진대회 대상

<수상 경력>
- 2022 캠퍼스 특허 유니버시아드 대통령상
- 대전 스타트업 스쿨 최우수상
- 대학연합창업경진대회 최우수상
- 대전세종 대학생 창업경진대회 우수상
- CNU INNO IR Demoday 최우수상
- CNU VILL 창업아이디어 경진대회 대상

II 발표 자료 제작 2, 3

학습 목표

· 대표적인 발표 자료 양식인 PSST에 대해 이해하고, 실제 발표 사례를 통해 각 구성에 포함되어야 하는 내용을 분석할 수 있다.

이번 장에서는 캡스톤디자인뿐만 아니라 창업 경진대회, 아이디어 공모전, 정부지원 사업 등 새로운 아이디어를 제시하고, 심사위원과 청중을 설득하기 위해 사용되는 발표 자료에서 대표적으로 사용되는 PSST 양식에 대해 알아볼 것이다.

1.1 발표 자료 구성(PSST)의 이해

PSST는 Problem/Solution/Scale up/Team 각 단어의 앞 알파벳을 딴 것으로 중소벤처기업부에서 제시하는 표준사업계획서 양식이다. 이 양식은 심사위원과 청중을 스토리텔링으로 설득하는 것에 최적화되어 있는 양식이다. Problem에서 문제를 제시하고, Solution에서 앞서 제시한 문제에 대한 해결책을 제시한다. 그리고 Scale up에서 앞서 제시한 솔루션을 활용했을 때 얻을 수 있는 효과와 함께 팀 또는 기업을 성장시키기 위한 사업화 전략이 들어간다. 지금부터 P, S, S, T 각 요소들에 들어가야 하는 내용들에 대해 다뤄보겠다.

1) 중소벤처기업부 예비창업패키지 사업계획서 작성 목차

PSST 양식이 대표적으로 활용되는 곳이 정부지원사업의 사업계획서이다. 사업계획서와 발표 자료는 약간의 차이가 있지만, 크게 구조가 다르지 않기 때문에 사업계획서의 구조를 먼저 이해하는 과정이 필요하다. 먼저 중소벤처기업부 예비창업패키지에서 사용되는 사업계획서 양식을 살펴보겠다.

1. 문제인식 (Problem)	1-1. 창업아이템 배경 및 필요성 - 아이디어를 제품·서비스로 개발 또는 구체화하게 된 내부적, 외부적 동기, 목적 등 - 아이디어의 제품·서비스 개발 또는 구체화 필요성, 주요 문제점 및 해결방안 등 - 내·외부적 동기, 필요성 등에 따라 도출된 제품·서비스의 혁신성, 유망성 등
	1-2. 창업아이템 목표시장(고객) 현황 분석 - 제품·서비스로 개발 또는 구체화 필요성에 따라 정의된 목표시장(고객) 설정 - 정의된 목표시장(고객) 규모, 경쟁 강도, 기타 특성 등 주요 현황 - 제품·서비스로 개발 또는 구체화하는 경우 기대할 수 있는 효과
2.실현가능성 (Solution)	2-1. 창업아이템 현황(준비정도) - 협약 기간 내 개발·구체화할 제품·서비스 준비 이력, 현황 등 - 사업 신청 시점의 제품·서비스 개발·구체화 단계(현황) 등
	2-2. 창업아이템 실현 및 구체화 방안 - 제품·서비스에 대한 개발·구체화 방안 등 - 내부 또는 외부 보유역량 기반 경쟁사 대비 제품·서비스 차별성 등
3. 성장전략 (Scale-up)	3-1. 창업아이템 사업화 추진 전략 - 정의된 목표시장(고객) 확보, 수익 창출 등을 위한 사업화 전략 - 목표시장에 진출하기 위한 구체적인 생산·출시 방안 등
	3-2. 생존율 제고를 위한 노력 - 협약 기간 내 사업화 성과 창출 목표(매출, 투자, 고용 등) - 협약 기간 종료 후 사업 지속을 위한 전략
	3-3. 사업추진 일정 및 자금운용 계획 - 전체 사업단계 및 협약기간 내 목표와 이를 달성하기 위한 상세 추진 일정 등 - 사업 추진에 필요한 정부지원금 집행계획 등 - 정부지원금 외 투자유치 등 구체적인 계획 및 전략
4. 팀 구성 (Team)	4-1. 대표자(팀) 보유역량 - 대표자(팀원)가 보유하고 있는 창업 아이템 실현(구체화) 및 성과 창출 역량 등
	4-2. 외부 협력기관 현황 및 활용 계획 - 외부 협력기관(대학, 공공기관, 민간기업 등) 네트워크 현황 및 세부 활용방안 등
	4-3. 중장기 사회적 가치 도입계획 - 회사 설립 시 선진적 조직문화, 환경보호 등 계획 도입 노력 등 - 지속가능한 경영을 위한 사회적 가치 실천을 위한 도입 노력 등

2) 발표 자료의 구성

위 표를 통해 사업계획서의 전체 구조를 이해했다면, 지금부터 Opening, Problem, Solution, Scale up, Team, Closing 순으로 각 항목에 들어가야 하는 내용에 대해 쉽게 설명해 보겠다.

(1) Opening : 어떤 아이템으로/어떤 문제를 해결하는 팀인가요?

Opening 화면은 표지라고 생각하면 편하다. 보통 표지 제작에 많은 시간을 투자하지 않는다. 최악의 경우 단색 배경에 팀 이름과 팀 구성만 적고 넘어간다. 하지만 Opening 화면은 이전 발표자가 발표를 끝내고, 발표자가 발표를 시작하기까지 가장 오랜 시간 동안 머물러 있는 페이지로 팀의 첫인상을 결정한다. 발표자에 대한 소개로 시간을 낭비하기보다는 아이템과 해결하고자 하는 문제를 제품 또는 서비스 이미지와 함께 삽입하는 것을 추천한다. 아래는 이후 실제 발표 사례에서 사용되는 Opening 페이지의 예시이다.

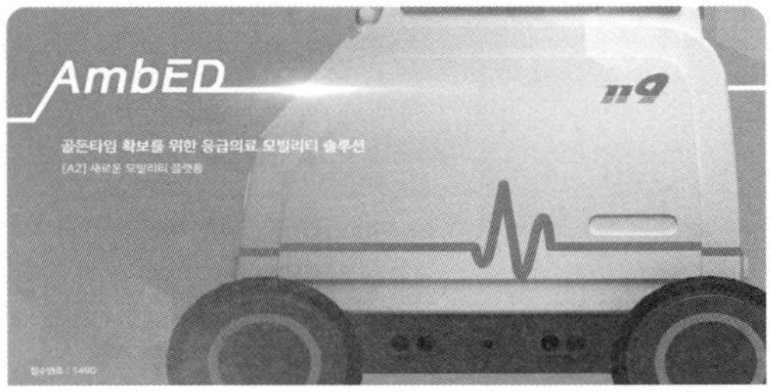

(2) Problem : 여러분들이 해결하고자 하는 무엇인가요?

Problem 페이지에서 가장 중요한 것은 여러분들이 제시한 문제에 대한 공감을 이끌어내야 한다. 만약 여기서 심사위원과 청중이 여러분이 제시한 문제에 공감하지 못하거나, 의문을 가진다면 뒤에 나오는 모든 내용은 의미가 없어진다. 고객들이 겪고 있는 문제가 무엇인지 혹은 기존 제품/서비스가 개선되어야 하는 방향이 무엇인지를 정확하게 밝히고, 그에 대한 근거자료를 제시할 수 있다면 심사위원과 청중이 여러분들이 제시한 문제에 공감하는데, 많은 도움이 될 수 있다.

(3) Solution : 앞에서 언급한 문제를 어떻게 해결할 건가요?

문제인식에서 심사위원과 청중을 설득시켰다면, 그들은 "그래서 어떻게 해결할 거죠?"라는 질문을 던지게 된다. 여러분은 구체적인 제품 또는 서비스의 이미지 혹은 유저 시나리오 등을 활용해서 여러분만의 차별화된 솔루션을 보여주는 것이 좋다.

(4) Scale-up

지금까지 심사위원과 청중을 설득시키는데 성공했다면, 이미 반 이상은 성공한 것이다. 하지만 끝이 아니다. "어떻게 사업화 시킬거죠?", "돈은 어떻게 벌거죠?", "마케팅은 어떻게 할거죠?", "경쟁사는 있나요?", "경쟁사 대비 차별성은 있나요?" 등 수많은 질문에 대한 답을 제시해야 한다. 물론 발표 시간동안 이 질문에 답변하는 것은 불가능하다. 가장 궁금해할 것을 보여주되, 부족한 부분은 질의응답에서 보완하면 된다.

(5) Team : 지금까지 말한 것들. 여러분들이 할 수 있겠어요?

만약 여러분들이 캡스톤디자인이 아니라 창업경진대회 혹은 정부지원사업에서 발표를 한다면 가장 중요한 부분이다. 이전까지 심사위원과 청자를 설득시켰다면, 그들이 이제 '사람'에 대한 질문을 던진다. 여러분이 앞서 얘기한 모든 것들을 해낼 수 있는 사람임을 어필해야 한다.

(6) Closing

여기까지 왔다면 청중들은 지쳐서 여러분의 발표에 집중하고 있지 않을 확률이 매우 높다. 또한 심사위원들 역시 다가올 질의응답에 질문할 내용을 정리하거나, 평가를 하느라 정신이 없어 여러분들 쳐다보고 있지 않는다. 하지만 Closing 장표는 여러분을 어필할 수 있는 마지막 기회이다. 'Thank you', 'Q&A'로 페이지를 가득 채워 발표를 마치기보다는 심사위원과 청중의 감성을 자극하거나, 여러분의 열정을 어필할 수 있는 무언가를 해야 한다. 첫인상만큼 끝맺음 또한 중요하므로 수많은 팀들 중에서 심사위원과 청중의 머릿속에 인상 깊이 남을 수 있도록 노력이 필요하다.

3) 발표 사례 분석 1

아래 발표자료는 PSST 형태로 만들어진 발표자료이다. Problem부터 Team까지 이어지는 흐름을 이해하는 것이 중요하다.

입맛에 맞는 방을
찾아드립니다
방슐랭가이드
동네 혹은 학교명을 입력해주세요

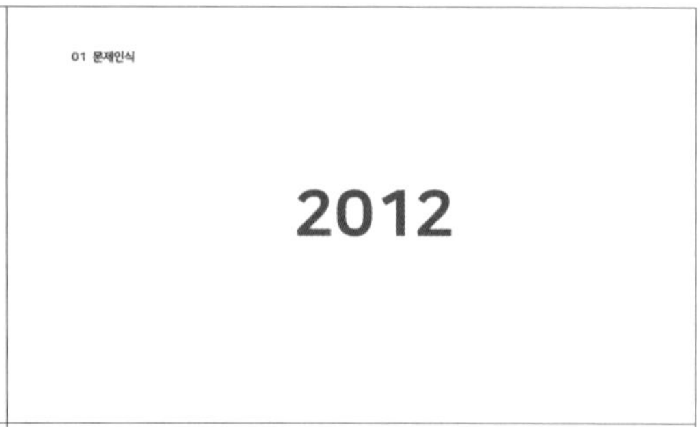
01 문제인식
2012

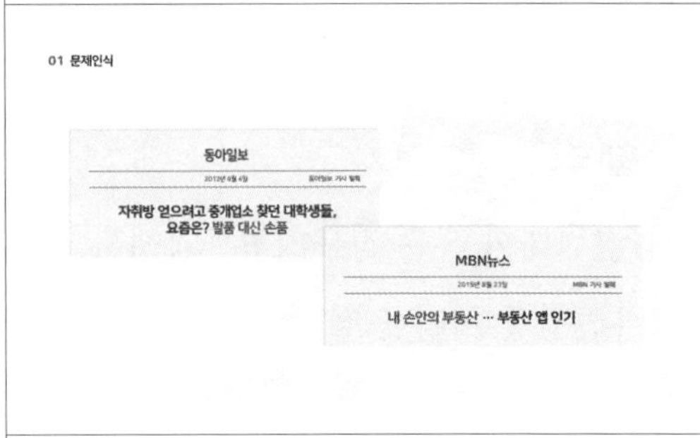
01 문제인식
동아일보
자취방 얻으려고 중개업소 찾던 대학생들,
요즘은? 발품 대신 손품
MBN뉴스
내 손안의 부동산 … 부동산 앱 인기

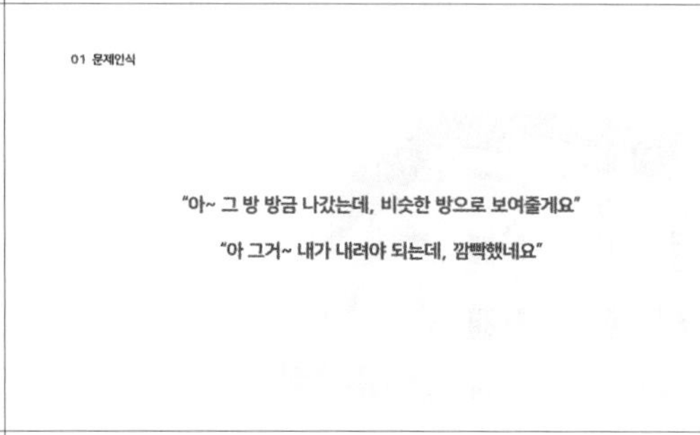
01 문제인식
"아~ 그 방 방금 나갔는데, 비슷한 방으로 보여줄게요"
"아 그거~ 내가 내려야 되는데, 깜빡했네요"

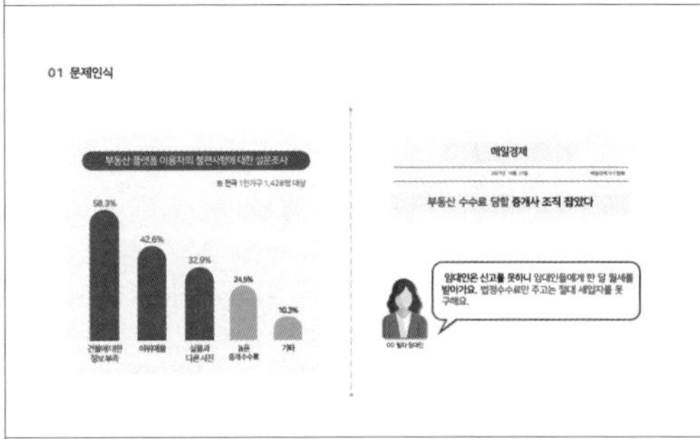
01 문제인식
58.3%
42.6%
32.9%
24.5%
10.2%
매일경제
부동산 수수료 담합 중개사 조직 잡았다

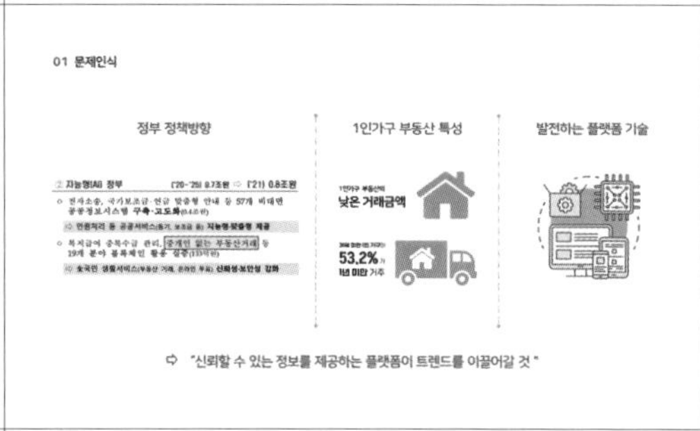
01 문제인식
정부 정책방향
1인가구 부동산 특성
발전하는 플랫폼 기술
낮은 거래금액
53.2%
"신뢰할 수 있는 정보를 제공하는 플랫폼이 트렌드를 이끌어갈 것"

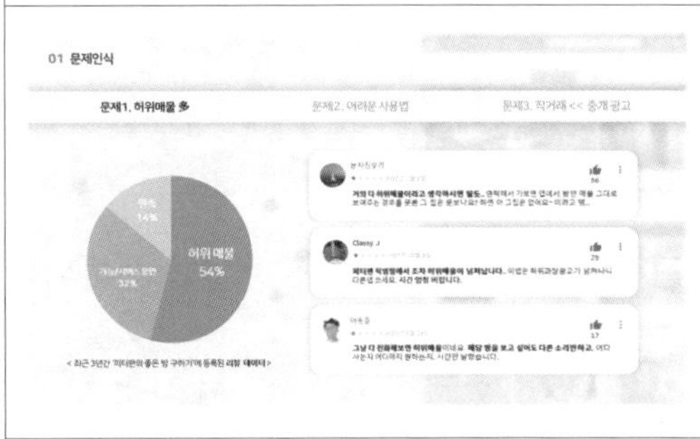
01 문제인식
문제1. 허위매물 多
문제2. 어려운 사용법
문제3. 직거래 << 중개 광고
허위 매물
54%

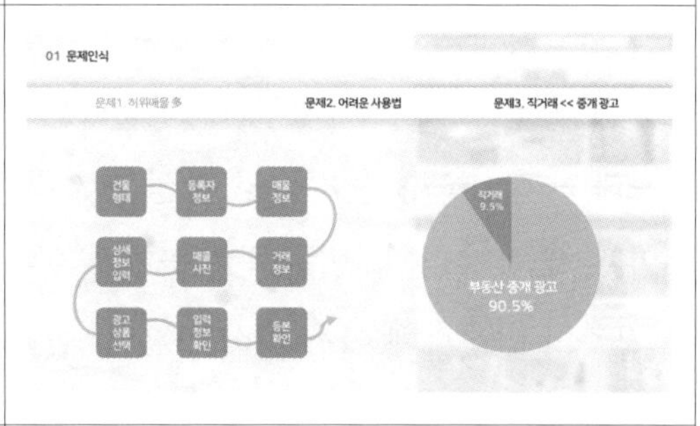
01 문제인식
문제1. 허위매물 多
문제2. 어려운 사용법
문제3. 직거래 << 중개 광고
건물 형태
등록자 정보
매물 정보
상세 정보 입력
매물 사진
거래 정보
광고 상품 선택
입력 정보 확인
등록 완료
직거래
9.5%
부동산 중개 광고
90.5%

01 문제인식
원룸임대
<임대인의 호객행위>
<비효율적인 광고 방식>

02 솔루션
가보지않아도 알 수 있는
실거주 후기 &
AR 실측 기능
월세 200/34
실거주 후기
3D투어 실행 중...

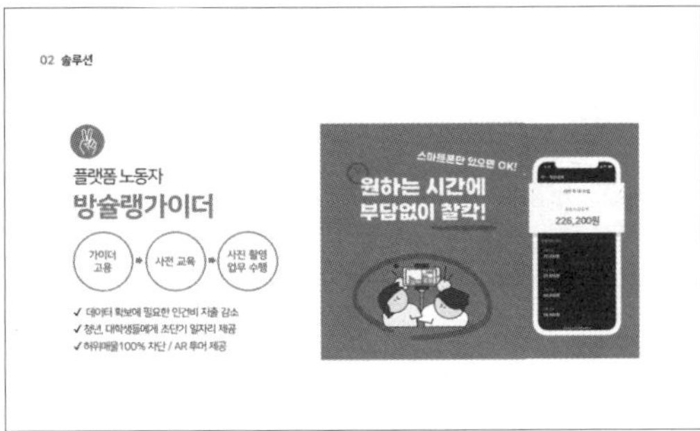
02 솔루션
플랫폼 노동자
방슐랭가이더
가이더 고용
사전 교육
사진 촬영 업무 수행
원하는 시간에
부담없이 찰칵!
226,200원

02 솔루션
가보지 않아도 알 수 있는
실거주 후기 &
AR 실측 기능
월세 200/34
3D투어 실행 중...

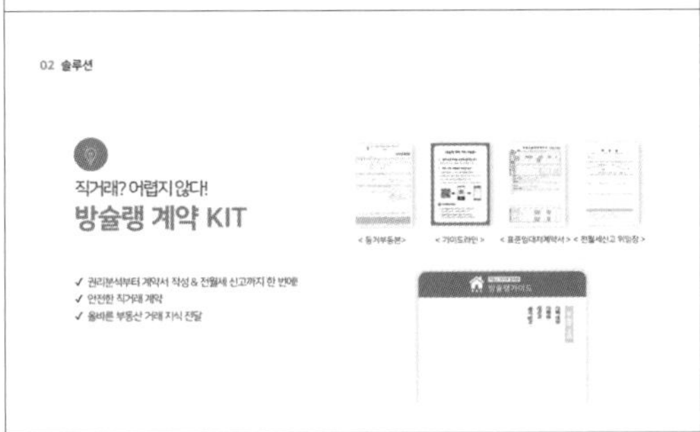
02 솔루션
직거래? 어렵지 않다!
방슐랭 계약 KIT
✓ 안전한 직거래 계약
✓ 올바른 부동산 거래 지식 전달

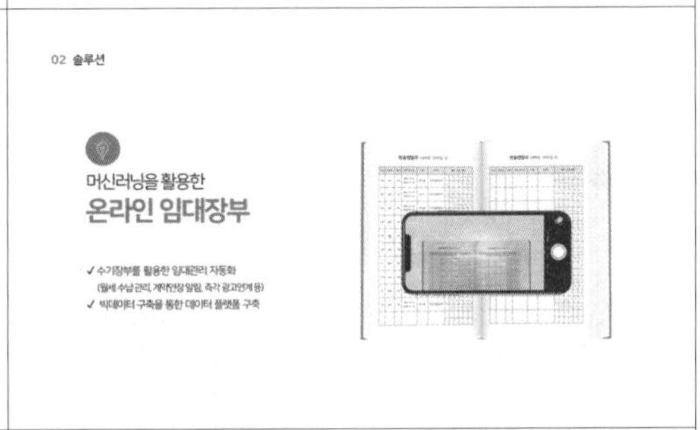
02 솔루션
머신러닝을 활용한
온라인 임대장부
✓ 빅데이터 구축을 통한 데이터 플랫폼 구축

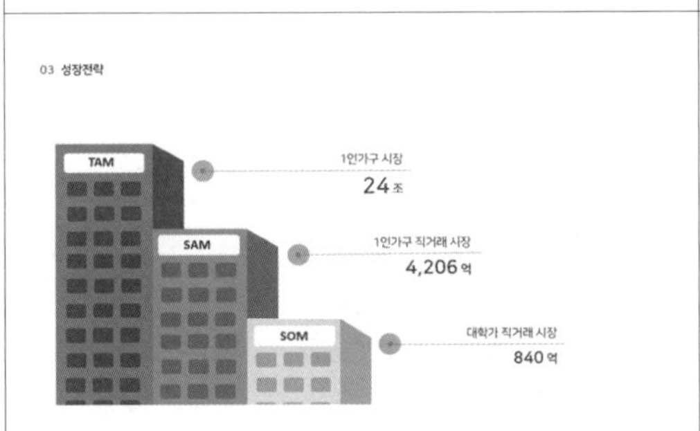
03 성장전략
TAM
SAM
SOM
1인가구 시장
24조
1인가구 직거래 시장
4,206억
대학가 직거래 시장
840억

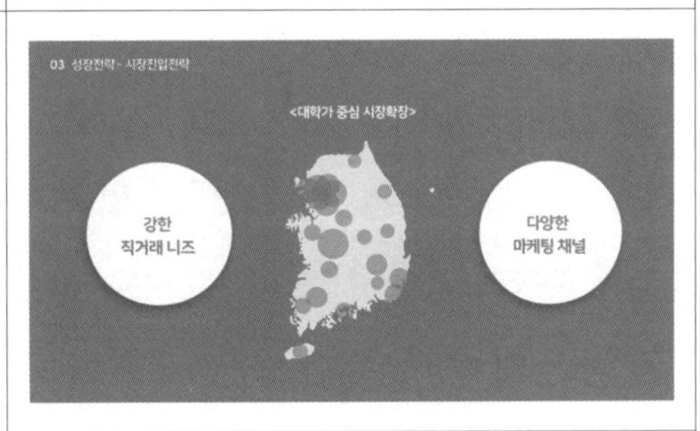
03 성장전략 - 시장진입전략
<대학가 중심 시장확장>
강한
직거래 니즈
다양한
마케팅 채널

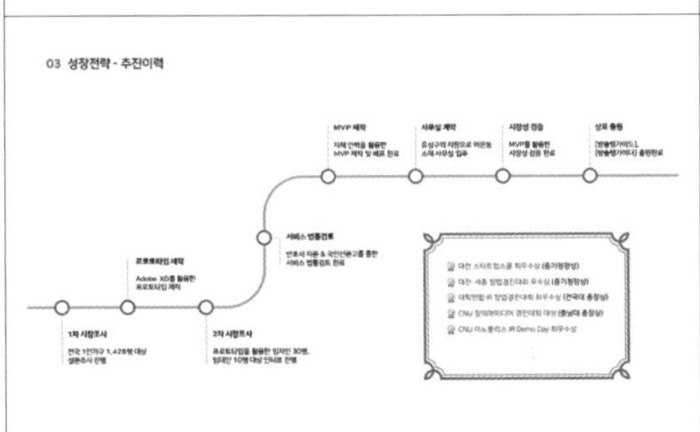
03 성장전략 - 추진이력
MVP 제작
사무실 계약
시장성 검증
상표 출원
서비스 법률검토
프로토타입 제작
1차 시장조사
2차 시장조사

03 성장전략 - MVP 제작 및 출시
App Store에서
Google Play

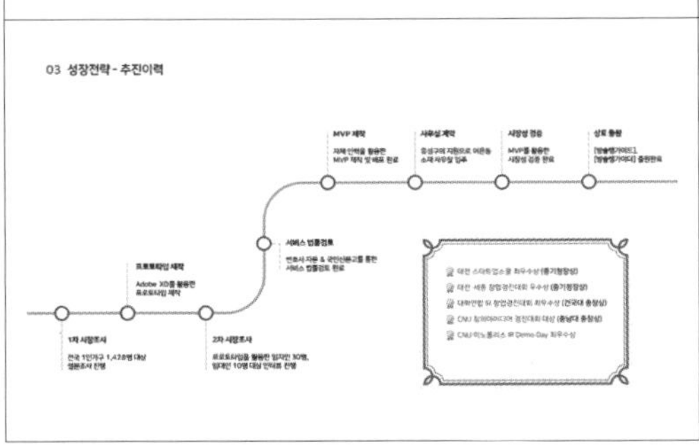
03 성장전략 - 추진이력
MVP 제작
사무실 계약
시장성 검증
상표 출원
서비스 법률검토
프로토타입 제작
1차 시장조사
2차 시장조사

03 성장전략 - MVP 제작 및 출시
App Store에서
Google Play

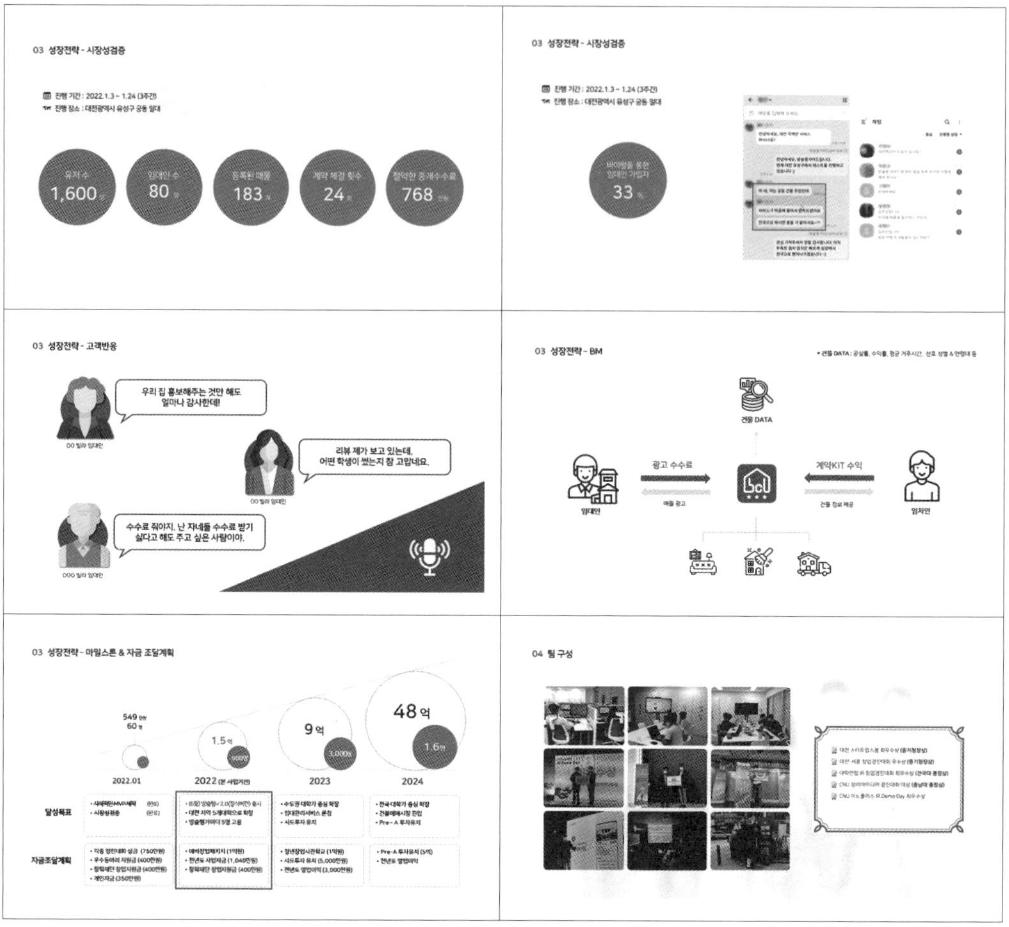

4) 발표 사례 분석 2

아래 발표자료 역시 PSST 형태로 만들어진 발표자료이다. 국내 최대 특허 경진대회인 캠퍼스 특허 유니버시아드대회에 제출된 발표자료로 중간중간 특허와 관련된 내용이 나오지만, PSST의 흐름을 이해할 수 있는 좋은 발표자료이다.

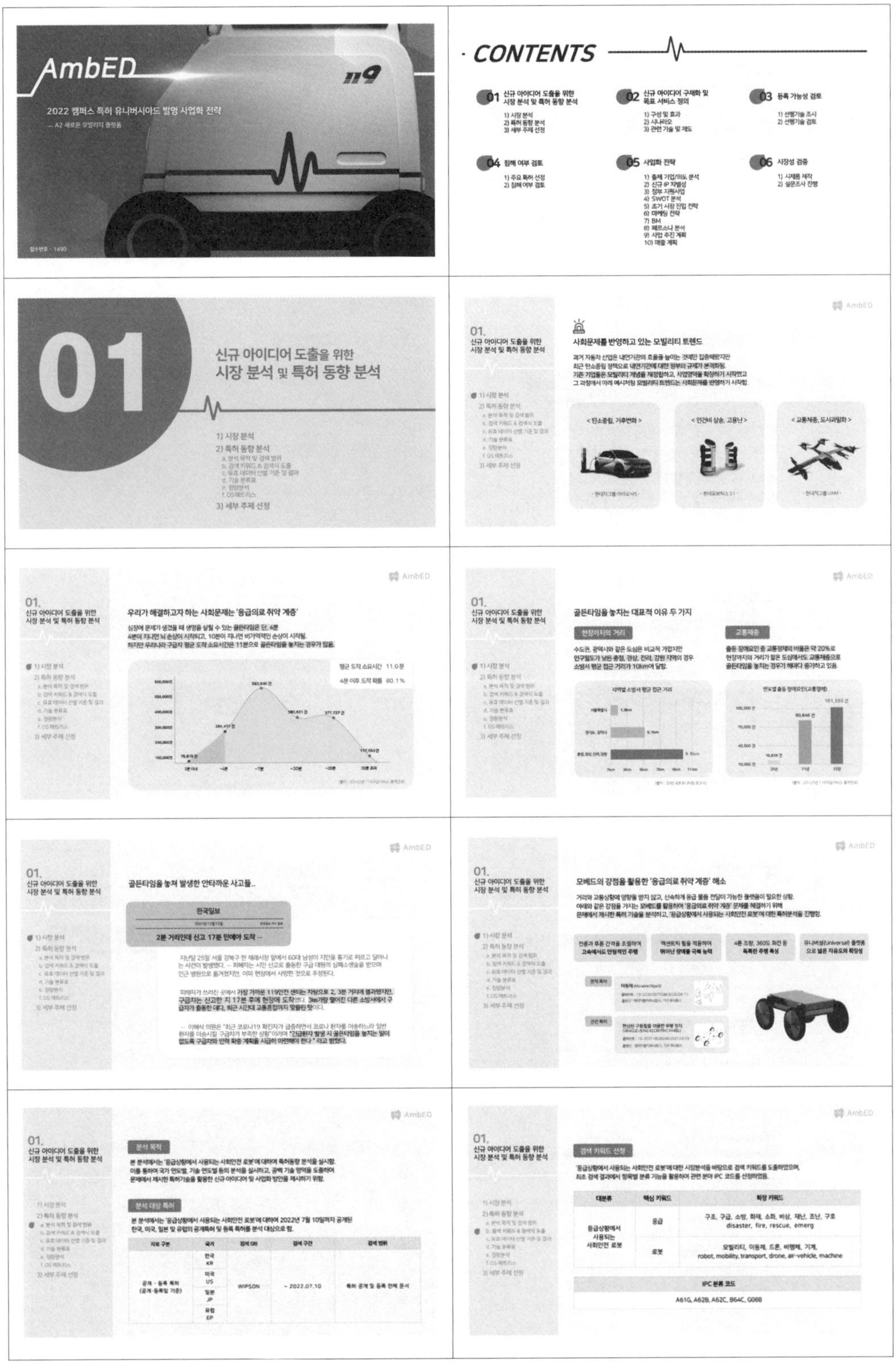

AmbED
2022 캠퍼스 특허 유니버시아드 발명 사업화 전략
CONTENTS
01 신규 아이디어 도출을 위한 시장 분석 및 특허 동향 분석
02 신규 아이디어 구체화 및 목표 서비스 정의
03 등록 가능성 검토
04 침해 여부 검토
05 사업화 전략
06 시장성 검증
01
신규 아이디어 도출을 위한
시장 분석 및 특허 동향 분석
1) 시장 분석
2) 특허 동향 분석
3) 세부 주제 선정
사회문제를 반영하고 있는 모빌리티 트렌드
우리가 해결하고자 하는 사회문제는 '응급의료 취약 계층'
골든타임을 놓치는 대표적 이유 두 가지
현장까지의 거리
교통체증
골든타임을 놓쳐 발생한 안타까운 사고들..
한국일보
2분 거리인데 신고 17분 만에야 도착
모베드의 강점을 활용한 '응급의료 취약 계층' 해소
분석 목적
분석 대상 특허
검색 키워드 선정
대분류
핵심 키워드
확장 키워드
응급
로봇
IPC 분류 코드

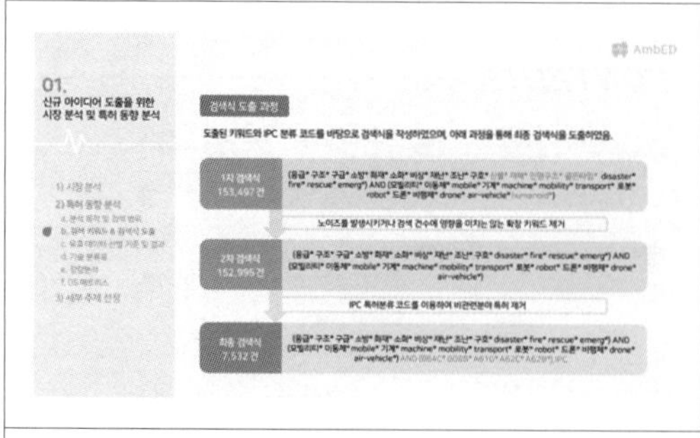
01.
신규 아이디어 도출을 위한 시장 분석 및 특허 동향 분석
검색식 도출 과정
1차 검색식 153,497건
2차 검색식 152,995건
최종 검색식 7,532건

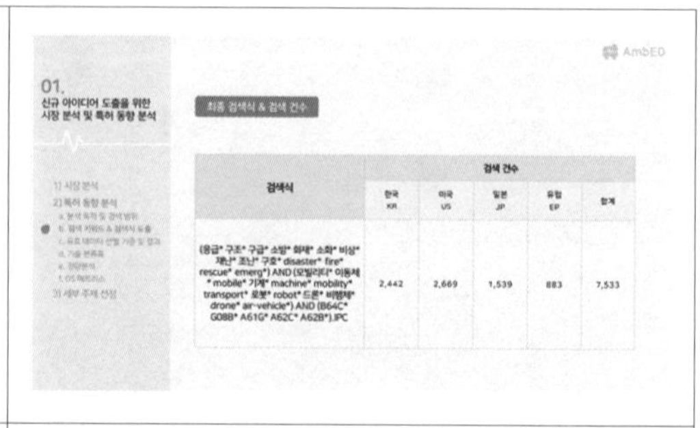
01.
신규 아이디어 도출을 위한 시장 분석 및 특허 동향 분석
최종 검색식 & 검색 건수
2,442
2,669
1,539
883
7,533

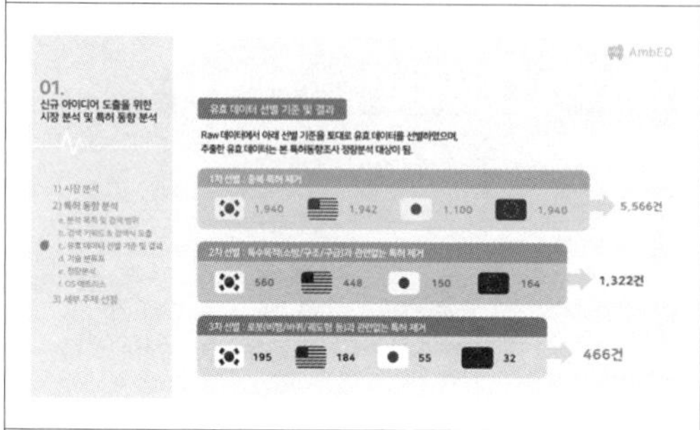
01.
신규 아이디어 도출을 위한 시장 분석 및 특허 동향 분석
유효 데이터 선별 기준 및 결과
5,566건
1,322건
466건

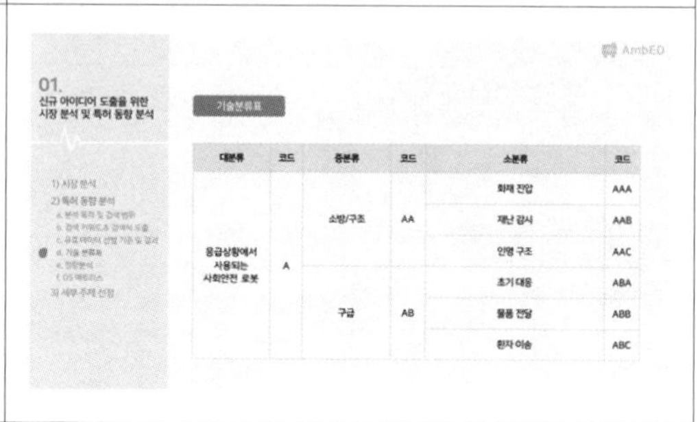
01.
신규 아이디어 도출을 위한 시장 분석 및 특허 동향 분석
기술분류표

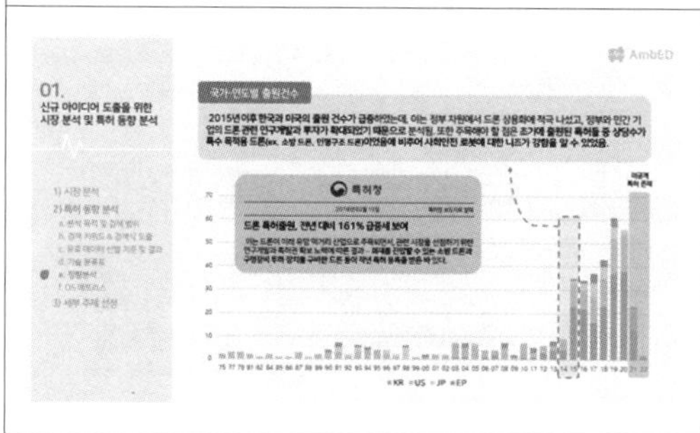
01.
신규 아이디어 도출을 위한 시장 분석 및 특허 동향 분석
국가-연도별 출원건수

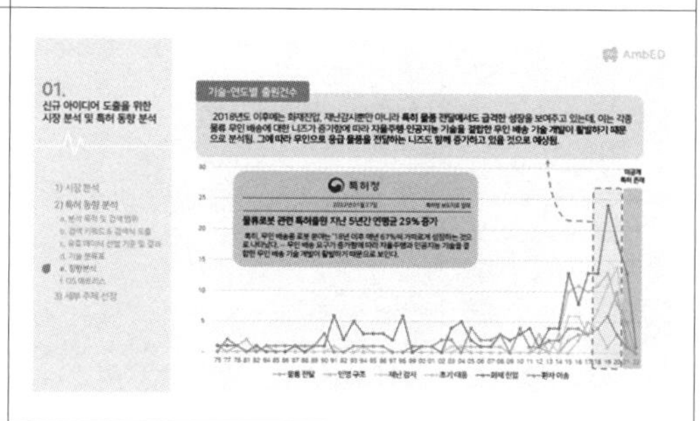
01.
신규 아이디어 도출을 위한 시장 분석 및 특허 동향 분석
기술-연도별 출원건수

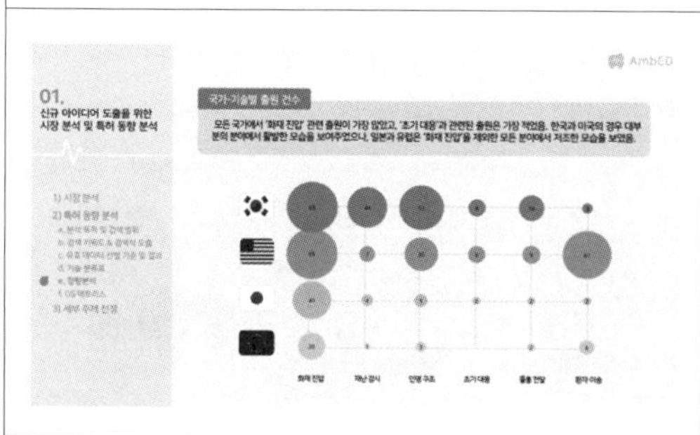
01.
신규 아이디어 도출을 위한 시장 분석 및 특허 동향 분석
국가-기술별 출원 건수

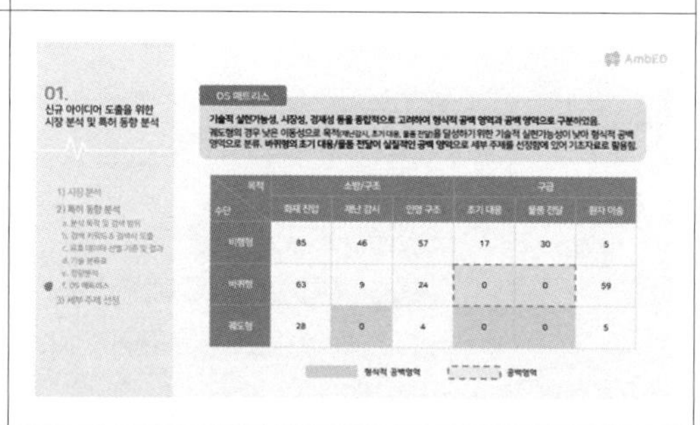
01.
신규 아이디어 도출을 위한 시장 분석 및 특허 동향 분석
OS 매트리스

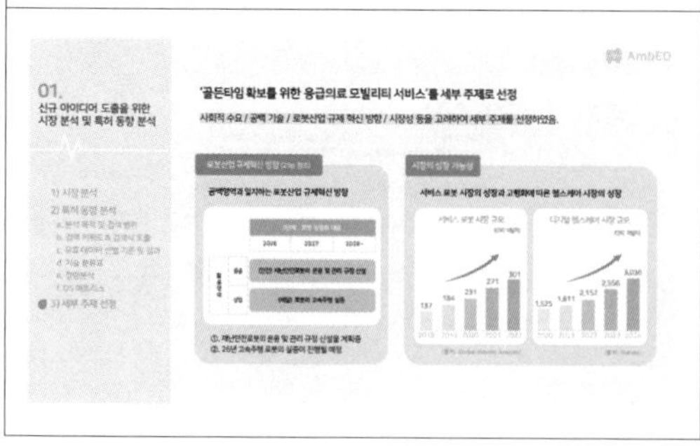
01.
신규 아이디어 도출을 위한 시장 분석 및 특허 동향 분석
'골든타임 확보를 위한 응급의료 모빌리티 서비스'를 세부 주제로 선정

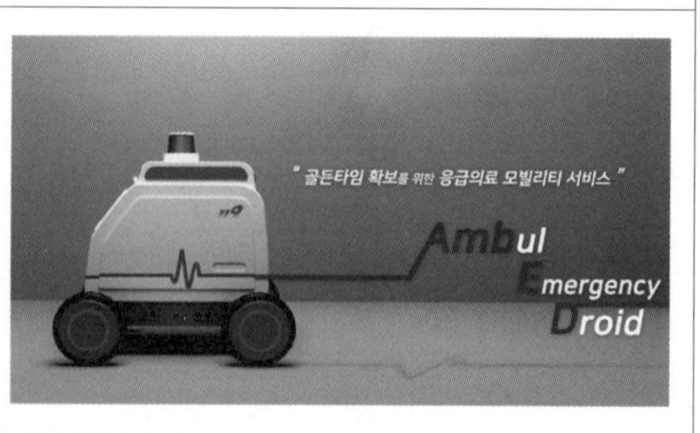
" 골든타임 확보를 위한 응급의료 모빌리티 서비스 "
Ambul
Emergency
Droid

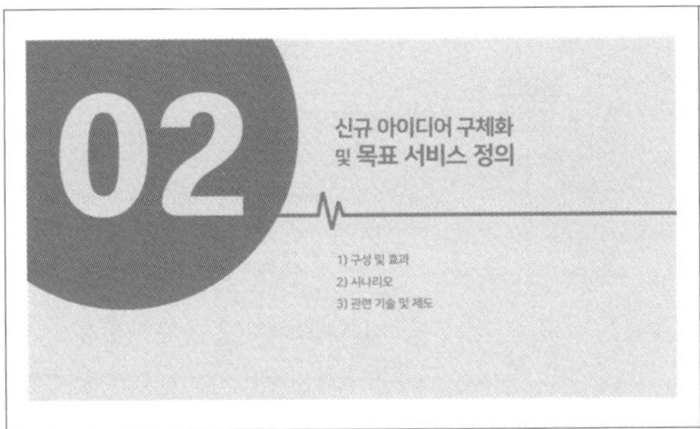
02
신규 아이디어 구체화
및 목표 서비스 정의
1) 구성 및 효과
2) 시나리오
3) 관련 기술 및 제도

AmbED
02.
신규 아이디어 구체화
및 목표 서비스 정의
AmbED(이하 "엠베드")의 구성

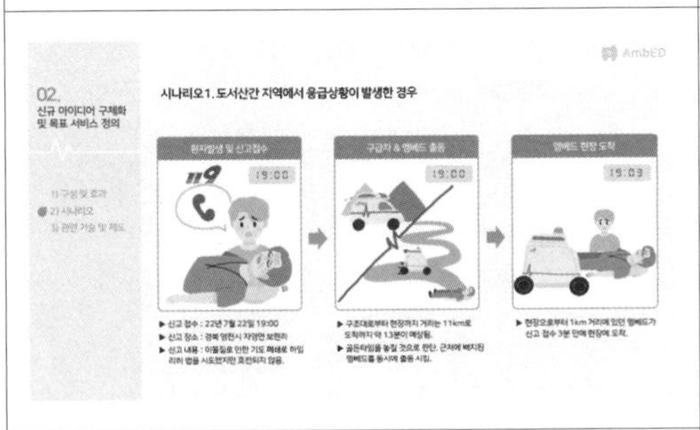
AmbED
02.
신규 아이디어 구체화
및 목표 서비스 정의
시나리오1. 도서산간 지역에서 응급상황이 발생한 경우

AmbED
02.
신규 아이디어 구체화
및 목표 서비스 정의
시나리오1. 도서산간 지역에서 응급상황이 발생한 경우

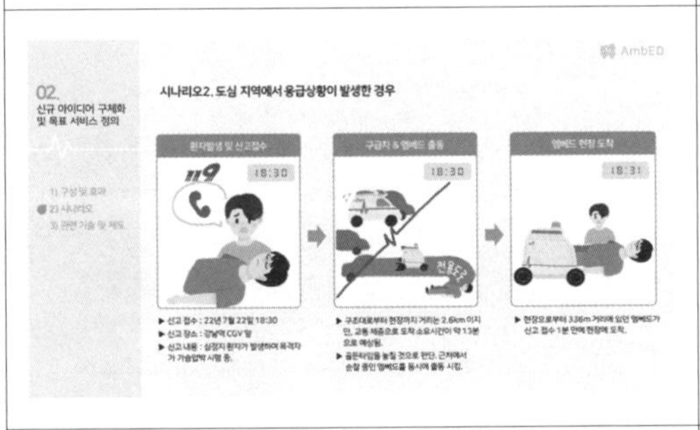
AmbED
02.
신규 아이디어 구체화
및 목표 서비스 정의
시나리오2. 도심 지역에서 응급상황이 발생한 경우

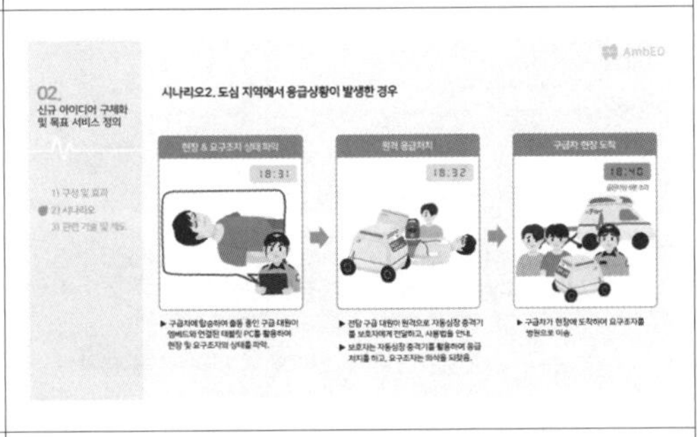
AmbED
02.
신규 아이디어 구체화
및 목표 서비스 정의
시나리오2. 도심 지역에서 응급상황이 발생한 경우

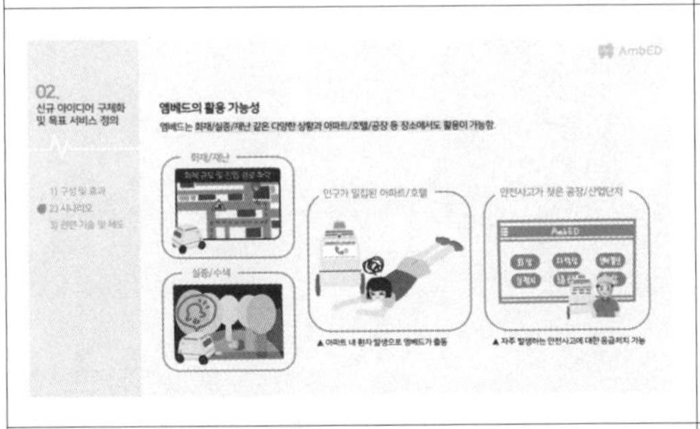
AmbED
02.
신규 아이디어 구체화
및 목표 서비스 정의
엠베드의 활용 가능성

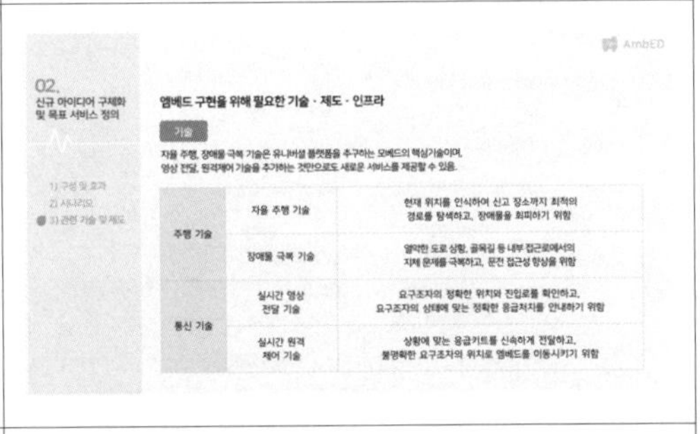
AmbED
02.
신규 아이디어 구체화
및 목표 서비스 정의
엠베드 구현을 위해 필요한 기술 · 제도 · 인프라

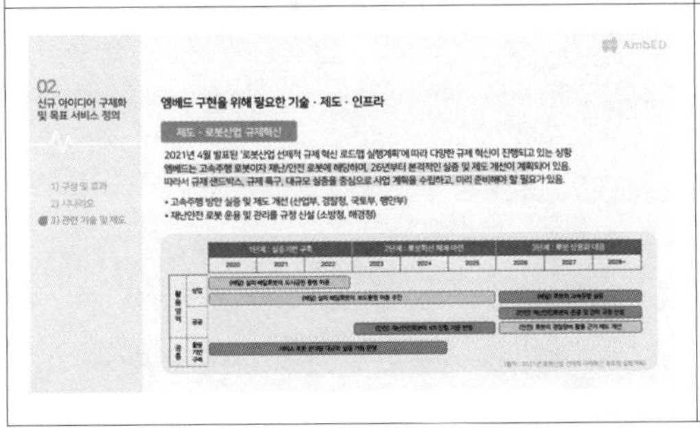
AmbED
02.
신규 아이디어 구체화
및 목표 서비스 정의
엠베드 구현을 위해 필요한 기술 · 제도 · 인프라

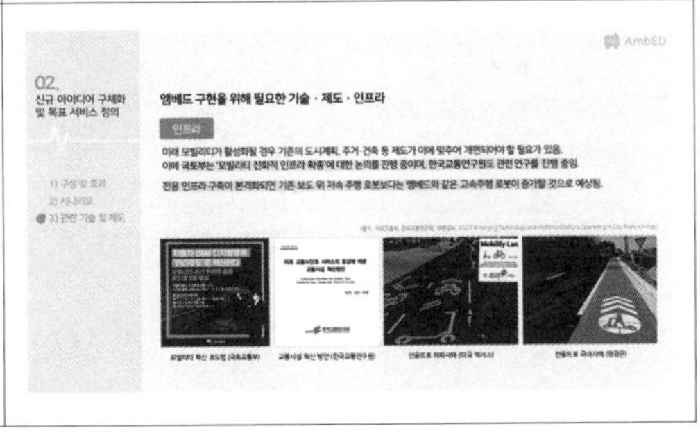
AmbED
02.
신규 아이디어 구체화
및 목표 서비스 정의
엠베드 구현을 위해 필요한 기술 · 제도 · 인프라
인프라

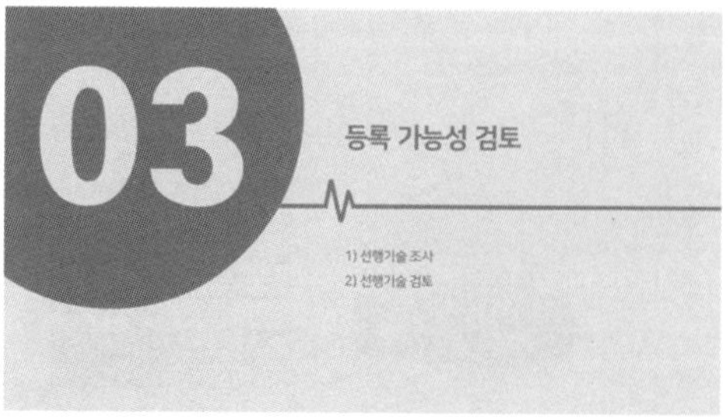
03
등록 가능성 검토
1) 선행기술 조사
2) 선행기술 검토

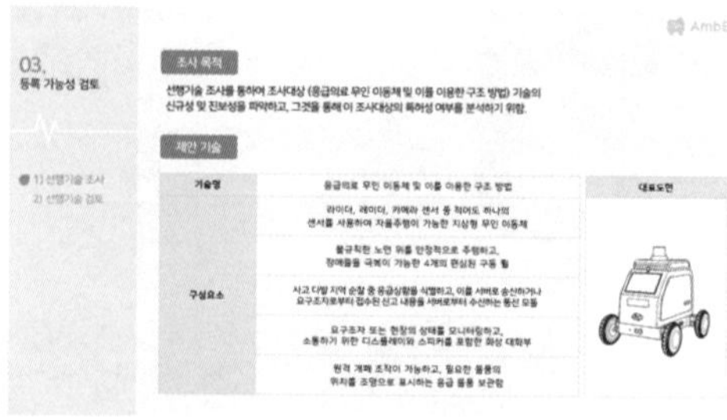
03.
등록 가능성 검토
조사 목적
제안 기술
기술명
구성요소
대표도면

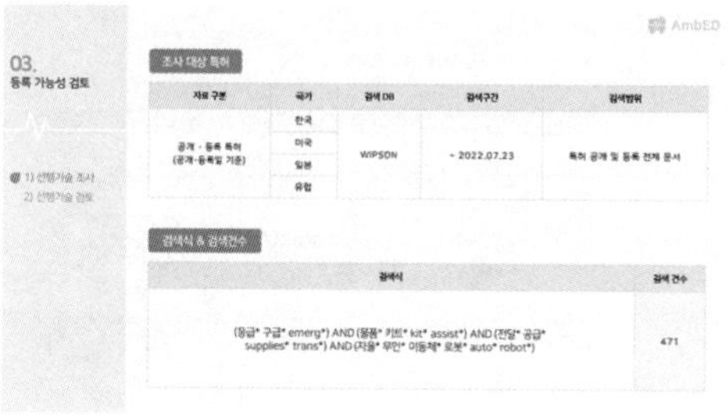
03.
등록 가능성 검토
조사 대상 특허
검색식 & 검색건수
471

03.
등록 가능성 검토
조사 결과

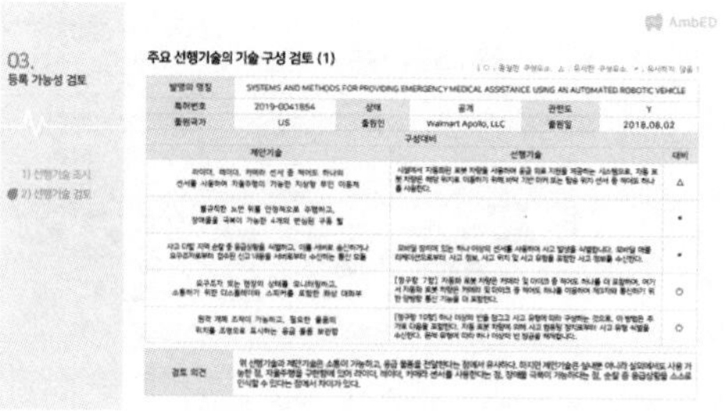
03.
등록 가능성 검토
주요 선행기술의 기술 구성 검토 (1)

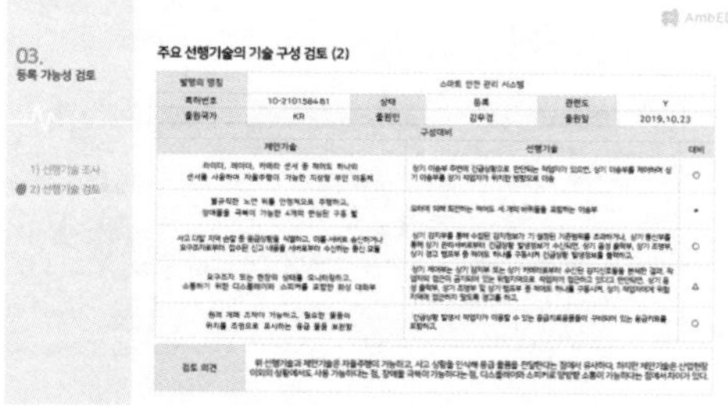
03.
등록 가능성 검토
주요 선행기술의 기술 구성 검토 (2)

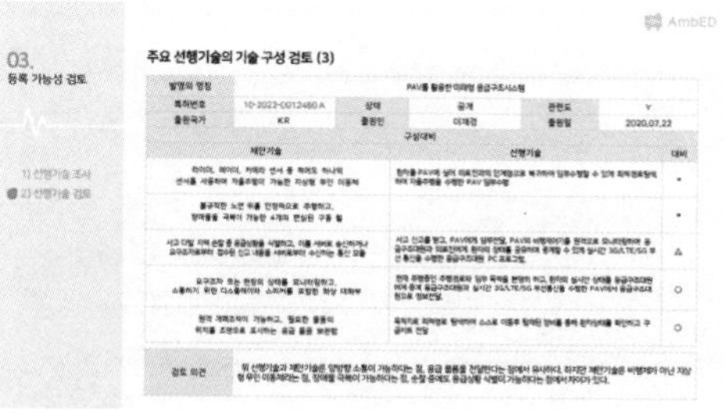
03.
등록 가능성 검토
주요 선행기술의 기술 구성 검토 (3)

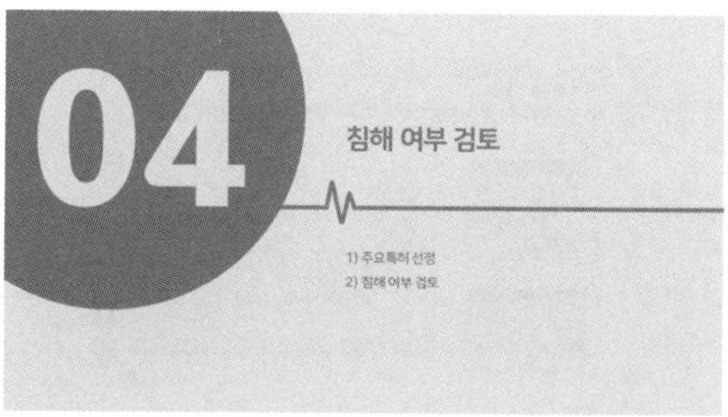
04
침해 여부 검토
1) 주요특허 선정
2) 침해 여부 검토

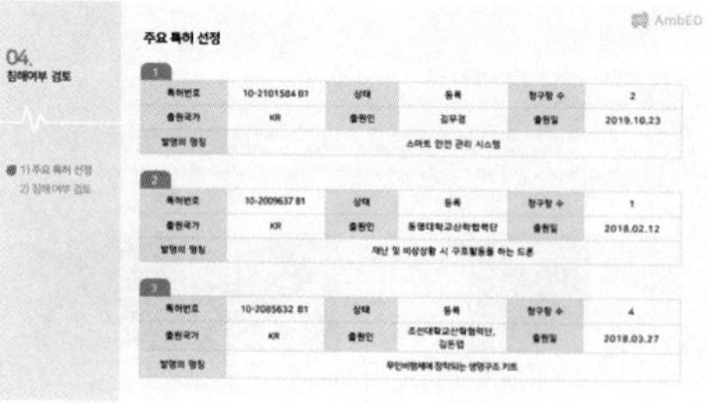
04.
침해여부 검토
주요 특허 선정

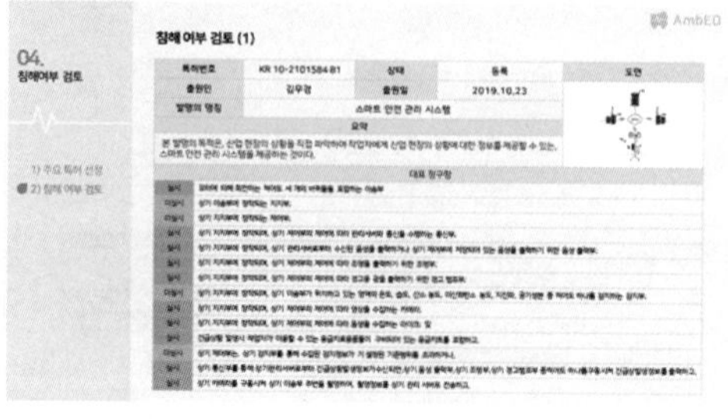
04.
침해여부 검토
침해 여부 검토 (1)

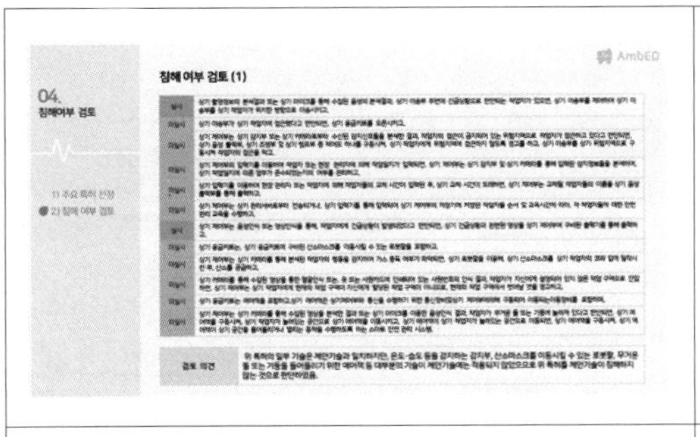
AmbED
04.
침해여부 검토
침해 여부 검토 (1)
1) 주요 특허 선정
2) 침해 여부 검토
검토 의견

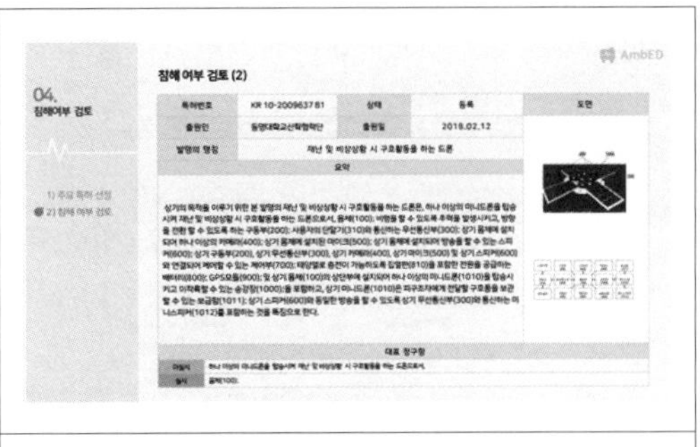
AmbED
04.
침해여부 검토
침해 여부 검토 (2)
1) 주요 특허 선정
2) 침해 여부 검토

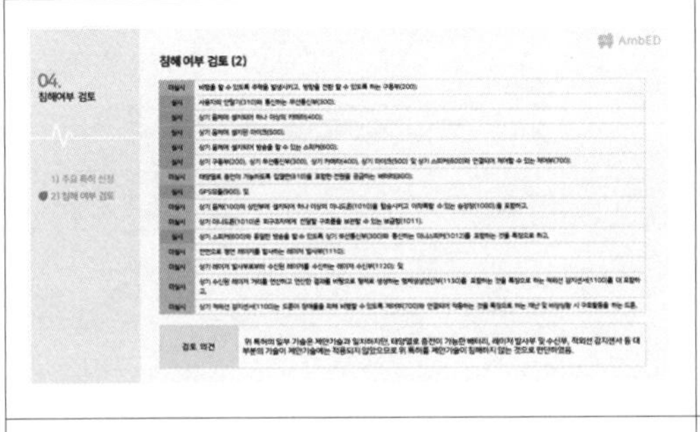
AmbED
04.
침해여부 검토
침해 여부 검토 (2)
1) 주요 특허 선정
2) 침해 여부 검토
검토 의견

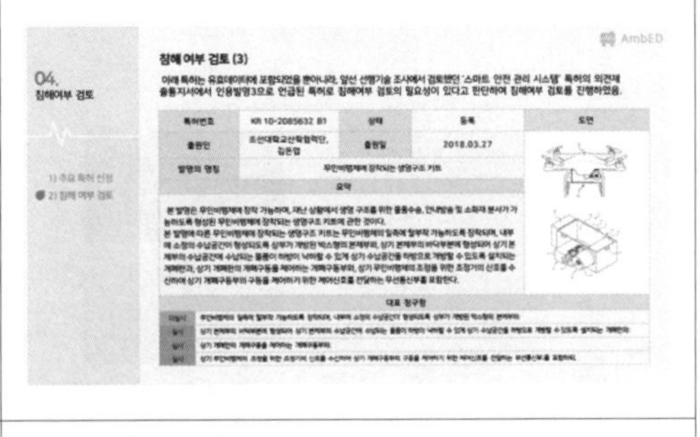
AmbED
04.
침해여부 검토
침해 여부 검토 (3)
1) 주요 특허 선정
2) 침해 여부 검토

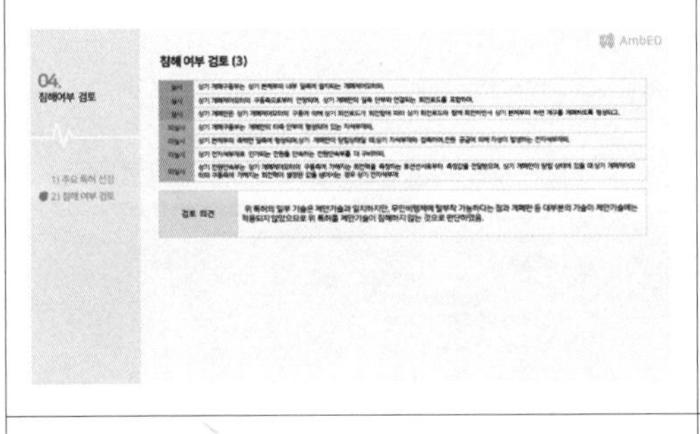
AmbED
04.
침해여부 검토
침해 여부 검토 (3)
1) 주요 특허 선정
2) 침해 여부 검토
검토 의견

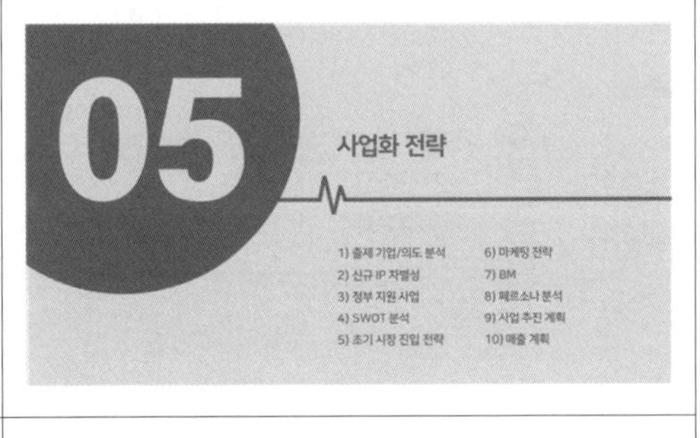
05
사업화 전략
1) 출제 기업/의도 분석
2) 신규 IP 차별성
3) 정부 지원 사업
4) SWOT 분석
5) 초기 시장 진입 전략
6) 마케팅 전략
7) BM
8) 페르소나 분석
9) 사업 추진 계획
10) 매출 계획

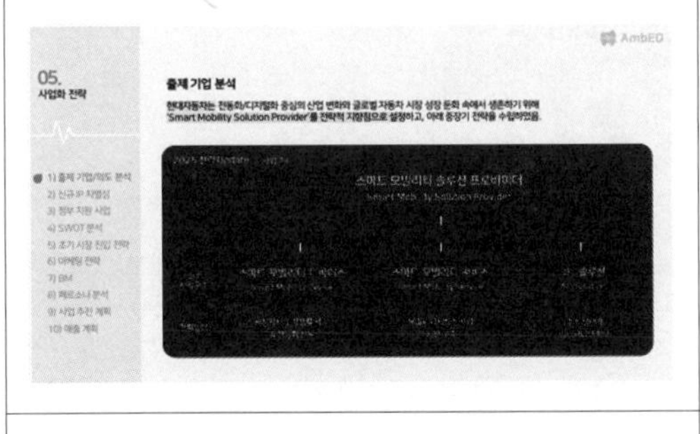
AmbED
05.
사업화 전략
출제 기업 분석
스마트 모빌리티 솔루션 프로바이더

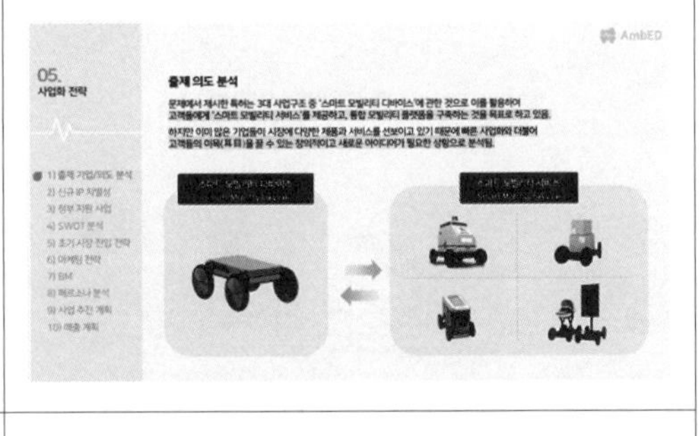
AmbED
05.
사업화 전략
출제 의도 분석

AmbED
05.
사업화 전략
신규 IP 차별성

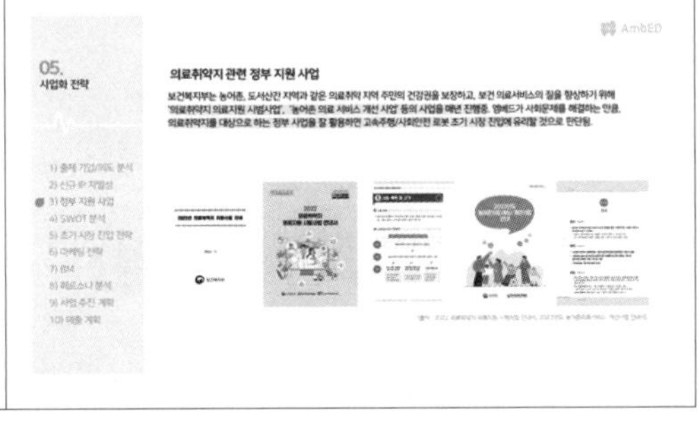
AmbED
05.
사업화 전략
의료취약지 관련 정부 지원 사업

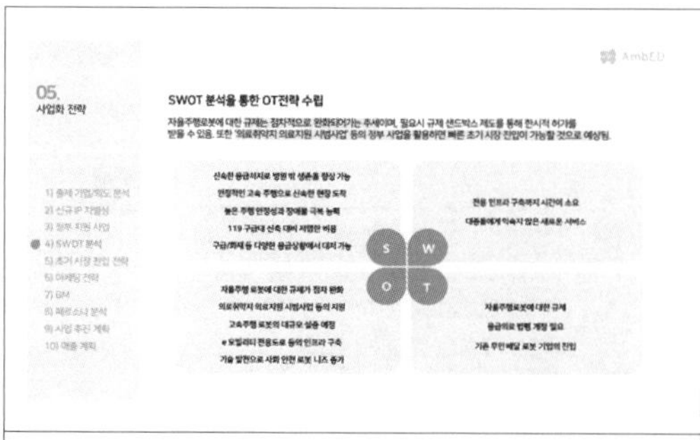
05.
사업화 전략
SWOT 분석을 통한 OT전략 수립

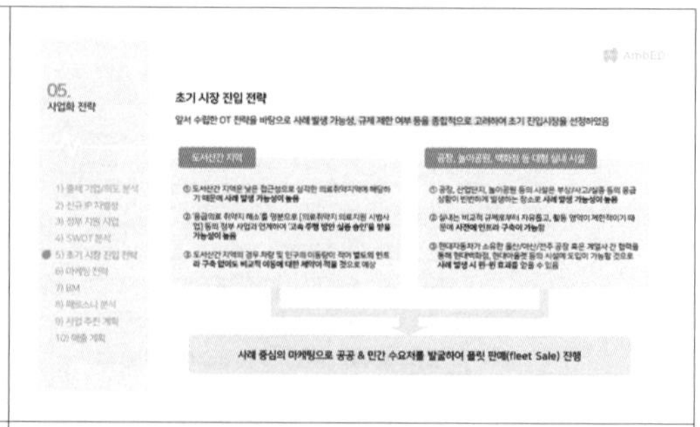
05.
사업화 전략
초기 시장 진입 전략

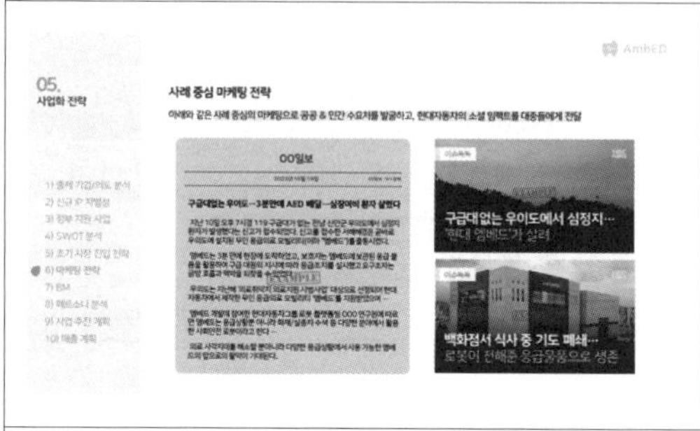
05.
사업화 전략
사례 중심 마케팅 전략

05.
사업화 전략
Business Model

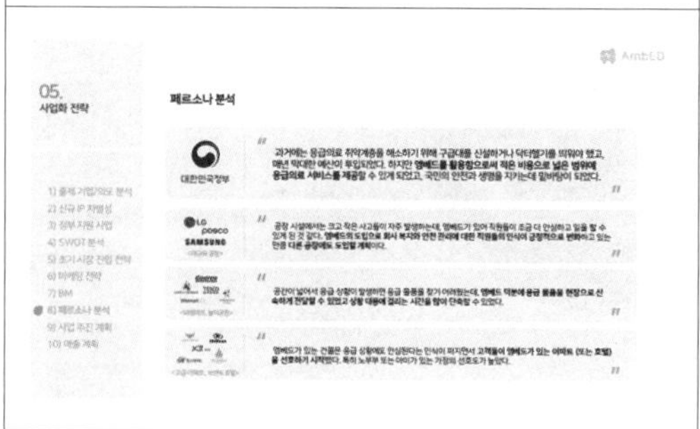
05.
사업화 전략
페르소나 분석

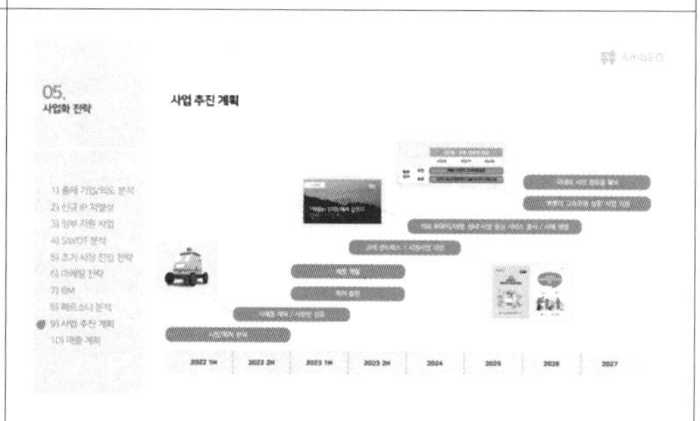
05.
사업화 전략
사업 추진 계획

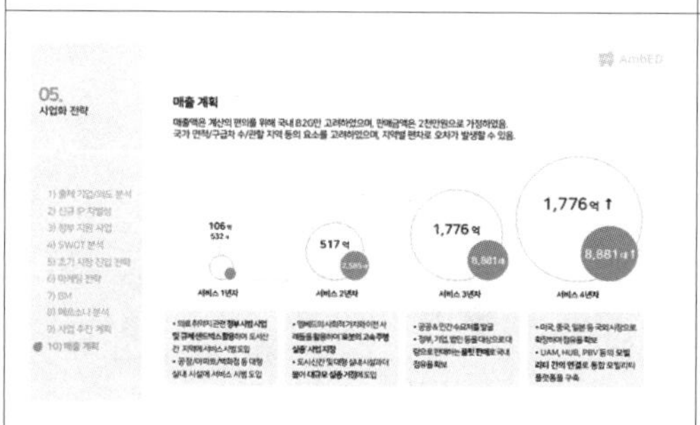
05.
사업화 전략
매출 계획

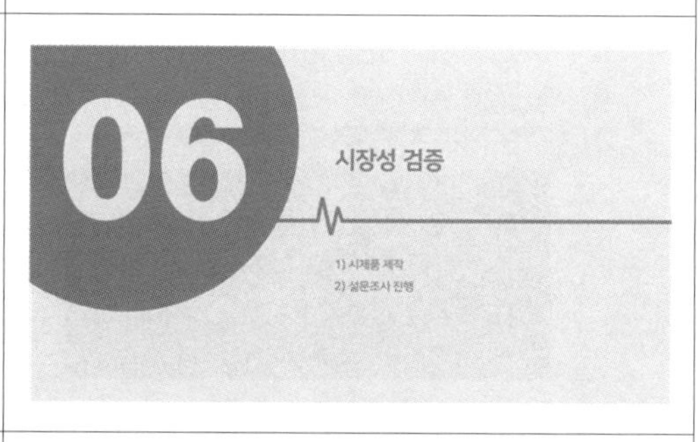
06
시장성 검증
1) 시제품 제작
2) 설문조사 진행

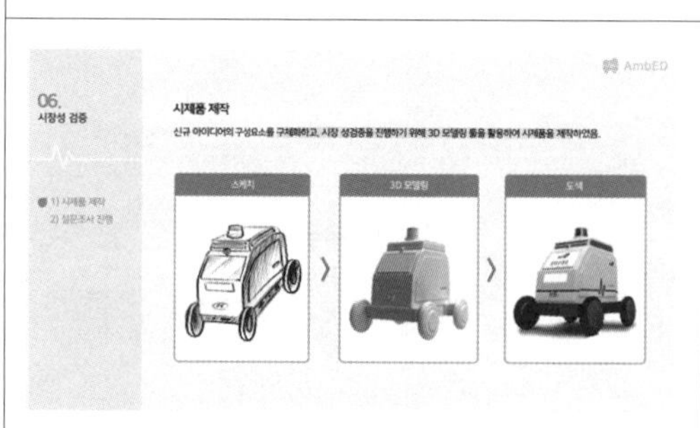
06.
시장성 검증
시제품 제작

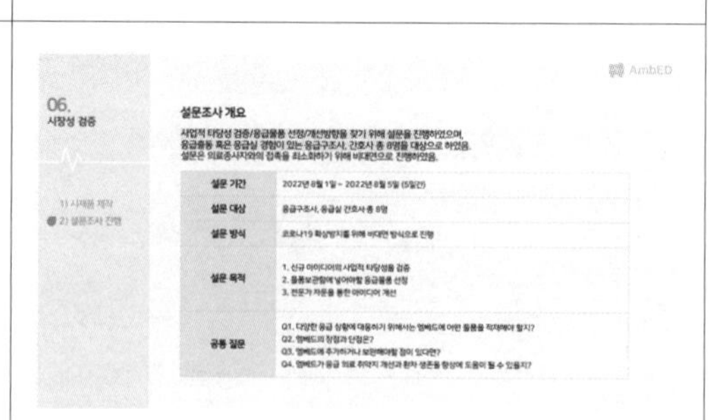
06.
시장성 검증
설문조사 개요

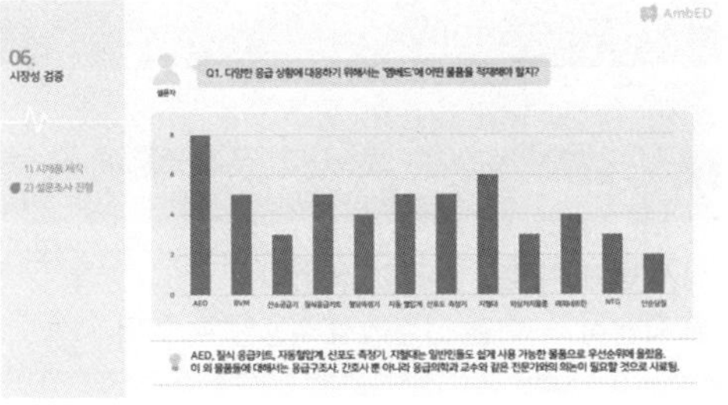
AmbED
06.
시장성 검증
Q1. 다양한 응급 상황에 대응하기 위해서는 '앰베드'에 어떤 물품을 적재해야 할지?
AED, 질식 응급키트, 자동혈압계, 산소포화도 측정기, 지혈대는 일반인들도 쉽게 사용 가능한 물품으로 우선순위에 올랐음.

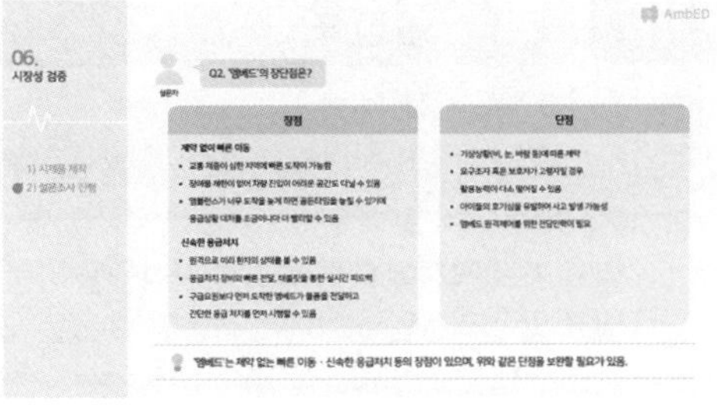
AmbED
06.
시장성 검증
Q2. '앰베드'의 장단점은?
장점
단점

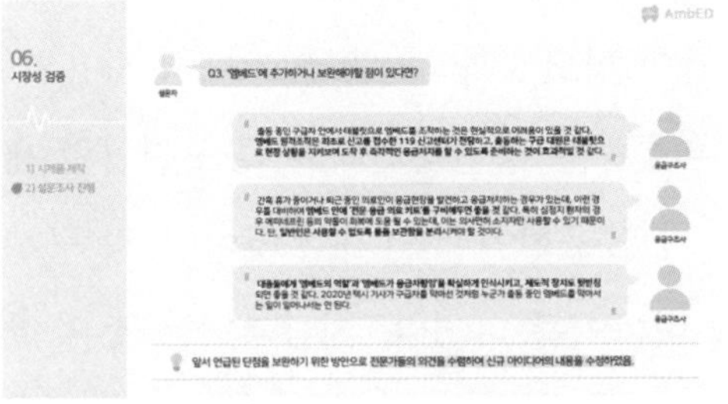
AmbED
06.
시장성 검증
Q3. '앰베드'에 추가하거나 보완해야할 점이 있다면?
앞서 언급된 단점을 보완하기 위한 방안으로 전문가들의 의견을 수렴하여 신규 아이디어의 내용을 수정하였음.

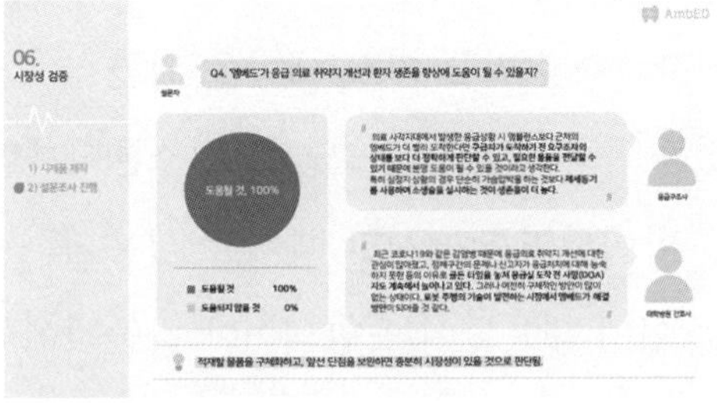
AmbED
06.
시장성 검증
Q4. '앰베드'가 응급 의료 취약지 개선과 환자 생존을 향상에 도움이 될 수 있을지?
도움될 것, 100%
도움될 것 100%
도움되지 않을 것 0%

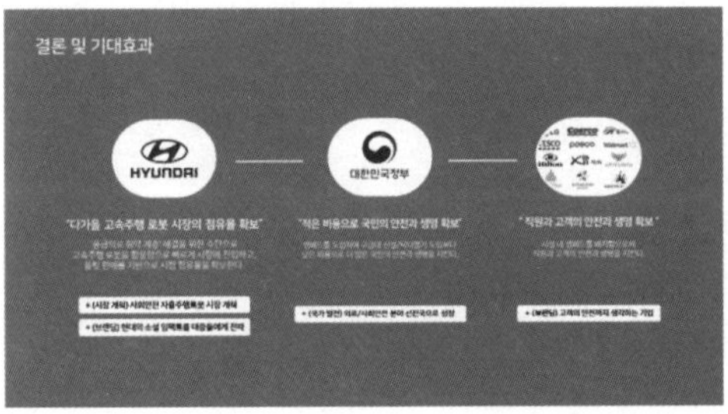
결론 및 기대효과
HYUNDAI
대한민국정부

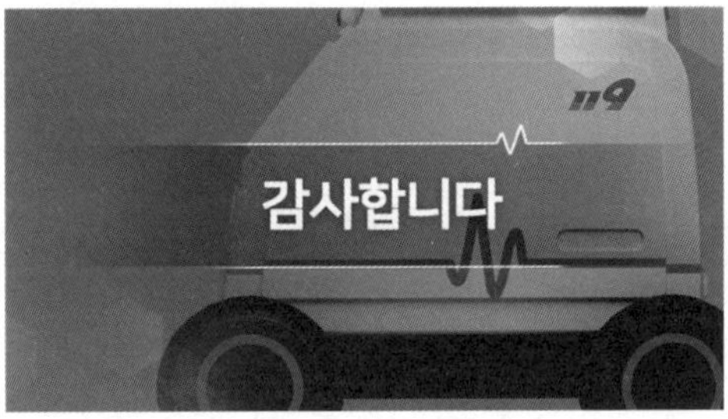
119
감사합니다

III 발표 자료 제작 4

학습 목표

· 발표 자료 작성에 대해 학습한 지식들을 바탕으로 실제 발표 자료를 제작할 수 있다.
· 발표 및 질의응답 현장에서 적용할 수 있는 노하우를 학습하고, 이를 현장에서 적용할 수 있다.

지금까지 발표 자료 제작을 위한 몇 가지 툴의 장단점과 파워포인트에서 사용할 수 있는 유용한 기능들 그리고 캡스톤디자인을 비롯하여 창업경진대회, 공모전처럼 새로운 아이디어를 제시할 때 주로 사용되는 발표 자료 구성인 PSST가 무엇이며, 각 구성별로 어떤 내용들이 포함되어야 하는지에 대해 이야기를 나눴다. 지금부터는 좋은 발표 자료를 만들기 위한 몇 가지 원칙과 성공적인 발표와 질의응답에 잘 대처할 수 있는 노하우에 관해 설명하겠다.

1.1 좋은 발표 자료 제작을 위한 원칙 소개

먼저 좋은 발표 자료를 제작하기 위한 몇 가지 원칙에 대해 살펴보자.

(1) 유튜브 등을 통해 가능한 많은 발표 자료를 찾아본다

좋은 발표 자료를 만들기 위한 가장 빠르고, 효과적인 방법은 다양한 발표 자료를 찾아 벤치마킹하는 것이다. 특히 유튜브에는 수많은 기업의 발표 영상이 올라와 있으므로 각 자료의 장점을 찾아서 여러분의 발표자료에 녹여내는 것이 좋다. 앞서 소개했던 실제 사례들 또한 수많은 발표 자료의 벤치마킹을 통해 만들어졌다. 추천하는 검색 키워드로는 '정주영 창업경진대회', '스파크랩', '데모데이', 'EO'가 있다.

(2) 하나의 장표에서는 한 가지만 전달해라

한 장표에서 너무 많은 것들을 전달하려 하면 심사위원을 이해시키기 어렵다. 그 페이지에서 전달하고자 하는 메시지를 먼저 한 문장으로 정의하고, 요약해서 왼쪽 위에 삽입하면 심사위원과 청중은 굳이 발표자의 목소리에 귀를 기울이지 않아도 해당 페이지에서 전하고자 하는 메시지를 쉽게 파악할 수 있다.

(3) 가능한 한 쉽게 설명해라

아쉽게도 보통의 심사위원은 해당 분야의 전문가가 아니다. 발표자는 제시하는 제품, 서비스에 대한 배경지식이 있지만, 심사위원은 그렇지 않을 확률이 매우 높다. 심사위원의 능력을 과대평가하지 않아야 한다. 어려운 단어, 전문적인 용어를 사용하는 것을 피하고, 초등학생도 이해할 수 있을 만큼 쉽게 설명하는 것이 핵심이다.

(4) 시장성 검증은 선택이 아닌 필수이다

스타트업이 실패하는 가장 큰 이유는 '시장이 원하지 않는 제품 또는 서비스'를 만들었기 때문이다. 설문, 고객인터뷰 혹은 시제품 제작을 통해 시장성을 검증하고, 이를 객관적인 데이터로 발표 자료 안에 넣는 것이 효과적이다.

(5) 브랜드(또는 팀)의 컬러는 정하고, 최소한의 색상을 사용해라

발표 자료 안에서 너무 많은 컬러를 사용하면, 강조되어야 하는 부분에 눈이 가지 않는다. 브랜드 컬러를 정해서 최소한의 색상을 사용하거나 회색처럼 시각적으로 부담이 없는 색상을 활용하는 것이 좋다. 아래 4개의 이미지 중 상단은 나쁜 예이고, 하단은 좋은 예를 든 것이다.

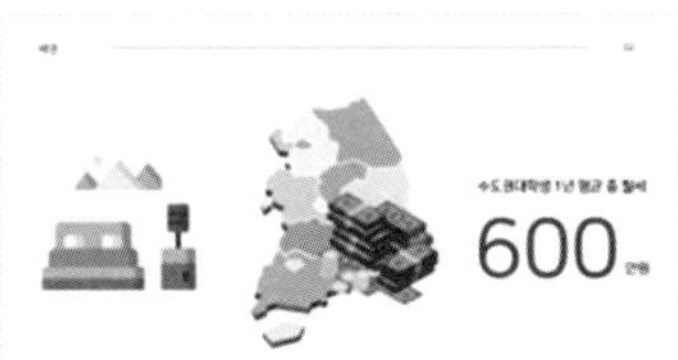

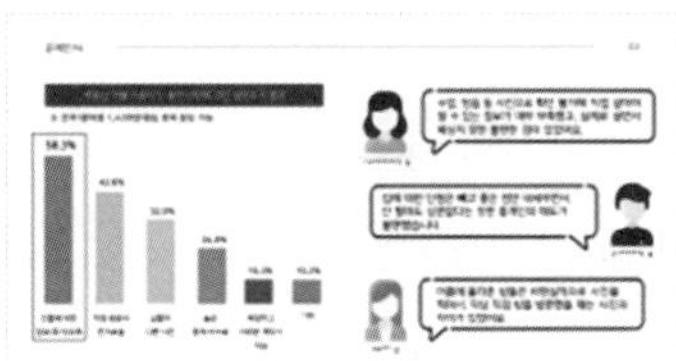
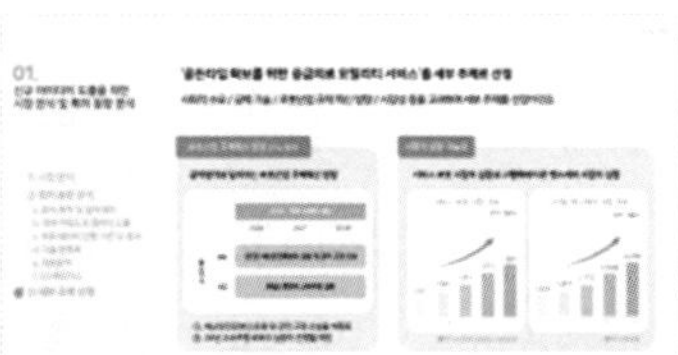
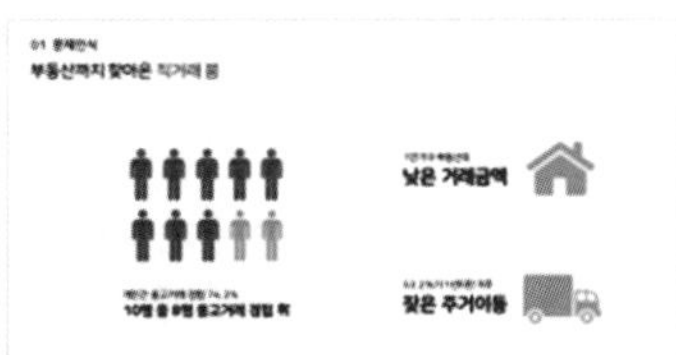

(6) 사람의 시선은 왼쪽 위에서 오른쪽 아래로 이동한다

대부분의 사람은 본능적으로 자료를 검토할 때 왼쪽 위에서부터 오른쪽 아래로 시선을 움직인다. 그렇기 때문에 핵심적인 내용은 왼쪽 위에서부터 채워가며 작성하는 것이 좋다. 발표 사례에서 본 것처럼 해당 장표에서 전달하고자 하는 메시지를 짧게 정의하여 삽입하는 것도 좋은 방법이 될 수 있다.

(7) 제목/본문 폰트와 폰트의 크기를 통일해라

매우 기초적이지만, 다양한 경진대회나 공모전의 발표장에 가보면 지켜지지 않는 경우가 많다. 폰트의 종류, 크기가 통일되어 있지 않으면 시각적 불편함을 불러일으킬 수 있다. PPT에서 별도의 페이지를 구성하여 제목, 소제목, 본문, 주석 등에서 사용한 폰트의 종류와 크기를 기록해두고 사용하는 것을 추천한다.

1.2 발표 노하우에 대한 이해

좋은 발표 자료를 만드는 것도 중요하지만, 발표장에서 발표자와 심사위원 그리고 청중 간 원활한 커뮤니케이션이 이뤄지는 것 역시 매우 중요하다. 이를 위해 발표장에서 바로 적용할 수 있는 몇 가지 노하우에 관해 설명하겠다.

(1) 발표 스크립트를 제작 후 암기한다

발표 경험이 많고, 동일한 발표를 여러 차례 진행한 경우 별도의 스크립트가 필요없을 수도 있다. 하지만 발표 경험이 적은 경우 스크립트를 만들어 어느 정도 외워두는 것이 효과적이다. 물론 현장에서 스크립트와 완벽히 똑같이 발표할 필요는 없다.

(2) 카메라 앞에서 끊임없이 연습한다

내가 생각하는 발표 모습과 심사위원과 청중이 보는 나의 모습은 다르다. 카메라 앞에서 연습하며 언어적, 비언어적인 행동들을 고치며, 발전해 나가는 것이 중요하다.

(3) 긴장되는 상황에 익숙해질 것

많은 청중과 심사위원의 앞에서 발표하는 것은 언제나 긴장되는 일이다. 그렇다고 피할 수는 없다. 끊임없이 도전하며, 그 상황에 익숙해지는 것이 최선의 방법이다.

1.3 질의 응답 노하우에 대한 이해

발표가 끝났다고 여러분들에 대한 평가가 끝난 것이 아니다. 가장 중요한 질의 응답이 남아있다. 심사위원과 청중들은 여러분의 발표를 들으며, 궁금했던 부분에 대해 쉬지 않고 질문을 던질 것이다. 여러분의 답변이 평가 결과에 절대적인 영향을 미친다. 질의응답에 잘 대처할 수 있는 몇 가지 노하우를 설명하겠다.

(1) 가능한 많은 예상 질문을 뽑아 준비한다

단순하고, 무식하지만 가장 효과적인 방법이다. 발표를 준비하면서 나올 수 있는 질문들을 분류하고, 그에 대한 답변을 생각해두면 발표장에서 유연하게 대처할 수 있다. 예상 질문을 뽑을 때 가족, 친구, 동기, 선배 등 지인들에게 발표를 보여주고, 그들이 하는 모든 질문을 기록하면 많은 도움이 될 수 있다.

(2) 예상 질문을 카테고리별로 분류한다

예상 질문을 뽑아보면 수십 개의 질문이 나올 수 있다. 이 모든 질문에 대한 답변을 준비하는 것은 비효율적이다. 아이템, 시장, 마케팅, BM 등 몇 가지의 카테고리로 질문을 분류하고, 카테고리별로 묶어서 답변을 준비하면 빠른 시간에 답변을 준비할 수 있다.

(3) 자주 나오는 질문들에 대해 미리 Appendix를 준비한다

발표가 반복되다 보면 분명 자주 나오는 질문들이 보이기 마련이다. 자주 반복되는 질문들이 나왔을 때보다 완벽하게 대처할 수 있도록 마지막 페이지 뒤에 Appendix를 추가해두면 좋다. 물론 그런 질문이 나오지 않도록 발표 자료를 수정하는 것도 좋은 방법이지만, 심사위원이 특정 질문을 하도록 유도하고, 그에 대한 완벽한 답변을 제시하는 것도 하나의 전략이 될 수 있다.

(4) 심사위원과 싸우려 하지 않는다

질의 응답에서는 공격적인 질문이 많다. 공격적인 질문이 들어왔을 때 자신의 감정이 외부로 표현되거나, 민감하게 반응하면 다음에 받게 될 질문 또한 공격적일 가능성이 매우 높다. 발표장의 분위기를 긍정적인 방향으로 이끌어 가는 것 또한 매우 중요한 전략이다.

창의적인 지식재산 **캡스톤디자인**

Chapter 11

지식재산권을 준비하기 위한 양식

Ⅰ. 명세서

Ⅱ. 특허출원서

Ⅲ. 디자인등록서

Ⅳ. 발명신고서

Ⅴ. 공익변리를 통한 특허출원 양식(확인서)

지식재산권을 준비하기 위한 양식

I 명세서

■ 특허법 시행규칙 [별지 제15호서식] <개정 2023. 12. 21.> 특허로(www.patent.go.kr)에서 온라인으로 제출가능합니다.

【명세서】

(앞쪽)

【발명(고안)의 설명】
【발명(고안)의 명칭】
【기술분야】
【발명(고안)의 배경이 되는 기술】
(【선행기술문헌】)
(【특허문헌】)
(【비특허문헌】)
【발명(고안)의 내용】
【해결하려는 과제】
【과제의 해결 수단】
【발명(고안)의 효과】
【도면의 간단한 설명】
【발명(고안)을 실시하기 위한 구체적인 내용】
(【실시예】)
(【산업상 이용가능성】)
(【부호의 설명】)
(【수탁번호】)
(【서열목록】)
【청구범위】
【청구항 1】

210㎜×297㎜[백상지 80g/㎡]

※ 기재요령

1. 일반적 유의사항

가. 용지의 규격은 가로 210㎜, 세로 297㎜ A4 용지 크기의 보존용지(2종) 70g/㎡ 이상을 세로로 하여 상단을 철합니다.

나. 용지의 여백은 상단 40㎜, 좌단 25㎜, 하단 및 우단 20㎜를 두고 내용을 적으며, 용지의 하단여백 중앙에 아라비아숫자로 쪽 번호를 적습니다.

다. 문자는 흑색을 사용하여 가로로 쓰되, 300dpi 이상의 해상도로 출력함을 원칙으로 하며, 용지에는 불필요한 문자 · 기호 또는 선을 적을 수 없습니다.

라. 문자모양은 명조 · 고딕 등의 정자체를 사용하고 문자크기는 가로 4㎜ × 세로 4㎜(12포인트)로 하며, 문자속성은 이탤릭체, 진하게, 밑줄, 윗첨자, 아래첨자 외에는 사용할 수 없습니다.

마. 1쪽의 줄 수는 20줄, 각 줄 사이의 간격은 7.2㎜(줄 간격 280%)로 하며, 내어쓰기는 사용할 수 없으나 들여쓰기는 새로운 문단을 시작하는 경우에만 공백 8자크기로 사용할 수 있습니다.

바. 용어는 전체적으로 통일하여야 하며, 기술용어는 학술용어를 사용하되 우리말 표준용어를 사용하고, 한글로 이해하기 어려운 용어는 ( ) 안에 한자 또는 원어를 병기하여 그 의미를 명확히 하여야 합니다. 한글로 이해하기 어려운 용어를 한자 또는 원어로 병기하지 않을 경우 발명을 명확하게 파악하기 곤란하여 거절될 수 있으며, 또한 특허를 받은 후에는 권리범위가 명확하게 특정되지 않아 무효로 되거나 권리의 행사 시 불이익을 받을 수 있습니다. 다만, 단위는 SI(m · kg · s) 단위로 표시(온도의 경우에는 켈빈(K) 또는 섭씨온도(℃) 중 어느 하나로 표시 가능)해야 하며 어떤 용어를 특별한 의미로 사용할 경우에는 그 의미를 명세서에 미리 정의하고 사용하여야 합니다.

사. 식별항목의 기재

(1) 서식에 규정된 각 표제는 식별기호【, 】와 식별항목명으로 구성된 식별항목으로 적으며, 식별항목의 다음 줄에 해당 내용을 적습니다.

(2) 식별기호【, 】는 식별항목 또는 식별번호 등의 용도로 사용하며, 일련번호를 포함하는 식별항목인 경우에는 식별항목명과 일련번호 사이에 1칸의 공백을 두어야 합니다.

(3) 실용신안등록출원의 경우 식별항목의 명칭 중 "발명"은 "고안"으로, "청구범위"는 "청구범위"로 바꾸어 적습니다.

(4) '표', '수학식' 및 '화학식'은 식별기호【, 】와 식별항목명('수학식'은 '수', '화학식'은 '화'와 같이 약어로 적음)으로 구성된 식별항목으로 적으며(예:【표】,【수】 및 【화】), 식별항목에 해당내용을 적습니다.

(5)【청구항】,【표】,【수】 및【화】 식별항목은 일련번호를 적으며, 기재순서에 따라 아라비아숫자로 적는 것을 원칙으로 합니다.

아. 식별번호의 기재

(1) 명세서의【기술분야】부터【서열목록】까지의 식별항목에 해당 내용을 적을 경우에는 원칙적으로 다음 예와 같이 각 문단 전에【, 】와 4자리수의 아라비아 숫자로 구성된 식별번호(예 :【0001】,【0002】)를 순차적으로 부여한 후 해당하는 문단 내용을 적습니다. 명세서를 전자문서로 작성하는 경우에는 식별번호가 자동적으로 부여되며, 식별번호를 적지 않고 명세서를 서면으로 제출한 경우에는 특허청장이 그 서류를 전자화하면서 식별번호를 임의로 부여합니다.

[예]【발명(고안)의 설명】

【발명(고안)의 명칭】○○○○○○○○○○○○○○

【기술분야】

【0001】○○○○○○○○○○○○○○○○○○○○○○○○○○○○○○○○○○○○○
○○○○○○○○○

【발명(고안)의 배경이 되는 기술】

【0002】○○○○○○○○○○○○○○○○○○○○○

【선행기술문헌】

【특허문헌】

【0003】○○○○○○○○○○○○○○○○○○○○○

【비특허문헌】

【0004】○○○○○○○○○○○○○○○○○○○○○

【발명(고안)의 내용】

【해결하려는 과제】

【0005】○○○○○○○○○○○○○○○○○○○○○

【과제의 해결 수단】

【0006】○○○○○○○○○○○○○○○○○○○○○

【발명(고안)의 효과】

【0007】○○○○○○○○○○○○○○○○○○○○○

【도면의 간단한 설명】

【0008】

【도 1】○○○○○○○○○○○○○○○○○○○○○

【도 2】○○○○○○○○○○○○○○○○○○○○○

【발명(고안)을 실시하기 위한 구체적인 내용】

【0009】○○○○○○○○○○○○○○○○○○○○○

【0010】○○○○○○○○○○○○○○○○○○○○○○○○○○○○○○○○○○○○○
○○○○○○○○○

【실시예 1】

【0011】○○○○○○○○○○○○○○○○○○○○○

【실시예 2】

【0012】○○○○○○○○○○○○○○○○○○○○○

【산업상 이용가능성】

【0013】○○○○○○○○○○○○○○○○○○○○○

【부호의 설명】

【0014】○○○○○○○○○○○○○○○○○○○○○

【수탁번호】

【0015】○○○○○○○○○○○○○○○○○○○○○

【서열목록】

【0016】○○○○○○○○○○○○○○○○○○○○○○○

【청구범위】

【청구항 1】○○○○○○○○○○○○○○○○○○○○○○

(2) 최초 출원 시에 부여한 식별번호는 보정 등에 의하여 변경할 수 없으며, 새로운 문단이 추가된 경우에도 식별번호의 변화 없이 해당 식별번호에 속한 문단에 추가로 적어야 합니다.

2. 명세서 작성방법

가. 발명(고안)의 설명 기재 방법

발명(고안)의 설명은 원칙적으로【발명(고안)의 명칭】,【기술분야】,【발명(고안)의 배경이 되는 기술】,(【선행기술문헌】),【발명(고안)의 내용】,【발명(고안)의 실시를 위한 구체적인 내용】,(【산업상 이용가능성】),(【수탁번호】) 및 (【서열목록】)란으로 구분하여 적으며, 그 내용은 그 발명이 속하는 기술분야에서 통상의 지식을 가진 자가 그 발명을 쉽게 이해하고 또한 쉽게 실시할 수 있도록「특허법」제42조제3항 및「특허법 시행규칙」제21조제2항에 따라 명확하고 상세하게 적습니다. 다만,【발명(고안)의 명칭】,【발명(고안)의 배경이 되는 기술】,【발명(고안)의 실시를 위한 구체적인 내용】을 제외한 위 식별항목에 해당 사항이 없는 경우에는 작성하지 않을 수 있으며, 식별항목 중 (【선행기술문헌】), (【산업상 이용가능성】), (【수탁번호】) 및 (【서열목록】)은 필수 기재사항이 아니므로 출원인의 선택에 따라 작성하지 않을 수 있으나, 해당 사항이 있으면 가급적 적기 바랍니다.

(1)【발명(고안)의 명칭】란에는 발명(고안)의 내용을 간명하게 표시할 수 있는 발명(고안)의 명칭을 다음 예 1 및 예 2를 참조하여 적으며, 필요한 경우에는 다음 예 3과 같이 영문 명칭을 { }안에 병기합니다.

[예 1] : 예를 들어 '내연기관의 점화전'을 간단히 '내연기관'이라고 쓰거나 '고주파가열장치의 전극'을 단순히 '고주파가열장치'로 쓰거나, '동식물의 지방에서 비누를 제조하는 방법'을 단순히 '비누를 제조하는 방법'이라고 쓰거나 '요소수지 성형품의 제조방법'을 단순히 '요소수지의 제조방법'으로 하는 것 등은 잘못된 것입니다. 또한 발명의 내용과 직접 관련이 없는 문자(예를 들면 '최신식', '문명식' 등을 붙이거나 발명자나 출원인의 성명을 붙여서 '○○○식 ○○', '아무개안 ○○' 등으로 하거나, '발명특허 ○○○')를 적어서는 아니 됩니다.

[예 2] : 발명의 내용이 자동제어장치이고 이것을 다양한 산업분야에 응용할 수 있는 것일 경우에 발명의 명칭을 '자동제어장치'라고 하는 것은 무방하나, 예를 들어 그것이 특정한 분야에서 온도를 제어하기 위하여서만 쓰이는데 불과한 경우에는 단순히 '온도제어장치'라고 적어서는 아니 됩니다.

[예 3] :【발명(고안)의 명칭】자동차용 범퍼{AUTOMOBILE BUMPER}

(2)【기술분야】란에는 특허(실용신안등록)를 받으려는 발명(고안)의 기술분야를 명확하고 간결하게 적습니다. 또한, 필요한 경우에는 연구개발비를 지원받은 출처에 관한 정보[사사(謝辭, acknowledgement)]를 적을 수 있습니다.

[예]【기술분야】

【0001】본 발명은 · · · 하기 위한 · · · 에 관한 · · · · · · · .

※ 연구개발비의 지원 출처에 관한 정보 기재 시 유의사항

연구개발비의 지원 출처에 관한 정보는【기술분야】란에 적는 것을 권장하며, 다음 예 1, 2, 3과 같이 자금 출처(funding source)를 구분하여 적을 수 있습니다. 한편, 연구개발비의 지원 출처에

관한 정보는 필수 기재사항이 아니므로 출원인의 선택에 따라 작성하지 않을 수 있으나, 작성하는 경우에는 출원인의 책임 하에 정확한 내용을 적어야 합니다.

[예 1] 정부로부터 연구개발비를 전부 지원받은 국가연구개발과제인 경우

【기술분야】

【0002】 본 발명(고안)은 과학기술정보통신부(부처명)의 지원을 받아 수행된 연구이다(과제번호 ○○○○).

[예 2] 정부 및 타 기관(기업 등)으로부터 각각 연구개발비를 일부 지원받은 국가연구개발과제인 경우

【기술분야】

【0002】 본 발명(고안)은 과학기술정보통신부(부처명)의 지원을 일부 받아 수행된 연구이다(과제번호 ○○○○).

【0003】 또한, 본 발명(고안)은 ○○전자 ○○센터(기관/기업명)의 지원을 추가로 받아 수행된 연구이다(과제번호 ○○○○).

[예 3] 정부 외의 기관(기업 등)으로부터 연구개발비를 지원받은 경우(국가연구개발과제가 아닌 경우)

【기술분야】

【0002】 본 발명(고안)은 ○○전자 ○○센터(기관/기업명)의 지원을 받아 수행된 연구이다(과제번호 ○○○○).

(3) 【발명(고안)의 배경이 되는 기술】란에는 특허(실용신안등록)를 받으려는 자가 알고 있는 범위에서 발명(고안)의 이해, 조사 및 심사에 유용하다고 생각되는 그 발명(고안)의 배경이 되는 기술을 명확하고 간결하게 적습니다.

[예] 【발명(고안)의 배경이 되는 기술】

【0002】 발명의 배경이 되는 기술로는 ‧ ‧ ‧ ‧ 도 1과 같이 ‧ ‧ ‧ ‧ ‧ ‧ ‧ ‧ ‧ ‧.

(4) 【선행기술문헌】란에는 특허(실용신안등록)를 받으려는 자가 알고 있는 발명(고안)의 배경이 되는 기술의 문헌 정보를 가급적 적습니다. 발명(고안)의 배경이 되는 기술의 문헌 정보는 다음과 같이 【특허문헌】과 【비특허문헌】란으로 구분하여 적되 그 문헌의 명칭, 발간일, 발명(고안)의 배경이 되는 기술이 적혀 있는 페이지 등의 정보를 가급적 아래의 예(WIPO 표준 ST.14의 규정)와 같이 구체적으로 적습니다.

[예]【선행기술문헌】

【특허문헌】

【0003】 (특허문헌 1) US 5635683 A (MCDERMOTT, R. M.) 1997. 6. 3.

(특허문헌 2) JP 10-105775 A 1998. 4. 24, 5쪽, 3-15줄, 도면1

【비특허문헌】

【0004】 (비특허문헌 1) WALTON, Herrmann. 초고주파 양자 이론. 런던 : Sweet 와 Maxwell, 1973, Vol.2, ISBN 5-1234-5678-9, 138-192쪽

(비특허문헌 2) 고성능 컴퓨터 아키텍처에 대한 제3차 국제심포지엄 [on-line], 1997. 2.(검색일 : 1998. 5. 20.)

(5) 【발명(고안)의 내용】란은 원칙적으로 【해결하려는 과제】, 【과제의 해결 수단】 및 【효과】란으로

구분하여 다음과 같이 적습니다. 다만, 구분하여 적기 어려운 경우에는 별도로 나누어 적지 않아도 됩니다.

· 【해결하려는 과제】란에는 특허(실용신안등록)를 받으려는 발명(고안)이 과제로 하고 있는 종래 기술의 문제점 등을 적습니다.

· 【과제의 해결 수단】란에는 특허(실용신안등록)를 받으려는 발명(고안)에 의하여 어떻게 해당 과제가 해결되었는지를 적습니다. 일반적으로는 청구항에 적혀 있는 발명(고안) 그 자체가 해결수단이 되므로 청구항에 적혀 있는 발명(고안)을 적으면 됩니다.

· 【발명(고안)의 효과】란에는 특허(실용신안등록)를 받으려는 발명(고안)이 종래의 기술과 비교하여 우수하다고 인정되는 사항을 적습니다.

(6) 【도면의 간단한 설명】란

· 도면을 첨부한 경우에는 이 난을 만들고 다음 예와 같이 각각의 도면에 대한 설명을 【도 1】, 【도 2】와 같이 구분하여 적되, 각 도면에 대한 설명은 줄을 바꾸어 적습니다.

[예] 【도면의 간단한 설명】

【0013】

【도 1】 제1도는 전체를 조립한 평면도

【도 2】 제2도는 · · · 부분의 정면도

· 【부호의 설명】란에는 도면의 주요 부분을 나타내는 부호들에 대한 설명을 적습니다. 해당 부호들은 발명의 설명 및 도면에 같이 적어야 하며, 청구범위를 적을 경우에도 가급적 해당 부호를 병기하는 것이 바람직합니다.

(7) 【발명(고안)을 실시하기 위한 구체적인 내용】란에는 그 발명(고안)이 속하는 기술분야에서 통상의 지식을 가진 자가 그 발명(고안)이 어떻게 실시되는지를 쉽게 알 수 있도록 그 발명(고안)의 실시를 위한 구체적인 내용을 적어도 하나 이상, 가급적 여러 형태로 적습니다. 필요한 경우에는 다음과 같이 【실시예】란을 만들어 발명의 구체적인 실시예들을 적고, 도면이 있으면 그 도면을 인용하여 적습니다. 참고로, 명세서에 도면 부호를 적을 때에는 반드시 해당 도면의 부호를 도면에도 같이 적어야 하며, 그 도면 부호는 명세서(청구범위에 도면의 부호를 적을 경우에는 청구범위를 포함합니다) 및 도면 전체에 걸쳐 통일되게 사용되어야 합니다.

[예] 【발명을 실시하기 위한 구체적인 내용】

【0010】 ○○○○○○○○○○○○○○○○○○○○○○○○○○○○○○

【실시예 1】

【0011】 ○○○○○○○○○○○○○○○○○○○○○○○○○○○○○○

【실시예 2】

【0012】 ○○○○○○○○○○○○○○○○○○○○○○○○○○○○○○

(8) 【산업상 이용가능성】란은 특허(실용신안등록)를 받으려는 발명(고안)이 산업상 이용가능한 것인지 여부가 불분명할 때 그 발명(고안)의 산업상 이용방법, 생산방법 또는 사용방법 등을 적습니다. 대부분의 경우 산업상 이용가능성은 명세서의 다른 기재 사항으로부터 충분히 유추가 가능하므로 별도의 기재는 필요하지 않습니다.

(9) 【수탁번호】란은 명세서에 적혀 있는 미생물들의 수탁번호들을 별도로 정리하려는 경우에 적습니다.

(10)【서열목록】란에는 핵산염기 서열 또는 아미노산 서열(이하 “서열”이라 한다)을 포함하는 특허(실용신안등록)출원인 경우에 10개 미만의 핵산염기 서열 또는 4개 미만의 아미노산 서열을 특허청장이 고시하는「핵산염기 서열목록 또는 아미노산 서열목록 작성 기준」에 따라 작성하여 적습니다.

나.【청구범위】란

(1)【청구범위】란의【청구항】란은 독립청구항(이하 "독립항"이라 함)을 적으며, 그 독립항을 한정하거나 부가하여 구체화하는 종속청구항(이하 "종속항"이라 함)을 적을 수 있습니다. 이 경우 필요한 때에는 그 종속항을 한정하거나 부가하여 구체화하는 다른 종속항을 적을 수 있습니다.

(2) 청구항은 발명(고안)의 성질에 따라 적정한 수로 적어야 합니다.

(3) 종속항을 적을 때에는 독립항 또는 다른 종속항 중에서 1 또는 2 이상의 항을 인용하여야 하며, 인용되는 항의 번호를 적어야 합니다.

(4) 2 이상의 항을 인용하는 청구항은 인용되는 항의 번호를 택일적으로 적어야 합니다.

(5) 2 이상의 항을 인용한 청구항에서 그 청구항의 인용된 항은 다시 2 이상의 항을 인용하는 방식을 사용하여서는 아니 됩니다. 2 이상의 항을 인용한 청구항에서 그 청구항의 인용된 항이 다시 하나의 항을 인용한 후에 그 하나의 항이 결과적으로 2 이상의 항을 인용하는 방식에 대하여도 또한 같습니다.

(6) 인용되는 청구항은 인용하는 청구항보다 먼저 적어야 합니다.

(7) 각 청구항은 항마다 줄을 바꾸어 적고, 그 적는 순서에 따라 다음 예와 같이 아라비아숫자로 일련번호를 붙여야 합니다.

[예]【청구항 1】 · · · · · · · (독립항)
【청구항 2】청구항 1에 있어서 · · · (종속항)
【청구항 3】청구항 2에 있어서 · · · (종속항의 종속항)
【청구항 4】 · · · · · · · (독립항)
【청구항 5】청구항 4에 있어서 · · · (종속항)

(8) 발명(고안)의 기술적 특징을 이해하기 위하여 필요한 경우에는 발명의 설명 및 도면에 적혀 있는 부호를 청구범위에 병기할 수 있습니다.

(9)「특허법」 제42조의2제1항(「실용신안법」 제8조의2제1항)에 따라 청구범위를 적지 않는 경우에는【청구범위】및【청구항】식별항목을 삭제합니다.

3. 전자문서 이용 시 유의사항

가. 입력가능 문자 및 이미지

(1) 국제적인 문자코드 규약인 유니코드(unicode)에 포함된 문자 및 기호만을 사용하여 작성하며, 이에 포함되지 아니하는 특수문자 또는 도형 등은 이미지로 입력합니다.

(2) 이미지는 다음과 같은 요령에 따라 입력합니다.

(가) 도면 내용의 이미지 포맷은 해상도 300부터 400dpi까지(300dpi 권장)의 흑백 TIFF(Tagged Image File Format)로 합니다.

(나) 발명(고안)의 내용을 표현하기 위하여 반드시 필요한 경우에는 그레이스케일 또는 칼라 이미지의 입력(참고로, 해외출원 시 일부 국가에서 허용되지 않을 수 있음)이 허용되며, 이들의 이미지 포맷은 300부터 400dpi까지(300dpi 권장)의 JPEG(Joint Photographic Experts

Group)로 합니다.

(다) '도면' 내용의 이미지는 '삽입그림' 형태로 완전히 삽입 · 저장하며, '객체 연결 및 삽입'(OLE) 또는 '동적 자료교환'(DDE)형태로 연결되어서는 아니 됩니다.

(3) 문자가 포함된 이미지를 입력하는 경우, 이미지 중의 문자크기는 가로 2㎜ × 2㎜(6포인트) 이상이어야 합니다.

나. 【표】 내용 작성방법

(1) '표'는 일반적인 궤선으로 작성할 수 없으며, 워드프로세서의 표만들기 기능으로 작성합니다.

(2) '표'의 크기가 용지크기를 초과하는 경우에는 용지크기에 맞게 축소이미지로 입력하거나, 여러 장으로 나누어 입력합니다.

(3) 단위, 주석 등은 모두 '표' 내부에 적습니다.

(4) 문자크기로 가로 4㎜×세로 4㎜(12포인트), 줄 간격은 1㎜(줄 간격 130%)로 합니다.

다. 【수】 및 【화】 내용 작성방법

(1) '수'('수학식'의 약어) 및 '화'('화학식'의 약어)의 내용은 이미지로 입력합니다.

(2) 1줄을 초과하지 않는 간단한 '수' 및 '화' 의 내용은 국제적인 문자코드 규약인 유니코드(unicode)에 포함된 문자, 기호 및 첨자기능을 이용하여 적을 수 있습니다.

II 특허출원서

전자문서 이용가능

[별지 제14호서식]

특허출원서

【출원구분】☒특허출원 □분할출원 □변경출원
□무권리자의 출원 후에 한 정당한 권리자의 출원
(【참조번호】)
【출원인】
【성명(명칭)】김출원
【출원인코드】4-2004-000123-4(이미 발급받은 번호를 기재, 단 아직 발급받지 않은 경우 [별지 제4호 서식] 출원인코드부여신청서를 동시에 제출하시면 접수담당자가 직권 발급후 기재함)
【대리인】☞ 대리인 없이 개인이 작성·제출할 경우 해당없음
【성명(명칭)】
【대리인코드】
(【포괄위임등록번호】)
【발명의 국문명칭】건축용 금속재 장식판의 보호피막 형성 방법
【발명의 영문명칭】The method of forming the protective film on the metallic decorative panel for building
【발명자】
【성명】김출원
【출원인코드】4-2004-000123-4
(【원출원(무권리자 출원)의 출원번호】)
(【우선권주장】☞ 해당될 경우만 기재
【출원국명】
【출원번호】
【출원일자】
【증명서류】
(【기타사항】☒심사청구 □심사유예신청 □조기공개신청 □공지예외적용
□미생물기탁 □서열목록 □기술이전희망 □국가연구개발사업 □국방관련비밀출원)
☞ 출원과 동시에 심사청구 또는 조기공개신청을 하려면 특허청구범위가 기재된 명세서가 첨부되어야 함
(【유예희망시점】심사청구일 후 18개월이 지난 때부터 ( )개월) ☞ 필요한 경우만 기재
【공지예외적용대상 증명서류의 내용】☞ 해당될 경우만 기재

【공개형태】
【공개일자】
【미생물기탁】☞ 해당될 경우만 기재
【기탁기관명】
【수탁번호】
【수탁일자】
【핵산염기 서열 또는 아미노산 서열목록】☞ 해당될 경우만 기재
【서열개수】
【서열목록 전자파일】
【기술이전희망】□기술양도 □실시권허여 □기술지도☞ 희망하는 경우만 표시
【이 발명을 지원한 국가연구개발사업】☞ 해당될 경우만 기재
【과제고유번호】
【부처명】
【연구관리전문기관】
【연구사업명】
【연구과제명】
【기여율】
【주관기관】
【연구기간】
【국방관련비밀출원】☞ 해당될 경우만 기재

위와 같이 특허청장에게 제출합니다.

출원인(대리인) 김출원(김출원) 또는 서명
(출원인코드부여신청서에 날인한 서명 또는 인장과 동일한 것이어야 함)

【수수료】
【출원료】 8 면 58,000원 ☞ 전자출원의 경우 기본료(38,000원)만 납부, 서면출원의 경우는 기본료(58,000원 20면까지 동일)에 요약서·명세서·도면 1면 추가시 마다 1,000원 가산
【우선권주장료】 건 원
【심사청구료】 1 항 170,000원 ☞ 기본료(130,000원)에 청구항 1항마다 40,000원 가산
【합계】 228,000원
【감면(면제)사유】개인 ☞ 해당될 경우만 기재
【감면(면제)후 수수료】 68,400원

【첨부서류】1. 명세서·요약서 및 도면 각 1통
2. 정당한 권리자임을 증명하는 서류 1통(정당한 권리자의 출원에 한한다)
3. 대리인에 의하여 절차를 밟는 경우에는 그 대리권을 증명하는 서류 1통
4. 그 밖의 법령에 따른 증명서류 1통
【제출생략서류】
[별지 제15호 서식]

【명세서】

【발명의 명칭】
건축용 금속재 장식판의 보호피막 형성방법 {The method of forming the protective film on the metallic decorative panel for building}

【기술분야】
본 발명은 건축용 금속재 장식판의 피막 형성방법에 관한 것으로, 더욱 상세하게는 우레탄아크릴 물질과 전리활성화 물질이 혼합되어 있는 수지원액을 이용하여 수지전착(樹脂電着)방법으로 금속재 장식판의 특정 부분에 피막을 형성시킬 수 있도록 하는 건축용 금속재 장식판의 보호피막 형성방법에 관한 것이다.

【배경기술】
일반적으로 엘리베이터 케이지의 내부나 도어 또는 건축물을 미려하게 장식할 목적으로 스텐레스 판이나 동판 등의 금속판(이하 "금속판"이라 통칭함)에 각종 아름다운 무늬모양을 형성 및 도금하거나 부식, 스크레치(scratch)등의 작업으로 무늬를 형성하여 각종 건축물의 장식재로 사용하고 있다.
그 일례로서 도 1에서와 같이 금속판의 다수 부분을 에칭시켜 특정 무늬모양을 형성하고 이 무늬모양의 표면 위에 금을 도금하여 미려한 건축용 금속재 장식판을 제조하는 과정을 살펴보면, 먼저 도 1의 (가)에서와 같이 스텐레스와 같은 금속판(1)에 형성하고자 하는 특정 무늬를 제외한 나머지 부분의 금속판(1) 부분에 제1 마스킹 잉크(Masking Ink)를 도포한다.
그 다음 제1 마스킹 잉크(2)가 도포된 상태에서 금속판(1)의 표면을 에칭(Etching)시킨 후 과산화수소로서 상기 제1 마스킹 잉크(2)을 용해시켜 제거하게 되면 도 1의 (나)에서와 같이 제1 마스킹 잉크(2)가 도포되지 않은 부분이 식각되어 형성하고자 하는 에칭부(3)가 요철형태로 나타나게 되며, 상기 에칭부(3)에 금을 도금하기 위해 도 1의 (다)에서와 같이 에칭부(3)를 제외한 나머지 부분의 금속판(1) 표면에 제2 마스킹 잉크(4)를 도포한다.
이후 도 1의 (라)에서와 같이 상기 제2 마스킹 잉크(4)가 도포된 금속판(1)을 금 도금장치에 투입하여 도금을 실시 완료한 다음 제2 마스킹 잉크(4)를 희석재로 용해시켜 제거 및 세척하게 되면 도 1의 (마)에 도시된 바와 같이 금속판(1)에 형성된 무늬모양 즉, 에칭부(3)의 표면에 수 미크론의 얇은 두께로 금 증착부(5)가 형성됨으로서 미려한 건축용 금속재 장식판의 제조를 완료하게 된다.
그러나 이와 같은 공정에 의해 제조되는 건축용 금속재 장식판의 외관은 미려하게 되지만 금 증착부에 먼지와 같은 이물질이 묻을 경우 제거가 어려울뿐 만 아니라, 도금의 표면에 묻어 있는 이물질 제거시 또는 장기간이 경과될 경우 금속재 장식판에 형성된 금 증착부가 손상을 입게 되거나 금속판으로 부터 분리되는 현상이 발생하게 되어 오히려 미관상 좋지 않은 영향을 주게 되며, 이로 인해 수명이 단축되는 문제점이 발생하게 된다.

(【선행기술문헌】)
(【특허문헌】)
[문헌1] US 5635683 A (MCDERMOTT, R. M.) 1997.06.03.

[문헌2] JP 10-105775 A 1998.04.24, 5쪽, 3-15줄, 도면1

〈【비특허문헌】〉
[문헌1] WALTON, Herrmann. 초고주파 양자 이론. 런던: Sweet와 Maxwell, 1973, Vol.2, ISBN 5-1234-5678-9, 138-192쪽
[문헌2] 고성능 컴퓨터 아키텍처에 대한 제3차 국제심포지움 [on-line], 1997.2.(검색일 : 1998. 05.20.)

【발명의 내용】

【해결하려는 과제】
본 발명은 우레탄아크릴 물질과 전리활성화 물질이 혼합되어 있는 수지원액을 이용하여 수지전착(樹脂電着)방법으로 금속재 장식판의 금 증착부와 같은 특정 부분의
표면에 보호층의 피막을 형성시킴으로서 먼지와 같은 이물질이 묻을 경우 제거가 용이함은 물론, 금 증착부가 손상을 입게 되거나 금속판으로 부터 분리되는 현상을 방지하여 반 영구적인 수명을 가질 수 있도록 하는 건축용 금속재 장식판의 보호피막 형성방법을 제공하는데 그 목적이 있다.

【과제의 해결 수단】
본 발명은 금속판의 다수 부분을 에칭시켜 특정 무늬모양을 형성하는 건축용 금속재 장식판에 있어서, 상기 금속판의 보호피막을 형성하고자 하는 특정부분을 제외한 나머지 부분에 마스킹 잉크를 도포하는 단계, 상기 마스킹 잉크가 도포된 금속판을 코팅원액이 내장된 피막 형성장치에 유입시켜 코팅원액과 금속판에 서로 다른 전극을 각각 인가하여 전리현상에 의해 마스킹 잉크가 개방된 부분에 수지전착시켜 보호피막을 형성하는 단계, 상기 단계 후 금속판을 피막 형성장치로 부터 분리시켜 세척하고 150℃에서 약 2시간 동안 열처리하는 단계, 상기 단계 후 금속판의 전 표면을 희석재로 용해시켜 금속판에 도포된 마스킹 잉크를 제거하는 단계로 이루어진 것에 특징이 있다.

【발명의 효과】
본 발명은 우레탄아크릴 물질과 전리활성화 물질이 혼합되어 있는 수지원액을 이용하여 수지전착(樹脂電着)방법으로 금속재 장식판의 금 층작부와 같은 특정 부분의 표면에 보호층의 피막을 형성시킴으로서 먼지와 같은 이물질이 묻을 경우 제거가 용이함은 물론, 금 증착부가 손상을 입게 되거나 금속판으로 부터 분리되는 현상을 방지하여 반 영구적인 수명을 가질 수 있다.

【도면의 간단한 설명】
도 1은 일반적인 건축용 금속재 장식판의 제조공정과정을 나타낸 단면도.
도 2는 본 발명에 사용되는 보호피막 형성장치의 구조도.
도 3 내지 도 6은 본 발명에 따른 건축용 금속재 장식판의 보호피막 형성 공정도.

【발명을 실시하기 위한 구체적인 내용】

본 발명을 첨부된 도면을 참조하여 상세히 설명하면 다음과 같다.

도 2는 건축용 금속재 장식판의 금속판(1) 에칭부(3)에 도금된 금 증착부(5)의 표면에 보호피막을 형성하기 위한 보호피막 형성장치의 구조도로서, 보호피막 형성장치(7)의 내부에는 우레탄아크릴 물질과 전리활성화 물질이 혼합되어 있는 수지원액 및 초순수수를 소정의 비율로 투입하여 혼합하게 되면 수지원액이 초순수수에 용해된 후 부터 분자 또는 원자가 에너지를 받아서 음이온으로 나뉘어지는 전리현상을 띄게 된다.

이러한 상태에서 도 3 내지 도 6에 의해 도 1에서와 같은 과정에 의해 제조되는 건축용 금속재 장식판의 금 도금층과 같은 특정부분에 보호피막을 형성하는 과정을 살펴보면 다음과 같다.

도 1에서와 같은 공정에 의해 제조되는 건축용 금속재 장식판의 금속판(1) 에칭부(3)에 도금된 금 증착부(5)의 표면에 보호피막을 형성하기 위해 먼저 도 3에서와 같이 금 증착부(5)가 형성되어 있는 에칭부(3)를 제외한 나머지 전부분의 금속판(1)에 제3 마스킹 잉크(9)를 도포한다.

그 다음 도 4에서와 같이 상기 제3 마스킹 잉크(9)가 도포되어 있는 금속판(1)을 보호피막 형성장치(7)에 유입시킨 후 전원부(8)를 초순수수에 용해된 수지용액과 금속판(1)에 각각 인가하면 수지용액이 이온으로 나뉘어지는 전리현상이 발생하게 된다.

따라서 수지용액은 도 5에서와 같이 금속판(1)에 도포된 제3 마스킹 잉크(9)위에는 증착되지 않고 개방된 금 증착부(5) 위에만 수지전착에 의해 수 미크론의 두께로 보호피막(10)이 형성되며, 이 후 금속판(1)을 보호피막 형성장치(7)로부터 분리시켜 세척을 실시한 다음 150℃에서 약 2시간 동안 열처리하게 되면 소정의 강도(약 4H)를 유지하게 되며, 이때부터 상기 보호피막(10)은 불용성을 띄게 된다.

상기의 공정을 완료한 다음 금속판(1)의 전 표면을 희석재로 용해시키면 도 6에서와 같이 금속판(1)에 도포된 제3 마스킹 잉크(9)가 제거되고 수지전착되어진 투명무색의 보호피막(10)만이 남게 됨으로서 금 증착부(5)를 보호하게 되는 것이다.

여기서 우레탄아크릴 물질 및 전리활성화 물질의 수지원액과 초순수수를 혼합할 경우 원하는 소정의 색소를 투입하게 되면 유색처리가 가능하게 되어 금 도금층이 아닌 특정부분에 보호피막을 형성시킬 수 있어 금속판의 전면 또는 부분적으로 보호피막을 증착함에 따른 유색처리는 물론 건축용 금속재 장식판의 청결유지가 이루어질 수 있는 것이다.

【실시예】 ☞ 필요한 경우 기재

【산업상 이용가능성】 ☞ 특허를 받고자하는 발명이 산업상 이용 가능한 것인지 여부가 불분명할 때 기재

【부호의 설명】 ☞ 도면의 주요 부분을 나타내는 부호들에 대한 설명을 기재

【수탁번호】 ☞ 명세서에 적혀 있는 미생물들의 수탁번호들을 별도로 정리하려 는 경우에 기재

【서열목록 자유텍스트】 ☞ 명세서에 첨부된 서열목록에 적혀 있는 자유텍스트를 필요에 따라 반복

하여 기재

【특허청구범위】

【청구항 1】

금속판의 다수 부분을 에칭시켜 특정 무늬모양을 형성하는 건축용 금속재 장식판에 있어서,

상기 금속판의 보호피막을 형성하고자 하는 특정부분을 제외한 나머지 부분에 마스킹 잉크를 도포하는 단계,

상기 마스킹 잉크가 도포된 금속판을 코팅원액이 내장된 보호피막 형성장치에 유입시켜 코팅원액과 금속판에 서로 다른 전극을 각각 인가하여 전리현상에 의해 마스킹 잉크가 개방된 부분에 수지전착시켜 보호피막을 형성하는 단계,

상기 단계 후 금속판을 보호피막 형성장치로 부터 분리시켜 세척하고 150℃에서 약 2시간 동안 열처리하는 단계,

상기 단계 후 금속판의 전 표면을 희석재로 용해시켜 금속판에 도포된 마스킹 잉크를 제거하는 단계로 이루어진 것을 특징으로 하는 건축용 금속재 장식판의 보호피막 형성방법.

[별지 제16호 서식]

【요약서】

【요 약】

본 발명은 건축용 금속재 장식판의 보호피막 형성방법에 관한 것으로, 더욱 상세하게는 우레탄아크릴 물질과 전리활성화 물질이 혼합되어 있는 수지원액을 이용하여 수지전착(樹脂電着)방법으로 금속재 장식판의 특정 부분에 피막을 형성시킬 수 있도록 하는 건축용 금속재 장식판의 보호피막 형성방법에 관한 것이다.

이를 위하여 본 발명은 금속판의 다수 부분을 에칭시켜 특정 무늬모양을 형성하는 건축용 금속재 장식판에 있어서, 상기 금속판의 보호피막을 형성하고자 하는 특정부분을 제외한 나머지 부분에 마스킹 잉크를 도포하는 단계, 상기 마스킹 잉크가 도포된 금속판을 코팅원액이 내장된 피막 형성장치에 유입시켜 코팅원액과 금속판에 서로 다른 전극을 각각 인가하여 전리현상에 의해 마스킹 잉크가 개방된 부분에 수지전착시켜 보호피막을 형성하는 단계, 상기 단계 후 금속판을 피막 형성장치로 부터 분리시켜 세척하고 150 에서 약 2시간 동안 열처리하는 단계, 상기 단계 후 금속판의 전 표면을 희석제로 용해시켜 금속판에 도포된 마스킹 잉크를 제거하는 단계로 이루어진 것에 특징이 있다.

[별지 제17호 서식]

【대표도】

도1

【도면】

【도 1】

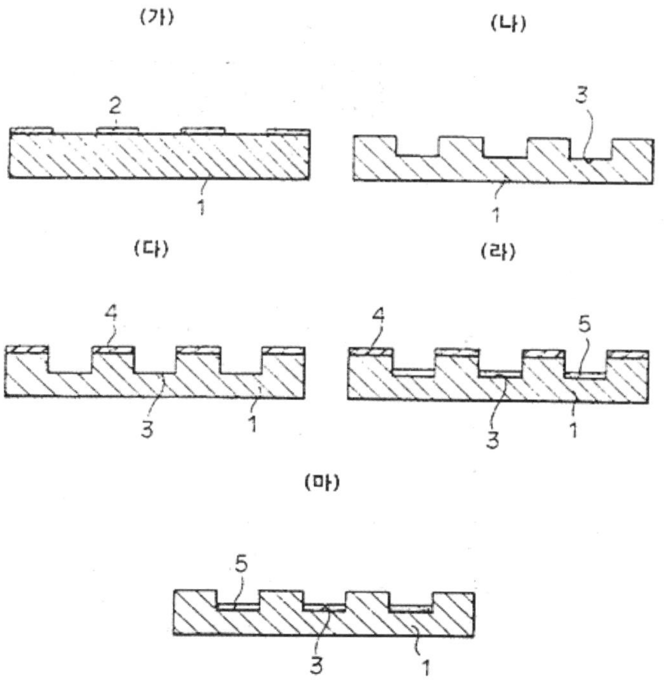

【도 2】

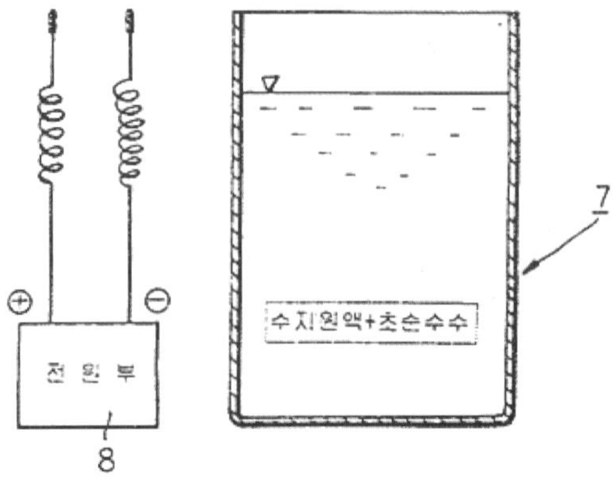

【도 3】

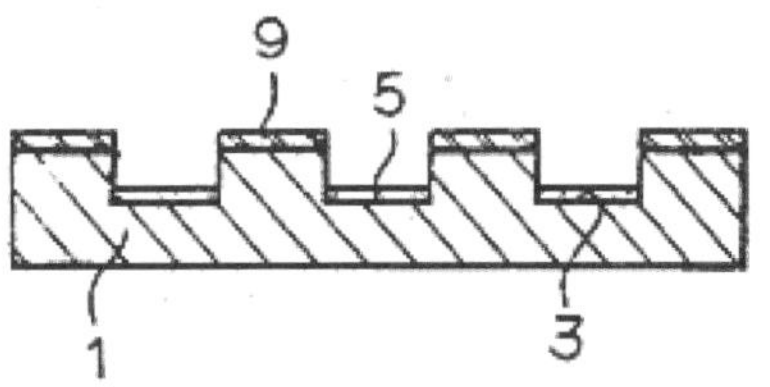

【도 4】

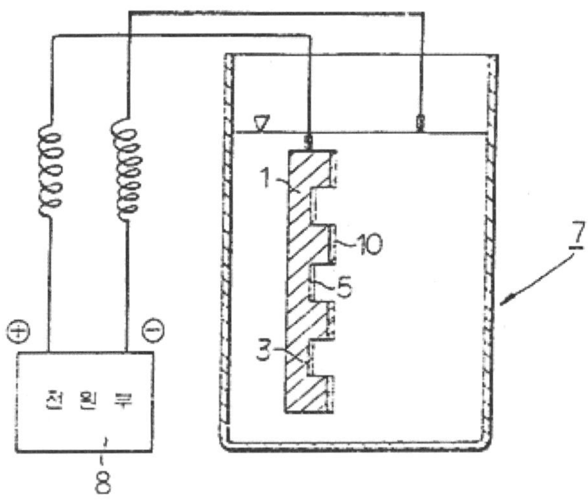

【도 5】

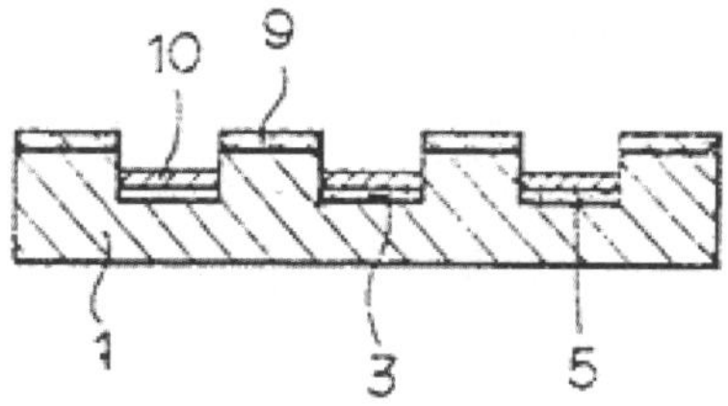

【도 6】

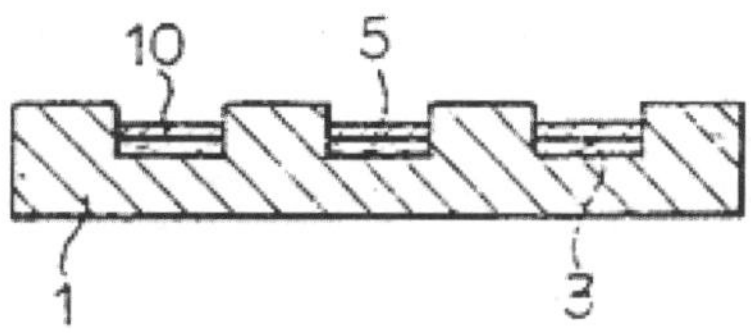

III 디자인등록서

■ 디자인보호법 시행규칙 [별지 제3호서식] 특허로(www.patent.go.kr)에서 온라인으로 제출할 수 있습니다.

디자인등록출원서

(앞쪽)

【출원 구분】 □ 디자인심사등록출원 □ 디자인일부심사등록출원
□ 디자인심사등록분할출원 □ 디자인일부심사등록분할출원
□ 정당한 권리자의 디자인심사등록출원
□ 정당한 권리자의 디자인일부심사등록출원
(【참조번호】)
【출원인】
【성명(명칭)】
【특허고객번호】
【대리인】
【성명(명칭)】
【대리인번호】
(【포괄위임등록번호】)
(【원출원(무권리자 출원)의 출원번호(국제등록번호)】)
【단독디자인, 관련디자인 여부】
(【기본디자인의 표시】)
【출원번호(등록번호, 국제등록번호, 참조번호)】
(【디자인의 일련번호】)
【1디자인, 복수디자인 여부】
(【디자인의 수】)
【물품류】
【디자인의 대상이 되는 물품】
【부분디자인 여부】
【창작자】
【성명】
【특허고객번호】
(【우선권 주장】
【출원국명】
【출원번호(국제등록번호)】
【출원일(국제등록일)】
【증명서류】 □ 첨부 □ 미첨부)

(【그 밖의 사항】 □ 디자인등록출원 공개신청 □ 디자인비밀보장 청구
□ 신규성 상실의 예외 주장

위와 같이 특허청장에게 제출합니다.

출원인(대리인) (서명 또는 인)

【수수료】 (기재방법 제16호 참조)

【출원료】 개 디자인 원

(【수수료 자동납부번호】)

【첨부서류】 1. 도면(사진 · 견본) 1통 (복수디자인등록출원인 경우에는 각 디자인마다 1통을 말합니다)
2. 법령에서 정한 서류 각 1통 (기재방법 제18호 참조)

210㎜×297㎜(백상지 80g/㎡)

Ⅳ 발명신고서

< 별지 제1호 서식 >

발명신고서

<table>
<tr><td rowspan="2" colspan="2">신고자</td><td>성명</td><td colspan="3"></td><td>연락처</td><td colspan="2">(내 선)
(휴대폰)</td></tr>
<tr><td>소속</td><td colspan="3">OO 대학 / OO 학과</td><td>이메일</td><td colspan="2"></td></tr>
<tr><td colspan="2">발명의 명칭</td><td colspan="7"></td></tr>
<tr><td colspan="2">기술 분야</td><td colspan="7">□BT □CT □ET □IT □NT □ST □기타기술</td></tr>
<tr><td rowspan="3">구분</td><td>□국내출원</td><td colspan="7">□특허 □실용신안 □디자인 □상표 □저작권 □기타( )
□우선권주장(원출원일: /원출원번호:) □분할출원(원출원일: /원출원번호:)</td></tr>
<tr><td rowspan="2">□해외출원</td><td colspan="2">□PCT</td><td colspan="5">국내출원정보(출원일: /출원번호:)</td></tr>
<tr><td colspan="2">□개별국
(국가명1/국가명2)</td><td colspan="5">국내출원정보(출원일: /출원번호:)
PCT출원정보(출원일: /출원번호:)</td></tr>
<tr><td rowspan="4">공동출원</td><td colspan="3">기관명</td><td>권리지분(%)</td><td>비용부담율(%)</td><td colspan="3">담당자정보(성명/소속/직위/연락처)</td></tr>
<tr><td colspan="3"></td><td></td><td></td><td colspan="3"></td></tr>
<tr><td colspan="3"></td><td></td><td></td><td colspan="3"></td></tr>
<tr><td colspan="8">※공동출원 사유:</td></tr>
<tr><td rowspan="4">기타사항</td><td rowspan="2">비용부담</td><td colspan="7">□발명인터뷰제 운영방법 I (산학협력단 지원)</td></tr>
<tr><td colspan="7">□발명인터뷰제 운영방법 II (발명자 확보 예산내 지원)
▶ □성과활용지원비 □발명자 기술재투자비 □기타재원( )</td></tr>
<tr><td>추가절차</td><td colspan="7">□심사청구 □심사 미청구 □청구범위제출유예(가출원) □우선심사</td></tr>
<tr><td>발명공개</td><td colspan="7">□논문·학술지게재 □학회·강연회발표 □연구보고서 □카탈로그 □제품판매 □기타( )
※공개일자:</td></tr>
<tr><td rowspan="5">특허사무소</td><td rowspan="2">전담사무소</td><td colspan="2">화학/에너지/자원/소재</td><td colspan="2">생명/바이오/의료</td><td colspan="2">전기/전자/정보통신</td><td>기계/건축/환경</td></tr>
<tr><td colspan="2">□오암(이성렬)
□플러스(권오식)
□세인(정진철)</td><td colspan="2">□공간(백경업)
□위(신용운)
□한얼(박성희)</td><td colspan="2">□위더피플(손현웅)
□현신(정부연)</td><td>□라온(이충한)
□공앤유(공우상)</td></tr>
<tr><td rowspan="3">비전담사무소</td><td colspan="4">사무소명:</td><td colspan="3">담당자:</td></tr>
<tr><td colspan="4">연락처:</td><td colspan="3">이메일:</td></tr>
<tr><td colspan="7">※ 비전담사무소 지정 사유:</td></tr>
<tr><td rowspan="5">연구과제</td><td>사 업 명</td><td colspan="3"></td><td colspan="2">주관부처(전문기관)</td><td colspan="2"></td></tr>
<tr><td>과 제 명</td><td colspan="3"></td><td colspan="2">연구 책임자</td><td colspan="2"></td></tr>
<tr><td>연구기관</td><td colspan="3"></td><td colspan="2">참여(협동)기관</td><td colspan="2"></td></tr>
<tr><td>연구기간</td><td colspan="3"></td><td colspan="2">연구협약일</td><td colspan="2"></td></tr>
<tr><td>연 구 비</td><td colspan="7">총000,000,000원 (정부: 000,000,000원, 자체: 000,000,000원, 민간: 000,000,000원)</td></tr>
<tr><td colspan="2">기술사업화 계획</td><td colspan="7">※기술이전 및 사업화 계획:</td></tr>
<tr><td colspan="9">상기의 발명을 충남대학교 지식재산 규정 및 운영지침에 따라 신고합니다.
년 월 일
신고자 (인)
충남대학교 산학협력단장 귀하</td></tr>
</table>

<table>
<tr><th colspan="6">발명자 정보</th></tr>
<tr><th>성명(국문)</th><th>성명(영문)</th><th>소속(대학/학과)</th><th>지분(%)</th><th>연락처(휴대폰)</th><th>이메일</th></tr>
<tr><td></td><td></td><td></td><td></td><td></td><td></td></tr>
<tr><td></td><td></td><td></td><td></td><td></td><td></td></tr>
<tr><td></td><td></td><td></td><td></td><td></td><td></td></tr>
<tr><td></td><td></td><td></td><td></td><td></td><td></td></tr>
<tr><td></td><td></td><td></td><td></td><td></td><td></td></tr>
<tr><td></td><td></td><td></td><td></td><td></td><td></td></tr>
<tr><td></td><td></td><td></td><td></td><td></td><td></td></tr>
<tr><th colspan="6">발명 정보</th></tr>
<tr><th>발명
개요</th><td colspan="5">○ 발명의 목적 :
※발명의 동기, 필요성, 종래기술의 문제점 등 왜 본 발명을 하게 되었는지에 대해 간략하게 기재

○ 발명을 실시하기 위한 구체적인 내용 :
※종래기술의 문제점을 어떻게(어떠한 기술로) 해결하였는지 본 발명을 구현하기 위한 기술적 수단에 대해 구체적으로 기재

○ 발명의 효과 :
※본 발명을 구현함으로서 어떠한 효과가 있는지(무엇이 얼마나 좋아졌는지)에 대해 간략하게 기재

○ 대표적인 청구범위 :
※특허권으로 보호받아야 할 사항, 기술적인 특징사항을 간략하게 기재</td></tr>
</table>

관련 도면	*※도면, 간단한 스케치, 사진 또는 flow chart 등 개수에 제한 없이 기재 가능*
응용 분야	
발명의 활용 가능성	
기술의 독창성/ 우수성	

〈 별지 제2호 서식 〉

권리승계합의서(양도증)

발명의 명 칭				
	성 명	(인)	주민등록번호	
	주 소		개인정보 수집 및 이용 동의	□ 동의함 □ 동의하지 않음
	성 명	(인)	주민등록번호	
	주 소		개인정보 수집 및 이용 동의	□ 동의함 □ 동의하지 않음
	성 명	(인)	주민등록번호	
	주 소		개인정보 수집 및 이용 동의	□ 동의함 □ 동의하지 않음
	성 명	(인)	주민등록번호	
발명자 (양도인)	주 소		개인정보 수집 및 이용 동의	□ 동의함 □ 동의하지 않음
	성 명	(인)	주민등록번호	
	주 소		개인정보 수집 및 이용 동의	□ 동의함 □ 동의하지 않음
	성 명	(인)	주민등록번호	
	주 소		개인정보 수집 및 이용 동의	□ 동의함 □ 동의하지 않음
	성 명	(인)	주민등록번호	
	주 소		개인정보 수집 및 이용 동의	□ 동의함 □ 동의하지 않음
	※ 해외출원의 경우: 성명, 주소를 영문으로 기재(국내출원과 별도 제출)			
출원인 (양수인)	명 칭	충남대학교 산학협력단		
	주 소	대전광역시 유성구 대학로 99		

〈 개인정보 수집 이용 동의 〉

- 산학협력단에서는 관련 법률에 의거 지식재산권 출원 등의 절차를 진행하기 위해 아래와 같은 개인정보(고유식별정보 포함)를 수집하고 있습니다.
  · 필수 수집 항목 : 주소, 주민등록번호(고유식별정보), 성명
- 수집한 개인정보는 지식재산권 존속기간까지 보관합니다.
- 정보제공 주체는 개인정보(고유식별정보 포함) 제공 및 활용에 거부할 권리가 있으나, 이 경우 지식재산권 출원(발명자 정보 입력)에 제약이 있습니다.

위 발명자(양도인)는 상기 발명에 대한 지식재산권을 받을 수 있는 권리 및 관련 지식재산권을 충남대학교 지식재산권규정에 의거 충남대학교 산학협력단에 양도하며, 동 규정에 따른 직무발명 보상금 지급에 동의합니다.

년 월 일

충남대학교 산학협력단장 귀하

V 공익변리를 통한 특허출원 양식(확인서)

대학 재학생의 경우 공익변리를 통한 특허출원 및 등록이 가능하다. 따라서 적극적으로 활용하는 것도 좋다. 이에 다른 서류는 1. 확인서(학과장 직인요함)/재학증명서(3개월 이내 발급)/주민등록등본 또는 가족관계증명서(3개월 이내 발급)이다. 대한변리사회의 사이트를 통해 지원방법 등을 알 수 있다.

확 인 서

성　　명:

학과 및 학년:

주민등록번호:

발명의 명칭: ______________________________

상기와 같이 본 학교 학생이 발명(고안)한 것임을 확인합니다.

20　.　.　.

○○대학 학과장(학장, 학부장, 총장) 김대한 (인)

※ 서명, 개인도장 x / 직인 날인 요망

(상황에 맞게 입력하신 후, 파란 글씨는 지우고 사용하세요)

대한변리사회 회장 귀하